Tutorium Jura

Die Reihe Tutorium Jura stellt die Grundlagen des Zivil-, Straf- und Öffentlichen Rechts dar, um dem Lernenden einen praktischen Umgang mit der Materie zu ermöglichen. Sie stellt das in Vorlesungen meist abstrakt vermittelte Wissen dar und überträgt es auf prüfungsrelevante Fallsituationen. Der Studierende wird so bei der Entwicklung juristischer Fertigkeiten an die Hand genommen.

Vorkenntnisse spielen keine Rolle. Die Autoren sind erfolgreiche und erfahrene Tutoren. Aufgrund ihrer langjährigen Tätigkeit als Leiter wissenschaftlicher Arbeitsgruppen kennen sie die typischen Probleme von Studierenden im Umgang mit dem Gesetz und gehen daher im Besonderen auf die Ansprüche und Bedürfnisse der Studierenden ein.

Die vollständig im Gutachtenstil verfassten Lösungen bieten dem Lernenden anschauliche Beispiele für eine gelungene Falllösung. Diese ist nicht nur Grundlage einer erfolgreichen Teilnahme an den Scheinprüfungen, sie bestimmt letztendlich den Erfolg im Examen.

Georg Freund • Annika Bünzel

Die Elemente der Straftat und ihre Konkretisierung in der Fallbearbeitung

 Springer

Georg Freund
Fachbereich Rechtswissenschaften
Philipps-Universität Marburg
Marburg, Deutschland

Annika Bünzel
Fachbereich Rechtswissenschaften
Philipps-Universität Marburg
Marburg, Deutschland

ISSN 1613-8724   ISSN 2627-2652 (electronic)
Tutorium Jura
ISBN 978-3-662-65498-9   ISBN 978-3-662-65499-6 (eBook)
https://doi.org/10.1007/978-3-662-65499-6

Die Deutsche Nationalbibliothek verzeichnet diese Publikation in der Deutschen Nationalbibliografie;
detaillierte bibliografische Daten sind im Internet über http://dnb.d-nb.de abrufbar.

Springer

Springer ist ein Imprint der eingetragenen Gesellschaft Springer-Verlag GmbH, DE und ist ein Teil von
Springer Nature.
Die Anschrift der Gesellschaft ist: Heidelberger Platz 3, 14197 Berlin, Germany

Vorwort

Die Elemente der Straftat und ihre Definitionen sind in der strafrechtlichen Fallbearbeitung von immenser Bedeutung, bilden sie doch stets die Grundlage für näher zu diskutierende Anwendungsprobleme bei konkreten Straftatbeständen. Insofern ist die gegenwärtig vorherrschende Lehre vom Aufbau der Straftat reformbedürftig. Dieses Buch soll jedenfalls die Schwächen beheben, ohne sich zu sehr von Gewohntem zu entfernen. Vorgestellt wird deshalb ein sinnvolles Kompromisskonzept, das zu einem besseren Verständnis der zu lösenden Sachfragen beiträgt und dennoch immerhin so stark an das herkömmliche Vorgehen angelehnt ist, dass es für die damit Vertrauten nachvollziehbare Veränderungen bringt. Ganz nebenbei werden verbesserte Definitionen einiger grundlegender Begriffe angeboten, die die Sachprobleme angemessen erfassen und daher in der Fallbearbeitung tatsächlich weiterhelfen.

Das vorgestellte Kompromisskonzept bringt noch einen weiteren Vorteil, der kaum hoch genug veranschlagt werden kann: Gegenwärtig leidet die universitäre Ausbildung unter einem Überangebot an unterschiedlichen Aufbauschemata. Für bestimmte Deliktstypen – etwa die vorsätzliche Vollendungstat, die Versuchs- und die Fahrlässigkeitstat bzw. die vorsätzliche und fahrlässige Unterlassungstat – werden ganz unterschiedliche spezielle Schemata angeboten, die oft nur auswendig gelernt, aber selten verstanden werden. Im Gegensatz dazu steht das – dem vorgestellten Kompromisskonzept entsprechende – klar strukturierte Einheitsschema, das sich aus den sachlichen Anforderungen ableitet, die an *jede Form der Straftat* zu stellen sind, und in dessen Rahmen sich etwaige Besonderheiten mancher Delikte leicht integrieren lassen. Die Devise lautet: Verstehen, statt stures Auswendiglernen! Und: Weniger ist Mehr! Außerdem: Richtig oder falsch hängt nicht davon ab, ob viele oder wenige so verfahren. Welches Prüfungsschema im juristischen Gutachten verwendet wird, spielt ohnehin nur eine untergeordnete Rolle. Insofern gilt: Viele Wege führen nach Rom! Auch wenn einige davon nicht optimal, sondern eher steinig oder gar risikoreich sein sollten, sind sie jedenfalls gangbar. Fortschritt ist nur möglich, wenn auch Gewohntes kritisch hinterfragt wird.

Grundvoraussetzung einer gelungenen Fallbearbeitung ist es, auch mit anspruchsvolleren Problemstellungen sachgerecht umgehen zu können. Es gilt, in gutachterlich strukturierter Form, den Begründungsweg zu einem bestimmten Ergebnis aufzuzeigen, das hoffentlich auch das in der Sache richtige ist. Das verwendete

Prüfungsschema kann dabei helfen, tatsächlich eine strukturierte Falllösung zu erstellen und insbesondere keine der notwendigen Voraussetzungen zu vergessen. Nicht zuletzt im Hinblick auf Zeitmanagement und strukturierte Darstellung kann es mehr oder weniger geschickt sein, ein bestimmtes Schema und bestimmte Definitionen zu verwenden.

Ansonsten gilt aber auch prüfungsrechtlich: Der Bearbeiter oder die Bearbeiterin hat innerhalb der in sich stimmigen(!) Aufbauschemata die freie Wahl. Insofern ist absolute Toleranz geboten. Bestimmte Schemata oder bestimmte Definitionen sind nicht allein deshalb falsch, weil sie nicht dem traditionell verwendeten Rüstzeug entsprechen. Sofern sachlich alle maßgeblichen Voraussetzungen erfasst sind, darf die jeweils das Gutachten erstellende Person das Schema wählen, mit dem sie am besten zurechtkommt. Dabei muss es neben der inhaltlichen Weiterentwicklung bei den juristischen Sachfragen selbstverständlich auch möglich sein, aufbautechnisch sinnvollen Neuerungen die Möglichkeit zu geben, sich zu etablieren.

Wir danken ganz herzlich den Mitarbeiterinnen des Lehrstuhls *Alina Ehlers, Lara Höhne, Anja Napierala und Berivan Sekerci* sowie den studentischen Hilfskräften *Sonja Blaas, Anna-Farina Kümmel, Clara-Sophie Nolte, Amelie Otto, Damaris Seyoum, Olga Zaitceva* und *Veronika Schmidt*, die uns in vielfältiger Weise unterstützt und so entscheidend zum Gelingen des Werkes beigetragen haben. Leider konnte *Veronika Schmidt* dessen Fertigstellung nicht mehr miterleben. Sie verstarb plötzlich und unerwartet am 12.01.2022. Wir gedenken ihrer und werden sie als engagierte Mitarbeiterin und lebensfrohen Menschen in Erinnerung behalten.

Unser Dank gilt nicht zuletzt den hilfreichen Probeleserinnen stud. iur. *Lisa Gollnick, Amelie Kreuter, Frederike Muhm* und *Noomi Zimmermann*. Schließlich danken wir auch Frau Dr. Brigitte Reschke von der Programmplanung Rechtswissenschaft des Springer-Verlages für die stets gute Zusammenarbeit. Anregungen zur Verbesserung dieses Werkes werden gerne angenommen und können gerichtet werden an: freund@jura.uni-marburg.de oder: annika.buenzel@jura.uni-marburg.de bzw. annika.buenzel@uni-koeln.de.

Marburg, Februar 2022   Georg Freund und Annika Bünzel

Inhaltsverzeichnis

Abkürzungsverzeichnis

a.	auch
a. a. O.	am angegebenen Ort
a. E.	am Ende
Abs.	Absatz
allg.	allgemein
Art.	Artikel
AT	Allgemeiner Teil
Aufl.	Auflage
Bd.	Band
Bespr.	Besprechung
BGH	Bundesgerichtshof
BGHSt	Entscheidungen des Bundesgerichtshofs in Strafsachen
BT	Besonderer Teil
BVerfG	Bundesverfassungsgericht
BVerfGE	Entscheidungen des Bundesverfassungsgerichts
CCZ	Corporate Compliance Zeitschrift
bzw.	beziehungsweise
d. h.	das heißt
Def.	Definition
dens.	denselben
ders.	derselbe
dies.	dieselbe/dieselben
Diss.	Dissertation
ETBI	Erlaubnistatbestandsirrtum
etc.	et cetera
f.	folgende (Seite oder Randnummer)
ff.	folgende (Seiten oder Randnummern)
Fn.	Fußnote
FS	Festschrift
GA	Goltdammer's Archiv für Strafrecht
geb.	geboren
gem.	gemäß
GG	Grundgesetz
ggf.	gegebenenfalls

GS	Gedächtnisschrift
h. L.	herrschende Lehre
hinr.	hinreichend/hinreichende
HRRS	Online-Zeitschrift für höchstrichterliche Rechtsprechung im Strafrecht <http://www.hrr-strafrecht.de/>
hrsg. v.	herausgegeben von
i. d. S.	in diesem Sinne
i. E.	im Ergebnis
i. e. S.	im engeren Sinne
insbes.	insbesondere
i. S.	im Sinne
i. S. d.	im Sinne der/des
i. V. m.	in Verbindung mit
i. w. S.	im weiteren Sinne
JA	Juristische Arbeitsblätter
jew.	jeweils
JR	Juristische Rundschau
Jura	Juristische Ausbildung
JuS	Juristische Schulung
JZ	Juristen Zeitung
Kap.	Kapitel
krit.	kritisch
Lkw	Lastkraftwagen
m.	mit
m. a. W.	mit anderen Worten
m. w. N.	mit weiteren Nachweisen
n. F.	neue Fassung
NJW	Neue Juristische Wochenzeitschrift
Nr.	Nummer
NStZ	Neue Zeitschrift für Strafrecht
OLG	Oberlandesgericht
Rn.	Randnummer
S.	Satz, Seite
s.	siehe
s. a.	siehe auch
s. u.	siehe unten
Sch	Schuld
sog.	sogenannt
StGB	Strafgesetzbuch
StPO	Strafprozessordnung
subj.	subjektiv
TB	Tatbestand
u.	und
u. a.	unter anderem/und anderen
u. U.	unter Umständen

v.	von, vom
vgl.	vergleiche
WaffG	Waffengesetz
z. B.	zum Beispiel
ZJS	Zeitschrift für das Juristische Studium
z. T.	zum Teil
ZStW	Zeitschrift für die gesamte Strafrechtswissenschaft
zust.	zustimmend
zutr.	zutreffend

§ 1 Die Bestimmung der Straftatelemente auf gesetzlicher Ermächtigungsgrundlage (Art. 103 II GG, § 1 StGB)

I. Zur Funktion der Definition von Gesetzes- sowie anderen Rechtsbegriffen und der Verantwortung für deren Richtigkeit

Nach dem Gesetzlichkeitsgrundsatz gilt: Keine Strafe ohne Gesetz (Art. 103 II GG, § 1 StGB). Dabei erfolgt die gesetzliche Bestimmung der Strafbarkeit durch Normtexte.[1] Diese sind auf die Verwendung von Begriffen angewiesen. Damit die Reichweite einer Strafvorschrift zutreffend erfasst wird, bedarf es eines angemessenen Verständnisses der in ihr verwendeten Begriffe. Allerdings versteht sich wohl kaum ein Begriff gleichsam „von selbst" – und zwar auch dann nicht, wenn das prima vista so erscheinen sollte. Um die von einer bestimmten Strafvorschrift erfassten Sachverhalte zu konkretisieren, sind vielmehr – unter Beachtung des Wortlauts der Vorschrift – kontextspezifische und ratio-gerechte Begriffsbestimmungen nötig. Im Hinblick auf die zu leistende juristische Subsumtionsarbeit sollten diese Begriffsbestimmungen eine möglichst einfache Unterordnung des Sachverhalts gestatten – freilich ohne dabei ihre Sachgerechtigkeit einzubüßen.   1

Definitionen sind nicht „ehernes Gesetz", sondern veränderliche Kreationen mit dienender Funktion: Sie sollen eine sachgerechte Entscheidung ermöglichen. Das gilt auch für Definitionen, die sich in Entscheidungen des Bundesgerichtshofs finden. Allerdings scheinen manche dieser Definitionen eine derartige Faszination auszuüben, dass sie ohne weiteres Nachdenken über ihre Sinnhaftigkeit akzeptiert und in gebetsmühlenartiger Wiederholung weiter verbreitet werden. Als Beispiel kann die misslungene Definition des Vorsatzes durch den Bundesgerichtshof dienen: „Vorsatz" sei der „Wille zur Verwirklichung eines Straftatbestandes in Kenntnis al-   2

---

[1] S. dazu und zum Folgenden bereits *Freund*, GA 1997, 483 (Bespr. v. *Küper*, Strafrecht Besonderer Teil – Definitionen mit Erläuterungen, 1996).

© Der/die Autor(en), exklusiv lizenziert an Springer-Verlag GmbH, DE, ein Teil von Springer Nature 2022
G. Freund, A. Bünzel, *Die Elemente der Straftat und ihre Konkretisierung in der Fallbearbeitung*, Tutorium Jura, https://doi.org/10.1007/978-3-662-65499-6_1

ler seiner Tatumstände".[2] Wenn man sodann die in der Definition genannten falschen Kriterien in der Fallbearbeitung gar nicht ernst nimmt, macht das die Sache nicht besser.

3   Wer eine Definition aufstellt, muss sie auch ernstnehmen. Allerdings: Wer *will* schon einen Straftatbestand verwirklichen? Auch Vorsatztäter wollen regelmäßig etwas anderes. Die (Straf-)Tatbestandsverwirklichung ist nur dessen unvermeidliche Nebenfolge. Außerdem gehört zu den Tatumständen des vollendeten Erfolgsdelikts, dass der Erfolg eintritt. Dieser Umstand kann jedoch im vorsatzrelevanten Verhaltenszeitpunkt nicht bereits „gekannt" werden. Mehr als die Kenntnis der *Möglichkeit* des Eintretens eines solchen Schadens kann es nicht geben. Ist diese Kenntnis der Schädigungsmöglichkeit aktuell verhaltensrelevant vorhanden, kommt es für den Vorsatz auf ein zusätzliches Element des (Herbeiführungs-)Willens nicht mehr an: Wer weiß, was er willentlich tut, will das stets! Deutlicher Beleg für die Irrelevanz eines selbstständigen Willenselements beim Vorsatz ist das „Billigen im Rechtssinne" beim dolus eventualis, das der Bundesgerichtshof im Lederriemenfall hat ausreichen lassen.[3] – Von diesem Definitionselement bleibt letztlich nichts übrig, was relevant sein könnte![4]

4   Aus diesem Grund nochmals mit Nachdruck: Definitionen von Gesetzes- und sonstigen Rechtsbegriffen stehen – mit Ausnahme der Legaldefinitionen[5] – nicht im Gesetz. Sie sind vielmehr auch im strafrechtlichen Kontext Produkte der Rechtskonkretisierung, die bei der Strafrechtsanwendung in Form von Schuldspruch und Strafe nach einem bestimmten Strafgesetz vorzunehmen ist. Sie sind regelmäßig unverzichtbares Bindeglied zwischen den abstrakten Straftatkriterien und dem Sachverhalt, der sie erfüllen soll. Es wäre ein verhängnisvolles Missverständnis, anzunehmen, sie hätten sozusagen Gesetzeskraft. Tatsächlich tragen die jeweiligen das Strafrecht anwendenden Personen die Verantwortung für die Richtigkeit der zur Rechtskonkretisierung verwendeten Definitionen. Bei der Entscheidung über eine Verurteilung sind das die im für den konkreten Anwendungsfall zuständigen Strafgericht tätigen Richterinnen und Richter. Wer die Arbeit scheut, die für die Entwicklung sachgerechter Definitionen erforderlich ist, und einfach unreflektiert fremde Definitionen – und seien es solche der Rechtsprechung oder der h. L. – übernimmt, wird seiner Verantwortung nicht gerecht. Diese Personen müssen sich vorwerfen lassen: Sie wissen nicht, was sie tun!

---

[2] BGHSt 19, 295, 298; diese Vorsatzdefinition wurde von vielen aufgegriffen und hält sich hartnäckig in der einschlägigen Literatur; vgl. etwa *Wessels/Beulke/Satzger*, AT, Rn. 313 (mit der Modifikation, dass alle „objektiven Tatumstände" gekannt werden müssen); ferner z. B. *Jescheck/Weigend*, AT, § 29 II (S. 295 ff.); *Kühl*, AT, § 5 Rn. 6; *Kühl*, in: Lackner/Kühl, § 15 Rn. 3; *Rengier*, AT, § 14 Rn. 2, 5, jew. m. w. N. Bei der unkritischen Rezeption wurde und wird leider regelmäßig nicht beachtet, dass der Bundesgerichtshof mit den „Tatumständen" (nur) die Umstände des Verhaltens meint, bei deren Gegebensein die Handlung oder Unterlassung des Täters ein (grundsätzlich missbilligtes) tatbestandsmäßiges Verhalten darstellt. Das sind gerade nicht alle (objektiven) Tatumstände.

[3] Vgl. BGHSt 7, 363 ff. (*Rengier*, AT, § 14 Rn. 29 rügt an der „Billigungstheorie" immerhin mit Recht den „unglücklichen Sprachgebrauch").

[4] S. zu einer auf diesen Erkenntnissen aufbauenden Definition des Vorsatzes (hinsichtlich der Tatbestandsverwirklichung i. e. S.) § 2 Rn. 106.

[5] Da aber auch Legaldefinitionen regelmäßig definitionsbedürftige Begriffe enthalten, lösen sie das Grundproblem nicht.

II. Allgemeine Straftatkriterien: Tatbestandsspezifischer Verhaltensnormverstoß und etwaige spezifische Fehlverhaltensfolgen vor dem Hintergrund verschiedener Tatbestandsbegriffe

1. Allgemeine Grundlagen

a) Funktion von Schuldspruch und Strafe – Formelle und materielle Strafbarkeitsvoraussetzungen

Was eine Straftat erfordert, lässt sich nicht einfach aus den abstrakten Normtexten   5
der Strafvorschriften ableiten. Zwar müssen diese „Straftatbestände" mit Blick auf
die *formale* Garantie des Gesetzlichkeitsgrundsatzes den jeweils zu beurteilenden
Sachverhalt zumindest nach ihrem Wortlaut erfassen.[6] Jedoch bedarf die definitive
Annahme der Strafbarkeit einer bestimmten Person nach dem Strafgesetz – über die
Erfüllung des bloßen Wortlauttatbestands hinaus – stets auch einer *materiellen* Begründung.[7]

Mit Schuldspruch und Strafe wird der betreffenden Person gegenüber der Vor-   6
wurf erhoben, sie habe in gravierendem Maße gegen eine ihr gegenüber legitimierbare tatbestandsrelevante Verhaltensnorm verstoßen. Dieser besonders schwerwie-
gende Vorwurf rechtlich zu missbilligenden Fehlverhaltens stellt einen gewichtigen
Eingriff in Grundrechte der Person dar – mag er auch je nach Art und Intensität der
missbilligenden Reaktion noch weiter abzustufen sein. Ein derartiger Eingriff muss
sich an den Kriterien des verfassungsrechtlich verankerten Verhältnismäßigkeitsgrundsatzes messen lassen: Er muss zur Erreichung eines legitimen Zwecks geeignet, erforderlich und angemessen sein.[8] Bestimmt man den legitimen Zweck von
Schuldspruch und Strafe zutreffend, geht es ausschließlich um die Restitution des
vom Täter verletzten Rechts, und zwar durch angemessen missbilligende Reaktion
auf den Verhaltensnormverstoß des Täters (ggf. auch auf spezifische Folgen dieses

---

[6] Zur wichtigen *formellen* Bindung der staatlichen Strafgewalt, die in Art. 103 II GG zum Ausdruck
kommt, näher *Freund/Rostalski,* AT, § 1 Rn. 63, 70 ff.; *Jäger,* Examens-Repetitorium AT, Rn. 10 ff.,
jew. m. w. N.

[7] Zu den Legitimationsbedingungen konkreter Sanktionsanordnungen auf strafgesetzlicher Ermächtigungsgrundlage näher *Freund/Rostalski,* GA 2018, 264 ff. – Zum straftheoretischen Hintergrund näher *Frisch,* GA 2015, 65, 67 f., 75 ff., 78 ff.; *ders.,* GA 2017, 699, 703 f.; s. auch *Timm,*
Gesinnung und Straftat, S. 52 ff.

[8] Zur Bedeutung des Verhältnismäßigkeitsgrundsatzes (auch) für die konkrete Sanktionsanordnung
näher *Freund/Rostalski,* AT, § 1 Rn. 28 ff. – Zu den Kriterien des Verhältnismäßigkeitsgrundsatzes
und seiner Relevanz bereits für die Verhaltensnormlegitimation näher unten Rn. 26 ff. Speziell zur
Notwendigkeit *eines* legitimen Zwecks als klarem Bezugspunkt der Verhältnismäßigkeitsprüfung
und zur normativen Unzulässigkeit einer Polyteleologie (weil diese die harten Kriterien der Verhältnismäßigkeitsprüfung leerlaufen lässt) s. *Leisner-Egensperger,* JZ 2021, 913 ff.

personalen Fehlverhaltens).[9] Selbst wenn man in diesem Zusammenhang andere Zwecke (der Spezial- oder Generalprävention) ins Spiel bringen möchte, führt doch kein Weg daran vorbei, dass der mit Schuldspruch und Strafe unhintergehbar verbundene Vorwurf gravierenden rechtlichen Fehlverhaltens nach *seinem Inhalt und nach seiner Intensität* zutreffen muss.[10] An diesem unverzichtbaren materiellen *allgemeinen* Strafbarkeitserfordernis vermag auch eine Aufteilung des straftatrelevanten „Stoffs" auf unterschiedliche Prüfungsstufen und die Bildung eingeschränkter Tatbestandsbegriffe nichts zu ändern.

b) Verschiedene Tatbestandsbegriffe

7   Der Tatbestandsbegriff wird speziell im strafrechtlichen Kontext oft unsensibel verwendet. Wenn vom Straftatbestand und seiner Erfüllung gesprochen wird, meint man regelmäßig nur einen kleinen Ausschnitt der (Tatbestands-)Voraussetzungen, die erfüllt sein müssen, damit die in Frage stehenden Rechtsfolgen des Schuldspruchs und der Bestrafung tatsächlich eingreifen. In seiner allgemeinsten Bedeutung ist der *Tatbestand (im weitesten Sinne)* der *Inbegriff sämtlicher Rechtsfolgevoraussetzungen.* Zu diesen zählen außer den Voraussetzungen des *Tatbestands i. e. S.* insbesondere auch die Voraussetzungen fehlender Rechtfertigung[11] und hinreichender Schuldhaftigkeit sowie bestimmte weitere materielle und formelle Voraussetzungen der Strafbarkeit und Verfolgbarkeit bis hin zum ordnungsgemäß erbrachten Tatnachweis im Strafprozess.[12] Von diesen Tatbestandsvoraussetzungen im umfassenden Sinn werden im Rahmen der universitären Fallbearbeitung nur bestimmte Ausschnitte relevant: Regelmäßig geht es nur um den Tatbestand i. e. S. (mit seinen Aspekten des grundsätzlich missbilligten

---

[9] Näher dazu *Freund,* Erfolgsdelikt und Unterlassen, S. 88 ff.; s. etwa auch *Appel,* Verfassung und Strafe, S. 460 ff.; *Kreuzberg,* Täterschaft und Teilnahme als Handlungsunrechtstypen, S. 261 f., jew. m. w. N. – Weiterführend dazu i. S. einer restitutiven Straftheorie (*Freund*) *Freund/Rostalski,* AT, § 1 Rn. 24 ff., 28 ff. Die retributive expressive Straftheorie (*Rostalski*) *Freund/Rostalski,* AT, § 1 Rn. 24 ff., 37 ff. gelangt letztlich zu übereinstimmenden Begrenzungen von Schuldspruch und zusätzlichem Strafübel, rechtfertigt aber beides mit dem Recht des Straftäters auf eine entsprechende Antwort. Ergänzend zum Gedanken der Strafe als Resonanz *Rostalski,* Tatbegriff, S. 19 ff.

[10] S. dazu näher *Freund/Rostalski,* AT, § 1 Rn. 24 ff. – Hierin liegt auch der Grund, weshalb eine Strafbarkeit juristischer Personen bei sachgerechtem Vorgehen ausscheiden muss. Strafe ist kein Allheilmittel. Gegenüber juristischen Personen kommen nur andere Maßnahmen in Betracht; näher dazu *Mulch,* Strafe und andere Maßnahmen gegenüber juristischen Personen, 2017; krit. zum Entwurf eines Verbandssanktionengesetzes, *Weidenauer* (geb. *Mulch*), CCZ 2021, 53 ff.

[11] Bekanntlich fasst die Lehre von den Rechtfertigungsgründen als „negativen Tatbestandsmerkmalen" den Tatbestand i. e. S. und die fehlende Rechtfertigung als „Gesamtunrechtstatbestand" auf; vgl. dazu etwa *Arthur Kaufmann,* JZ 1954, 653 ff.; JZ 1956, 353 ff., 393 ff.; *dens.,* FS Lackner, 1987, S. 185 ff.; *Kindhäuser,* Gefährdung als Straftat, S. 111 f.; ferner etwa *Freund,* JuS 1997, 235, 237 f.; *Puppe,* FS Otto, 2007, S. 389, 393; *Schlehofer,* in: MünchKommStGB, Band 1, Vor § 32 Rn. 36 ff.; wider den dreistufigen und für einen zweistufigen Deliktsaufbau etwa auch *Schladitz,* Normtheoretische Grundlagen, S. 601 f. Auch bei diesem (die nicht gerechtfertigte Tatbestandsverwirklichung umfassenden) „Gesamtunrechtstatbestand" werden freilich noch nicht alle Kriterien erfasst, die erfüllt sein müssen, damit ein für Schuldspruch und Strafe erforderliches hinreichend gewichtiges personales Fehlverhalten vorliegt. Immerhin geht diese Lehre einen großen Schritt „in die richtige Richtung".

[12] S. dazu auch *Freund/Rostalski,* AT, § 1 Rn. 108 ff., § 2 Rn. 96 ff.

Verhaltens und entsprechender tatbestandsspezifischer Verhaltensfolgen) sowie um das Fehlen von Umständen (insbes. von Rechtfertigungsgründen), die eine endgültige Verhaltensmissbilligung ausschließen, und (auf der traditionell sog. Schuldstufe) um das für Schuldspruch und Strafe hinreichende Gewicht des bereits definitiv begründeten Verhaltensnormverstoßes der konkreten Person.[13] Soweit es um die – dem Gewichtungsproblem vorgelagerte – Frage der *endgültigen Verhaltensmissbilligung* geht, ist es sinnvoll, vom Tatbestand i. w. S. zu sprechen. Dieser Tatbestand i. w. S. umfasst den Tatbestand i. e. S. sowie – als dessen Erweiterung – alle zusätzlichen positiven und negativen Tatumstände, die für einen Verstoß gegen eine kontext- und adressatenspezifisch legitimierte Verhaltensnorm und damit für eine endgültige Verhaltensmissbilligung (für endgültiges personales Verhaltensunrecht) benötigt werden. Bei der Vorsatztat gehört dazu auch die Kenntnis der die endgültige Verhaltensmissbilligung begründenden Tatumstände.

In der universitären Ausbildung eher am Rande bedeutsam ist die Verfolgungsvoraussetzung des Strafantrags und seine mögliche Ersetzung durch ein besonderes Strafverfolgungsinteresse. Beweisfragen spielen keine Rolle, weil der zu beurteilende Sachverhalt stets vorgegeben wird.

Wenn man dem Erfordernis des tatbestandsspezifischen Verhaltensnorm*verstoßes* nicht schon bei der Tatbestandsprüfung i. e. S. – im Kontext des grundsätzlichen Vermeiden*müssens* – Rechnung trägt, muss man bei sachgerechtem Vorgehen spätestens im Rahmen der Prüfung der entsprechenden Tatbestandserweiterung klären, ob nicht vielleicht Umstände gegeben sind, die eine *endgültige* Verhaltensmissbilligung ausschließen. Insofern ist zu klären, ob eine Person tatsächlich so gehandelt oder unterlassen hat, dass der Vorwurf fehlerhaften Verhaltens ihr gegenüber auch tatsächlich berechtigt ist. Daran fehlt es, wenn von einer Person in einer bestimmten Situation überhaupt nicht erwartet werden konnte, dass sie die Verhaltensnorm, gegen die sie angeblich verstoßen haben soll, bildet und befolgt. Im Rahmen des geläufigen dreistufigen Aufbaus[14] wird oft viel zu spät erst auf der Schuldprüfungsstufe thematisiert, ob überhaupt ein individualisierend begründeter tatbestandsspezifischer Verstoß der konkreten Person gegen eine Verhaltensnorm gegeben ist.[15]

8

---

[13] Die gesetzlich normierten Schuldausschließungs- und Entschuldigungsgründe betreffen nur spezielle Fälle des fehlenden bzw. des nicht hinreichend gewichtigen Fehlverhaltens. Im Falle des Schuldausschlusses gibt es überhaupt kein Fehlverhalten der konkreten Person; im Falle der Entschuldigung ist es aus bestimmten Gründen so stark reduziert, dass eine Bestrafung ausscheidet. Mit Recht zwischen Schuldausschließungs- und Entschuldigungsgründen differenzierend daher etwa *Seier/Waßmer,* Anfängerklausur, S. 47, 140; *Valerius,* Einführung, S. 30. – Allerdings wird die Problematik des hinreichend gewichtigen Fehlverhaltens mit den Schuldausschließungs- und Entschuldigungsgründen nicht vollständig erfasst. Auch wenn solche fehlen, kann der Verhaltensnormverstoß für Schuldspruch und Strafe zu wenig Gewicht aufweisen (etwa bei minimaler Fahrlässigkeit). Die hinreichende Gewichtigkeit des Verhaltensnormverstoßes ist daher stets positiv festzustellen, bevor eine Strafbarkeit angenommen wird; s. zu diesem allgemeinen Straftaterfordernis noch unten § 2 Rn. 150 ff.

[14] Mit den Stufen der Tatbestandsmäßigkeit i. e. S., der fehlenden Rechtfertigung und der (für eine Bestrafung hinreichenden) Schuldhaftigkeit.

[15] Näher zu den Anforderungen an ein rechtlich überhaupt zu missbilligendes Verhalten unten § 2 Rn. 45 ff., 120 ff., 150 ff.

9   Berücksichtigt man die Anforderungen an einen individualisierend zu bestimmenden tatbestandsspezifischen Verhaltensnormverstoß schon bei der Prüfung der
Tatbestandsverwirklichung i. e. S. oder aber immerhin bereits im Kontext der
Rechtfertigung (genauer: der endgültigen Verhaltensmissbilligung im Rahmen der
entsprechenden Tatbestandserweiterung), bleibt für die dritte Stufe des Deliktsaufbaus nur noch ein – freilich besonders wichtiger – Aspekt übrig: Das *der Art nach*
vorhandene tatbestandsspezifische Verhaltensunrecht – der entsprechende tatbestandsspezifische Verhaltensnormverstoß – muss für die in Frage stehende strafrechtliche Reaktion auch hinreichend gewichtig (hinreichend schuldhaft) sein.
Denn diese strafrechtliche Reaktion besteht im Schuldspruch mit seinem besonders
gravierenden Vorwurf *strafrechtlichen* Fehlverhaltens und in einem etwaigen zusätzlichen Strafübel, die jeweils dem Gewicht des tatbestandsspezifischen Verhaltensnormverstoßes entsprechen müssen.

10   Dass nicht jedes rechtliche Fehlverhalten auch mit einer Strafbewehrung versehen bzw. strafbar ist, beruht – ebenso wie bereits die Bestimmung der Tatbestandsspezifität des Verhaltensnormverstoßes überhaupt – auf einer speziellen
strafrechtlichen Wertung. Deren Notwendigkeit ergibt sich zwingend aus dem verfassungsrechtlichen Verhältnismäßigkeitsgrundsatz. Der besonders gravierende
strafrechtliche Fehlverhaltensvorwurf ist nur angemessen, wenn tatsächlich ein derart gewichtiger Verhaltensnormverstoß vorliegt.[16] Das gilt unabhängig von der rein
terminologischen Frage, ob man insofern mit dem Erfordernis des für eine Bestrafung hinreichend gewichtigen Verstoßes gegen eine kontext- und adressatenspezifisch konkretisierte Verhaltensnorm arbeitet oder aber – stärker traditionsgeprägt –
eine hinreichend gewichtige individuelle (schuldhafte) Pflichtverletzung verlangt.

c) Zur Funktion von (konkretisierten) Verhaltensnormen und wie diese zu bilden sind, um befolgt werden zu können

11   Grundvoraussetzung einer jeden Strafbarkeit ist nach dem oben (§ 1 Rn. 5) Gesagten der hinreichend gewichtige tatbestandsspezifische Verstoß gegen eine Verhaltensnorm, die sich ihrerseits *als solche* legitimieren lässt. In diesem Zusammenhang
ist klärungsbedürftig, was genau (konkretisierte) Verhaltensnormen sind, welche
Funktion sie haben und vor allem: durch wen und wie sie überhaupt gebildet werden. Denn erst im Anschluss daran, ist ihre Befolgung möglich. Gleichbedeutend
mit dem Begriff der Verhaltensnorm ist der Begriff der Bestimmungsnorm. Der
Begriff der Bestimmungsnorm soll zum Ausdruck bringen, dass diese Norm ihren
Adressaten oder ihre Adressatin zu einem bestimmten Verhalten veranlassen –
„bestimmen" – soll. Man kann auch sagen: Bei Verhaltensnormen, die als Ver- und
Gebote vorkommen, geht es um eine Reglementierung des Verhaltens von Personen.

12   Wenn der bloße Naturzustand des Krieges aller gegen alle überwunden und ein
geordnetes Zusammenleben der Personen in einer rechtlich verfassten Gesellschaft

---

[16]Zur Ableitung des allgemeinen Straftaterfordernisses eines (für Schuldspruch und ggf. zusätzliches Strafübel) hinreichend gewichtigen Verhaltensnormverstoßes s. noch unten § 2 Rn. 150 ff. –
Allein unter diesem Aspekt ergibt sich die Berechtigung einer weiteren Prüfungsstufe *nach* dem
zutreffend bestimmten tatbestandsspezifischen Verstoß gegen eine (kontext- und adressatenspezifisch legitimierte) Verhaltensnorm.

erreicht werden soll, bedarf es verbindlicher Verhaltensregeln in Form von konkre-
tisierungsbedürftigen Ver- und Geboten.[17] Denn wo Menschen in einer gemeinsamen Welt leben, sind ständige Interessenkollisionen die unvermeidliche Folge. Es
bestünde zumindest die ernsthafte Gefahr, dass viele Menschen nur ihre eigenen
Interessen auf Kosten anderer durchsetzen würden – jedenfalls sofern sie dafür stark
genug wären. Gäbe es keine verbindlichen Regeln, wären wir nicht nur jederzeit
faktisch einem möglichen Angriff auf bestimmte schutzbedürftige und im konkreten Einzelfall auch schutzwürdige Güter (wie Leben, Leib, Freiheit oder Eigentum)
ausgesetzt, sondern hätten davor auch keinen normativen Schutz. Denn der Angreifer könnte sich (mit Recht!) auf den Standpunkt stellen, er habe nichts *Un*rechtes
getan. Dementsprechend gäbe es auch keine staatliche Hilfe bei der Abwehr bzw.
keine staatliche Reaktion auf ein – eben nicht vorhandenes – rechtliches *Fehl*verhalten. Wenn jeder tun oder lassen dürfte, was ihm faktisch möglich ist, hätte niemand
wirkliche Freiheit. Denn diese ungehemmte allgemeine Handlungsfreiheit würde
regelmäßig mit der ebenfalls ungebremsten Freiheit anderer kollidieren. Zu rechtlich geschützten Gütern – und in diesem Sinne zu Rechtsgütern – werden Güter wie
Leben, Leib, Freiheit oder Eigentum nur *wenn* und *insoweit* als ihnen im konkreten
Einzelfall tatsächlich rechtlicher Schutz durch entsprechende kontext- und adressatenspezifisch konkretisierte Verhaltensnormen zuteil wird.

Allerdings ist es auch für eine rechtlich verfasste Gesellschaft ein Ding der   **13**
Unmöglichkeit, ein – gar schriftlich fixiertes – Regelwerk zu schaffen, das für
jeden nur denkbaren Einzelfall eine konkrete Verhaltensanweisung aufstellt. Und
selbst wenn das vielleicht in Teilbereichen möglich wäre, würde die damit verbundene Degradierung der mündigen Rechtsperson zu einer bloßen Befehlsemp-
fängerin genau das zunichte machen, was eigentlich erreicht werden soll: die
Gewährleistung wirklicher Freiheit für Bürgerinnen und Bürger als Personen des
Rechts.

Im Gegensatz zu dem hier vertretenen freiheitlichen Rechtsverständnis steht das obrigkeitsstaatli-   **14**
che und zugleich wirklichkeitsfremde Rechtsverständnis etwa von *Schladitz,* nach dem der Staat
dem Untertan (heteronome) Befehle erteilt – ihm sozusagen diktiert, was er zu tun hat (die
„Rechtsordnung" als „*Sender* von Rechtspflichten").[18] Das ist nicht vereinbar mit dem freiheitlichen Rechtsverständnis eines demokratisch verfassten Staates mit mündigen Bürgerinnen und
Bürgern, die autonom richtig zu entscheiden haben! Wirklichkeitsfremd ist das Sender-Empfän-
ger-Bild, weil das, was als Funksignal ausgesandt wird, keine endgültigen – keine „fertigen" –
Normen bzw. Pflichten enthält, sondern bestenfalls deren „Rohmaterial". Dass *Schladitz* dabei den
Zugang (den Empfang) derartiger defizitärer „Befehle" einfach fingieren und daraus die Bewertung einer konkreten Handlung als rechtswidrig ableiten möchte, macht die Sache nicht besser.[19]

Vor diesem Hintergrund hat sich die rechtlich geordnete Gesellschaft zunächst   **15**
auf bestimmte Grundentscheidungen zu beschränken, die insbesondere in einer Ver-

---

[17] Näher dazu und zum Folgenden *Rostalski,* Tatbegriff, S. 17 ff. m. w. N.

[18] *Schladitz,* Normtheoretische Grundlagen, S. 353 (Rechtsordnung als Sender von Rechtspflichten), 513 f. (personalisierter Normbefehl mit Zugangsfiktion).

[19] *Schladitz,* Normtheoretische Grundlagen, S. 513 f. (personalisierter Normbefehl mit Zugangsfiktion). – S. dazu auch noch unten § 1 Rn. 36 f., § 2 Fn. 99.

fassung wie dem Grundgesetz manifestiert sind. Daneben hat sie in nicht unerheblichem Umfang rechtsförmlich bestimmte Klarstellungen und Konkretisierungen vorzunehmen. Einzelheiten sind freilich nur insoweit vorzugeben, als dies zur Erreichung des angestrebten legitimen Zwecks geeignet, erforderlich und angemessen ist. Insbesondere die in den Grundentscheidungen und Klarstellungen enthaltenen abstrakt-generellen *Vorwertungen* sind die Grundlage für die Bildung kontext- und adressatenspezifisch konkretisierter Verhaltensnormen im Einzelfall. Das allgemeine Prinzip zur Lösung des dabei ständig auftauchenden Problems der Kollision widerstreitender Interessen ist das *Prinzip der Wahrung des überwiegenden Interesses*. Die entsprechende Konkretisierungsleistung hat in einer freiheitlichen Rechtsordnung der mündige (potenzielle) Adressat oder die mündige (potenzielle) Adressatin der Norm zu erbringen. Diese Person selbst muss jeweils klären, welches Verhalten in einem konkreten Kontext angesichts der vorgefundenen Sachlage dem Recht entspricht und muss sich sodann dementsprechend verhalten, sofern sie dazu in der Lage ist. Nur wenn sie dem nicht gerecht wird, liegt überhaupt ein Verhaltensnormverstoß vor, ohne den die Annahme einer Straftat undenkbar ist.[20]

d) Einzelfallbezogene Sanktionsnormen und deren Bildung auf strafgesetzlicher Ermächtigungsgrundlage

16 Strafgesetze sind abstrakt-generell formuliert. Sie enthalten keine konkreten Sanktionsanordnungen für bestimmte Einzelfälle. Wenn eine ganz bestimmte Person X wegen einer bestimmten Straftat Y mit Recht schuldig gesprochen und eventuell auch bestraft werden soll, muss zunächst seitens des zuständigen Strafgerichts eine entsprechende Entscheidungsnorm *gebildet* werden, die als Rechtsfolgeanordnung einen konkreten Schuldspruch und regelmäßig auch ein konkretes weiteres Strafübel zum Inhalt hat. Für die Bildung dieser einzelfallbezogenen Sanktionsnorm durch ihren normbildungsfähigen Adressaten – das jeweils zuständige Strafgericht – ist das abstrakt-generelle Strafgesetz lediglich die nach dem Gesetzlichkeitsgrundsatz des Art. 103 II GG benötigte Ermächtigungsgrundlage.[21]

17 An einer solchen Ermächtigungsgrundlage für einen alternativen Schuldspruch fehlt es etwa in den Fällen der sog. „echten Wahlfeststellung".[22] Die gegenteilige Annahme der Rechtsprechung und eines Großteils des Schrifttums, eine alternative Verurteilung sei dennoch zulässig, ist nicht haltbar: Wenn von zwei Strafgesetzen die Voraussetzungen nur alternativ erfüllt sind, ist anerkanntermaßen nach keinem dieser Strafgesetze eine Verurteilung möglich. Auf dieser Basis ist aber auch eine alternative Verurteilung nach geltendem Recht unzulässig, weil dafür die nach dem Gesetzlichkeitsgrundsatz unverzichtbare – eindeutig zu benennende(!) – gesetzliche Ermächtigungsgrundlage fehlt. Da schon der alternative Schuldspruch einen gewichtigen Rechtseingriff darstellt, ist es mit elementaren Grundsätzen rechtsstaatlichen Strafens nicht zu vereinbaren, wenn Strafgerichte Schuldsprüche kreieren, die in keinem Strafgesetz vorgesehen sind.

---

[20] Zur Normbildung und Normbefolgung als Leistung des mündigen Bürgers näher *Freund/Rostalski*, GA 2018, 264, 270 ff.; s. auch bereits *Freund*, GA 1991, 387, 396 ff.

[21] Zur Bildung konkreter Sanktionsanordnungen – als einzelfallbezogenen Sanktionsnormen – auf strafgesetzlicher Ermächtigungsgrundlage näher *Freund/Rostalski*, GA 2018, 264 ff.

[22] S. zur nach wie vor umstrittenen Problematik der sog. „echten Wahlfeststellung" bereits *Freund*, FS Wolter, 2013, S. 35 ff.; *Freund/Rostalski*, AT, § 1 Rn. 73 f., § 11 Rn. 66 m. w. N.

Die Tatbestandsvoraussetzungen der vom Strafgericht überhaupt erst zu bilden-　**18** denden konkreten (einzelfallbezogenen) Sanktionsnorm umfassen wesentlich mehr als die Voraussetzungen des strafgesetzlichen Tatbestands i. e. S. Dazu gehört insbesondere nicht nur, dass sich das Verhalten der zu bestrafenden Person im Hinblick auf die damit verbundene tatbestandsspezifische Schädigungsmöglichkeit *grundsätzlich* rechtlich missbilligen lässt. Notwendig ist vielmehr letztlich auch das sachlich begründete und erwiesenermaßen tatsächliche Vorliegen eines – für die in Frage stehende(n) Rechtsfolge(n) hinreichend gewichtigen – tatbestandsspezifischen Verstoßes gegen eine als solche kontext- und adressatenspezifisch legitimierte Verhaltensnorm.

Um seiner Normbildungsaufgabe gerecht zu werden, hat das Strafgericht auf der　**19** Grundlage des konkreten Sachverhaltes, wie er nach dem Ergebnis der Beweisaufnahme als erwiesen anzunehmen ist, zu klären, ob eine konkrete Person durch ein bestimmtes Verhalten sämtliche Voraussetzungen erfüllt hat, die für die formelle und materielle Legitimation von Schuldspruch und etwaigem zusätzlichem Strafübel i. S. eines bestimmten Straftatbestandes gelten.

Bei der erforderlichen Begründung des Vorliegens eines hinreichend gewichti-　**20** gen Verstoßes gegen eine kontext- und adressatenspezifisch legitimierte Verhaltensnorm sind zwei Aspekte bedeutsam: Zunächst ist die abstrakt-generelle Legitimierbarkeit relevanter Vorwertungen zu berücksichtigen. Denn nur dann kann auf sie eine konkretisierte Verhaltensnorm gegründet werden, gegen die verstoßen worden sein soll. Die schon auf der abstrakt-generellen Ebene zu beachtenden Kriterien – des verfolgten legitimen Zwecks mit einem geeigneten, erforderlichen und angemessenen Mittel – sind aus dem verfassungsrechtlichen Verhältnismäßigkeitsgrundsatz abzuleiten.[23] Für die im Kontext der Angemessenheitsbeurteilung stets notwendige Wertung (bei der Güter- und Interessenabwägung) spielen die zugrundeliegenden allgemeinen Wertentscheidungen der Rechtsgemeinschaft eine wichtige Rolle.[24]

Hätte man diesen Aspekt rechtzeitig in Rechnung gestellt, wäre die Schaffung der verfassungswid-　**21** rigen Strafvorschrift des § 217 a. F StGB (zur geschäftsmäßigen Förderung der Selbsttötung) vermieden worden.[25] Diese erhob das Kriterium der Geschäftsmäßigkeit der Suizidhilfe zu einem Strafbarkeitskriterium. Ein ansonsten erlaubtes Verhalten der Förderung einer freiverantwortlichen Selbsttötung kann aber nicht allein dadurch zu einem rechtlich unerlaubten werden, dass es mehrfach oder mit der Absicht mehr oder weniger häufiger Wiederholung vorgenommen wird. Da sich diese Strafvorschrift auf Verhaltensweisen bezog, die gegen keine denkbare *legitimierbare* Verhaltensnorm verstoßen, hätte – wenn dies schon bei der Schaffung des Strafgesetzes nicht beachtet wurde – jedenfalls kein Strafgericht auf dieser Grundlage eine entsprechende einzelfallbezogene Sanktionsnorm bilden dürfen. Das Strafgesetz ging also insofern vollkommen ins Leere. Es war

---

[23] S. zu den Anforderungen des verfassungsrechtlichen Verhältnismäßigkeitsgrundsatzes die Nachw. unten § 1 Rn. 26 (Fn. 27).

[24] Zu diesen allgemeinen Wertentscheidungen der Rechtsgemeinschaft als Grundlage der Bildung konkretisierter Verhaltensnormen näher oben § 1 Rn. 15; s. auch unten § 1 Rn. 71, 74.

[25] Zur Verfassungswidrigkeit des § 217 StGB s. BVerfG, Urteil vom 26.2.2020 – 2 BvR 2347/15, NJW 2020, 905 ff.; *Freund/Rostalski*, GA 2020, 617, 629.

(auch und gerade in seiner abstrakt-generellen Form) keine verfassungskonforme Ermächtigungsgrundlage für die Bildung entsprechender einzelfallbezogener Sanktionsnormen. Dies hätte das jeweilige Strafgericht bei der für die Bildung einer entsprechenden Sanktionsnorm im Rahmen seiner Pflicht zur Überprüfung der vorausgesetzten legitimierbaren Verhaltensnorm (gegen die durch das entsprechende Verhalten verstoßen worden sein muss) erkennen können und müssen.

22   Mit einer abstrakt-generellen – von bestimmten konkreten Personen in einem konkreten Kontext abstrahierenden – Legitimierbarkeit einer bloßen Vorwertung ist freilich noch nicht alles Notwendige erfasst. Wenn eine *konkrete* Person gegen eine kontext- und adressatenspezifisch konkretisierte Verhaltensnorm verstoßen haben soll, muss das mit dieser verbundene Ver- oder Gebot für eben diese konkrete Person im verhaltensrelevanten Zeitpunkt auch konkret gelten können. Eine solche Verhaltensnorm entspricht indessen nur dann dem Verhältnismäßigkeitsgrundsatz – ist insbesondere nur dann in concreto geeignet und angemessen, den angestrebten legitimen Zweck zu erreichen, wenn gerade die in Rede stehende Person unter den gegebenen Umständen diese Verhaltensnorm selbst zumindest hätte bilden und befolgen können und von Rechts wegen auch befolgen müssen.

23   Lässt sich kein Verstoß gegen eine kontext- und adressatenspezifisch legitimierte Verhaltensnorm begründen oder ist ein durchaus vorhandener Verstoß nicht hinreichend gewichtig, um den mit einem Schuldspruch und einem etwaigen zusätzlichem Strafübel einhergehenden Freiheitseingriff zu rechtfertigen, ist bereits die Grundvoraussetzung jeglicher Bestrafung nicht erfüllt. Dann kann auch keine einzelfallbezogene Sanktionsnorm gebildet werden und der Angeklagte ist freizusprechen.

24   Wenn sich hingegen ein hinreichend gewichtiger Verstoß gegen eine kontext- und adressatenspezifisch legitimierte Verhaltensnorm begründen lässt, muss der als einschlägig in Erwägung gezogene Straftatbestand Verstöße wie diesen auch abstrakt-generell in Bezug nehmen. Dafür müssen die sich aus der Legitimation der übertretenen Verhaltensnorm ergebenden Eigenschaften des Verstoßes genau übereinstimmen. So muss etwa bei einem Verstoß gegen das von den Tötungsdelikten mittelbar in Bezug genommene konkretisierte Tötungsverbot ein Verhaltensnormverstoß vorliegen, bei dem gegen eine Verhaltensnorm verstoßen wird, die dualistisch legitimiert ist – also sowohl durch den Schutz des Rechtsguts Leben als auch durch die Sonderverantwortlichkeit des Adressaten oder der Adressatin der Norm für das Vermeiden der in Frage stehenden Schädigungsmöglichkeit. Nur dann handelt es sich um einen tatbestandsspezifischen Verstoß i. S. dieser Straftatbestände.

25   Sind neben dem Erfordernis des (hinreichend gewichtigen) tatbestandsspezifischen Verhaltensnormverstoßes auch alle übrigen Sanktionsnormvoraussetzungen gegeben, ergibt sich als Rechtsfolge ein entsprechender Schuldspruch sowie auf dessen Basis – unter Beachtung der Rahmenvorgaben des Strafgesetzes als Ermächtigungsgrundlage – regelmäßig ein entsprechendes zusätzliches Strafübel in Form einer Geld- oder Freiheitsstrafe.

2. Tatbestandsspezifischer Verhaltensnormverstoß als Grundkriterium

a) Die Grundform des Verhaltensnormverstoßes bei monistisch und dualistisch legitimierten Verhaltensnormen

Im Hinblick auf die Aufgabe von Schuldspruch und Strafe, angemessen missbilligend **26** auf den (hinreichend gewichtigen) tatbestandsspezifischen Verstoß gegen eine Verhaltensnorm (und ggf. auch auf dessen spezifische Folgen) zu reagieren, ist ein entsprechender vom Straftatbestand als Ermächtigungsgrundlage abstrakt-generell in Bezug genommener Verhaltensnormverstoß unverzichtbares Grundkriterium einer jeden Straftat.[26] Verhaltensnormen schränken stets die allgemeine Handlungsfreiheit ein. Wenn ein Verstoß gegen eine Verhaltensnorm vorliegen soll, muss in erster Linie diese mit der vorausgesetzten Verhaltensnorm verbundene Freiheitsbeschränkung legitimierbar sein. Wie bereits dargelegt bedeutet das: Sie muss dem verfassungsrechtlichen Grundsatz der Verhältnismäßigkeit entsprechen – also einen legitimen Zweck verfolgen und zur Erreichung dieses Zwecks geeignet, erforderlich und angemessen sein.[27] Ob es sich beim Verstoß gegen eine solchermaßen legitimierte Verhaltensnorm um einen tatbestandsspezifischen Verstoß handelt, ergibt sich – primär weichenstellend[28] – aus dem durch die Verhaltensnorm geschützten Rechtsgut:[29] Tötungsdelikte erfordern den Verstoß gegen eine ein fremdes Menschenleben schützende Verhaltensnorm. Bei Körperverletzungsdelikten geht es um Verstöße gegen Verhaltensnormen, die fremde Körperintegrität schützen. Entsprechendes gilt für die Eigentumsdelikte etc.[30]

---

[26] Das ist in der Sache unbestritten; s. dazu etwa *Freund/Rostalski*, AT, § 2 Rn. 9; *Frisch*, FS Stree/ Wessels, 1993, S. 69, 82 ff.; *dens.*, NStZ 2016, 16 f.; *Jäger*, in: SK-StGB, Band 1, Vor § 1 Rn. 30; *Kindhäuser/Zimmermann*, AT, § 5 Rn. 3; *Kreß*, AT-Skript Kölner Examenskurs, 5. Kap. Rn. 63 ff., 8. Kap. Rn. 1; *Stein*, in: SK-StGB, Band 1, Vor § 13 Rn. 1; für die Fallbearbeitung *Freund*, JuS 1997, 235, 236 ff.

[27] Zum verfassungsrechtlichen Verhältnismäßigkeitsgrundsatz s. etwa BVerfGE 23, 127, 153; 30, 292, 316; außerdem etwa *Appel*, Verfassung und Strafe, S. 569 ff.; *Kaspar*, Verhältnismäßigkeit und Grundrechtsschutz im Präventionsstrafrecht, S. 27 ff., 351 ff., 619 ff.; *Lagodny*, Strafrecht vor den Schranken der Grundrechte, S. 10 ff.; s. auch *Leisner-Egensperger*, JZ 2021, 913 ff. (zur Notwendigkeit *eines* legitimen Zwecks als klarem Bezugspunkt der Verhältnismäßigkeitsprüfung und zur normativen Unzulässigkeit einer Polyteleologie). – Zur Bedeutung des Verhältnismäßigkeitsgrundsatzes für die Legitimation von Verhaltensnormen s. *Freund/Rostalski*, AT, § 1 Rn. 51 ff. Die Angemessenheitsprüfung erfordert eine Güter- und Interessenabwägung, wie sie vergleichbar beim rechtfertigenden Notstand (§ 34 StGB) geläufig ist.

[28] Eine zweite wichtige Weichenstellung ergibt sich durch das bei fast allen Tatbeständen vorausgesetzte Erfordernis der Sonderverantwortlichkeit (für das Vermeiden der in Frage stehenden Rechtsgutsschädigung). Ausnahmen sind im StGB nur § 138, 323c I, bei denen der Verstoß gegen eine allein im Rechtsgüterschutzinteresse legitimierte Verhaltensnorm genügt. Näher dazu sogleich noch im Text.

[29] Näher zur Bedeutung des Rechtsgüterschutzaspekts für die Spezifizierung des Verstoßes *Freund/Rostalski*, AT, § 2 Rn. 11 ff.

[30] An diesem klaren Befund ändert sich nichts dadurch, dass bei den genannten Straftaten der Verstoß gegen eine *auch* durch die Sonderverantwortlichkeit des Adressaten oder der Adressatin der Norm – also gegen eine dualistisch – legitimierte Verhaltensnorm erforderlich ist; s. dazu sogleich noch im Text.

27   Verhaltensnormen, die sich *allein* durch ihr spezifisches Rechtsgüterschutzinteresse – durch ihren legitimen Zweck – begründen lassen, heißen *monistisch legitimierte Verhaltensnormen*. Verstöße gegen diese Art von Verhaltensnormen werden im Besonderen Teil des StGB nur von den §§ 138, 323c I erfasst. Bei allen anderen Straftatbeständen bedarf es für einen tatbestandsspezifischen Verhaltensnormverstoß des Verstoßes gegen eine *dualistisch legitimierte Verhaltensnorm* – also gegen eine solche, die auch durch die Sonderverantwortlichkeit des Adressaten oder der Adressatin der Norm für das Vermeiden der Güterschädigung legitimiert ist.[31]

28   Allgemein anerkannt ist dieses Kriterium des tatbestandsspezifischen Verhaltensnormverstoßes schon lange bei den begehungsgleichen Unterlassungsdelikten.[32] Die notwendige Sonderverantwortlichkeit der durch die Norm adressierten Person für das Vermeiden bestimmter Schädigungsmöglichkeiten – also potenziell güterschädigender Verläufe – wird dort meist „Garantenverantwortlichkeit" genannt. Der Verstoß gegen eine allein im Güterschutzinteresse legitimierbare Verhaltensnorm genügt für eine solche begehungsgleiche Tatbestandsverwirklichung nicht. Vielmehr muss der Adressat oder die Adressatin der Norm zur Quelle oder zum Erfolgsort der zu vermeidenden Schädigungsmöglichkeit einen ganz bestimmten normativen Bezug aufweisen: Es müssen Umstände gegeben sein, die in Verbindung mit dem jeweils intendierten Rechtsgüterschutz die Wertung rechtfertigen, gerade dieser Person (als entsprechend sonderverantwortlicher) die tatbestandsrelevante *besondere* Vermeidepflicht aufzuerlegen. Diese Sonderverantwortlichkeit als materielles Straftatkriterium muss *tatsächlich* eine zusätzliche verhaltensnormfundierende Kraft haben. Sie kann nicht einfach behauptet und auch nicht einfach gesetzlich angeordnet werden, wenn sie sachlich fehlt.

29   Beispiel: Selbst der Gesetzgeber könnte aus einer unterlassenen Hilfeleistung mit Todesfolge[33] keinen Totschlag (durch begehungsgleiches Unterlassen) machen, indem er per Gesetz jeden zu einem Unglücksfall zufällig hinzukommenden Passanten zum für die Lebensrettung „Sonderverantwortlichen" deklarierte. Tatsächlich trägt in derartigen Fällen materiell nur der Rechtsgüterschutz als Legitimationsgrund der Verhaltensnorm. Insofern stößt schon der für die Manifestation und Konkretisierung von Grundsatzentscheidungen auf Verhaltensnormebene zuständige Gesetzgeber an Grenzen seiner Regelungsmacht. Das gilt erst recht für den Strafgesetzgeber.[34]

---

[31] Zur grundlegenden Differenzierung zwischen monistisch und dualistisch legitimierten Verhaltensnormen und deren Bedeutung für das Strafrecht s. *Freund*, Erfolgsdelikt und Unterlassen, S. 68 ff.; *dens.*, in: MünchKommStGB, Band 1, Vor § 13 Rn. 152 ff., 170 ff., § 13 Rn. 19 ff.

[32] Deren nicht selten anzutreffende Bezeichnung als „unechte" Unterlassungsdelikte ist irreführend und daher besser zu vermeiden; zur angemessenen Terminologie näher unten § 1 Rn. 39 ff.

[33] Zur entsprechenden Folgenverantwortlichkeit auch bei der unterlassenen Hilfeleistung s. noch unten § 3 Rn. 19, § 5 Rn. 55.

[34] Zu solchen Grenzen, die nicht nur auf der Verhaltensnormebene zu beachten sind, sondern auch für den Strafgesetzgeber gelten, vgl. *Freund/Rostalski*, AT, § 4 Rn. 85 ff. (mit dem Beispiel, dass auch der Gesetzgeber materiell aus einer Fahrlässigkeitstat keine Vorsatztat machen kann), § 6 Rn. 21.

Eine tatsächlich dualistisch legitimierte Verhaltensnorm ist nicht nur spezifisch **30** durch die Sonderverantwortlichkeit ihres Adressaten oder ihrer Adressatin begründet. Je nach den Umständen können der für eine bestimmte Gefahrenvermeidung sonderverantwortlichen Person sehr viel weitergehende Einschränkungen auferlegt werden, als dies im Verhältnis zu einer bloß aus Gründen des Rechtsgüterschutzes in die Pflicht zu nehmenden möglich wäre. Insofern ist die Sonderverantwortlichkeit zulasten der durch die Norm adressierten Person auf allen Abwägungsebenen zu berücksichtigen – also im Rahmen des Tatbestands i. e. S., der Tatbestandserweiterung (insbes. der fehlenden Rechtfertigung) sowie des hinreichenden Gewichts (der hinreichenden Schuldhaftigkeit) des Fehlverhaltens.

Inzwischen setzt sich immer mehr die Einsicht durch, dass die Sonderverant- **31** wortlichkeit nicht nur für die Tatbestandsverwirklichung durch begehungsgleiches Unterlassen, sondern in gleicher Weise für die Tatbestandsverwirklichung durch eine Handlung (ein aktives Tun) notwendig ist.[35] Mit dieser wichtigen Erkenntnis entfällt zugleich der fälschlicherweise oft angenommene Gegensatz zwischen der Tatbestandsverwirklichung durch (aktives) Tun und (begehungsgleiches) Unterlassen. Denn normativ maßgeblich ist für die Tatbestandsverwirklichung gar nicht die naturalistische Verhaltens*form* (Handlung oder Unterlassung), sondern allein die Qualität der übertretenen Verhaltens*norm*. Ob ein Kraftfahrer einen Fußgänger aktiv-gasgebend – also handelnd – oder aber nur nicht-bremsend – also unterlassend – überrollt und dadurch jeweils tötet, macht normativ – also im Hinblick auf den damit verwirklichten Unwertgehalt – keinen Unterschied.[36] Entsprechendes gilt für das Verhungernlassen des eigenen und das Erwürgen eines fremden Kindes.

Der Gesetzesbegriff der „Verursachung des Todes durch Fahrlässigkeit" oder des **32** „Tötens" in den relevanten Tatbeständen erfasst nicht ausschließlich das Kausalwerden einer Handlung für den Tod eines anderen Menschen. Nach Wortlaut und Ratio ist für die Tatbestandsverwirklichung vielmehr allein der Verstoß gegen eine Verhaltensnorm entscheidend, die sich im Lebensschutzinteresse eines anderen Menschen

---

[35] Zur – auf dem Gedanken der Gefahrenquellenverantwortlichkeit beruhenden – Sonderverantwortlichkeit („Garantenverantwortlichkeit") auch des Begehungstäters (der den Straftatbestand durch ein Tun erfüllt) zutreffend *Jakobs,* Handlungsbegriff, S. 31; *ders.,* AT, 7/56 ff., 28/14 ff.; *ders.,* System der strafrechtlichen Zurechnung, S. 27; s. weiterhin *Gauger,* Konkludente Täuschung, S. 199 ff.; *Georgy,* Verantwortlichkeit von Amtsträgern, S. 24 ff.; ferner etwa *Donner,* Zumutbarkeitsgrenzen, S. 106 f.; *Frisch,* Tatbestandsmäßiges Verhalten, S. 132 ff.; *Herzberg,* Die Unterlassung im Strafrecht, S. 169 ff. (mit einem einheitlichen Konzept für das Begehungs- und das begehungsgleiche Unterlassungsdelikt in Gestalt des „vermeidbaren Nichtvermeidens in Garantenstellung"); *Pawlik,* Das Unrecht des Bürgers, S. 159 ff.; *Sangenstedt,* Garantenstellung und Garantenpflicht von Amtsträgern, S. 296; *Schultz,* Amtswalterunterlassen, S. 75; *Walter,* Die Pflichten des Geschäftsherrn im Strafrecht, S. 124 f.; s. ergänzend *Freund,* in: MünchKommStGB, Band 1, § 13 Rn. 76 m. Fn. 123; *dens.,* in: Strafrecht und Gesellschaft, S. 379 ff.; *dens.,* Erfolgsdelikt und Unterlassen, S. 68 ff., 116 f.; – Ohne Begründung anders z. B. *Mitsch,* JuS 2001, 105, 106: Begehungsstrafbarkeit setzte jedenfalls im Bereich der Allgemeindelikte keine Garantenstellung voraus.

[36] Vgl. zu diesem Beispiel *Jakobs,* AT, 7/56, 28/14; s. auch *Jakobs,* Handlungsbegriff, S. 30 ff.; *dens.,* Zurechnung von Tun und Unterlassen, S. 36 ff.; ferner *Freund,* in: Strafrecht und Gesellschaft, S. 379, 381 ff.

und durch die entsprechende Sonderverantwortlichkeit des Adressaten oder der Adressatin der Norm legitimieren lässt, sowie der Tod als spezifische Folge dieses Verstoßes. Genau diese Kriterien können sowohl bestimmte Handlungen als auch bestimmte Unterlassungen erfüllen.[37]

33   In solcher Sicht – die übrigens auch vom Bundesgerichtshof geteilt wird[38] – hat § 13 StGB keine strafbarkeitskonstitutive, sondern nur eine klarstellende Funktion.[39] Für die Fallbearbeitung hat das den nicht zu unterschätzenden Vorteil, dass bei Tatbestandsverwirklichungen durch eine Handlung und solchen durch eine (begehungsgleiche) Unterlassung mit einem einheitlichen Aufbauschema gearbeitet werden kann: Da die Kriterien der Tatbestandsverwirklichung vollkommen identisch sind, erweist sich die konkrete Erscheinungsform des Verhaltens – die Verhaltensform – als normativ irrelevant.[40]

34   Nochmals zur Klarstellung: Das Erfordernis des tatbestandsspezifischen Verhaltensnormverstoßes, wie er für Schuldspruch und Strafe benötigt wird, ist nicht schon dann erfüllt, wenn *abstrakt-generalisierend* ein Missbilligungsurteil gefällt werden kann. Ein solches hypothetisches Urteil steht notwendigerweise unter Vorbehalten und erlaubt noch keine endgültig verbindliche Verhaltensbewertung in einem konkret zu beurteilenden Einzelfall. Abstrakt-generalisierenden Urteilen lassen sich lediglich gewisse Grundsatzentscheidungen entnehmen, die auch als „verhaltensrelevante Vorwertungen" bezeichnet werden können, die aber noch keine „fertigen" – noch keine endgültigen – Verhaltens*normen* darstellen. Solche Vorwertungen sind – als Vor- oder Zwischenprodukte – lediglich die Grundlage, auf

---

[37] Schon *Feuerbach* (Lehrbuch, S. 147) hat das zutreffend erfasst. Für ihn war es beispielsweise kein Problem, unter das „Töten" i. S. des § 212 StGB ohne Weiteres auch bestimmte Fälle des Unterlassens zu subsumieren. Zutreffend dazu *Schmidhäuser,* FS Müller-Dietz, 2001, S. 761, 762 ff.

[38] S. dazu BGHSt 36, 227. – Leider wird diese zutreffende Position des Bundesgerichtshofs von einem Großteil des Schrifttums bislang konsequent ignoriert: S. dazu etwa *Gropp/Sinn,* AT, § 11 Rn. 12: „Der Obersatz einer unechten Unterlassungsstraftat setzt sich somit aus der gesetzlichen Unwertbeschreibung einer Straftat, die eine Veränderung in der Außenwelt beschreibt (Erfolgsstraftat)[,] und den spezifischen Voraussetzungen in § 13 zusammen." – Deutlicher kann man kaum ausdrücken, dass hier mit grundverschiedenen Tatbeständen „gearbeitet" wird! – S. ferner stellvertretend für viele *Frister,* AT, 7. Kap. Rn. 15; *Kaspar,* AT, § 10 Rn. 2 ff., 5 (Strafbarkeit des Unterlassenden werde „erst über die Brücke des § 13" begründet); *Kindhäuser/Zimmermann,* AT, § 35 Rn. 2; *Kuhlen,* FS Puppe, 2011, S. 669, 671 („[...] unterscheiden sich nach geltendem Recht der Tatbestand des unechten Unterlassungsdelikts und der des Begehungsdelikts [...]").

[39] Zur bloßen Klarstellungsfunktion des § 13 StGB s. auch *Freund,* in: MünchKommStGB, Band 1, Vor § 13 Rn. 177, § 13 Rn. 14 ff.; insofern sachlich übereinstimmend etwa *Bosch,* in: Schönke/ Schröder, § 13 Rn. 5/6; *Perdomo-Torres,* FS Jakobs, 2007, S. 497, 498; vgl. auch *Kreß,* AT-Skript Kölner Examenskurs, 25. Kap. Rn. 17.

[40] Zur Irrelevanz der Verhaltens*form* und zu den normativen Kriterien der Tatbestandsverwirklichung durch Tun und Unterlassen (Handlungen und Unterlassungen) näher *Freund,* in: Strafrecht und Gesellschaft, S. 379 ff.; *ders.,* FS Herzberg, 2008, S. 225 ff.; s. auch *dens.,* in: Grundlagen und Konzepte, S. 175, 181 ff.

der unter Berücksichtigung der konkreten Umstände des Einzelfalls eine *kontext- und adressatenspezifisch konkretisierte Verhaltensnorm* der konkreten Person gegenüber legitimierbar sein muss. Das erfordert, dass genau von dieser Person in der konkreten Situation rechtlich zu erwarten war, dass sie die zu legitimierende Verhaltensnorm selbst zunächst bildet und sodann befolgt.

Man kann auch sagen: Die Geltungsbedingungen der kontext- und adressaten-   **35**
spezifisch konkretisierten Verhaltensnorm sind *deren* Tatbestandsvoraussetzungen. Ist auch nur eine davon nicht erfüllt, wird die Verhaltensnormgeltung als Rechtsfolge nicht ausgelöst.[41] Dementsprechend kann auch kein Verhaltensnorm*verstoß* vorliegen. Nur wenn die konkrete Person durch ihr Verhalten gegen eine von ihr zu bildende und zu befolgende Verhaltensnorm verstößt, liegt ein entsprechender *Verhaltensnormverstoß* vor. Erst dann kann von einem rechtlich zu missbilligenden Verhalten die Rede sein. Wenn es ein Strafgesetz gibt, das auf einen solchen Verstoß abstrakt-generell Bezug nimmt, kann sogar von einem *tatbestandsspezifischen Verhaltensnormverstoß* gesprochen werden.[42]

Ohne tragfähige Begründung anders sieht das etwa *Schladitz*, der meint, Rechtsnormen müssten   **36**
stets abstrakt-generell formuliert sein; das „was der Bürger in einer konkreten Situation tun soll," sei „keine Norm".[43] Unabhängig von dem rein terminologischen Problem, ob man konkret-individuelle Verhaltensnormen besser als *Pflichten* bezeichnen sollte, bleibt immer das Sachproblem der Legitimation solcher Normen oder Pflichten. Insofern sind letztlich stets insbesondere auch die jeweiligen Anwendungsbedingungen der Norm oder Pflicht zu beachten. Diese sind sachlich – wenn es um die Einschränkung der Freiheit der Bürger geht – deren äquivalenter Bestandteil! Ernst gemeint kann auch die abstrakt-generell formulierte „Norm" nur für den Fall sein, dass auch ihre selbstverständlich vorausgesetzten und damit stillschweigenden Anwendungsbedingungen erfüllt sind. Was soll eine Norm, die gar nicht als konkret wirksame Verhaltensreglementierung gedacht ist? Jedenfalls als *Verhaltens*norm vermag sie keinerlei legitimen Zweck zu erfüllen. Sie ist daher als solche (oder – wenn man diese Bezeichnung bevorzugt – als individuelle Pflicht) funktionslos und schon deshalb bei Beachtung der verfassungsrechtlichen Vorgaben des Verhältnismäßigkeitsgrundsatzes nicht legitimierbar.

---

[41] Zu den Geltungsbedingungen kontext- und adressatenspezifisch konkretisierter Verhaltensnormen näher *Freund/Rostalski,* GA 2018, 264, 270 ff. – Zu deren Normcharakter, der abstrakt-generellen Regelungen nicht zukommt (mit Blick auf konkret-individuelle Entscheidungsnormen) vgl. *Müller/Christensen,* Juristische Methodik, Bd. I, S. 242 (Rn. 233), S. 280 (Rn. 275) sowie (zur Verallgemeinerungsfähigkeit der zu erzeugenden Rechtsnorm) S. 42 (Rn. 16); ferner *Möllers,* Juristische Methodenlehre, § 14 Rn. 7 ff.

[42] Zu klären ist dann freilich immer noch, ob der tatbestandsspezifische Verhaltensnormverstoß für die strafrechtliche Sanktionierung ein hinreichendes Gewicht besitzt; s. dazu noch unten § 1 Rn. 74 ff., § 2 Rn. 150 ff.

[43] *Schladitz,* Normtheoretische Grundlagen, S. 352; einen verkürzten Normbegriff ebenfalls bloß behauptend *Herzberg,* GA 2016, 737, 752: „dass wir unter ,Norm' ein Abstraktum zu begreifen haben und die konkrete Verhaltenspflicht […] keine Norm ist".

37   Der „Rückzug" von *Schladitz* auf eine (trotz fehlender Bestimmungsfunktion) angeblich immerhin noch vorhandene Bewertungsnorm[44] führt nicht weiter. Er meint, das Verhalten desjenigen, der gar nicht in der Lage ist, eine für ihn geltende Verhaltensnorm (*Schladitz* würde wohl sagen: Pflicht) zu bilden und zu befolgen, sei dennoch i. S. einer Verhaltensmissbilligung(!) negativ zu bewerten. Die Berechtigung dazu möchte er aus einer – wie er meint – auch für die konkrete Person „geltenden" abstrakt-generellen Verhaltensnorm ableiten, gegen die die konkrete Person verstoßen habe. Indessen verstößt dies gegen die Regeln der Normlogik: Eine denkbare abstrakt-generelle Bewertung des Geschehens reicht über die Annahme eines *im Grundsatz* unerwünschten Ereignisses nicht hinaus. Denn eine *endgültige Bewertung* des Verhaltens der konkreten Person als rechtlich missbilligt ist auf dieser Basis nicht möglich. Dafür muss unter Berücksichtigung *aller bewertungsrelevanten Umstände* des Einzelfalles ein verbindliches Urteil über das Verhalten genau dieser Person dahingehend getroffen werden können, dass dieses einer für sie geltenden *Verhaltensnorm* widerspricht. Eine Verhaltensnorm kann ihrer Funktion der Verhaltensreglementierung – also ihrer Bestimmungsfunktion – jedoch nur gerecht werden, wenn sie ihren Adressaten oder ihre Adressatin auch tatsächlich zu erreichen vermag. Dies kann nur eine solche, die im Hinblick auf den konkreten Einzelfall und die konkret adressierte Person – also kontext- und adressatenspezifisch – konkretisiert ist. Mit der von *Schladitz* postulierten Zugangsfiktion ist diese Funktion nicht zu erfüllen. Bei einem Verzicht auf die Bestimmungsfunktion verliert eine Verhaltensnorm jedoch ihren Normcharakter in Gänze und kann daher auch nicht als Grundlage für die Ableitung einer Verhaltens*bewertungsnorm* dienen.[45]

38   Eine etwaige abstrakt-generell formulierte „Norm", welche keine Wirkung in Form einer auf den konkreten Einzelfall bezogenen kontext- und adressatenspezifischen Verhaltensnorm entfalten kann, entbehrt jeder Daseinsberechtigung. Eine Norm im hier interessierenden Sinne regelt stets einen konkreten Anwendungsfall verbindlich. Die Geltung und damit auch schon die Existenz einer kontext- und adressatenspezifischen Verhaltensnorm wiederum ist davon abhängig, dass sie gerade von ihrer speziell adressierten Person in der konkreten Situation – als Leistung einer mündigen Bürgerin oder eines mündigen Bürgers – gebildet und befolgt werden kann.[46] Das macht der Begriff des *Tatbestands im weitesten Sinne* – als Inbegriff *sämtlicher* Rechtsfolgevoraussetzungen – bereits deutlich.

---

[44] S. *Schladitz,* Normtheoretische Grundlagen, S. 513 f., 608.

[45] Etwa die Aussage „Du sollst nicht töten!" ist gar keine Verhaltensnorm. Ihr lässt sich lediglich entnehmen, dass das Leben ein bedeutsames Rechtsgut ist. Ob auf dieser Grundlage im Einzelfall eine bestimmte Verhaltensnorm zu bilden ist, muss stets erst kontext- und adressatenspezifisch geklärt werden. Vgl. dazu auch *Kreuzberg,* Täterschaft und Teilnahme als Handlungsunrechtstypen, S. 161: „Verletzung einer zur Pflicht konkretisierten Norm" als „Definiens jedes Verhaltensunrechts".

[46] Zu dieser notwendigen Leistung der mündigen Bürgerin oder des mündigen Bürgers näher *Freund,* GA 1991, 387, 396 ff.; *Freund/Rostalski,* GA 2018, 264 ff.; vgl. hierzu auch *Jakobs,* AT, 9/12; *Kreuzberg,* Täterschaft und Teilnahme als Handlungsunrechtstypen, S. 161 f., 199 ff.; *Müller-Franken,* FS Bethge, 2009, S. 223, 250; *Reus,* Das Recht in der Risikogesellschaft, S. 176; *Wachter,* Das Unrecht der versuchten Tat, S. 124.

b) Zur angemessenen Terminologie bei Verstößen gegen monistisch und dualistisch legitimierte Verhaltensnormen durch Tun und Unterlassen – insbesondere: begehungsgleiches und nichtbegehungsgleiches Unterlassen

Die bisherigen Überlegungen haben ergeben: Für die Verwirklichung bestimmter   **39** Straftaten kommt es entscheidend darauf an, ob ein *tatbestandsspezifischer Verhaltensnormverstoß* vorliegt. Weichenstellend ist dabei, ob gegen eine monistisch oder gegen eine dualistisch legitimierte Verhaltensnorm verstoßen wird. Im StGB gibt es nur zwei Straftaten, bei denen ein Verstoß gegen eine monistisch (allein durch den Rechtsgüterschutz) legitimierte Verhaltensnorm genügt. Das ist der Fall bei §§ 138, 323c I StGB. Bei allen anderen Straftaten bedarf es des Verstoßes gegen eine dualistisch (auch durch die Sonderverantwortlichkeit des Adressaten oder der Adressatin der Norm) legitimierte Verhaltensnorm.

Für die Tatbestandsverwirklichung vollkommen irrelevant ist demgegenüber   **40** die konkrete naturalistische Verhaltens*form*, in der der Verstoß geschieht. Traditionell hat man freilich die Bedeutung der Verhaltens*form* – des (aktiven) Tuns oder des Unterlassens – überschätzt. Daher findet man bei der gängigen Einteilung der Delikte leider nach wie vor irreführende Begriffe als Relikte dieser Fehleinschätzung.

Das gilt vor allem für die anerkanntermaßen irreführende Bezeichnung bestimmter   **41** ter Straftaten als „echte" und anderer als „unechte Unterlassungsdelikte". Diese sollte unbedingt aufgegeben werden.[47] Tatsächlich wird bei allen Unterlassungsdelikten stets „echt" unterlassen. Andernfalls wären es keine Unterlassungsdelikte. Die Bezeichnung einer Straftat als „unechtes Unterlassungsdelikt" bedeutet daher eine contradictio in adiecto.

Historisch steht hinter der irreführenden Bezeichnung der begehungsgleichen   **42** Unterlassungsdelikte als „unechte Unterlassungsdelikte" der Gedanke, diese seien wegen der angeblich aktiven Unterdrückung eines Handlungsimpulses in Wahrheit Begehungsdelikte.[48] Dieser Gedanke, bei den begehungsgleichen Unterlassungsdelikten könne an einen verborgenen inneren Energieeinsatz zur Unterdrückung eines Handlungsimpulses angeknüpft werden, war jedoch nicht weiterführend.[49]

---

[47] Symptomatisch für die begrifflichen Verwirrungen und deren Folgen ist die Entscheidung BGH HRRS 2011 Nr. 1164 (näher dazu *Freund/Timm*, HRRS 2012, 223, 229 ff.) – Kritisch hinsichtlich der Terminologie z. B. auch *Kreuzberg*, Täterschaft und Teilnahme als Handlungsunrechtstypen, S. 219 f.; *Schmidhäuser*, FS Müller-Dietz, 2001, S. 761, 762 ff.; vgl. ferner *Freund/Rostalski*, AT, § 6 Rn. 14; *Spring*, Die strafrechtliche Geschäftsherrenhaftung, S. 6: „Bezeichnungen überholt".

[48] S. zu den Gründen für die Ablehnung dieser verfehlten Terminologie sogleich im Folgenden.

[49] *Radbruch*, Handlungsbegriff, S. 131 spricht zutreffend von dem „fruchtlosen Bemühen", „die Unterlassung als positive Handlung nachzuweisen" (etwa in der Form der „Unterdrückung eines Tätigkeitsreizes"); zur Kritik s. ferner etwa *Jakobs*, AT, 29/3. – Auch *Jescheck/Weigend*, AT, § 58 III 2 (S. 606) bemerken zutreffend, dass der Gedanke, die begehungsgleichen Unterlassungsdelikte seien „eigentlich Begehungsdelikte" und könnten deshalb als „unechte Unterlassungsdelikte" bezeichnet werden, überholt ist. Dennoch möchten sie an der falschen Terminologie festhalten.

Denn das kommt auch bei nichtbegehungsgleichen Unterlassungsdelikten vor, ohne dass diese *deshalb* zu begehungsgleichen Unterlassungsdelikten aufrücken. Selbst wenn eine solche aktive Unterdrückung aufweisbar sein sollte, ist sie unspezifisch.

43 Man denke an das Beispiel desjenigen, der intensiv mit sich kämpfen und sich innerlich überwinden muss, um es fertig zu bringen, ein von ihm zufällig angetroffenes Unfallopfer verbluten zu lassen. Wenn er unter diesen Umständen das Opfer sterben lässt, weil ihm dessen Tod bestimmte Vorteile bringt, handelt es sich dennoch nicht um eine Tötung im Sinne der Tötungstatbestände. Die betreffende Person verstößt nur gegen eine allein im Interesse des Rechtsgüterschutzes – also *monistisch* – zu legitimierende Verhaltensnorm. Dieser Verstoß gegen die allgemeine Hilfspflicht wird von § 323c I StGB erfasst. Mangels *Sonder*verantwortlichkeit des Adressaten oder der Adressatin der Norm (für das Vermeiden des infrage stehenden schädigenden Verlaufs) fehlt das vom Straftatbestand abstrakt-generell postulierte Spezifikum einer Tötung. Für eine Tötung muss gegen eine Verhaltensnorm verstoßen worden sein, die sich dualistisch legitimieren lässt – also nicht nur durch ihren legitimen Zweck – den Lebensschutz –, sondern auch durch eine besondere Verantwortlichkeit der durch die Norm adressierten Person für das Vermeiden gerade dieser infrage stehenden Schädigungsmöglichkeit.

44 Instruktiv ist in diesem Zusammenhang auch das Beispiel der Frau, die sich die Ohren zuhält und laute Musik anmacht, um ihren – auf die Rettung des Kindes in der Nachbarwohnung gerichteten – inneren Impuls zu unterdrücken.[50] Selbstverständlich begeht die Frau dadurch nur eine unterlassene Hilfeleistung nach § 323c I StGB – und zwar bemerkenswerterweise in der Verwirklichungsform des aktiven Tuns. Die Bezeichnung ihrer Straftat als „echtes *Unterlassungs*delikt" ist auch unter diesem zuletzt angesprochenen Gesichtspunkt sachlich falsch und sollte aufgegeben werden.

45 Mit der missglückten Begrifflichkeit der „echten" und der „unechten Unterlassungsdelikte" ist wohl meist der Unterschied zwischen den „Jedermanns"-Straftaten nach §§ 138, 323c I StGB und den Straftaten gemeint, die eine Sonderverantwortlichkeit („Garantenverantwortlichkeit") für das Vermeiden der tatbestandsrelevanten Schädigungsmöglichkeiten voraussetzen[51] (wie etwa Totschlag oder Körperverletzung nach §§ 212 I, 223 I StGB, ggf. mit klarstellender[!] Bezugnahme auf § 13 StGB). Genau dann ist die hier verwendete Terminologie jedoch vorzugswürdig. Man kann sagen: §§ 138, 323c I StGB nor-

---

[50] S. zu diesem lehrreichen Beispiel *Hardtung/Putzke*, Examinatorium AT, Rn. 1108.

[51] S. zu dieser oft anzutreffenden Begriffsverwendung etwa *Wessels/Beulke/Satzger*, AT, Rn. 1152 ff.; vgl. auch *Frister*, AT, 7. Kap. Rn. 15; *Kaspar*, AT, § 10 Rn. 3 ff.; *Kindhäuser/Hilgendorf*, LPK-StGB, Vor § 13 Rn. 245 ff., § 13 Rn. 1 ff.

mieren *hauptsächlich* „nichtbegehungsgleiche Unterlassungsdelikte", aber durchaus auch entsprechende Tatbestandsverwirklichungen durch ein (nichtbegehungsgleiches) aktives Tun, bei dem es keiner Sonderverantwortlichkeit bedarf.[52] Normativ entscheidend ist nur der Verstoß gegen eine bereits allein im Rechtsgüterschutzinteresse – also monistisch – legitimierte Verhaltensnorm. Vollkommen irrelevant dafür ist die naturalistische Verhaltensform. Demgegenüber normieren §§ 212 I, 223 I StGB (ggf. mit klarstellender[!] Bezugnahme auf § 13 StGB) Tatbestandsverwirklichungen, bei denen Verstöße gegen nicht nur im Rechtsgüterschutzinteresse, sondern auch durch die Sonderverantwortlichkeit der durch die Norm adressierte Person für das Vermeiden der tatbestandsrelevanten Schädigungsmöglichkeit – also dualistisch – legitimierte Verhaltensnormen vorausgesetzt werden.

Soweit diese Straftaten in der Verhaltensform des Unterlassens begangen werden, ergibt sich die entsprechende Strafbarkeit nicht erst – wie viele meinen – aus § 13 StGB. Vielmehr ist der jeweilige Tatbestand des Besonderen Teils von vornherein so zu verstehen, dass er auch diese Form des Verhaltensnormverstoßes unmittelbar erfasst. Das hat schon *Feuerbach* vor langer Zeit zutreffend erkannt[53] und entspricht schon immer der Auffassung der Rechtsprechung.[54] Inzwischen ist es erfreulicherweise bereits geläufig, bei diesen Unterlassungsdelikten von „begehungsgleichen Unterlassungsdelikten" zu sprechen, die – ganz genauso wie bei Tatbestandsverwirklichungen durch aktives Tun – die Sonderverantwortlichkeit des Täters voraussetzen.[55]   **46**

---

[52] Die Bezeichnung dieser Straftaten als „echte Unterlassungsdelikte" ist also nicht nur deshalb falsch, weil es keine „unechten" gibt (sondern bei Unterlassungsdelikten stets „echt" unterlassen wird). Vielmehr ist diese Bezeichnung auch deshalb falsch, weil tatbestandsmäßig i. S. dieser Straftaten durchaus auch ein aktives Tun sein kann. Zur Möglichkeit des Verstoßes gegen die allgemeine Hilfspflicht i. S. d. § 323c I StGB durch ein aktives Tun s. etwa *Freund*, in: MünchKommStGB, Band 5, § 323c Rn. 89, 138; *Koch*, GA 2018, 323 ff.

[53] *Feuerbach*, Lehrbuch, S. 147; zutreffend dazu *Schmidhäuser*, FS Müller-Dietz, 2001, S. 761, 762 ff.

[54] S. dazu bereits oben § 1 Rn. 28 ff., 33 m. Nachw. (in Fn. 38) auch zum Schrifttum, das diesen Befund konsequent ignoriert.

[55] Zutreffend verwendet etwa *Jakobs*, System der strafrechtlichen Zurechnung, S. 27 den Begriff der „begehungsgleichen Unterlassung"; s. auch *dens.*, AT, 28/13, 29/26; *Mansdörfer*, in: Esser/Rübenstahl/Saliger/Tsambikakis, Wirtschaftsstrafrecht, Vor § 13 Rn. 45; ferner etwa *Kreuzberg*, Täterschaft und Teilnahme als Handlungsunrechtstypen, S. 219 zur Vorzugswürdigkeit des Begriffs der „begehungsgleichwertige(n) Unterlassungsdelikte" (im Anschluss an *Freund*, Erfolgsdelikt und Unterlassen, S. 35 ff.; s. auch S. 141 Fn. 29); erfreulich auch der Titel der Schrift von *Schrägle*, Das begehungsgleiche Unterlassungsdelikt (dessen Gesetzesvorschlag [S. 320 f.] freilich nicht weiterführend ist, weil er sich zu stark an dem misslungenen bisherigen § 13 StGB orientiert).

47 Insofern knüpft die Bezeichnung der gemeinten Unterlassungsdelikte als „begehungsgleiche Unterlassungsdelikte" an den auch sonst geläufigen Begriff des „Begehungsdelikts" an.[56] Dieser wird bei einer Verwirklichung des Tatbestands etwa der Körperverletzung oder der Tötung in der Verhaltensform des aktiven Tuns konsequent verwendet, um diesen Straftattyp zu kennzeichnen.[57] Wenn derselbe Tatbestand durch ein Unterlassen verwirklicht wird, bietet sich daher der Begriff des „begehungsgleichen Unterlassungsdelikts" an. Er bringt das Gemeinte hinreichend zum Ausdruck: In der Sache geht es um ein Verhalten in der Form des Unterlassens, das den entsprechenden Straftatbestand genauso wie aktives Tun erfüllt.

48 Die Ersetzung der begrifflich schiefen Differenzierung zwischen sog. „echten" und „unechten Unterlassungsdelikten" ist auch aus einem weiteren Grund dringend ratsam: Nicht selten wird behauptet, „echt" seien alle Unterlassungsdelikte, die bereits im Besonderen Teil des StGB geregelt seien, wohingegen „unecht" die Unterlassungsdelikte seien, die erst durch § 13 StGB als Straftaten konstituiert würden.[58] Diese Begriffsverwendung beruht nicht nur auf der fehlerhaften Prämisse, § 13 StGB sei strafbarkeitskonstitutiv und nicht nur klarstellend, sondern entbehrt auch eines guten Sinns: Sie ignoriert das für die Strafbarkeit wegen eines begehungsgleichen Unterlassungsdelikts *materiell* bedeutsame Kriterium der Sonderverantwortlichkeit und wirft grundverschiedene Straftattypen mit unterschiedlichem Unwertgehalt in einen Topf.

49 Beispielsweise soll nach dieser Begriffsverwendung die Aussetzung durch Imstichlassen in hilfloser Lage nach § 221 I Nr. 2 StGB angeblich genauso ein „echtes Unterlassungsdelikt" sein wie die unterlassene Hilfeleistung nach § 323c I StGB. Indessen genügt für die Aussetzung in der genannten Verwirklichungsform keineswegs der Verstoß gegen eine monistisch (allein im Rechtsgüterschutzinteresse) legitimierte Verhaltensnorm. Vielmehr bedarf es anerkanntermaßen des Verstoßes gegen eine dualistisch – also auch durch die Sonderverantwortlichkeit der durch die Norm adressierten Person – legitimierte Verhaltensnorm. Genau diese Sonderverantwortlichkeit ist aber spezifisches Kennzeichen begehungsgleicher Unterlassungsdelikte, auf die sich auch § 13 StGB (nach zutreffender Auffassung nur klarstellend) bezieht. Da nun aber die begehungsgleichen Unterlassungsdelikte weit verbreitet als

---

[56] S. dazu auch *Freund,* in: MünchKommStGB, Band 1, § 13 Rn. 2 (in Fn. 2 auch zu dem kleinen Schönheitsfehler, dass der – auch in der Überschrift zu § 13 gebrauchte – Begriff des „Begehens" nicht optimal gewählt ist. Denn in einem weiten Sinne können nicht nur Straftaten wie etwa die Tötung durch begehungsgleiches Unterlassen [§§ 212, 13 StGB], sondern auch die unterlassene Hilfeleistung oder die Nichtanzeige geplanter Straftaten [§§ 323c Abs. 1, 138 StGB] „begangen" werden).

[57] Zu dieser geläufigen und akzeptablen Terminologie vgl. statt vieler *Jakobs,* AT, 9/6; *Kühl,* in: Lackner/Kühl, § 13 Rn. 4; *Stein,* in: SK-StGB, Band 1, Vor § 13 Rn. 17.

[58] Vgl. zu dieser nicht selten anzutreffenden Begriffsverwendung etwa *Rengier,* AT, § 48 Rn. 3 ff., 7: *Rengier* bezeichnet den Hausfriedensbruch durch aufforderungswidriges Verweilen nach § 123 I Fall 2 StGB neben §§ 138, 323c I StGB als „echtes Unterlassungsdelikt" und ordnet in diese Kategorie letztlich auch § 221 I Nr. 2 StGB und die Untreue nach § 266 StGB ein (ebenso etwa *Heinrich,* AT, Rn. 860), obwohl er durchaus zutreffend erkennt, dass es sich bei diesen Straftaten um solche handelt, die eine Garanten- bzw. Sonderverantwortlichkeit voraussetzen und sich daher materiell gar nicht von den sog. „unechten" (besser: „begehungsgleichen") Unterlassungsdelikten unterscheiden. Nichts anderes gilt übrigens auch für § 123 I Fall 2 StGB, bei dem die für die Tatbestandsverwirklichung nötige Sonderverantwortlichkeit mit deren „Urform" für den eigenen Körper als Gefahrenquelle bzw. Störfaktor zu begründen ist.

„unechte Unterlassungsdelikte" bezeichnet werden, ist die mit dieser Begrifflichkeit erzeugte Verwirrung perfekt. Denn die Aussetzung durch Imstichlassen in hilfloser Lage soll demnach *sowohl* ein „echtes" *als auch* ein „unechtes Unterlassungsdelikt" sein. Entsprechendes ergibt sich bei der Vernachlässigung einer Pflicht i. S. d. § 225 I StGB[59] und bei der Untreue nach § 266 StGB.[60]

Auch wenn manchen der Abschied von der altgewohnten Begrifflichkeit der „echten" und der „unechten Unterlassungsdelikte" wohl schwerfallen mag, ist er nicht zuletzt im dringenden Interesse angemessener juristischer Ausbildung unverzichtbar und schon lange überfällig. Daher nochmals: Es gibt einerseits „begehungsgleiche Unterlassungsdelikte", bei denen der Verstoß gegen eine nicht nur im Rechtsgüterschutzinteresse, sondern auch kraft Sonderverantwortlichkeit (also dualistisch) legitimierbare Verhaltensnorm erforderlich ist; andererseits gibt es „nichtbegehungsgleiche Unterlassungsdelikte", bei denen der Verstoß gegen eine allein im Rechtsgüterschutzinteresse legitimierbare Verhaltensnorm genügt. Im StGB sind das nur die unterlassene Hilfeleistung und die Nichtanzeige geplanter Straftaten nach §§ 323c I, 138 StGB.   **50**

c) Fahrlässiges Fehlverhalten als Grundtyp des Verhaltensnormverstoßes – vorsätzliches als spezifisches Mehr

Das bisher zum tatbestandsspezifischen Verhaltensnormverstoß Gesagte gilt für Vorsatz- und Fahrlässigkeitstaten gleichermaßen. Zwischen diesen Straftatformen besteht nicht etwa ein Aliud-Verhältnis bzw. ein solches der Exklusivität.[61] Vielmehr ist der Unwertgehalt der Fahrlässigkeitstat in der entsprechenden Vorsatztat als Minus enthalten.[62] Auch diese Einsicht führt zu einer erheblichen Vereinfachung des Aufbaus der Straftat in der Fallbearbeitung, weil wiederum mit einem einheitlichen   **51**

---

[59] *Kindhäuser/Hilgendorf*, LPK-StGB, Vor § 13 Rn. 245 ff., § 13 Rn. 1 ff. bezeichnen die Straftat des § 225 I StGB in der Verwirklichungsform der Vernachlässigung einer tatbestandsspezifischen Pflicht als „echtes Unterlassungsdelikt", bei dem die „Prüfung der Handlungsäquivalenz (Garantenstellung)" nicht erforderlich sei (vgl. Rn. 248). Das ist in der Sache unzutreffend und damit ein weiteres schönes Beispiel für die mittlerweile entstandene Begriffsverwirrung. Tatsächlich kommt auch die entsprechende Tatbestandsverwirklichung ohne die Garanten- bzw. Sonderverantwortlichkeit nicht aus. Auch diese spezielle Form der Pflichtverletzung erfordert den Verstoß gegen eine entsprechend dualistisch legitimierte Verhaltensnorm. Diese Voraussetzung ist vollkommen deckungsgleich mit dem, was auch § 13 StGB für das sonstige begehungsgleiche Unterlassen lediglich klarstellend(!) verlangt. – Bemerkenswert ist in diesem Zusammenhang auch die Einordnung des § 221 I Nr. 2 StGB durch *Kindhäuser/Hilgendorf*, LPK-StGB, § 221 Rn. 13: „echtes Unterlassungsdelikt, welches das Bestehen einer Garantenstellung voraussetzt." Hingegen spricht *Küper*, ZStW 111 (1999), 30, 58 f. von einem „kodifizierten (speziell vertatbestandlichten) unechten Unterlassungsdelikt".

[60] *Heinrich*, AT, Rn. 860 zieht sogar ausdrücklich die Konsequenz, § 266 StGB als „(auch) echtes Unterlassungsdelikt" zu bezeichnen. – Von einer entstandenen Begriffsverwirrung geht zutreffend etwa auch *Weigend*, in: LK-StGB, Band 1, § 13 Rn. 16 aus.

[61] I. S. eines Exklusivitätsverhältnisses bzw. eines Aliud-Verhältnisses etwa *Duttge*, in: MünchKommStGB, Band 1, § 15 Rn. 102 ff.; s. auch *Ast*, Handlung und Zurechnung, S. 191 f. („Vorsatztäter […] verwirklicht nicht zugleich das Fahrlässigkeitsdelikt").

[62] Sachlich übereinstimmend etwa *Frisch*, Tatbestandsmäßiges Verhalten, S. 40; *Hardtung*, in: MünchKommStGB, Band 4, § 222 Rn. 1 f.; *Puppe*, in: NK-StGB, Vor § 13 Rn. 154, § 15 Rn. 5 („Vorsatz als Spezialfall der Fahrlässigkeit"); *Rostalski*, GA 2016, 73, 79 ff.

Aufbaukonzept gearbeitet werden kann.[63] Bei der Vorsatztat ist lediglich noch das Vorsatzerfordernis als zusätzliches spezielles Erfordernis zu beachten. Es unterteilt sich regelmäßig in das Erfordernis des vorsätzlichen tatbestandsspezifischen Verhaltensnormverstoßes und in das Erfordernis vorsätzlicher Herbeiführung bzw. Nichtabwendung des Erfolgs – genauer: des *konkreten erfolgsverursachenden Geschehens*.[64] Ansonsten gestaltet sich die sachliche Prüfung der Strafbarkeitsvoraussetzungen aber vollkommen gleich. Gewisse terminologische Unterschiede lassen sich auf dieser Basis leicht in den Griff bekommen: Die rechtlich missbilligte Risikoschaffung oder Risikonichtabwendung bei gegebener Sonderverantwortlichkeit heißt „Fahrlässigkeit".

52   Der tatbestandsspezifische Verstoß gegen eine rechtlich legitimierbare Verhaltensnorm ist – wie gesagt – Grundvoraussetzung einer jeden Straftat. Das entsprechende fahrlässige Fehlverhalten ist die Grundform des strafrechtlich relevanten *Verhaltensunrechts*.[65] Wird zusätzlich das Vorsatzerfordernis erfüllt, ist der speziellere Fall gegeben. Bei diesem ist die Infragestellung der Verhaltensnormgeltung quantitativ und qualitativ gewichtiger.[66] Dementsprechend muss darauf auch eher (wie im Fall des strafbaren Versuchs der Vorsatztat) und schärfer missbilligend reagiert werden als bei bloßer Fahrlässigkeit (man vgl. nur den Strafrahmen des Totschlags mit dem der fahrlässigen Tötung).

d) Tatbestandsspezifische grundsätzliche Verhaltensmissbilligung als Zwischenurteil unter Vorbehalt

53   Im Zusammenhang mit dem tatbestandsspezifischen Verhaltensnormverstoß als dem Grundkriterium einer jeden Straftat gilt es schließlich, einem gravierenden Fehlverständnis entgegenzutreten: Ein tatbestandsspezifischer Verhaltensnorm*verstoß* kann nicht schon dann bejaht werden, wenn das Verhalten (die Handlung oder die Unterlassung einer Handlung) im Hinblick auf die damit verbundene Schaffung oder Nichtabwendung einer tatbestandsspezifischen Schädigungsmöglichkeit nur *grundsätzlich* zu missbilligen ist. Vielmehr muss es darüber hinaus endgültig missbilligt (es darf insbes. nicht gerechtfertigt) und es muss zudem für die strafrechtliche Reaktion auch hinreichend gewichtig (hinreichend schuldhaft) sein. Schuldspruch und Strafe sind nur bei Erfüllung all dieser Erfordernisse eine angemessen missbilligende Reaktion auf ein Fehlverhalten der konkreten Person, das genau diese staatliche Maßnahme zur Restitution des verletzten Rechts rechtfertigt. Andernfalls würde das mit Verfassungsrang ausgestattete Schuldprinzip missachtet.

54   Die herkömmliche, dem dreistufigen Deliktsaufbau entsprechende Unterteilung in Tatbestand i. e. S., Tatbestandserweiterung (insbes. fehlende Rechtfertigung) und

---

[63] S. zum Einheitsschema § 5 Rn. 37 ff. Dieses bietet die Grundlage, um in der jeweiligen Konkretisierung jeden Tatbestand mit im Grundsatz gleichem Prüfungsablauf prüfen zu können.

[64] Zur Bedeutung des *konkreten erfolgsverursachenden Geschehens* (des Verlaufs zum Erfolg hin) für (Quasi-)Kausalität, spezifische Verhaltensmissbilligung und Vorsatz s. noch näher § 2 Rn. 32 ff., 45 ff., 99 ff., 106 ff.

[65] Näher zum fahrlässigen Fehlverhalten als der Grundform des Verhaltensnormverstoßes *Rostalski*, GA 2016, 73, 79 ff.; *dies.*, JuS 2021, 827, 828.

[66] S. zur näheren Verdeutlichung die Grafik § 1 Rn. 91.

hinreichende Schuldhaftigkeit (bzw. besser: hinreichendes Gewicht des Verhaltens-normverstoßes) erlaubt daher auf der jeweiligen Ebene lediglich ein Zwischenurteil unter Vorbehalt. Das muss bei Anwendung dieses dreistufigen Deliktsaufbaus im Hinblick auf das, was nach Prüfung der jeweiligen Ebene feststeht, zwingend be-achtet werden. Etwa im Rahmen der Tatbestandsprüfung i. e. S. kann also gerade (noch) nicht festgestellt werden, dass ein tatbestandsspezifischer Verhaltensnorm-*verstoß* (in Form einer missbilligten Risiko*schaffung* oder einer missbilligten Risi-ko*nichtabwendung*) vorliegt.[67]

Kein Ausweg aus dem begrifflichen Dilemma der „missbilligten Risikoschaffung", die im Tatbe-standsbereich noch nicht endgültig festgestellt werden kann, ist die bisweilen anzutreffende Ver-wendung des Begriffs der Schaffung eines „*relevanten* Risikos".[68] Zwar wird damit die fehlerhafte Bewertung des Verhaltens als (vorbehaltlos) missbilligt vermieden, jedoch um den Preis der voll-kommenen Konturenlosigkeit der Aussage. Denn der *Relevanz*aspekt wird nicht näher inhaltlich genannt. Die schlichte tatbestandliche Relevanz (i. S. der Schaffung einer Lebensgefahr etc.) kann nicht gemeint sein, weil damit keine Eingrenzung bewirkt wird, die über die des (Quasi-)Kausali-tätserfordernisses hinausgeht: Wenn eine Handlung oder Unterlassung (quasi-)kausal etwa für den Tod eines Menschen geworden ist, liegt immer auch eine entsprechende Lebensgefahrschaffung bzw. -nichtabwendung zugrunde. Um tatsächlich eine Wertung vorzunehmen und damit als weiter-führende Voraussetzung eine Daseinsberechtigung im Rahmen der Tatbestandsprüfung zu erhal-ten, kann es an dieser Stelle nur um eine entsprechende *grundsätzliche Verhaltensmissbilligung* gehen. Das sollte dann auch so gesagt werden.[69]

55

Dies missachten nicht selten Anhänger der Lehre von der (vermeintlich) „objek-tiven Erfolgszurechnung", die vorschnell im Tatbestandsbereich eine „missbilligte Risikoschaffung" konstatieren, obwohl die Fragen der Rechtfertigung und der Schuld noch vollkommen offen sind, und auf dieser unsoliden Basis bestimmte Er-eignisse voreilig als Unrechtserfolge „zurechnen". Ohne dass dies offengelegt würde, und unter Vorwegnahme des Ergebnisses späterer Prüfungsstufen wird bei dieser Form der „Zurechnung" in unzulässiger Weise das Nichteingreifen von Rechtfertigungsgründen ebenso kurzerhand fingiert wie die hinreichende Schuld-haftigkeit. Das Zurechnungsurteil bezieht sich dann aber gar nicht auf den eigent-lich zu beurteilenden konkreten, sondern auf einen fiktiven hypothetischen Fall, bei dem aus dem konkret zu prüfenden Sachverhalt mögliche Rechtfertigungs-, Schuld-ausschließungs- oder Entschuldigungsgründe ausgeklammert werden. So vorzuge-hen ist zwar durchaus möglich. Jedoch ist dann eine präzise Bezeichnung dessen, was nur in eingeschränkter Form bis dahin festgestellt werden kann, unerlässlich. Ein schönes Beispiel für ein unangemessenes Vorgehen ohne klarstellende Bezeich-

56

---

[67] Zutreffend etwa *Rengier*, AT, § 13 Rn. 47: „Man muss […] sehen, dass es bei der ,rechtlichen Missbilligung' […] allein darum geht, ob der Täter […] ein *grundsätzlich* missbilligtes/unerlaub-tes Risiko gesetzt hat. In diesem Sinn schafft auch derjenige eine rechtlich missbilligte Gefahr, der in Notwehr handelt." [Hervorhebung nicht im Orig.] Sachlich richtig erfasst wird das etwa auch von *Frister*, AT, 10. Kap. Rn. 2, der nur etwas unscharf von einer Erfolgsherbeiführung „auf eine *generell* missbilligte Art und Weise" spricht, damit aber eine unter dem Vorbehalt der möglichen Rechtfertigung stehende grundsätzliche Verhaltensmissbilligung meint.

[68] Vgl. zu dieser Formulierung etwa *Wessels/Beulke/Satzger*, AT, Rn. 258 f.

[69] Zutreffend zum Verständnis des „relevanten Risikos" als Synonym für die (grundsätzlich) miss-billigte Risikoschaffung etwa *Rengier*, AT, § 13 Rn. 47.

nung ist auch die weit verbreitete zweistufige Fahrlässigkeitsprüfung, bei der zunächst von individuellen Defiziten der konkreten Person abstrahiert wird, um deren (vermeintliches) Verhaltensunrecht zu konstatieren.[70]

e) Konsequenz für den vorsätzlichen tatbestandsspezifischen Verhaltensnormverstoß: Vorsatz auf Tatbestandsebene als Bruchstück

57   Wenn schon der Verhaltensnormverstoß auf der Ebene der Tatbestandsprüfung i. e. S. noch nicht endgültig festgestellt werden kann, weil die entsprechende Missbilligung des Verhaltens nur eine grundsätzliche – unter Vorbehalt stehende – ist, gibt es auf dieser Prüfungsstufe erst recht noch keinen *vorsätzlichen* Verhaltensnormverstoß. Dafür ist der *Gegenstand der Kenntnis* zu schmal geschnitten. Ein solcher Vorwurf kann erst dann endgültig erhoben werden, wenn geklärt ist, dass der Täter als verantwortliche Person *sämtliche* Umstände vor Augen hatte, die seinen Verhaltensnormverstoß begründen. Die den Vorsatztäter kennzeichnende uneingeschränkte Tatvermeidemacht erfordert, dass der Täter die von ihm übertretene Verhaltensnorm selbst durchaus zutreffend gebildet und nur nicht befolgt hatte. Nur dann liegt die nicht weiter steigerungsfähige Form der Infragestellung der Geltung der übertretenen Verhaltensnorm vor.[71]

58   Eine umfassend angelegte Definition vorsätzlichen Verhaltens muss daher lauten: *Vorsätzlich handelt oder unterlässt, wer als zur Normbildung und -befolgung fähige Person*[72] *alle Umstände kennt, die die endgültig missbilligte (insbes. nicht gerechtfertigte) Tatbestandsverwirklichung begründen.* Im Rahmen der Tatbestandsprüfung i. e. S. kann man aber nur dem entsprechenden Teil-Erfordernis des vorsätzlichen Verhaltens gerecht werden: *Vorsätzlich i. d. S. handelt oder unterlässt, wer die Umstände kennt, die die Tatbestandsverwirklichung i. e. S. begründen.* Das ist nur ein Bruchstück des Vorsatzes, der für eine Verurteilung wegen Vorsatztat benötigt wird. Es fehlt der Aspekt der individuellen Normbildungs- und Normbefolgungsfähigkeit. Außerdem ist vor allem die Relevanz rechtfertigender Tatumstände (auf der Ebene der die *endgültige Missbilligung* erfassenden Tatbestandserweiterung) noch nicht berücksichtigt. Für die Annahme einer vollendeten Vorsatztat bedarf es außerdem der vorsätzlichen Herbeiführung der tatbestandlich abstrakt-generell erfassten Verhaltensfolgen.

59   Mit dieser Einsicht lässt sich auch die vieldiskutierte – und von Studierenden gefürchtete – Problematik des Erlaubnistatbestandsirrtums angemessen bewältigen.

---

[70] Näher zu dieser Kritik an der zweistufigen Fahrlässigkeitsprüfung *Freund/Rostalski*, AT, § 5 Rn. 16 ff., 23 ff.

[71] Grundlegend zur qualifizierten personalen Fehlleistung des Vorsatztäters *Frisch*, Vorsatz und Risiko, S. 102 ff. et passim; s. a. *Freund*, in: MünchKommStGB, Band 1, Vor § 13 Rn. 204 ff., 298, 370 ff.

[72] Eine schuldunfähige Person kann keinen für die Vorsatzbestrafung erforderlichen Vorsatz aufweisen. Ein endgültiges Urteil über dessen Gegebensein kann daher erst dann erfolgen, wenn feststeht, dass auch die Voraussetzungen hinreichend schuldhaften Verhaltens erfüllt sind (dazu oben § 1 Rn. 5 ff., 34 ff., 51 ff. sowie unten § 2 III.). Mit deren vorläufiger Fiktion auf der Ebene des Tatbestands i. e. S. wird auch nur eine fiktive Person beurteilt, in Bezug auf deren Verhalten keine Schuldausschließungsgründe eingreifen – also gerade nicht die konkrete Person, deren Verhalten zu bewerten ist. Denn bezüglich dieser konkreten Person gilt es dies erst noch zu ermitteln – und das nach herkömmlichem Schema leider erst viel zu spät auf der sog. „Schuldebene".

Diese ist überhaupt nur deshalb entstanden, weil man den straftatrelevanten Stoff auf die drei Stufen der „Tatbestandsmäßigkeit" (i. e. S.), der „Rechtswidrigkeit" und der „Schuld" verteilt und dabei nicht beachtet hat, dass ein Verhaltensnorm*verstoß* (erst recht ein *vorsätzlicher*) im Tatbestandsbereich i. e. S. noch gar nicht festgestellt werden kann – und zwar nach dem dreistufigen Konzept bereits per definitionem nicht![73]

3. Tatbestandsspezifische Fehlverhaltensfolge(n)

a) Die Grundform der Folgenverantwortlichkeit – „Zurechnung" durch schlichte Tatsachenfeststellung

Bei vielen Straftaten bilden spezifische Folgen des verwirklichten Verhaltensunrechts einen – zusätzlichen – Vorwurfsgegenstand neben dem rechtlich missbilligten Verhalten. Bei einer Verurteilung wegen Totschlags wird dem Täter nicht nur vorgeworfen, gegen eine ex ante im Verhaltenszeitpunkt ihm gegenüber kontext- und adressatenspezifisch legitimierbare Verhaltensnorm verstoßen zu haben, deren Einhaltung fremdes Menschenleben schützen sollte. Vielmehr wird ihm auch vorgeworfen, dass ein Mensch *genau deshalb* zu Tode gekommen ist, weil sich ein Verlauf ereignet hat, der durch Normeinhaltung von Rechts wegen hätte vermieden werden können und müssen. Dieser zusätzliche Vorwurf muss selbstverständlich ebenfalls sachlich berechtigt sein. Über das rein empirische Kausalitäts- bzw. Quasi-Kausalitätserfordernis hinaus muss sich ein schadensträchtiger Verlauf ereignet haben, dessen Vermeidung ex ante *Legitimationsgrund der übertretenen Verhaltensnorm* war. **60**

Hat man die Legitimationsgründe der Verhaltensnorm in Form der von Rechts wegen zu vermeidenden Verläufe – also das, was für ein entsprechend rechtlich missbilligtes Verhalten erforderlich ist – zutreffend bestimmt, kann sich die Prüfung der spezifischen Folgenverantwortlichkeit auf eine reine Tatsachenfeststellung beschränken: Zu klären ist nur, ob sich *tatsächlich* einer der durch Normeinhaltung (also durch richtiges Verhalten) von Rechts wegen zu vermeidenden Verläufe zugetragen hat. Ergänzende Wertungen zur Frage der „Zurechnung" sind nicht mehr erforderlich.[74] Nur wer bei der Klärung des tatbestandsspezifischen Verhaltensunrechts nachlässig war, muss „nachsitzen" und das Versäumte im Rahmen vermeintlicher „Zurechnungsüberlegungen" nachholen. **61**

---

[73] Vgl. dazu noch unten § 2 Rn. 106 ff., 120, 144 ff.

[74] Sachlich übereinstimmend etwa *Frisch*, Tatbestandsmäßiges Verhalten, S. 33 ff., 428 f., 526 f. et passim; s. auch *Freund/Rostalski*, AT, § 2 Rn. 55 ff., 82 ff.; ferner *Frister*, AT, 10. Kap. Rn. 4 m. Fn. 2; *Robles Planas*, GA 2016, 284, 292. – Zur Nichtzurechenbarkeit des Erfolgs als bloßer Sekundärerscheinung beim Fehlen eines Verstoßes gegen eine Verhaltensnorm, die das konkrete erfolgsverursachende Geschehen vermeiden sollte, s. auch *Freund*, in: MünchKommStGB, Band 1, Vor § 13 Rn. 310, 357 ff. et passim; *Frisch*, GA 2021, 65, 77. – Zur normtheoretisch-funktionalen Kritik einer Kategorie der „Zurechnung" und wider den Gebrauch einer dogmatischen Leerformel näher *Freund*, in: Buttenheimer Gespräche, 2022, S. 83 ff.

b) Tatbestandsspezifische Verhaltensfolge („Erfolgszurechnung" auf Tatbestandsebene i. e. S.) als Zwischenurteil unter Vorbehalt

62   Ebenso wie im Tatbestandsbereich i. e. S. noch kein endgültiges Verhaltensun-recht – genauer: noch kein Verstoß gegen eine kontext- und adressatenspezifisch legitimierte Verhaltensnorm festgestellt werden kann, lassen sich im Rahmen des gängigen dreistufigen Deliktsaufbaus auf dieser Stufe noch keine spezifischen *Fehl*-verhaltensfolgen feststellen. Auch insofern kann lediglich ein unter Vorbehalt ste-hendes Zwischenurteil gefällt werden. Dessen praktischer Nutzen ist durchaus zweifelhaft. Er liegt vielleicht noch am ehesten in einer Ausgrenzungswirkung: Wenn der „reine" Erfolg noch nicht einmal auf einer Schädigungsmöglichkeit be-ruht, die *grundsätzlich* zu vermeiden ist, braucht man sich mit der Vollendungstat nicht weiter zu befassen.

63   Demgegenüber ist eine auf Tatbestandsebene i. e. S. bereits vorgenommene „po-sitive" – und damit endgültige – „Zurechnung" eines bestimmten Erfolgs höchst gefährlich. Denn es wird bereits eine Fehlverhaltens*folge* festgestellt, ohne das da-für nötige *spezifische Fehlverhalten* – als deren zugrundeliegendes Auslösemo-ment – bereits endgültig bestimmt zu haben. Ein eindrucksvolles Beispiel für die Gefahr entsprechender Fehlassoziationen bietet die vieldiskutierte Problematik des Fehlens des sog. „subjektiven Rechtfertigungselements": Wenn etwa die Ehefrau meint, den betrunken heimkehrenden Ehemann mit dem Nudelholz zu traktieren, tatsächlich aber den ihr nach dem Leben trachtenden gefährlichen Einbrecher nie-derschlägt, wird noch immer darüber gestritten, ob sie gegenüber dem Einbrecher eine nicht gerechtfertigte vollendete oder nur eine (untauglich) versuchte gefährli-che Körperverletzung am Ehemann begeht. Sachgerecht ist allein die Ablehnung einer Vollendungstat in Bezug auf den Einbrecher und die Annahme eines untaugli-chen Versuchs der gefährlichen Körperverletzung am Ehemann.[75]

64   Für die Annahme einer Vollendungstat ist ganz allgemein zu beachten: Wenn ein bestimmter Erfolg als spezifische *Fehl*verhaltensfolge „zugerechnet" werden soll, dann muss diese „Zurechenbarkeit" auch für die Ebene der Rechtswidrigkeit ge-prüft und positiv festgestellt werden.[76] Das wird gegenwärtig oft nicht beachtet. In der Fallbearbeitung ist es deshalb dringend ratsam, die beschränkte Reichweite der „Zurechnung" auf der Ebene des Tatbestands i. e. S. deutlich hervorzuheben. Auf dieser Ebene kann lediglich gesagt werden, dass tatbestandsspezifische Folgen des *grundsätzlich* missbilligten Verhaltens eingetreten sind.

65   Noch besser ist es freilich, die Gefahren des „Zurechnungsdenkens" ganz zu vermeiden und direkt darauf zu achten, dass sich die endgültige Verhaltensmissbil-ligung auf das Vermeiden genau dessen bezieht, was sich in der Lebenswirklichkeit tatsächlich ereignet hat. Denn auf dieser Basis gibt es keine „Zurechnungspro-bleme" mehr. Vielmehr sind die notwendigen Wertungen bereits im Rahmen der spezifischen Verhaltensmissbilligung vorzunehmen: Zu klären ist ob der konkrete

---

[75] Näher dazu noch unten § 2 Rn. 135 ff.

[76] Zum Konzept einer Zurechnungslehre auf der Ebene der (fehlenden) Rechtfertigung vgl. etwa *Kuhlen*, FS Roxin, 2001, S. 331 ff.; *dens.*, JR 2004, 227 ff.

Verlauf, der sich tatsächlich zugetragen hat, auch unter *Berücksichtigung des Kontextes und sämtlicher wertungsrelevanter Gesichtspunkte* überhaupt als Legitimationsgrund einer entsprechenden spezifischen Vermeidepflicht taugt, und zwar im verhaltensrelevanten Zeitpunkt ex ante.

Insofern muss die Testfrage lauten: Kann das diesen konkreten Verlauf auslö-   66
sende Verhalten der Person (ohne deren Fehleinschätzung – also bei irrtumsfreiem Sachverhalt) rechtlich missbilligt werden, weil es diesen Verlauf auszulösen vermag? Ist diese Frage geklärt, steht zugleich fest, ob die Anforderungen an eine entsprechende Fehlverhaltensfolge erfüllt sind und eine entsprechende Vollendungstat vorliegt oder aber nicht.

c) Die Sonderform der Folgenverantwortlichkeit: Spezifische Fehlverhaltensfolge(n) des vorsätzlichen(!) Verhaltensnormverstoßes

Speziell bei der vollendeten Vorsatztat liegt nur dann eine spezifische *Fehl*verhal-   67
tensfolge vor, wenn sich der Erfolg als Realisierung einer *vorsätzlich* geschaffenen oder nicht abgewendeten Schädigungsmöglichkeit darstellt.[77] Neben dem vorsätzlichen Verhalten – genauer: dem vorsätzlichen Verhaltensnormverstoß als solchem (ohne Berücksichtigung etwaiger Folgen in der Außenwelt) – ist dies der zweite Aspekt des Vorsatzerfordernisses. Auch insofern gilt es zu beachten, dass auf der Ebene des Tatbestands i. e. S. nur ein entsprechendes – unter Vorbehalt stehendes – Zwischenurteil gefällt werden kann. Wenn etwa die „vorsätzliche" Verletzung des Angreifers durch Notwehr gerechtfertigt war, liegt überhaupt keine *Fehl*verhaltensfolge und daher erst recht keine vorsätzlich herbeigeführte vor.

4. Grafische Übersichten zur Veranschaulichung der normentheoretischen Grundlagen und Zusammenhänge

Angemessene Fallbearbeitung setzt das Verständnis der normentheoretischen   68
Grundlagen und Zusammenhänge voraus. Auch und gerade weil dieses Verständnis vor allem am Anfang des Studiums schwer fällt, lohnt sich eine frühzeitige vertiefte Auseinandersetzung. Die im Folgenden vorgestellten grafischen Übersichten sollen der Veranschaulichung dienen und so das Verständnis erleichtern.

a) Bildung von konkreten (individuellen) Verhaltensnormen und konkreten (einzelfallbezogenen) Sanktionsnormen

In Anlehnung an das zu den Grundlagen und zur Bildung von konkreten Verhaltens-   69
und Sanktionsnormen Gesagte soll nun das Augenmerk auf die einzelnen Schritte gerichtet werden, die für die Bildung dieser konkretisierten Normen notwendig sind.[78]

---

[77] Näher dazu *Freund/Rostalski*, AT, § 7 Rn. 125 ff.
[78] S. dazu auch schon oben § 1 Rn. 11 ff., 16 ff.

70   Zur Bildung (und Befolgung) einer *konkreten (individuellen) Verhaltensnorm* bedarf es zunächst einer normbildungsfähigen (und normbefolgungsfähigen) Person als Normadressat bzw. Normadressatin. Diese Person kennt die Grundentscheidungen des geordneten gesellschaftlichen Zusammenlebens – also die *verhaltensrelevanten Vorwertungen,* die in Rechtsvorschriften manifestiert und konkretisiert sind. Deren Leitprinzip ist das der Wahrung des überwiegenden Interesses. Außerdem hat diese Person die konkrete Situation einer Kollision ihrer eigenen Interessen mit denen anderer vor Augen und ist zumindest in der Lage, alle relevanten Umstände zu erkennen. Dieses Erkennenkönnen bezieht sich nicht allein auf die reinen Fakten, sondern auch auf deren Bewertungsrelevanz. Fehlt es an dem einen oder anderen Aspekt, scheidet die Person als Adressatin oder Adressat der Norm schon mangels entsprechender Norm*bildungs*fähigkeit aus. Ist diese Fähigkeit vorhanden, muss die Person durch Anwendung der abstrakten Wertungen auf die konkret-individuelle Situation die für sie in dieser konkreten Situation individuelle – und damit kontext- und adressatenspezifische – Verhaltensnorm bilden und sie sodann befolgen. Das bedeutet: Das, was die konkret-individuell bildbare und von Rechts wegen zu bildende Verhaltensnorm als Ver- oder Gebot postuliert, muss die betreffende Person unterlassen bzw. tun, sofern sie dazu befähigt ist, die in Frage stehende Schädigungsmöglichkeit nicht zu schaffen oder diese abzuwenden. Ist die Person dazu außerstande, fehlt es nicht erst an dem Verstoß gegen eine legitimierbare Verhaltensnorm, sondern bereits an der Legitimierbarkeit einer solchen – Unmögliches verlangenden – Verhaltensnorm.

71

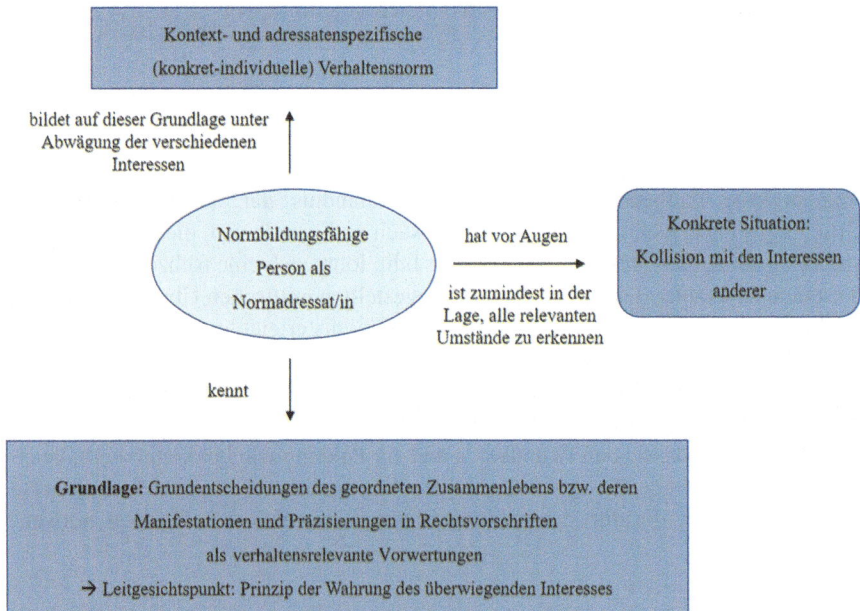

Graphik 1: Bildung einer kontext- und adressatenspezifischen Verhaltensnorm im verhaltensrelevanten Zeitpunkt

Beachtet die konkrete Person dieses mit der Verhaltensnorm verbundene Ver- 72
oder Gebot nicht, weil sie entweder schon die Norm nicht bildet oder aber die gebil-
dete Norm nicht befolgt, verstößt sie also durch ein ganz bestimmtes Verhalten gegen diese Verhaltensnorm, kommt die Bildung einer *konkreten (einzelfallbezogenen)*
Sanktionsnorm in Betracht. Dafür bedarf es zunächst eines normbildungsfähigen
und normbefolgungsfähigen (zuständigen) Strafgerichts als Normadressat. Dieses
hat einen konkreten Sachverhalt vor Augen und muss angesichts dessen überprüfen,
ob sich eine konkrete Person durch ein bestimmtes Verhalten i. S. e. bestimmten
Straftatbestandes schuldig gemacht hat. Grundvoraussetzung der zu bildenden konkreten Sanktionsnorm ist, dass sich gegenüber der in Rede stehenden Person im
fraglichen Verhaltenszeitpunkt (ex ante) tatsächlich eine Verhaltensnorm legitimieren ließ, gegen die in einer für einen Schuldspruch und ein etwaiges zusätzliches
Strafübel hinreichend gewichtigen Weise verstoßen wurde. Das erfordert jedenfalls,
dass diese Person zur Bildung und Befolgung der fraglichen Verhaltensnorm auch
tatsächlich in der Lage war.

Sodann muss ein Strafgesetz existieren, das als Sanktionsnormermächtigungs- 73
grundlage abstrakt-generell denkbare Verhaltensnormverstöße mit tatbestandsspezifischen Eigenschaften in Bezug nimmt, die auch der zuvor geprüfte Verhaltensnormverstoß aufweist. Ist eine solche Sanktionsnormermächtigungsgrundlage
gefunden, muss das Strafgericht auf dieser Grundlage die konkrete (einzelfallbezogene) Sanktionsnorm bilden.

Das Vorliegen eines von diesem Strafgesetz abstrakt-generell in Bezug genommenen – und damit   74
tatbestandsspezifischen – Verhaltensnormverstoßes ist dabei in jeder Hinsicht sorgfältig zu begründen: Es genügt nicht etwa, die grundsätzliche Legitimierbarkeit einer abstrakten Verhaltens*leitlinie*
zu beachten. Denn gegen diese kann schon deshalb gar nicht verstoßen werden, weil sie noch gar
keinen Verhaltens*norm*charakter besitzt. Sie enthält noch keine verbindliche (Verhaltens-)Anord-
nung, sondern stellt neben anderen Wertungsgesichtspunkten lediglich die Grundlage für die kon-
text- und adressatenspezifische Bildung einer konkretisierten Verhaltensnorm dar. Auf der Basis
der verhaltensrelevanten Vorwertungen muss die in Rede stehende Person im verhaltensrelevanten
Zeitpunkt jedenfalls in der Lage gewesen sein, die (für sie) kontext- und adressatenspezifisch geltende Verhaltensnorm zu bilden und sodann zu befolgen. Im Hinblick auf den Eingriffscharakter
der Verhaltensnorm müssen dabei auch die Anforderungen des verfassungsrechtlichen Verhältnismäßigkeitsgrundsatzes beachtet werden. Wird gegen eine solchermaßen legitimierte Verhaltensnorm verstoßen und existiert zudem ein Strafgesetz, das abstrakt-generell auf derartige Verhaltensnormverstöße Bezug nimmt, liegt in diesem normwidrigen Verhalten ein entsprechender
tatbestandsspezifischer Verhaltensnormverstoß. Um ein *straf*tatbestandsspezifischer Verhaltensnormverstoß zu sein, muss dieser Verstoß auch ein für Schuldspruch und Strafe hinreichendes
Gewicht besitzen (hinreichend schuldhaft sein). Nur dann wird dem verfassungsrechtlichen Verhältnismäßigkeitsgrundsatz auch auf der Ebene der Sanktionsnormbildung Rechnung getragen.

Sind neben dem Erfordernis des hinreichend gewichtigen tatbestandsspezifi- 75
schen Verhaltensnormverstoßes auch alle übrigen Sanktionsnormvoraussetzungen
erfüllt, ergibt sich als Rechtsfolge ein entsprechender Schuldspruch und regelmäßig
auch ein entsprechendes zusätzliches Strafübel.[79]

---

[79] S. dazu auch schon oben § 1 Rn. 16 ff. sowie unten § 1 Rn. 93 ff.

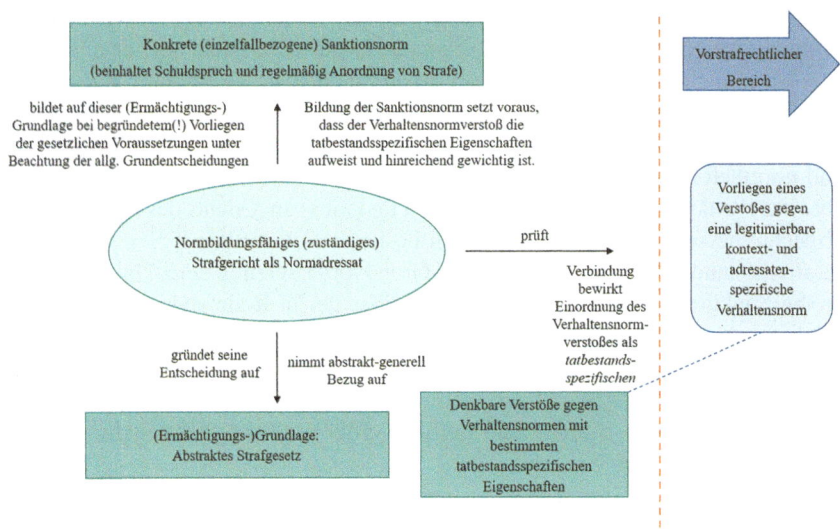

Graphik 1: Bildung einer kontext- und adressatenspezifischen Verhaltensnorm im Zeitpunkt

b) Verhaltensbewertung – Einordnung in Verhaltenskreise bzw. in Verhaltenspyramide (in Bezug auf faktisch mögliches Verhalten)

77   Aus alledem ergibt sich, dass ein bestimmtes Verhalten nicht nur entweder erlaubt oder aber strafbar sein kann. Vielmehr gibt es wichtige weitere Kennzeichnungen. Die denkbaren Kategorien sind im Folgenden grafisch als Verhaltenskreise dargestellt.[80]

78   Die äußerste Linie, welche alle darin befindlichen Kreise beinhaltet, ist die Zusammenfassung jeglichen Verhaltens. Nach außen begrenzt ist dieses allein durch faktisch Unmögliches. Unter Abzug der inneren Kreise umfasst der äußerste Kreis das *erlaubte* bzw. *unverbotene Verhalten*. Darin enthalten ist jedes Verhalten, das nicht von bestimmten rechtlichen Beschränkungen betroffen ist.

79   Der nächste innere Kreis ist der des *rechtlich missbilligen Verhaltens*. Dieser umfasst auch die weiteren inneren Kreise. Bei diesen Verhaltensweisen liegt jedenfalls ein Verstoß gegen eine rechtlich zu legitimierende Verhaltensnorm vor; er zieht nach außen die Grenze zum erlaubten (unverbotenen und damit nicht rechtlich missbilligten) Verhalten. Beispiel: Jemand verhält sich unachtsam (fahrlässig) im Hinblick auf fremdes Eigentum. Das ist immerhin bereits rechtlich missbilligt, d. h. die betreffende Person verstößt damit gegen eine legitimierbare Verhaltensnorm. Dies kann sogar zu zivilrechtlichen Schadensersatzansprüchen führen. Allerdings

---

[80] S. dazu und zum Folgenden bereits *Freund/Rostalski,* AT, § 1 Rn. 80 ff.

existiert kein Strafgesetz das (als Sanktionsnormermächtigungsgrundlage) Schuldspruch und Strafe als Reaktion auf ein solches Verhalten ermöglicht. Es ist daher strafrechtlich – jedenfalls de lege lata – irrelevant.

Innerhalb dieses Kreises befindet sich der engere Kreis der Verhaltensweisen, die nicht nur rechtlich missbilligt sind, die also überhaupt gegen eine rechtlich legitimierbare Verhaltensnorm verstoßen, sondern bei denen eine Strafvorschrift existiert, die auf Verstöße gegen solche Verhaltensnormen Bezug nimmt, und zwar als abstrakt-generelle gesetzliche Ermächtigungsgrundlage für die Bildung einer entsprechenden einzelfallbezogenen Sanktionsnorm. In diesen Fällen liegt ein Verhalten vor, das gegen eine *strafbewehrte Verhaltensnorm* verstößt. Eine solche Strafbewehrung ist nicht erst dann gegeben, wenn eine definitive Strafbarkeitsanordnung (nach der vom Strafgereicht zu bildenden einzelfallbezogenen Sanktionsnorm) vorliegt. Letztere hängt regelmäßig noch von zusätzlichen Umständen ab, die dem tatbestandsspezifischen Fehlverhalten der einschlägigen Sanktionsnorm „nachgelagert" sind.   **80**

Beispiel: Jemand verhält sich unachtsam (fahrlässig) im Hinblick auf fremde Körperintegrität. Das ist nicht nur rechtlich missbilligt, sondern im Raum steht bereits eine bedingte Strafandrohung, die sich aus § 229 StGB ergibt. Wer sich entsprechend verhält, muss damit rechnen, bestraft zu werden, wenn die durch sein Verhalten in verantwortlicher Weise geschaffene oder nicht abgewendete Schädigungsmöglichkeit tatsächlich einen schädigenden Verlauf in Gang setzt und der tatbestandsmäßige Erfolg eintritt. Ob diese Folge eintritt oder nicht, kann der sich fahrlässig Verhaltende nicht mehr uneingeschränkt kontrollieren.   **81**

Erst innerhalb dieses Kreises der gegen eine strafbewehrte Verhaltensnorm verstoßenden Verhaltensweisen befindet sich der innerste Kreis mit den Verhaltensweisen, in Bezug auf die eine definitive Strafbarkeitsanordnung existiert. Nur wenn alle (Tatbestands-)Voraussetzungen der (auf der Grundlage des abstrakten Strafgesetzes) konkret-einzelfallbezogen zu bildenden Sanktionsnorm tatsächlich vorliegen, zieht das Verhalten als Rechtsfolge einen Schuldspruch sowie ein etwaiges zusätzliches Strafübel nach sich und ist damit ein strafbares Verhalten. Beispiel: Jemand verhält sich unachtsam (fahrlässig) im Hinblick auf fremde Körperintegrität und es kommt auch zum entsprechenden Körperverletzungserfolg als spezifischer Fehlverhaltensfolge, deren es für die Strafbarkeitsanordnung durch das Strafgericht auf der Grundlage des § 229 StGB bedarf.   **82**

84

In Kurzform lässt sich also sagen: Es gibt   **83**

1. Erlaubtes Verhalten
2. Rechtlich missbilligtes Verhalten (Verhalten, das gegen eine legitimierbare Verhaltensnorm verstößt)
3. Verhalten, das gegen eine legitimierbare und strafbewehrte Verhaltensnorm verstößt
4. (Definitiv) strafbares Verhalten.

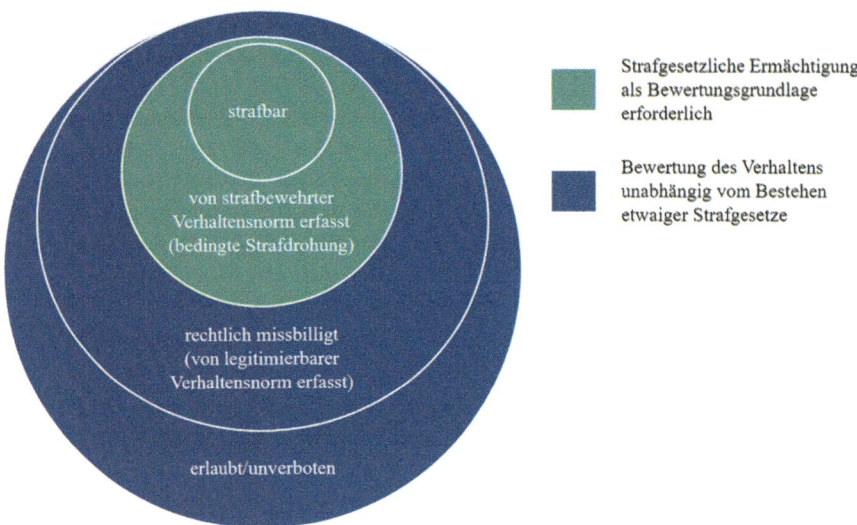

Graphik 3: Verhaltenskreise (in Bezug auf faktisch mögliches Verhalten)

85   Anstelle der Verhaltenskreise kann man sich auch das Bild einer Pyramide vorstellen, um die verschiedenen Möglichkeiten der Verhaltensbewertung zu erfassen. Insofern gilt das zu den Verhaltenskreisen Gesagte entsprechend. Das Bild der Pyramide zeigt besonders anschaulich, dass der Bereich des definitiv strafbaren Verhaltens nur die „Spitze des Eisbergs" bildet, unter der sich die beiden Bereiche des Verhaltens befinden, das von einer strafbewehrten Verhaltensnorm erfasst wird (und daher mit einer bedingten Strafdrohung versehen ist) sowie des schlicht rechtlich missbilligten (gegen eine legitimierbare Verhaltensnorm verstoßenden) Verhaltens. Die unterste Stufe – der größte Block – erfasst den weiten Bereich des rechtlich erlaubten/unverbotenen Verhaltens, das nicht durch eine legitimierbare Verhaltensnorm beschränkt ist.

86

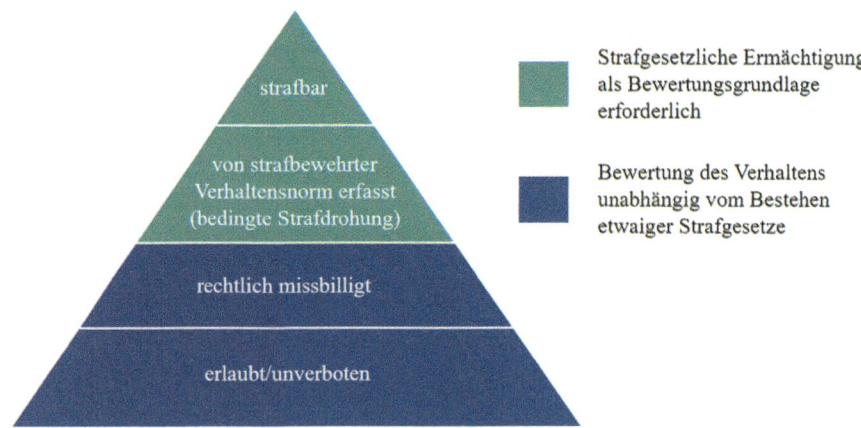

Graphik 4: Verhaltenspyramide (in Bezung auf faktisch mögliches Verhalten)

c) Verantwortlichkeit für angemaßte Freiheit und deren angemessener Ausgleich durch Schuldspruch und Strafe

Schuldspruch und Strafe kommen als Reaktionen nur dann zum Einsatz, wenn gegen   87
ein – zuvor bereits bestehendes – konkretes Verhaltensverbot oder -gebot verstoßen
wurde. Eine solche verbindlich geltende konkretisierte Verhaltensnorm stellt bereits als
solche eine Freiheitseinschränkung dar: Die konkrete Person darf sich in diesem konkreten Moment nicht einfach so verhalten, wie es ihr beliebt. Vielmehr muss ihre allgemeine Handlungsfreiheit aufgrund einer – im Rahmen der Verhaltensnormbildung
vorgenommenen – Güter- und Interessenabwägung zurückstehen, sofern den mit den
eigenen Interessen kollidierenden fremden ein höheres Gewicht zukommt. Wenn die
Person gegen die für sie verbindliche Verhaltensregel verstößt, überschreitet sie diese
ihr auferlegte Freiheitsbeschränkung. Sie nimmt sich daher eine Freiheit heraus, die ihr
von Rechts wegen gerade nicht zusteht. Sie maßt sich diese Freiheit unberechtigt und
in dafür verantwortlicher Weise an.[81] Auf einen solchen Regelverstoß muss eine staatliche Reaktion erfolgen, sonst wäre das geordnete gesellschaftliche Zusammenleben in
Freiheit und Frieden auf Dauer nicht mehr gewährleistet. Warum sollten sich die übrigen Gesellschaftsmitglieder noch an die ihnen gegenüber geltenden Verhaltensnormen
halten, wenn die anderen dies nicht tun und daraufhin nichts geschieht?

Auf den Verhaltensnormverstoß mit seiner zu verantwortenden unberechtigten   88
Freiheitsanmaßung muss angemessen missbilligend mit einem entsprechenden
Schuldspruch und (regelmäßig) entsprechender Strafe reagiert werden. Sowohl der
Schuldspruch als primäre strafrechtliche Reaktion als auch die Strafe als schuld-
spruchakzessorisches zusätzliches Strafübel stellen ihrerseits je für sich genommen
Freiheitseinschränkungen dar. Der Schuldspruch beschreibt nicht nur, gegen welche
Verhaltensnorm konkret die Person durch ihr Verhalten verstoßen hat und welcher
Straftatbestand, der auf diesen Verstoß abstrakt-generell Bezug nimmt, einschlägig
ist. Vielmehr enthält er den tatbestandsspezifischen Verhaltensvorwurf und ggf. auch
den zusätzlichen Vorwurf der Verantwortlichkeit für spezifische Fehlverhaltensfolgen.

Auf der Grundlage des Schuldspruchs wird regelmäßig eine konkrete weitere   89
Sanktion angeordnet, ein bestimmtes Strafübel, das die betreffende Person als
über den Schuldspruch hinausgehende Freiheitseinschränkung von Rechts wegen
hinnehmen muss. Der schon mit dem Schuldspruch verbundene Rechtseingriff ist
dieser gegenüber nur dann berechtigt, wenn er inhaltlich in jeder Hinsicht zutrifft.
Auch Art und Höhe der Strafe müssen exakt dem entsprechen, was der Täter „ver-
brochen" hat. Das bedeutet: Schuldspruch und Strafe (als spezielle Mittel des
„Zur-Verantwortung-Ziehens") müssen im Hinblick auf die mit ihnen verbundene
Freiheitseinschränkung exakt dem Maß der Verantwortlichkeit für die – bewusst
oder unbewusst – unberechtigt angemaßte Freiheit entsprechen.

Nur auf diese Weise wird das „Freiheitskonto" der jeweiligen Person wieder auf   90
„normal" Null zurückgesetzt und sie befindet sich wieder auf gleicher Stufe mit den
anderen Gesellschaftsmitgliedern. Auf diese Weise wird die Person, die sich nicht
an die ihr gegenüber geltende Regel gehalten hat, nicht etwa aus der Gesellschaft
ausgeschlossen, sondern als Gleicher oder Gleiche im Recht bestätigt.[82] Außerdem

---

[81] Wie im Vorangegangenen (§ 1 Rn. 69 ff.) bereits erläutert, kann jemand für ein vorgenommenes
Verhalten nur verantwortlich gemacht werden, wenn er oder sie die Fähigkeit zur Normbildung
und Normbefolgung hatte.

[82] S. zu diesem wichtigen Aspekt *Freund/Rostalski*, AT, § 1 Rn. 37 ff.

wird so die Aufrechterhaltung der allgemeinen Grundentscheidungen der Gesellschaft – der allgemeinen Maßstäbe und Kriterien der Verhaltensbewertung – sowie das darauf basierende Zusammenleben der Gesellschaftsmitglieder in friedlicher Koexistenz weiterhin gewährleistet.[83]

92

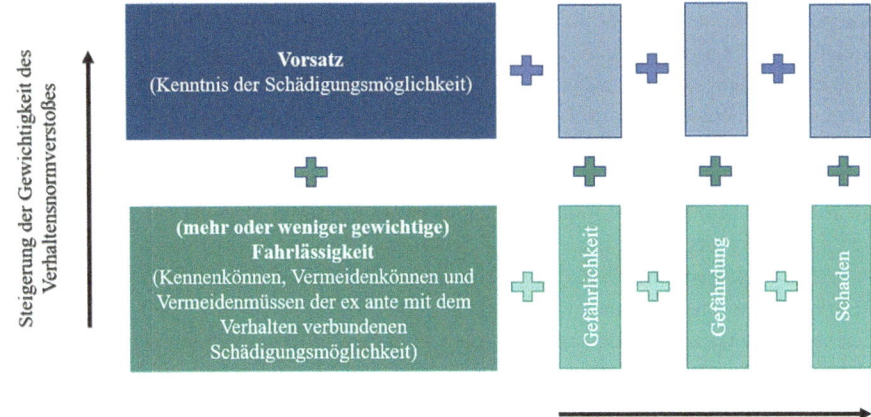

Graphik 5: Maß der Verantwortlichkeit für unberechtigt angemaßte Freiheit

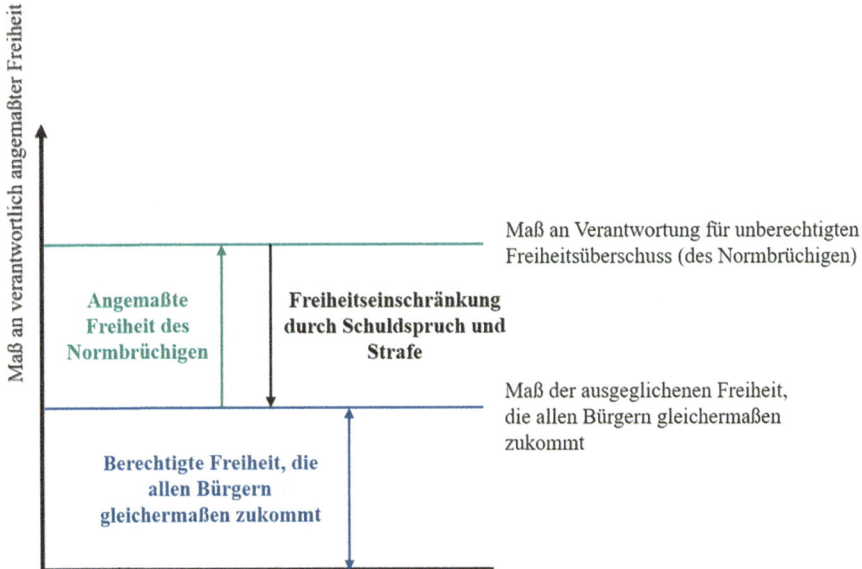

Graphik 6: Schuldspruch und Strafe als Ausgleich zu verantwortender (unberechtigter) Anmaßung von Freiheit nach dem Maß der Verantwortung

---

[83] Zum strafrechtstheoretischen Hintergrund der Restitution des Rechts als verhaltenswirksame Ordnung des Zusammenlebens s. *Freund/Rostalski,* AT, § 1 Rn. 24 ff., 28 ff.; ferner oben § 1 Rn. 5 f. (m. Fn. 9).

d) Tatbestandsbegriffe und konkrete Rechtsfolgeanordnungen – Strafgesetze als ausfüllungsbedürftige Konditionalprogramme

Ein Straftäter verstößt nicht gegen das Strafgesetz, sondern er erfüllt dessen abstrakt-generell postulierte Tatbestandsvoraussetzungen.[84] Zu diesen Voraussetzungen zählt bei jeder Straftat der tatbestandsspezifische Verstoß gegen eine als solche legitimierbare Verhaltensnorm (dazu oben § 1 Rn. 26 ff.). Durch diesen Verhaltensnormverstoß löst er, sofern auch die sonstigen formellen und materiellen Voraussetzungen erfüllt sind, die im Strafgesetz vorgesehenen Rechtsfolgen des entsprechenden Schuldspruchs und regelmäßig eines weiteren Strafübels aus. Der Regelungsgehalt der Strafgesetze entspricht dem typischen Regelungsgehalt von Gesetzesrechtssätzen:[85] Sie enthalten ein *Konditionalprogramm,* das freilich durch weitere Umsetzungsnormen ergänzt werden muss – etwa durch Verfolgungsvoraussetzungen, Verfahrensregeln oder Beweisanforderungen. Diese Rechtssätze weisen also eine „Wenn-dann-Struktur" auf. Die konkretisierungs- und ergänzungsbedürftigen Voraussetzungen sind der Kern des *Tatbestands* der zu bildenden einzelfallbezogenen Sanktionsnorm *Wenn* nicht nur dieser Kern, sondern sämtliche Tatbestandsvoraussetzungen (im weitesten Sinne) im konkreten Einzelfall erfüllt sind, *dann sollen* die vorgesehenen *Rechtsfolgen (Schuldspruch und Bestrafung)* eingreifen.[86] 93

Der Begriff des Tatbestands ist mehrdeutig und daher konkretisierungsbedürftig. Um den beschränkten Stellenwert der Verwirklichung des *Tatbestands i. e. S.* eines Strafgesetzes richtig zu erfassen, muss man sich klargemacht haben, wie der Tatbestand im weitesten Sinne (der allgemeinen Rechtstheorie) beschaffen ist:[87] Eine ganz bestimmte Rechtsfolge wird erst dann tatsächlich ausgelöst, wenn in concreto *alle* dafür erforderlichen Voraussetzungen vorliegen. Dieser *Tatbestand im weitesten Sinne* ist also der *Inbegriff sämtlicher Rechtsfolgevoraussetzungen!* 94

Ein Strafgesetz enthält demnach noch kein „fertiges" Konditionalprogramm. Ihm kann noch nicht ohne Weiteres entnommen werden, ob eine ganz bestimmte Person nach diesem Strafgesetz schuldig zu sprechen und mit einer ganz bestimmten – innerhalb des vorgegebenen Strafrahmens liegenden – Strafe zu belegen ist. Vielmehr ist es die Aufgabe des zuständigen Strafgerichts auf der Basis des Strafgesetzes als abstrakt-genereller Ermächtigungsgrundlage eine *einzelfallbezogene konkrete Sanktionsnorm* zu bilden und zu begründen(!), die eine solche konkrete Sanktionsanordnung zum Inhalt hat. 95

---

[84] I. d. S. mit Recht Binding, Handbuch, S. 155, der bereits zu seiner Zeit die ganz verkehrte Vorstellung beklagt, die Straftat bedeute eine Verletzung des Strafgesetzes. Insofern hat sich leider bis heute nicht allzu viel geändert; s. dazu und zum Folgenden bereits *Freund/Rostalski,* AT, § 1 Rn. 68.

[85] S. dazu und zum Folgenden bereits *Freund/Rostalski,* AT, § 1 Rn. 69.

[86] Vgl. zu dieser Wenn-Dann-Struktur von Rechtssätzen und zum Schuldspruch als primärer bzw. der entsprechenden Strafe als sekundärer Rechtsfolge *Lagodny,* Gesetzestexte anwenden, S. 137 ff.

[87] Zu den verschiedenen Tatbestandsbegriffen s. bereits oben § 1 Rn. 7 ff.

96   Grundlegende Tatbestandsvoraussetzung dieser einzelfallbezogenen konkreten Sanktionsnorm ist ein erwiesenermaßen vorliegender tatbestandsspezifischer
Verhaltensnormverstoß der konkreten Person, die nach dem darauf Bezug nehmenden Strafgesetz schuldig gesprochen und mit einem darauf gegründeten
zusätzlichen Strafübel (Freiheits- oder Geldstrafe bestimmter Höhe) belegt werden soll.

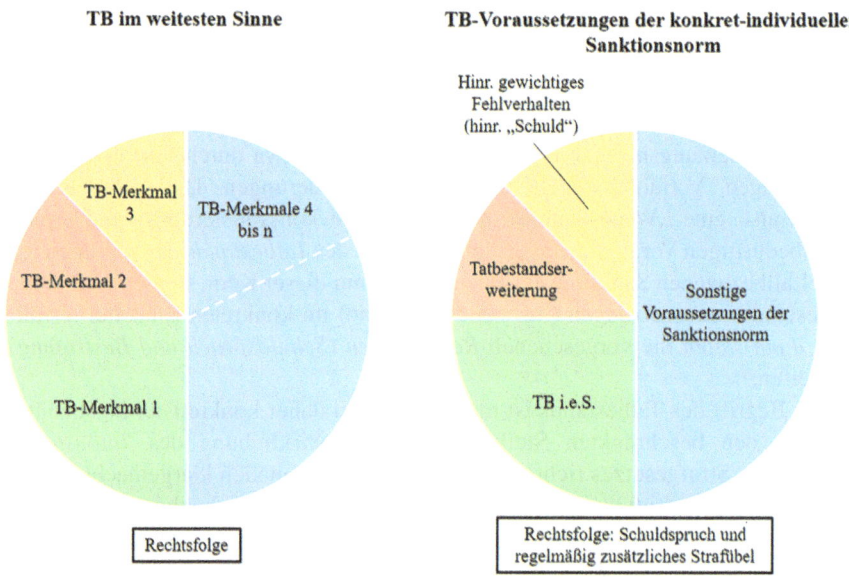

Graphik 7: Tatbestandsbegriffe

e) Verhaltensnormtypen: Monistisch und dualistisch legitimierte Verhaltensnormen

98   Wie oben (§ 1 Rn. 26 ff.) dargelegt, gibt es zwei *qualitativ* unterschiedliche Arten
von Verhaltensnormen:[88]

99   Verhaltensnormen des *Typs 1* lassen sich bereits ausschließlich wegen des Nut-
zens für bestimmte anzuerkennende Rechtsgüterschutzinteressen legitimieren.
Hierzu zählt beispielsweise die rechtliche Inpflichtnahme des bei einem Unglücksfall zufällig Hinzukommenden. Diese Inpflichtnahme kann ausschließlich
im Interesse des bedrohten Gutes – also des Lebens bzw. der Körperintegrität des
Verletzten – begründet werden. Wenn die betreffende Person ihrer Hilfeleistungspflicht nicht genügt, verstößt sie gegen eine Verhaltensnorm, die gleichsam nur
auf *einer Säule* ruht: dem *Rechtsgüterschutz*. Sie verstößt gegen eine „monistisch" fundierte Verhaltensnorm. Verstöße gegen Verhaltensnormen dieses Typs

---

[88] S. dazu und zum Folgenden bereits *Freund/Rostalski*, AT, § 2 Rn. 17 ff.

werden im StGB (in abstrakt-genereller Form) nur in Bezug genommen von §§ 138, 323c I StGB.

Praktische Beispiele sind auch die Nichtanzeige eines drohenden Mordes oder das Wegziehen des rettenden Armes, wenn jemand gefährlich stolpert. Das letzte Beispiel zeigt, dass es nicht auf die Verhaltens*form* (Handlung oder Unterlassung) ankommt, sondern nur auf die *Qualität* der übertretenen Verhaltens*norm*. Dementsprechend ist ein Verstoß gegen die allgemeine Hilfspflicht auch in der Verwirklichungsform der Handlung möglich. Wenn die Sonderverantwortlichkeit für das Vermeiden der in Frage stehenden Schädigungsmöglichkeit fehlt, liegt ein immerhin nach § 323c I StGB strafbarer Fall des nichtbegehungsgleichen aktiven Tuns vor.   **100**

Außer den Verhaltensnormen des *Typs 1*, die zu ihrer Legitimation nur den *Rechtsgüterschutz (als legitimen Zweck)* heranziehen können, gibt es Verhaltensnormen des *Typs 2*, bei denen zur Einschränkung der Handlungsfreiheit der durch die Norm adressierten Person ein zusätzlicher Legitimationsgrund bei der erforderlichen Güter- und Interessenabwägung mit auf die Waagschale gelegt werden kann: Es gibt besondere Verantwortlichkeiten, aufgrund deren gerade eine ganz bestimmte Person Adressatin oder Adressat einer dadurch qualifizierten (dualistisch fundierten) Verhaltensnorm ist. Ohne eine solche besondere Verantwortlichkeit wären viele Verhaltensnormen wegen ihres Eingriffscharakters verfassungsrechtlich gar nicht legitimierbar. Denn schließlich geht nicht jeden alles an.[89] Für die Verhaltensnormbegründung und die Einschätzung von Verhaltensnormverstößen ist die *Sonderverantwortlichkeit* für das Vermeiden einer ganz bestimmten Schädigungsmöglichkeit(!) deshalb von wesentlicher Bedeutung. Eine *auch* durch diese Sonderverantwortlichkeit der durch die Norm adressierten Person legitimierte Verhaltensnorm, steht – bildlich gesprochen – auf *zwei Säulen:* dem *Rechtsgüterschutz* und der *Sonderverantwortlichkeit.* Es handelt sich damit um den praktisch besonders bedeutsamen Verhaltensnorm-Typ, bei dem die Verhaltensnorm in zweifacher Hinsicht („dualistisch") fundiert ist.   **101**

Verstöße gegen Verhaltensnormen dieses Typs werden in abstrakt-genereller Form von nahezu allen Straftatbeständen in Bezug genommen. Totschlag, fahrlässige Tötung, Körperverletzung, Sachbeschädigung etc. erfordern allesamt den Verstoß gegen eine dualistisch legitimierte Verhaltensnorm. Unter diesem normativen Gesichtspunkt macht es keinen Unterschied, ob jemand ein fremdes Kind erwürgt (§ 212 I StGB) oder aber das eigene Kind verhungern lässt (§ 212 I StGB i. V. m einer lediglich klarstellenden Heranziehung des § 13 StGB). Auf die Verhaltens*form* (Handlung oder Unterlassung) kommt es nicht an. Vielmehr ist für die Tatbestandsverwirklichung entscheidend allein die *Qualität* der übertretenen Verhaltens*norm*.   **102**

103

---

[89] Mit Recht hervorgehoben von *Jakobs*, ZStW 89 (1977), 1, 2, 30.

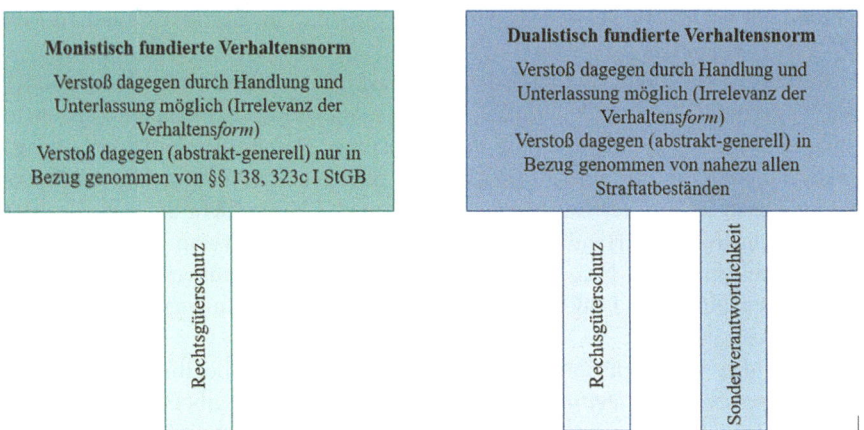

Graphik 8: Legitimation von Verhaltensnormen – Verhaltensnormtypen

f) Modell zum Tatbestand i. e. S. beim vollendeten Verletzungserfolgsdelikt

104 Das folgende Modell soll der Verdeutlichung der Zusammenhänge der verschiedenen Voraussetzungen dienen, die im Tatbestand i. e. S. zu prüfen sind.[90]

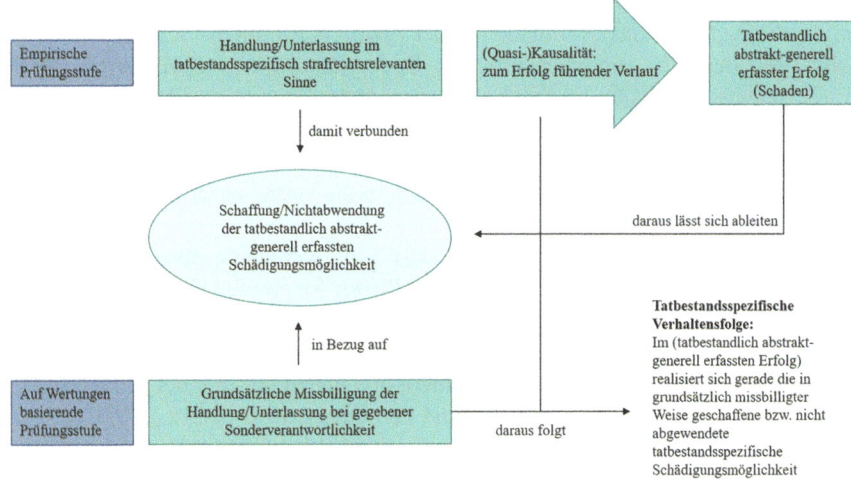

Graphik 9: Modell zum Tatbestand i. e. S.

105 Auf rein empirischer Ebene ist zunächst festzustellen: Als in Rede stehendes Verhalten muss die betreffende Person eine Handlung oder Unterlassung im tatbestandsspezifisch strafrechtsrelevanten Sinne vorgenommen haben. Auch muss als Endpunkt der Verlaufskette ein tatbestandlich abstrakt-generell erfasster Erfolg eingetreten sein – ein vom jeweiligen Strafgesetz (abstrakt-generell) in Bezug genommener

---

[90] Zu einem allgemeineren Modell des Unrechtstatbestands s. *Freund/Rostalski,* AT, § 12 IV.

Rechtsgutsschaden. Das Verhalten muss für diesen Erfolg (quasi-)kausal sein – ihn also i. d. S. verursacht haben. Wenn das der Fall ist, lässt sich sagen: Zwischen dem Verhalten als Anfangspunkt und dem Erfolg als Endpunkt liegt der dahin führende Verlauf. Daraus lässt sich zwingend ableiten, dass als Vorstufe des jeweiligen Schadens (als Erfolg) zu einem bestimmten Zeitpunkt eine entsprechende tatbestandlich abstrakt-generell erfasste Schädigungs*möglichkeit* bestanden haben muss, welche sich dann im bereits festgestellten Erfolg realisiert hat. Denn von nichts kommt nichts: Wenn der Erfolg als deren Realisierung durch das Verhalten verursacht wurde, so wurde auch diese Schädigungsmöglichkeit (also die Möglichkeit, dass der Erfolg eintritt) durch das jeweilige Verhalten geschaffen oder nicht abgewendet.

Auf der im Anschluss vorzunehmenden Prüfungsstufe, die auf (normativen) **106** Wertungen basiert, ist zu ermitteln, ob *genau die* mit dem Verhalten verbundene *Schaffung oder Nichtabwendung der Schädigungsmöglichkeit,* die sich im Erfolg realisiert hat(!), im Verhaltenszeitpunkt ex ante im Grundsatz zu missbilligen ist.). Dafür ist insbesondere eine Abwägung der kollidierenden Güter- und Interessen vorzunehmen, wobei die Sonderverantwortlichkeit der betreffenden Person (als Normadressat oder Normadressatin) eine notwendige Bedingung und ein maßgebliches Abwägungskriterium darstellt. Gesichtspunkte, die zu einem Ausschluss der Missbilligung aufgrund eines Rechtfertigungsgrundes führen können, sind bei dieser Abwägung auszuklammern.[91] Geht die Abwägung im Grundsatz zugunsten des in Frage stehenden Schutzinteresses aus, liegt im Hinblick auf die in Frage stehende Schaffung oder Nichtabwendung der tatbestandlich abstrakt-generell erfassten Schädigungsmöglichkeit ein grundsätzlich missbilligtes Verhalten vor.

Damit steht zugleich fest: Genau die tatbestandlich abstrakt-generell erfasste **107** Schädigungsmöglichkeit, welche durch das Verhalten geschaffen oder nicht abgewendet wurde *und* sich in der Folge im eingetretenen Schaden realisiert hat(!), ist in grundsätzlich zu missbilligender Weise geschaffen oder nicht abgewendet worden. Man kann daher auch sagen: Der Erfolg ist *tatbestandsspezifische Verhaltensfolge,* denn in ihm hat sich die in grundsätzlich zu missbilligender Weise geschaffene oder nicht abgewendete Schädigungsmöglichkeit realisiert. Ein zusätzlicher Prüfungsschritt ist für diese rein klarstellende Feststellung, die auch als sog. „Zurechnung des Erfolgs auf Tatbestandsebene i. e. S." bezeichnet werden kann, nicht mehr notwendig. Es ist eine Schlussfolgerung, die sich ohne Weiteres aus dem zu Anfang ermittelten empirischen Verlauf in Verbindung mit der auf der Grundlage normativer Wertungen geprüften grundsätzlichen Missbilligung des Verhaltens im Hinblick auf die Schaffung oder Nichtabwendung der dem erfolgsverursachenden Verlauf zugrundeliegenden Schädigungsmöglichkeit ergibt.

Zu einem entsprechenden grundlagenorientierten Gliederungsschema, bei dem **108** konsequent zunächst das tatbestandsspezifische personale Fehlverhalten vor etwaigen sonstigen Sanktionserfordernissen geprüft wird, s. *Freund/Rostalski,* AT, § 12 I. Dieses Schema vermeidet die Probleme, die mit der sog. „Erfolgszurechnung" auf der Ebene des Tatbestands i. e. S. verbunden sind. Eine solche „Zurechnung" ergibt

---

[91] Rechtfertigungsaspekte sind erst auf der im Anschluss an den Tatbestand i. e. S. folgenden Ebene der fehlenden Rechtfertigung bei der Missbilligung im endgültigen Sinne zu thematisieren. S. dazu unten § 2 Rn. 120 ff.

erst dann einen Sinn, wenn zuvor eine endgültige Verhaltensmissbilligung feststeht. Demgegenüber behandelt das grundlagenorientierte Gliederungsschema die sachliche Problematik des für eine Straftat hinreichend gewichtigen tatbestandsspezifischen Fehlverhaltens im Zusammenhang.[92] Diese sachlich wichtige Einsicht lässt sich freilich auch im Rahmen des im Folgenden weiter präzisierten *Einheitsschemas* umsetzen, das – ohne sich zu sehr davon zu entfernen – eine Weiterentwicklung des traditionellen dreistufigen Konzepts darstellt. Es ist in seiner jeweiligen Konkretisierung auf die Prüfung aller denkbaren Straftatformen anwendbar.

---

[92] S. dazu erstmals *Freund,* JuS 1997, 235 ff., 331 ff.; sich anschließend *Helmert,* Straftatbegriff in Europa, S. 278.

§ 2 Der Aufbau der Straftat in der Fallbearbeitung und die dafür notwendigen Definitionen der allgemeinen Straftatkriterien am Beispiel des vollendeten Erfolgsdelikts

Die am häufigsten zu prüfende Straftatform ist das vollendete Erfolgsdelikt. Dafür 1
gibt es zahlreiche Anwendungsfälle: Zu denken ist nicht nur an die vollendeten
Tötungs- und Körperverletzungsdelikte (in vorsätzlicher oder fahrlässiger Form)
sowie an die Sachbeschädigung durch aktives Tun und durch begehungsgleiches
Unterlassen, sondern etwa auch an den Diebstahl und den Betrug. Grundlage und
unerlässliche erste Voraussetzung eines gelungenen strafrechtlichen Gutachtens ist
auch in diesem Deliktsbereich die Formulierung eines einwandfreien Eingangs-
obersatzes.[1] Dieser muss den möglichen Täter, den zu prüfenden Straftatbestand
sowie das konkrete *Verhalten* nennen, durch welches die geprüfte Person möglicherweise einen tatbestandsspezifischen Verhaltensnormverstoß begangen hat.[2]

Das Verhalten ist dabei präzise und (möglichst) wertungsfrei in seiner konkreten 2
Erscheinungsform als *Handlung* oder *Unterlassung* zu benennen, sollen doch gerade nicht Ergebnisse nachfolgender Prüfungen bereits vorweggenommen werden.[3]

---

[1] *Murmann* merkt zutreffend an, dass dessen Bedeutung von vielen unterschätzt wird, was zu häu-
figen Fehlern auch in Examensklausuren führt; s. dazu sowie übereinstimmend zu den im Folgenden genannten erforderlichen Komponenten dieses Obersatzes *Murmann,* JA 2012, 728, 730; vgl.
auch *Heinrich,* AT, Rn. 190; *Rengier,* AT, § 11 Rn. 2; ferner die allgemeinen Hinweise zur strafrechtlichen Gutachtentechnik bei *Freund/Rostalski,* AT, § 12 III.

[2] In Sonderfällen kann es angebracht sein, weitere Präzisierungen im Eingangsobersatz vorzunehmen. Das gilt insbesondere für Betrugsprüfungen, bei denen es in Fällen des Dreiecksbetrugs
sinnvoll ist anzugeben, gegenüber wem und zu wessen Lasten der Betrug begangen sein soll.

[3] So mit Recht etwa auch *Murmann,* JA 2012, 728, 730. – In gewisser Spannung dazu steht freilich
die Ausgliederung des Straftatkriteriums der Handlung aus dem Tatbestandsbereich und die Ver-
lagerung seiner Prüfung in eine Art Vorprüfung, die auf Zweifelsfälle beschränkt sein soll (731).
Jedenfalls die sachliche Feststellung seines Erfülltseins ist für die Annahme der Tatbestandsverwirklichung (durch eine Handlung) unverzichtbar. Zutreffend betont wird die grundlegende Bedeutung des Verhaltens (der Handlung bzw. der Unterlassung) für die korrekte Strafrechtsanwendung im Gutachten etwa von *Lagodny,* Gesetzestexte anwenden, S. 98 ff., 192, 194 f.

G. Freund, A. Bünzel, *Die Elemente der Straftat und ihre Konkretisierung in der
Fallbearbeitung,* Tutorium Jura, https://doi.org/10.1007/978-3-662-65499-6_2

Als Benennung des zu prüfenden strafrechtlich relevanten Verhaltens unbrauchbar ist etwa die Formulierung: „Durch den Unfall mit R könnte A sich wegen fahrlässiger Tötung gem. § 222 StGB strafbar gemacht haben." [4]

3   Die für die Strafbarkeit zu erfüllenden Erfordernisse müssen im Gutachten stets vollständig festgestellt werden. Das gilt auch für solche Erfordernisse, die – mit Recht – als unproblematisch erfüllt gelten können. Dann ist ein Satz ausreichend, aber auch erforderlich. Die gegenteiligen Empfehlungen, die bisweilen gegeben werden,[5] sind gefährlich, weil sich das, was prima facie unproblematisch erscheint, bei näherem Hinsehen oft als durchaus problematisch erweist. Aber auch unabhängig davon ist die Befolgung solcher Empfehlungen nicht ratsam: Aufgabe des Gutachtens ist es, zu klären, ob *alle* Voraussetzungen der Strafbarkeit im konkreten Fall erfüllt sind. Diese Aufgabe wird durch das Weglassen einzelner Punkte verfehlt. Hinzu kommt, dass bei einem Weglassen unproblematisch erfüllter Voraussetzungen weitere – auch problematische – Prüfungspunkte zwangsläufig in der Luft hängen. Beispielsweise kann ohne definitiv festgestellte Handlung weder eine sinnvolle Prüfung der Kausalität dieser Handlung für einen bestimmten Erfolg vorgenommen werden[6] noch ist es möglich, deren rechtliche Missbilligung zu klären.

4   Im Anschluss an den Einleitungssatz folgt im Rahmen des üblichen dreistufigen Prüfungsvorgehens im ersten Schritt die Prüfung der *Tatbestandsmäßigkeit i. e. S.*[7] Dabei handelt es sich nur um einen kleinen Ausschnitt des *Tatbestands im weitesten Sinne.* Dieser umfasst *sämtliche* Rechtsfolgevoraussetzungen.[8]

I. Tatbestand i. e. S.

5   Zunächst muss der Tatbestand i. e. S. erfüllt sein. Für manche ist im Strafrecht das Wichtigste für die Tatbestandsverwirklichung leider noch immer der Erfolg. Im Hinblick darauf solle dieser jedenfalls bei den vollendeten Erfolgsdelikten an erster Stelle geprüft werden.[9] Demgegenüber sei die Handlung bzw. allgemein das strafrechtlich relevante Verhalten nur *vortatbestandlich* bedeutsam.[10] Das genaue

---

[4] So aber die Formulierung bei *Rotsch,* Klausurenlehre, 2. Teil Fall 1 Rn. 60.

[5] Die Feststellung der Handlung halten viele für regelmäßig entbehrlich; vgl. etwa *Murmann,* JA 2012, 728, 731; *Rengier,* AT, § 7 Rn. 7.

[6] Zutreffend betont etwa *Heinrich,* AT, Rn. 213: „So muss […] die konkrete Handlung – und nicht ‚irgendeine' Handlung – ursächlich für den jeweiligen Erfolgseintritt sein."

[7] S. zum traditionellen dreistufigen Deliktsaufbau etwa *Rengier,* AT, § 2 Rn. 4 (vgl. auch § 7 Rn. 1): „die drei Stufen der Tatbestandsmäßigkeit, Rechtswidrigkeit und Schuld" als „die zentralen Bausteine ‚der Straftat'"; vgl. auch *Heinrich,* AT, Rn. 87; *Hillenkamp,* FS Rengier, 2018, S. 553, 554; *Kühl,* AT, § 1 Rn. 22 ff.; *Valerius,* Einführung, S. 118.

[8] S. zu den verschiedenen Tatbestandsbegriffen oben § 1 Rn. 7 ff.

[9] *Rotsch,* Klausurenlehre, 1. Teil 2. Kap. Rn. 6.

[10] Nach *Rotsch,* Klausurenlehre, 1. Teil 2. Kap. Rn. 14 soll es sich bei der Handlung um eine „außertatbestandliche Voraussetzung" [Hervorhebung im Original] handeln (unter Berufung auf *Roxin/Greco,* Strafrecht AT I, 5. Aufl. 2020, § 8 Rn. 1 ff. [dort wird in Fn. 1 immerhin klargestellt,

Gegenteil davon ist richtig: Das Wichtigste im Strafrecht ist die *Handlung* oder die *Unterlassung,* die – als maßgebliches Verhalten – den tatbestandsspezifischen Verhaltensnormverstoß darstellen soll, ohne den es keine Straftat geben kann.[11] Solange die Handlung oder Unterlassung, die den grundlegenden Vorwurfsgegenstand bilden soll, nicht genannt und *in* der Tatbestandsprüfung(!) nicht definitiv festgestellt ist, hängt die gesamte nachfolgende Prüfung in der Luft. Der Erfolg ist sachlich und zeitlich allenfalls nachrangig bedeutsam. Wenn allerdings schon kein Erfolg eingetreten ist, sollte man gar nicht erst in die Prüfung einer Vollendungstat „einsteigen". Denn zu prüfen sind von vornherein nur Straftaten, die ernsthaft in Betracht kommen.

Es bleibt also dabei: Beim Einstieg in die Tatbestandsprüfung ist bei der Prüfung   6
einer Tatbestandsverwirklichung durch eine Handlung an erster Stelle festzustellen, dass eine solche auch tatsächlich vorliegt. Wird eine Tatbestandsverwirklichung durch (begehungsgleiches) Unterlassen geprüft, gilt Entsprechendes für die Feststellung einer Unterlassung.

---

dass dieser „Handlungsbegriff" die Verhaltensformen des Tuns und des Unterlassens erfassen soll]); auch *Rengier,* AT, § 7 Rn. 7 will das Merkmal der Handlung (als das vom Willen zumindest beherrschbare Verhalten, das Tun und Unterlassen umfassen soll) im Regelfall überhaupt nicht erwähnen (ähnlich auch *Kühl,* AT, § 2 Rn. 3), geht aber (§ 8 Rn. 7) zutreffend davon aus, dass die Tat*handlung* zu den Voraussetzungen des Tatbestands gehört; vgl. auch *Murmann,* JA 2012, 728, 731, der – wie viele andere auch – die Thematisierung einer Handlung nur dann für erforderlich hält, wenn der Sachverhalt Anlass zum Zweifeln gibt. – Zur Kritik an einer „vortatbestandlichen Aussonderung" und der Unverzichtbarkeit strafrechtsrelevanter Wertungen s. *Freund/Rostalski,* AT, § 1 Rn. 117 ff.; *Herzberg,* GA 1996, 1, 5 ff.; ferner *Hardtung/Putzke,* Examinatorium AT, Rn. 196. – Inkonsequent etwa *Rotsch,* Klausurenlehre, 1. Teil 2. Kap. Rn. 73: Obwohl zuvor die Prüfung der Handlung (i. w. S.) – also unter Einschluss von Tun und Unterlassen) aus der Tatbestandsprüfung verbannt und einer „vortatbestandlichen" Kategorie zugewiesen wurde, findet sich – inkonsequenterweise – bei der Prüfung des begehungsgleichen Unterlassungsdelikts (nach §§ 212 I, 13 StGB) das „Unterlassen" als tatbestandlicher Prüfungspunkt. Zur Definition dieses Unterlassens wird nicht etwa auf die Definition des angeblich für alle Straftaten vortatbestandlich relevanten Handlungsbegriffs Bezug genommen. Vielmehr wird – in Abweichung von den für (aktives) Tun herangezogenen Kriterien (etwa der vom Willen beherrschbaren Körperbewegung o. ä.) die „Nichtvornahme der gebotenen und physisch möglichen Handlung" genannt. Spätestens hier zeigt sich, dass der Versuch, (bestimmte) Unterlassungen „als Quasi-Handlungen herauszuputzen" (zutr. krit. *Jakobs,* AT, 29/3 [unter Hinweis auf *Kaufmann,* Die Dogmatik der Unterlassungsdelikte, 1959, S. 280 ff. und *Grünwald,* ZStW 70 (1958), 412 ff.]), zur Begriffsverwirrung führt. Gerade wenn man dem berechtigten Anliegen der Bemühungen um eine präzise Bestimmung des Anknüpfungspunkts jeder Tatbestandsprüfung Rechnung tragen möchte, darf so nicht verfahren werden.

[11] Sachlich i. S. einer zutreffenden Differenzierung zwischen den in Betracht kommenden Verhaltens*formen* („Handlung" als aktives Tun im Gegensatz zur passiven „Unterlassung") und mit Recht krit. zur missverständlichen Verwendung des Handlungsbegriffs auch für Unterlassungen etwa *Heinrich,* AT, Rn. 192 (nicht optimal ist in diesem Zusammenhang freilich die Redeweise von „Tun und Unterlassen" als „*Handlungs*formen"; um Missverständnisse zu vermeiden, sollte es „*Verhaltens*formen" heißen).

1. Verhalten im tatbestandsspezifisch strafrechtsrelevanten Sinne: Handlung und Unterlassung i. d. S. als unverzichtbare Grundlage der Strafbarkeitsprüfung

7 Wenn eine Verwirklichung des Tatbestands i. e. S. durch (aktives) Tun geprüft wird, muss eine *Handlung* vorliegen. Im Gegensatz dazu muss bei der Prüfung der Tatbestandsverwirklichung i. e. S. durch (begehungsgleiches oder nichtbegehungsgleiches) Unterlassen die *Unterlassung* einer Handlung gegeben sein. Leider findet sich zur Definition der Grundbegriffe der „Handlung" und der „Unterlassung" kaum Brauchbares. Nicht selten wird formuliert: Eine „Handlung" sei „jedes vom Willen beherrschte oder beherrschbare sozialerhebliche Verhalten".[12] Diese Definition leidet unter drei erheblichen Mängeln:

8 Der erste Mangel besteht darin, dass sie den durchaus vorhandenen *Unterschied* zwischen einer Handlung und einer Unterlassung *im Tatsächlichen* ignoriert.

9 Dieses Manko mangelnder Differenzierung zwischen (aktiver) Handlung und Unterlassung einer solchen Handlung müsste eigentlich all jene verunsichern, die davon ausgehen, die Kriterien der Tatbestandsverwirklichung seien bei einer Unterlassung andere als bei einer Handlung i. S. eines aktiven Tuns und § 13 StGB habe strafbarkeits*konstitutive* Bedeutung.[13] Auf dieser Basis sind klare Definitionen zur Unterscheidung der (aktiven) Handlung von der Unterlassung einer solchen unverzichtbar. Aber auch wenn man zutreffend davon ausgeht, dass für die Tatbestandsverwirklichung durch eine (aktive) Handlung und eine Unterlassung die naturalistische Verhaltensform normativ vollkommen irrelevant ist und nur die Qualität der übertretenen Verhaltensnorm entscheidet,[14] muss das Verhalten, das den Gegenstand der strafrechtlichen Wertung bildet, in seiner konkreten Erscheinungsform zutreffend erfasst werden. Das bedeutet für die Fallbearbeitung: Es muss korrekt als (aktive) Handlung oder aber als Unterlassen einer solchen eindeutig identifiziert werden.

---

[12] Für diese „soziale Handlungslehre" s. etwa *Wessels/Beulke/Satzger*, AT, Rn. 141, 144 ff.; vgl. auch *Jescheck/Weigend*, AT, § 23 VI (S. 222 ff.). Die Unterschiede zur „personalen Handlungslehre", die auf das schwach konturierte Kriterium der „Persönlichkeitsäußerung" abstellt (vgl. dazu etwa *Roxin/Greco*, AT I, § 8 Rn. 43a ff., 44, 51 ff.), dürften marginal sein. – *Rotsch*, Klausurenlehre, 1. Teil 2. Kap. Rn. 15 meint, eine (gewillkürte) Handlung sei Voraussetzung jeder Straftat. Diese Verwendung des Begriffs der Handlung ist problematisch, weil dann auch das Unterlassen (einer Handlung) eine solche „Handlung" (i. w. S.) darstellen muss. – I. S. eines knappen Überblicks über die sog. „Handlungslehren" (die besser Verhaltenslehren genannt werden sollten) *Walter*, in: LK-StGB, Band 1, Vor § 13 Rn. 29. *Walter* selbst vertritt einen vortatbestandlichen „natürlichen Handlungsbegriff" (Rn. 28, 30 ff.). Dieser wäre treffender als „natürlicher Verhaltensbegriff" bezeichnet. Denn er umfasst sachlich korrekt die beiden (naturalistischen) Verhaltensformen des aktiven („äußeren") Tuns – also der Handlung – und der Unterlassung (einer Handlung), die „willensgetragen" sein müssen. Damit kann man *innerhalb* der Tatbestandsprüfung durchaus sinnvoll arbeiten. Allerdings fehlt eine spezifisch *straf*rechtliche „Note", die es rechtfertigen würde, von einer *strafrechtlich relevanten* Handlung oder Unterlassung zu sprechen. Zu der entsprechenden Eingrenzungswirkung des hier vorgeschlagenen Begriffs des Verhaltens im strafrechtlich relevanten Sinne anhand des Leitkriteriums des *möglichen Verstoßes* gegen eine *rechtlich legitimierte Verhaltensnorm* s. sogleich im Text.

[13] I. S. der Annahme einer solchen strafbarkeitskonstitutiven Bedeutung des § 13 StGB etwa die oben § 1 Rn. 33 (Fn. 38) genannten Autoren, die freilich die in BGHSt 36, 227 geäußerte gegenteilige Auffassung des BGH ignorieren.

[14] S. dazu oben § 1 Rn. 26 ff.

Auch im Strafverfahren muss der jeweilige Ansatzpunkt der strafrechtlichen Verantwortlichkeit einwandfrei nachgewiesen werden. Überlegungen zu einem irgendwie gearteten „Schwerpunkt der Vorwerfbarkeit" führen in dieser Hinsicht nicht weiter, sondern in eine Sackgasse: Bevor über irgendwelche Schwerpunkte der Vorwerfbarkeit nachgedacht werden kann, muss bereits feststehen, dass es überhaupt eine vorwerfbare (aktive) Handlung oder aber das Unterlassen einer solchen gibt.[15]

Wie *Radbruch* mit Nachdruck betont hat, verhalten sich Handlung und Unter-   **10**
lassung *im Tatsächlichen* wie a und non-a.[16] Wenn nun aber bestimmte Unterlassungen – etwa wenn diese gegen ein Gebot verstoßen – zu Handlungen umdeklariert werden,[17] widerspricht das nicht nur den Anforderungen angemessener Terminologie, sondern ist auch beim Einstieg in die Fallbearbeitung unbrauchbar: Ob das Unterlassen einer Handlung einen Rechtsverstoß darstellt, weil die Handlung *geboten* war, ergibt sich erst auf späteren Stufen, und zwar im Rahmen der Prüfung der grundsätzlichen bzw. der endgültigen rechtlichen Missbilligung dieses Verhaltens. Dementsprechend verfehlt ist auch eine häufig anzutreffende Formulierung bei der Prüfung einer Unterlassung: Erforderlich sei die „Nichtvornahme der zur Erfolgsabwendung *gebotenen* Handlung".[18] Wenn die Feststellung einer entsprechenden (Garanten-)Rechtspflicht erst später erfolgt, kann es in dieser Prüfungsphase noch keine „gebotene" Handlung geben![19]

---

[15] Zur Kritik an der beliebten – aber zur Klärung des Verhältnisses von Tun und Unterlassen untauglichen – „Schwerpunktformel" näher *Freund/Rostalski*, AT, § 6 Rn. 88 m. Fn. 93, § 11 Rn. 42 ff.

[16] *Radbruch*, Handlungsbegriff S. 139 ff.; auf S. 131 spricht *Radbruch* zutreffend von dem „fruchtlosen Bemühen", „die Unterlassung als positive Handlung nachzuweisen" (etwa in der Form der „Unterdrückung eines Tätigkeitsreizes"); s. auch *Renzikowski*, in: Matt/Renzikowski, Kommentar zum StGB, Vor § 13 Rn. 53: Der Begriff der Handlung kann nicht der Oberbegriff für die beiden Verhaltensformen (Tun und Unterlassen) sein. Zutreffend krit. zum oft anzutreffenden „terminologischen Durcheinander" *Hardtung/Putzke*, Examinatorium AT, Rn. 191. – *Jescheck/Weigend*, AT, § 58 III 2 (S. 606) bemerken zutreffend, dass der Gedanke, die begehungsgleichen Unterlassungsdelikte seien „eigentlich Begehungsdelikte" und könnten deshalb als „unechte Unterlassungsdelikte" bezeichnet werden, überholt ist. Dennoch möchten sie an der falschen Terminologie festhalten.

[17] Historisch steht hinter der irreführenden Bezeichnung der begehungsgleichen Unterlassungsdelikte als „unechte Unterlassungsdelikte" der Gedanke, diese seien wegen der angeblich aktiven Unterdrückung eines Handlungsimpulses in Wahrheit Begehungsdelikte; krit. dazu etwa *Radbruch*, Handlungsbegriff, S. 131; ferner *Jakobs*, AT, 29/3. – Instruktiv dazu auch das Beispiel der Frau, die sich die Ohren zuhält und laute Musik anmacht, um ihren – auf die Rettung des Kindes in der Nachbarwohnung gerichteten – inneren Impuls zu unterdrücken, bei *Hardtung/Putzke*, Examinatorium AT, Rn. 1108.

[18] S. dazu etwa *Rotsch*, Klausurenlehre, 1. Teil 2. Kap. Rn. 73, 75; *Wessels/Beulke/Satzger*, AT, Rn. 1168, 1222, 1231; vgl. auch *Murmann*, GK, § 29 Rn. 21, der den Begriff der Gebotenheit freilich im Aufbauschema Rn. 4 mit Recht vermeidet.

[19] Kein praktikabler Ausweg – sondern ein unnötiger Umweg – ist es, bei der Prüfung der Unterlassung als Pendant zur Handlung auf eine „soziale" Erwartung oder Pflicht zu rekurrieren (so aber etwa *Roxin/Greco*, AT I, § 8 Rn. 55: „nach den sozialen Gebräuchen" [...] „zu erwarten"). Normativ kann es für eine Handlung oder Unterlassung im strafrechtsrelevanten Sinne nur auf den möglichen Verstoß gegen eine rechtliche Verhaltensnorm ankommen. Trotz gewisser Überschneidungen

11   Zum zweiten Mangel: Die Sozialerheblichkeit erweist sich in der Fallbearbeitung
        als viel zu vages und wohl deshalb trotz seiner Nennung in der Definition in vielen
        Falllösungen regelmäßig ignoriertes Kriterium. Indessen ist das Übergehen der Prü-
        fung eines Kriteriums, das in der Definition genannt worden ist, methodisch und
        sachlich grob fehlerhaft. Selbst wenn seine Erfüllung unproblematisch sein sollte,
        muss zumindest ebendies kurz festgestellt werden. Solange allerdings unklar ist,
        was mit dem Kriterium tatsächlich gemeint ist, kann auch nicht von seiner „un-
        problematischen Erfüllung" ausgegangen werden. Insofern zeigt sich zugleich: Der
        Begriff der „Sozialerheblichkeit" ist nicht in der gebotenen Weise subsumtionsfähig.

12   Der dritte Mangel der durchaus verbreiteten Definition ist der gewichtigste: Das
        Kriterium der „Sozialerheblichkeit" ist nicht an dem wertenden Leitgesichtspunkt
        orientiert, auf den es für eine strafbare Handlung oder Unterlassung allein an-
        kommen kann. Entscheidend kann nur der *mögliche tatbestandsspezifische Verstoß*
        gegen eine *rechtlich legitimierte Verhaltensnorm* sein. Insofern ist das Kriterium der
        „Sozialerheblichkeit" unspezifisch und daher nicht weiterführend. Als sozialerheb-
        lich lassen sich etwa auch die von einem Künstler zu erwartenden Leistungen ein-
        stufen, die aber mitnichten von einer rechtlichen Verhaltensnorm vorzu-
        schreiben sind.

13   Wenn sinnvoll mit den Begriffen des Verhaltens, der Handlung und der Unter-
        lassung als Einstiegsbegriffen in die Strafbarkeitsprüfung umgegangen werden soll,
        müssen diese normativ-funktional konkretisiert und entsprechend präzise definiert
        werden. Der wertende Leitgesichtspunkt für die Bestimmung des strafrechtlich re-
        levanten Verhaltens, das den primären Bewertungsgegenstand des Strafrechts bil-
        det, sind die Minimalbedingungen eines Verhaltensnormverstoßes, ohne den eine
        Straftat nicht denkbar ist: Ein Verhaltensnormverstoß scheidet von vornherein aus,
        wenn ein bestimmtes „Verhalten" bereits nicht vom Willen beherrschbar ist.[20]
        Außerdem scheiden Verhaltensweisen aus, mit denen weder die (aktive) Schaffung
        einer Schädigungsmöglichkeit für fremde Rechtsgüter noch die (passive) Nicht-
        abwendung einer bereits vorhandenen Schädigungsmöglichkeit verbunden sein
        kann.[21] Dazu ein Beispiel: Wer im Freundeskreis in gemütlicher Runde mit ge-
        meinsamem Essen und Trinken den Abend verbringt, in dessen Verlauf niemand in
        irgendeiner Hinsicht in Gefahr gerät, nimmt schon keine strafrechtlich relevanten
        Handlungen oder Unterlassungen vor.

---

ist das mit den sozialen Erwartungen keineswegs deckungsgleich. Außerdem ist der Inhalt sozialer
Erwartungen nicht selten höchst unklar und dieses Kriterium schon deshalb kein sinnvoller Einstieg in die Fallbearbeitung.

[20] Dieses Kriterium ist schon seit langem unstrittig, grenzt aber nicht hinreichend ein. Etwa vom
Willen beherrschbare harmlose Körperbewegungen gibt es zuhauf; und in diesem (zu) weiten
Sinne unterlassen wird fast immer!

[21] I. d. S. dürfte auch der oft genannte – aber höchst unklare – Aspekt der „Sozialerheblichkeit" des
strafrechtlich relevanten Verhaltens sinnvoll zu konkretisieren sein. Dann wäre es freilich besser,
gleich von der erforderlichen „Strafrechtserheblichkeit" zu sprechen. – S. zu den hier vorgestellten
präzisierten Begriffen der Handlung und der Unterlassung im strafrechtsrelevanten Sinne *Freund*,
in: Handbuch, Band 3, § 59 Rn. 38 ff.

In der Fallbearbeitung werden aber nicht *irgendwelche* Verhaltensweisen auf ihre   **14**
Eigenschaft als *irgendwie* strafrechtlich relevantes Verhalten hin untersucht, sondern eine solche Prüfung ist stets in die Prüfung eines ganz bestimmten Straftatbestandes eingegliedert. Daher sind die soeben bereits genannten Kriterien im Hinblick auf die *Tatbestandsspezifität* der strafrechtlichen Relevanz des Verhaltens zu
ergänzen. Das bedeutet konkret: Überprüft wird nicht, ob das vom Willen jedenfalls
beherrschbare Verhalten mit der Schaffung oder Nichtabwendung *irgendeiner*
Schädigungsmöglichkeit verbunden sein kann, sondern ob damit möglicherweise
gerade eine solche verbunden ist, die abstrakt-generell vom jeweiligen Strafgesetz
in Bezug genommen wird. Auch dazu ein Beispiel: Der Schuss mit einer Pistole in
Richtung einer anderen Person ist zwar vom Willen jedenfalls beherrschbar, kann
jedoch kein tatbestandsspezifisch strafrechtsrelevantes Verhalten i. S. d. Betrugstatbestands sein. In Betracht kommt dagegen die Schaffung einer Schädigungsmöglichkeit für fremdes Menschenleben, weshalb es sich um eine tatbestandsspezifisch strafrechtsrelevante Handlung etwa i. S. d. §§ 212 I, 211, 222 StGB handelt.

Im Gegensatz zu der hier vorgeschlagenen normativ-funktionalen Konkretisie-   **15**
rung des strafrechtlich relevanten Verhaltens mit seinen Ausprägungsformen der
Handlung und der Unterlassung kommt die „*soziale* Handlungslehre" in dem (oben
§ 2 Rn. 13 a. E.) genannten Beispielsfall zumindest ins Grübeln. Denn es dürfte
schwerfallen, die Verhaltensweisen der Teilnehmerinnen und Teilnehmer des ge-
selligen Abends nicht als „sozialerheblich" einzustufen.[22] Wie dem auch sei: Mangels in concreto (ernsthaft) in Erwägung zu ziehender Schädigungsmöglichkeiten
ergibt es schon keinen Sinn, von einem strafrechtlich relevanten Verhalten zu
sprechen.

Die Eingrenzungswirkung des hier zugrunde gelegten Begriffs des „tat-   **16**
bestandsspezifisch strafrechtsrelevanten Verhaltens" ist zunächst für die gutachterliche Prüfung hilfreich: Sie erlaubt es, die Prüfung auf solche Verhaltensweisen zu beschränken, die für eine Tatbestandsverwirklichung überhaupt
ernsthaft in Betracht kommen. Außerdem hat sie Konsequenzen im straf-
prozessualen Zusammenhang. Denn schon die Einleitung eines strafrechtlichen
Ermittlungsverfahrens entbehrt der Berechtigung bei Verhaltensweisen (Handlungen und Unterlassungen), mit denen keine Schädigungsmöglichkeiten verbunden sein können. Nicht ohne Grund erfordert der für die Verfahrenseinleitung
notwendige Verdacht einer Straftat „zureichende tatsächliche Anhaltspunkte" für
deren (mögliches) Gegebensein (§§ 152 II, 160 I StPO). Auch unter diesem Blickwinkel ist im Strafrecht das Wichtigste nicht etwa der Erfolg, sondern die präzise
Herausarbeitung des Verhaltens, das – als Verstoß gegen eine rechtlich legitimierte Verhaltensnorm – den unverzichtbaren Gegenstand des mit Schuldspruch
und Strafe erhobenen Vorwurfs bilden soll.

---

[22] Auch das etwa von *Heinrich,* AT, Rn. 196 herangezogene Kriterium des „Außenbezugs" dürfte
in diesem Fall wohl eher keine Eingrenzungswirkung entfalten. Anders wäre das freilich, wenn
man den erforderlichen „Außenbezug" i. S. einer in Erwägung zu ziehenden Schädigungsmöglichkeit, die geschaffen oder nicht abgewendet wird, konkretisieren würde.

17   Auf der Basis der hier vorgeschlagenen normativ-funktionalen Konkretisierung des strafrechtlich relevanten Verhaltens erlangen seine beiden naturalistischen Ausprägungsformen (als Handlung oder Unterlassung) weichenstellende Bedeutung: Sie haben zwar gemeinsam, dass sie vom Willen zumindest beherrschbar sind. Allerdings unterscheiden sie sich darin, dass mit der einen Form die *Schaffung einer Schädigungsmöglichkeit* für fremde Rechtsgüter verbunden sein kann. Nur ein derartiges Verhalten ist (als aktives gefahr*schaffendes* Tun) eine „Handlung" im hier interessierenden Sinne. Mit der anderen Verhaltensform kann die *Nichtabwendung einer bereits vorhandenen Schädigungsmöglichkeit* für fremde Rechtsgüter verbunden sein. Nur ein solches Verhalten ist (als Nichtvornahme einer gefahr*abwendenden* Handlung) eine entsprechende „Unterlassung". Was andere nicht schädigen oder andere nicht schützen kann, das kann auch nicht Gegenstand eines rechtlichen Ver- oder Gebots – kann nicht Gegenstand einer Verhaltensnorm – sein. Es ergeben sich daraus folgende Definitionen für Handlung und Unterlassung:

18   ▶ Eine Handlung im tatbestandsspezifisch strafrechtsrelevanten Sinne ist das vom Willen zumindest beherrschbare Verhalten, mit dem die Schaffung einer tatbestandlich abstrakt-generell erfassten Schädigungsmöglichkeit für fremde Rechtsgüter verbunden sein kann.

19   ▶ Das Unterlassen einer Handlung im tatbestandsspezifisch strafrechtsrelevanten Sinne ist das vom Willen zumindest beherrschbare Verhalten, mit dem die Nichtabwendung einer tatbestandlich abstrakt-generell erfassten Schädigungsmöglichkeit für fremde Rechtsgüter verbunden sein kann.

20   Mit diesen Definitionen der „Handlung" und der „Unterlassung" werden nicht nur der Steuerung unzugängliche Verhaltensweisen (wie etwa Reflexbewegungen) ausgeschlossen, sondern auch Verhaltensweisen, die fremde Rechtsgüter weder schädigen noch diese schützen können. Deren Verwendung bringt also im Gegensatz zu den herkömmlich angebotenen Definitionen eine zwar geringe, aber immerhin echte Eingrenzungswirkung mit sich, ohne dabei eine erst im späteren Prüfungsverlauf vorzunehmende rechtliche Wertung vorwegzunehmen.[23]

21   Für die Praxis der Fallbearbeitung besonders bedeutsam ist insofern Folgendes: Nur die klare Differenzierung zwischen der Handlung einerseits und der Unterlassung andererseits (jeweils im tatbestandsspezifisch strafrechtsrelevanten Sinne) bestimmt in der gebotenen präzisen Form den *Gegenstand* der anschließenden Strafbarkeitsprüfung. In einem rechtsstaatlichen Tatstrafrecht darf nicht offenbleiben, an welche Verhaltensweise genau der Vorwurf eines tatbestandsspezifischen Verhaltensnormverstoßes anknüpfen soll. Ebenso wie in der Praxis des Strafverfahrens bei der Anklage (im konkreten Anklagesatz) und der Urteilsbegründung muss auch der Eingangsobersatz bei der Fallbearbeitung nicht nur die

---

[23] Eine solche ist im Rahmen der Prüfung der rechtlichen Missbilligung des Verhaltens zu verorten; s. dazu § 2 Rn. 45 ff., 120 ff.

als relevant angesehenen Strafvorschriften, sondern gerade auch das Verhalten (die Handlung bzw. die Unterlassung) genau bezeichnen, das i. S. der zu überprüfenden Hypothese als tatbestandsspezifischer Verhaltensnormverstoß aufzufassen sein soll.[24]

Die hier vorgeschlagenen Definitionen von „Handlung" und „Unterlassung" orientieren sich am jeweils klaren und eindeutigen empirischen Befund (der Schaffung einer Schädigungsmöglichkeit durch eine entsprechende Handlung einerseits oder aber der Nichtabwendung einer Schädigungsmöglichkeit durch die entsprechende Unterlassung einer Handlung andererseits). Ein für jede Strafbarkeit unverzichtbarer Verhaltensnormverstoß kann nur entweder in einer *Handlung* liegen, die gegen ein *Verbot* der Schaffung der mit ihr verbundenen Schädigungsmöglichkeit(en) verstößt, oder aber in der *Unterlassung* (einer Handlung), die gegen ein *Gebot* der Abwendung der bereits vorhandenen Schädigungsmöglichkeit(en) verstößt. Tertium non datur! Auf diese Weise wird in einem ersten Schritt der jeweils unterschiedliche Gegenstand der weiteren rechtlichen Bewertung exakt festgelegt und so der Weg für eine präzise und strukturierte nachfolgende Prüfung geebnet.[25] **22**

---

[24] Zutreffend insofern etwa *Beulke,* Klausurenkurs I, Rn. 22; *Heinrich,* AT, Rn. 212 f.; *Kreß,* AT-Skript Kölner Examenskurs, 25. Kap. Rn. 18 („Dementsprechend stellt sich bereits bei der Formulierung des Obersatzes im strafrechtlichen Gutachten die Frage, ob von der Verletzung einer Unterlassungs- oder Handlungspflicht auszugehen ist."); *Otto,* AT, § 5 Rn. 39 ff.; *Valerius,* Einführung, S. 119 f.; letztlich in der Sache durchaus auch *Roxin/Greco,* AT I, § 8 Rn. 43. – Eher irritierend die kaum vertretbare Gegenauffassung etwa von *Rotsch,* Klausurenlehre, 1. Teil 2. Kap. Rn. 14, der (unter Berufung auf *Roxin/Greco,* Strafrecht AT I, § 8 Rn. 1 ff.) die Handlung als eine „*außertatbestandliche* Voraussetzung" [Hervorhebung im Original] ansieht. Es sei „daher nicht richtig, die Vornahme der Handlung als ersten Prüfungspunkt des objektiven Tatbestands zu erörtern." Nur schwer nachvollziehbar ist es auch, wenn *Kindhäuser/Zimmermann,* AT, § 5 Rn. 18 dringend davon abraten, „die Frage, ob der Täter gehandelt hat, im Gutachten gesondert am Anfang der Deliktsprüfung zu erörtern." Vielmehr belegt gerade das dort genannte Beispiel, dass dem Rat besser nicht zu folgen ist. Es lautet: „Wer umgestoßen wird, handelt zwar nicht hinsichtlich seines Fallens, kann aber vielleicht noch seinen Arm zur Seite ziehen und so das Umwerfen einer Vase vermeiden." In diesem Beispielsfall scheitert eine Strafbarkeit wegen Sachbeschädigung in der Verwirklichungsform des aktiven Tuns (einer Handlung) an der nicht möglichen Willenssteuerung des Fallens – also an der Handlungsqualität. Die im Anschluss selbstständig zu prüfende Strafbarkeit wegen Sachbeschädigung in der Verwirklichungsform des begehungsgleichen Unterlassens erfordert im ersten Schritt das tatsächliche Gegebensein einer Unterlassung – also die nach den individuellen Verhältnissen in der konkreten Situation des Fallens tatsächlich vorhandene Möglichkeit, den Arm rechtzeitig wegzuziehen.

[25] Kein gutes Beispiel für einen gelungenen Eingangsobersatz bietet *Rotsch,* Klausurenlehre, 2. Teil Fall 1 Rn. 60, der bei der Prüfung einer fahrlässigen Tötung an einen „Unfall" anknüpft (s. dazu bereits oben § 2 Rn. 2). Hier fehlt eine präzise Benennung des Verhaltens, das den Anknüpfungspunkt der anschließenden Strafbarkeitsprüfung bilden soll. Dass im Anschluss an die Feststellung des Todeseintritts beim Opfer – der Kausalitätsprüfung vorgeschaltet – Überlegungen dazu angestellt werden, welches konkrete Verhalten den Anknüpfungspunkt bilden soll (das Überholen als aktives Tun oder das Nichteinhalten des Sicherheitsabstandes als Unterlassen), mag zwar den unklaren Prüfungseinstieg in gewissem Maße kompensieren. Es zeigt aber zugleich, dass die Frage des richtigen Ansatzpunktes (bei einer Handlung oder bei der Unterlassung einer Handlung) sachlich ein Tatbestandsproblem aufwirft und nicht etwa „außertatbestandlich" verortet werden kann (wie von *Rotsch,* Klausurenlehre, 1. Teil 2. Kap. Rn. 15 angenommen). Ob an eine Handlung

23   Im Gegensatz zu den bisherigen – schon terminologisch unpräzisen – Kon-
       zepten des „strafrechtlichen Handlungsbegriffs" mit den unterschiedlichen
       Konkretisierungsversuchen im Sinne eines „kausalen" (natürlichen), „finalen",
       „sozialen" oder „personalen" „Handlungsbegriffs" bringt der hier vorgestellte
       Begriff des „tatbestandsspezifisch strafrechtsrelevanten Verhaltens" nicht nur
       den Vorteil der klaren Unterscheidung zwischen den insofern relevanten Ver-
       halten*formen* (der Handlung und der Unterlassung). Er verdient auch erstmals
       den Namen eines Begriffs des *strafrechtlich* relevanten Verhaltens. Denn durch
       ihn wird der Blick auf das gelenkt, was für die weitere Prüfung einer Straftat
       letztlich wesentlich ist: auf die tatbestandlich abstrakt-generell erfassten
       Schädigungsmöglichkeiten, die von Rechts wegen (regelmäßig bei gegebener
       Sonderverantwortlichkeit) möglicherweise hätten vermieden werden müssen.

24   Insofern geht es bei der Eingangsstufe der Verhaltensprüfung nur um den ers-
       ten – allerdings in der Sache unverzichtbaren – Schritt auf dem Weg zur Erfassung
       sämtlicher Strafbarkeitsvoraussetzungen. Zu beachten ist vor allem, dass mit der
       Klassifizierung als „tatbestandsspezifisch strafrechtlich relevantes Verhalten" noch
       keine Wertung i. S. einer rechtlichen Verhaltensmissbilligung verbunden ist. Viel-
       mehr wird damit lediglich die empirische Grundlage für die erst auf späteren Stufen
       vorzunehmende Missbilligungsprüfung geschaffen.

2. Feststellung des jeweiligen tatbestandlich abstrakt-generell erfassten (reinen) Erfolgs

25   Der tatbestandlich abstrakt-generell erfasste (reine) Erfolg muss eingetreten sein.
       Die Tatbestandsprüfung i. e. S. umfasst bei den meisten Straftaten einen ganz be-
       stimmten reinen Erfolgssachverhalt, den man allgemein als im Grundsatz rechtlich
       unerwünschtes Ereignis auffassen kann: Ein Mensch kommt zu Tode oder erleidet
       eine (mehr als nur unerhebliche) körperliche Misshandlung oder Gesundheits-
       schädigung. Es kommt zur (mehr als nur unerheblichen) Beschädigung oder gar zur
       Zerstörung einer fremden Sache. Oder aber es kommt zu einem Vermögensschaden
       aufgrund einer irrtumsbedingten Vermögensverfügung oder zur Entstehung einer
       unechten Urkunde. Zu denken ist auch daran, dass es zur Wegnahme einer fremden
       beweglichen Sache kommt oder jemand in alkoholbedingt fahrunsicherem Zustand
       im Straßenverkehr ein Fahrzeug führt.[26]

---

oder eine Unterlassung anzuknüpfen ist, muss man sich zwar überlegen, bevor man in die Tatbestandsprüfung „einsteigt". Denn danach richtet sich der entsprechend präzise zu formulierende
Eingangsobersatz. Hat diese Prüfung aber begonnen, darf im weiteren Verlauf dieser Prüfung das
geprüfte Verhalten nicht einfach gegen ein anderes ausgetauscht werden.

[26] Da der Erfolgssachverhalt bei § 242 I StGB darin besteht, dass es zur Wegnahme einer fremden
beweglichen Sache kommt, ist ein Diebstahl durch jede Handlung möglich, die genau das bewirkt
und die entsprechend missbilligt ist. Nichts anderes gilt aber auch für die Strafbarkeit nach § 316
StGB durch das Bewirken eigenen betrunkenen Autofahrens durch eine spezifisch verhaltensnormwidrige Handlung vor Antritt der Fahrt; näher zu dieser Problematik der actio libera in causa
vel omittendo bei Trunkenheitsdelikten im Straßenverkehr *Freund,* GA 2014, 137 ff.

Tatbestandlich abstrakt-generell erfasste (reine) Erfolge – als auf dem Verhalten   **26**
des Täters beruhende Wirkungen in der Außenwelt – gibt es indessen nicht nur als
*Verletzungs*erfolge. Auch die sog. konkreten Gefährdungsdelikte – wie etwa die
Straßenverkehrsgefährdung nach § 315c StGB – erfassen tatbestandlich in abstrakt-
genereller Form einen *Gefährdungs*erfolg. Dieser besteht in einer als hinreichend
gefährlich einzustufenden „brenzligen" Situation – z. B. in einem „Beinaheun-
fall".[27] Dieser (konkrete) Gefährdungserfolg wird im Wege einer Bewertung des
Geschehens bestimmt, wie es sich zu einem ganz bestimmten Zeitpunkt bei verständiger Würdigung dargestellt hat. Eine Einschränkung auf die Perspektive eines
Beteiligten findet dabei nicht statt. Allerdings ändert der Umstand, dass letztlich
„alles noch einmal gut ausgegangen ist" und dies von einem „allwissenden Beobachter" schon vorhergesehen worden wäre, am erforderlichen Gegebensein einer
konkret gefährlichen Situation im relevanten Zeitpunkt nichts.

Bestimmte Straftatbestände erfassen abstrakt-generell als Erfolg nicht erst be-   **27**
stimmte Gefahren, die als vom Verhalten ohne Weiteres trennbare (und zu einem
späteren Zeitpunkt eintretende) Folge messbar sind. Teilweise reicht es vielmehr
bereits aus, dass das Verhalten selbst eine immerhin bereits in der Außenwelt messbare tatsächliche Gefährlichkeit aufweist. Solche sog. abstrakten Gefährdungsdelikte – die besser als *Gefährlichkeits*delikte zu bezeichnen sind – lassen bereits
für die Vollendungstat eine im Gegensatz zu den sog. konkreten Gefährdungs-
delikten weniger verdichtete Schädigungsmöglichkeit genügen. Beispiele dafür
sind etwa die Trunkenheit im Verkehr gem. § 316 StGB, bei der es für die Vollendungstat schon ausreicht, dass die Teilnahme eines berauschten – und damit in der
Fahrtüchtigkeit eingeschränkten – Fahrzeugführers am Straßenverkehr für die anderen Verkehrsteilnehmer abstrakt gefährlich ist. Auf eine daraus entstandene konkretisierte Gefahr für bestimmte Rechtsgüter in Form einer „kritischen Verkehrs-
situation" kommt es dafür nicht an.

Gefährlichkeits- und Gefährdungsdelikte (Gefahrerfolgsdelikte) erfordern also   **28**
zwar weniger als *Verletzungs*erfolgsdelikte, bei denen die mit dem Verhalten – ex
ante nach der sich der betreffenden Person darbietenden Sachlage – verbundene
(geschaffene oder nicht abgewendete) Schädigungsmöglichkeit tatsächlich zu
einem Verletzungserfolg als Schaden führen muss. Sie erfordern aber immerhin
eine weitergehende – auch in der Außenwelt messbare – mehr oder weniger große
Verdichtung der Schädigungsmöglichkeit in Form einer auch in der Außenwelt
messbaren Gefährlichkeit oder Gefährdung. Diese muss sich als primäre oder sekundäre tatbestandsspezifische Fehlverhaltensfolge letztlich aus dem tatbestandsspezifischen Verhaltensnormverstoß ergeben.

Insofern erfordern bereits die Gefährlichkeitsdelikte deutlich mehr als etwa für   **29**
den Versuch als Straftat benötigt wird.[28] Beim Versuch als Straftat genügt – wie die

---

[27] S. zu einem entsprechenden Strafbarkeitskorrektiv bei § 323c I StGB (in Form des Erforder-
nisses des anzunehmenden Unglücksfalls auch auf der Basis einer verständigen Würdigung der
Sachlage) *Freund,* in: MünchKommStGB, Band 5, § 323c Rn. 29 ff., 44 ff., 55 f. – S. zu dieser
Problematik auch unten § 4 Rn. 20 ff.

[28] Zu den Anforderungen an die Versuchstat sowie zur Unterscheidung der verschiedenen Ver-
suchsformen näher unten § 3 Rn. 1 ff., 5 ff., 10 ff.

erfassten Fälle des untauglichen Versuchs zeigen – der schlichte Verhaltensnormverstoß, der sich auf der Basis der sich der betreffenden Person darbietenden Sachlage (auch unter Berücksichtigung bestimmter Fehleinschätzungen) ergibt. Man
denke etwa an den Schuss auf einen vermeintlich noch lebenden Menschen, der aus
anderer Perspektive betrachtet bereits tot ist. Da sich der strafbare Versuch allein
nach der Sachlage bestimmt, angesichts deren jemand handelt oder unterlässt, spielt
es keine Rolle, ob der Verhaltensnormverstoß eine in der Außenwelt irgendwie
messbare Gefährlichkeit mit sich gebracht hat. Demgegenüber muss bei einem Gefährlichkeitsdelikt eine solche *tatsächlich* in dem Sinne eingetreten sein, dass sie
sich auch bei einer Ausklammerung rein subjektiver Fehleinschätzungen dieser Person ergibt.[29] Mit diesem objektivierenden Korrektiv (der tatsächlich in der Außenwelt messbaren Gefährlichkeit) erfassen Gefährlichkeitsdelikte sachlich Versuchs-
fälle unter Ausschluss der Fälle des bereits ex ante erkennbar untauglichen Versuchs.

30   Die Beispiele für tatbestandlich abstrakt-generell erfasste (reine) Erfolge sind
zahlreich. Was genau den jeweiligen Erfolgssachverhalt ausmacht, der vom jeweiligen Tatbestand in abstrakt-genereller Form erfasst wird, ergibt sich aus dem jeweils
geprüften Tatbestand des Besonderen Teils. Dessen Begrifflichkeiten werden in
hervorragender Weise etwa von *Küper/Zopfs* näher erläutert.[30]

31   Für die Feststellung des tatbestandlich abstrakt-generell erfassten *reinen* Erfolgs-
sachverhalts spielt es (noch) keine Rolle, ob jemand dafür rechtlich die Verantwortung trägt.[31] Insofern ist der reine Erfolgssachverhalt vollkommen unabhängig von der im ersten Schritt festgestellten Handlung oder Unterlassung. Auch
deren (Quasi-)Kausalität für das im Grundsatz unerwünschte Ereignis – als Bindeglied – gehört nicht in diesen Prüfungszusammenhang.

3. Kausalität und Quasi-Kausalität

32   Die Handlung bzw. die Unterlassung (einer Handlung) muss (quasi-)kausal für den
tatbestandlich abstrakt-generell erfassten Erfolg sein. Sind entweder die Handlung
oder aber die Unterlassung und der Erfolg im jeweils relevanten Sinne geprüft und
bejaht, geht es im nächsten Schritt um die empirisch festzustellende Kausalität der
Handlung bzw. Quasi-Kausalität der Unterlassung für diesen Erfolg.[32] Auf der Basis

---

[29] Zur unterlassenen Hilfeleistung als einem solchen Gefährlichkeitsdelikt näher unten § 4
Rn. 20 ff.

[30] *Küper/Zopfs,* Strafrecht Besonderer Teil – Definitionen mit Erläuterungen, 10. Aufl. 2018.

[31] *Arzt,* Die Strafrechtsklausur, S. 181 spricht treffend davon, dass der Erfolg (etwa der Tod eines
Menschen) „nur ein Trümmerstück des tatbestandsmäßigen Erfolgs […] ist". Ein solcher liegt nur
vor, wenn es sich um eine tatbestandsspezifische *Fehl*verhaltensfolge handelt.

[32] Zur (jedenfalls annähernden) sachlichen Deckungsgleichheit von Kausalität und Quasi-Kausalität s. etwa *Arzt,* Die Strafrechtsklausur, S. 87; *Puppe,* JR 1992, 30, 33. – Der hier neben dem Begriff der Kausalität verwendete Begriff der Quasi-Kausalität orientiert sich an der üblichen Differenzierung und dient nur der Klarstellung des Zusammenhangs, um den es gerade geht (Kausalität
der Handlung bzw. Quasi-Kausalität der Unterlassung). Ein sachlicher Gegensatz soll dadurch
nicht ausgedrückt werden.

eines für die Fallbearbeitung stets vorgegebenen Sachverhalts bereitet deren Annahme bzw. Ablehnung regelmäßig keine Schwierigkeiten. Sofern man in der Lage ist, den Sachverhalt richtig zu lesen und zu verstehen, kann man entweder die notwendige Feststellung (eindeutig) treffen oder aber man muss sie ablehnen. Einer Wertung bedarf es für diese reine Tatsachenfeststellung nicht.

Allerdings hat die gängige conditio sine qua non-Formel gewisse Tücken: Die   33
Überlegung, ob die konkrete Handlung nicht *hinweggedacht* werden kann, ohne dass der reine *End*-Erfolg entfiele, verleitet dazu, irrelevante hypothetische Verläufe zu berücksichtigen. Die deshalb bisweilen anzutreffende Ergänzung der Formel durch den Erfolg „in seiner konkreten Gestalt"[33] bringt keinen allzu großen Fortschritt, weil auch *die konkrete Gestalt* des reinen End-Erfolgs als statischer Zustand auf einem für die Kausalität irrelevanten hypothetischen Verlauf beruhen kann. Man denke etwa an den Vater, der den Scharfrichter zur Seite stößt und das Fallbeil an dessen Stelle auslöst, um den Mord an seinem Kind zu rächen.[34] Trotz identischem End-Erfolg wird die Handlung des Vaters nicht nur im empirischen Sinne für den konkreten Kausal*verlauf* (zum Tode hin) kausal, sondern durch diese wird auch rechtswidrig „getötet". Unter Berücksichtigung der zutreffenden Überlegungen der Lehre von der gesetzmäßigen Bedingung, die auf den konkret festzustellenden empirischen Verlauf abstellt, wird daher folgende verbesserte Formulierung vorgeschlagen:[35]

▶ Eine Handlung ist kausal für einen (tatbestandlich abstrakt-generell erfassten)   34
Erfolg, wenn sie nicht hinweggedacht werden kann, ohne dass der zu diesem Erfolg führende konkrete Verlauf entfiele.

In stärkerer Orientierung an der Lehre von der gesetzmäßigen Bedingung kann   35
man – ohne inhaltliche Änderung – auch kürzer und treffender sagen:

▶ Eine Handlung ist kausal für einen (tatbestandlich abstrakt-generell erfassten)
Erfolg, wenn sie den zu diesem Erfolg führenden konkreten Verlauf ausgelöst hat.

In Entsprechung dazu bietet sich folgende Konkretisierung für die Quasi-   36
Kausalität einer Unterlassung an:

---

[33] Vgl. zu dieser Formulierung *Heinrich,* AT, Rn. 218, 222; *Rengier,* AT, § 13 Rn. 3, 15; *Wessels/ Beulke/Satzger,* AT, Rn. 226; ferner etwa *Roxin/Greco,* AT I, § 11 Rn. 6 („ohne dass der konkrete Erfolg entfiele").

[34] Vgl. zu einem entsprechenden Scharfrichterbeispiel *Frisch,* FS Gössel, 2002, S. 51, 54 (S. 61 f. zur begrenzten Leistungsfähigkeit des Abstellens auf den Erfolg „in seiner konkreten Gestalt"). – Zur Relevanz des konkreten Verlaufs sowohl für die Frage der Kausalität als auch für die Probleme der Missbilligung der Schaffung und Realisierung einer bestimmten Schädigungsmöglichkeit s. *Frisch,* FS Gössel, 2002, S. 51, 68 ff.

[35] Vgl. zu dieser Präzisierung etwa auch *Freund,* in: MünchKommStGB, Band 1, Vor § 13 Rn. 333 ff., 340, 346. – Zum Vorteil der Lehre von der gesetzmäßigen Bedingung, nicht lediglich den Anfangs- und Endpunkt des rechtsgutsschädigenden Verlaufs in den Blick zu nehmen, sondern den gesamten Verlauf vom Täterverhalten bis zum Erfolg im Auge zu behalten, s. etwa auch *Wessels/Beulke/Satzger,* AT, Rn. 247.

▶ Das Unterlassen einer bestimmten Handlung ist quasi-kausal für einen (tatbestandlich abstrakt-generell erfassten) Erfolg, wenn diese Handlung nicht hinzugedacht werden kann, ohne dass der zu diesem Erfolg führende konkrete Verlauf
(mit an Sicherheit grenzender Wahrscheinlichkeit) entfiele.

37   Kürzer und treffender kann es auch heißen:

▶ Das Unterlassen einer bestimmten Handlung ist quasi-kausal für einen (tatbestandlich abstrakt-generell erfassten) Erfolg, wenn dies zur Folge hatte, dass der
zu diesem Erfolg führende konkrete Verlauf nicht abgebrochen wurde.

38   In der Fallbearbeitung ist allein das Abstellen auf den zu diesem Erfolg führenden konkreten Verlauf unmittelbar zielführend. Abgesehen von dem oben angesprochenen Scharfrichter-Fall ist geradezu klassisch der Fall der beiden Gift-
geber, die unabhängig voneinander Zyankali in ein Glas mit einem Getränk geben,
das vom Opfer mit tödlicher Konsequenz vollständig ausgetrunken wird. Vollkommen unabhängig davon, ob das Gift eines jeden für sich genommen schon aus-
gereicht hätte, um den Tod herbeizuführen, ist anzunehmen, dass in diesem Fall
ohne die Giftgabe eines jeden der beiden der konkrete tödlich endende Verlauf entfiele.[36] Zu nennen ist auch die Mitwirkung bei einer Gremienentscheidung, die zum
Inverkehrbringen eines gesundheitsschädlichen Produkts führt. Ohne diese Mitwirkung wäre die Entscheidung, welche die Schädigungsmöglichkeit mit sich
bringt, nicht mehr dieselbe.[37] Dass die Entscheidung inhaltlich auch ohne diese Mitwirkung identisch wäre, darf nicht darüber hinwegtäuschen, dass der *dahin führende konkrete Verlauf* nicht mehr derselbe ist, wenn einer der Mitwirkenden fehlt.

---

[36] S. zu diesem Giftgeber-Fall *Freund/Rostalski,* AT, § 7 Rn. 142 ff. – Der verbreitete Rekurs auf
eine vermeintliche „Sonderform" der „alternativen Kausalität" (vgl. dazu etwa *Heinrich,* AT,
228 f.; *Rengier,* AT, § 13 Rn. 26 ff.; *Roxin/Greco,* AT I, § 11 Rn. 13; *Wessels/Beulke/Satzger,* AT,
Rn. 230) – im Gegensatz zum „Normalfall" der kumulativen Kausalität – ist damit überflüssig und
eher verwirrend; mit Recht krit. zum Gedanken der „alternativen Kausalität" und auf den konkreten Wirkungszusammenhang abstellend *Frisch,* FS Gössel, 2002, S. 51, 55 f., 70 f.; *Roxin/Greco,*
AT I, § 11 Rn. 25; sachlich ähnlich etwa auch *Eisele,* in: Baumann/Weber/Mitsch/Eisele, AT, § 10
Rn. 24 f.; *Jäger,* in: SK-StGB, Band 1, Vor § 1 Rn. 78, 81 ff.; *ders.,* Examens-Repetitorium AT,
Rn. 34 a. E., 35; *Jescheck/Weigend,* AT, § 28 II 4 (S. 283). – S. auch *Frister,* AT, 9. Kap. Rn. 10 ff.,
der vollkommen zutreffend erkennt, dass es hier um die Frage geht, ob sich die Kausalitätsprüfung
auf den *End*-Erfolg oder aber auf den dahin führenden konkreten Verlauf zu beziehen hat. *Frister*
meint, ersteres sei richtig mit dem Argument, ein bereits ohnehin unrettbar Verlorener könne nicht
mehr getötet werden. Zur Gegenposition s. etwa *Freund/Rostalski,* AT, § 7 Rn. 142 ff.; vgl. auch
Jäger, FS Maiwald, 2010, S. 345 ff. (z. B. S. 354: „Dieser gesamte historische Geschehensverlauf
bildet dann zusammen mit dem Erfolg das abhängige Ereignis"); *Puppe,* in: NK-StGB, Vor § 13
Rn. 102 ff., 152. – Für die „Zurechnung" sachlich richtig auf den konkreten Verlauf zum Erfolg hin
und *dessen* rechtlich missbilligte Herbeiführung abstellend *Frister,* AT, 10. Kap. Rn. 4 Fn. 2; den
Blick auf den „tatsächlich zum Erfolg hinführenden Kausalverlauf" lenkt zutreffend auch *Kreß,*
AT-Skript Kölner Examenskurs, 8. Kap. Rn. 24 a. E.

[37] Näher dazu *Freund,* in: MünchKommStGB, Band 1, Vor § 13 Rn. 346 ff.; vgl. auch *Hardtung/
Putzke,* Examinatorium AT, Rn. 241; *Kreß,* AT-Skript Kölner Examenskurs, 8. Kap. Rn. 42 ff.

Kein Kausalitätsproblem wirft die Lehre von der unterlassenen Gefahrminderung als Spielart der 39
sog. „Risikoerhöhungslehren" i. w. S. auf.[38] Wenn z. B. bei einem ins Wasser gefallenen und deshalb
ertrunkenen Kind ex post unsicher bleibt, ob das Ergreifen einer ex ante anzunehmenden Rettungs-
chance erfolgreich gewesen wäre, sondern dafür nur eine überwiegende Wahrscheinlichkeit spricht,
steht fest: Das Kausalitätserfordernis ist nicht (eindeutig) erfüllt. Trotz dieses eindeutigen empirischen Befundes, möchten die Anhänger dieser Lehre die Wertungsfrage stellen, ob die fehlende
Kausalität durch (normative) „Zurechnungsüberlegungen" ersetzt werden kann. Das ist schon mit
Blick auf den Wortlaut der relevanten Tatbestände i. e. S. als nicht vertretbar abzulehnen. Wenn etwa
§ 222 StGB verlangt, dass der Täter „durch Fahrlässigkeit den Tod eines Menschen verursacht" *hat*,
verstieße eine Bestrafung für den Fall entsprechender *bloßer Wahrscheinlichkeit* gegen den Gesetzlichkeitsgrundsatz des Art. 103 II GG und wäre materiell eine unzulässige Verdachtsstrafe.[39]

Wurde der aufgrund der Handlung oder Unterlassung zum (tatbestandlich 40
abstrakt-generellen) Erfolg führende Verlauf festgestellt, lässt sich auch sagen: Die
Handlung hat einen Verlauf ausgelöst bzw. die Unterlassung einen solchen nicht
abgebrochen, an dessen Ende ein (Gefahr- oder) Verletzungserfolg steht.

Wenn am Ende einer Verlaufskette ein eingetretener Schaden steht, bedeutet dies 41
zugleich, dass als Anfang dieses Verlaufs eine entsprechende Schädigungs*möglichkeit* bestanden haben muss, die sich ex post bzw. bei Zugrundelegung der Perspektive eines allwissenden Beobachters bestätigen lässt. Allein aus dem Ergebnis eines
erfolgsverursachenden Verlaufs ergibt sich (ohne dass dies gesondert zu prüfen
wäre) Folgendes:

▷ Die Handlung bzw. Unterlassung hat die (entsprechende tatbestandlich abstrakt- 42
generell erfasste) Schädigungsmöglichkeit geschaffen bzw. nicht abgewendet, die
sich im zu diesem Erfolg führenden konkreten Verlauf realisiert hat.

Bei dieser Feststellung wird an das angeknüpft, was für die Annahme einer Hand- 43
lung oder Unterlassung im tatbestandsspezifisch strafrechtsrelevanten Sinne nötig
war. Nunmehr ist jedoch über eine bloß *möglicherweise* aus dem Verhalten resultierende Schädigungsmöglichkeit für tatbestandlich abstrakt-generell erfasste fremde
Rechtsgüter hinaus festzustellen, dass eine solche ex post bzw. bei Zugrundelegung
der Perspektive eines allwissenden Beobachters *tatsächlich* durch das entsprechende
Verhalten geschaffen oder nicht abgewendet wurde. Diese Schädigungsmöglichkeit
ist als Anknüpfungspunkt der weiteren Prüfung konkret zu benennen.

Für Gefährdungsdelikte (Gefahrerfolgsdelikte), aber auch für Gefährlichkeits- 44
delikte – wie etwa § 323c I StGB – gilt das soeben primär zu Verletzungserfolgs-
delikten Gesagte sinngemäß: Steht am Ende der Verlaufskette eine objektivierend
ex ante feststellbare (mehr oder weniger verdichtete) Gefahr, kann aus der
festgestellten (Quasi-)Kausalität zugleich abgeleitet werden, dass am Anfang dieses
Verlaufs eine entsprechende Gefährdungs*möglichkeit* bestand.

---

[38] Zu den Risikoerhöhungslehren s. etwa *Roxin/Greco*, AT I, § 11 Rn. 88 ff.

[39] Näher zur Ablehnung sämtlicher „Risikoerhöhungslehren" (unter Einschluss der Lehre von der
unterlassenen Gefahrminderung), *Freund/Rostalski*, AT, § 2 Rn. 58 ff., § 5 Rn. 81, § 6 Rn. 148 f.
m. Fn. 151; *Gropp/Sinn*, AT, § 11 Rn. 170, § 12 Rn. 86 ff.

4. Grundsätzlich missbilligte Schaffung oder Nichtabwendung der tatbestandsspezifischen Schädigungsmöglichkeit

45 Die Handlung bzw. die Unterlassung im hier interessierenden Sinne muss im Hinblick auf die damit verbundene tatbestandsspezifische Gefahrschaffung bzw. Nichtabwendung grundsätzlich missbilligt sein. Bei der Fahrlässigkeitstat heißt das deshalb (grundsätzlich) missbilligte Verhalten auch (grundsätzlich) fahrlässiges Verhalten. Ein eigenständiger Prüfungspunkt im Rahmen des Tatbestandes i. e. S. für die Prüfung der grundsätzlichen Verhaltensmissbilligung mag für viele (noch) ungewohnt sein. Seine Berechtigung und Unverzichtbarkeit ergibt sich jedoch aus der zentralen Bedeutung des tatbestandsspezifischen Verhaltensunrechts für jede Straftat.[40]

a) Die Voraussetzungen grundsätzlich zu missbilligenden tatbestandsspezifischen Verhaltens – grundsätzlich tatbestandsspezifisch fahrlässiges Verhalten

46 Mit den bisherigen Prüfungen wurde Folgendes festgestellt: Das als Grundlage der Bewertung exakt bestimmte Verhalten – i. S. einer Handlung oder Unterlassung im strafrechtsrelevanten Sinne – ist für einen bestimmten zum (tatbestandlich abstrakt-generell erfassten) Erfolg führenden Verlauf (quasi-)kausal. Das jeweilige Verhalten hat damit eine entsprechende Schädigungsmöglichkeit geschaffen oder nicht abgewendet. Nach diesen Feststellungen – die im Wesentlichen Tatsachenfeststellungen sind[41] – folgt nun der erste Prüfungsschritt, in dessen Rahmen eine normative Wertung vorgenommen wird: Das Verhalten muss im Hinblick auf die damit verbundene Schaffung bzw. Nichtabwendung dieser abstrakt-generell erfassten Schädigungsmöglichkeit *grundsätzlich rechtlich zu missbilligen* sein.

47 Handelt es sich bei dem zu prüfenden Straftatbestand nicht um ein Vollendungsdelikt und geschah somit nicht zuvor bereits eine Prüfung der Kausalität, kann das Bestehen einer Schädigungsmöglichkeit nicht aus einem bereits vorhandenen tatsächlichen Verlauf abgeleitet werden und muss daher an dieser Stelle zunächst – bei Zugrundelegung der für die Verhaltensbewertung maßgeblichen ex ante-Perspektive – noch gesondert festgestellt werden.[42]

---

[40] S. dazu nochmals oben § 1 Rn. 26 ff.

[41] Dass im Recht niemals gänzlich ohne Wertungsaspekte auszukommen ist, stellt die Einordnung als Tatsachenfeststellung nicht in Frage. Denn bei der Klassifikation als Handlung oder Unterlassung ist lediglich wertungsrelevant, dass ein Verhaltensnormverstoß grundsätzlich denkbar ist. Beim reinen Erfolg geht es nur darum, ob im Grundsatz ein unerwünschtes Ereignis bejaht werden kann. Soll demgegenüber eine spezifische *Fehl*verhaltensfolge – als Erfordernis der Vollendungstat – angenommen werden, bedarf es dafür spezieller (Verhaltens-)Bewertungen.

[42] S. dazu näher die Ausführungen zur Prüfung des Versuchsdelikts im Einheitsschema unten § 3 Rn. 45 ff., § 5 Rn. 44 ff.

▷ In Bezug auf diese festgestellte Schaffung oder Nichtabwendung einer tat- **48**
bestandsspezifischen Schädigungsmöglichkeit ist das Verhalten (die Handlung oder
Unterlassung) grundsätzlich missbilligt bzw. grundsätzlich fahrlässig, wenn die
Schaffung oder Nichtabwendung genau dieser Schädigungsmöglichkeit für die betreffende Person (also unter Berücksichtigung ihrer individuellen Fähigkeiten und
Kenntnisse) angesichts der von ihr vorgefundenen Sachlage vorhersehbar und vermeidbar war und von ihr – bei gegebener Sonderverantwortlichkeit – von Rechts
wegen grundsätzlich vermieden werden musste.

Bei den Kriterien der Vorhersehbarkeit und Vermeidbarkeit kommt es darauf an, **49**
was die betreffende Person auf der Grundlage ihrer individuellen Fähigkeiten und
Kenntnisse hätte leisten können – inwiefern sie also hinter dem, was für sie in der
maßgeblichen Situation (ex ante) möglich war, zurückgeblieben ist: Die
Schädigungsmöglichkeit muss *für sie* erkennbar und vermeidbar gewesen sein. Was
diese Person nicht weiß und auch nicht wissen kann und muss, kann man ihr nicht
ernsthaft entgegenhalten, um zu begründen, dass sie sich rechtlich falsch verhalten habe.[43]

Daraus ergibt sich für die Voraussetzung der Vorhersehbarkeit folgende De- **50**
finition:

▷ Vorhersehbarkeit erfordert, dass die betreffende Person individuell in der Lage
ist, die vom Tatbestand abstrakt-generell erfasste Schädigungsmöglichkeit zu erkennen – bei Erfolgsdelikten insbesondere den drohenden erfolgsverursachenden
Verlauf.[44]

Im Hinblick auf das Erfordernis der Vermeidbarkeit ergibt sich für die Ver- **51**
haltensform des (aktiven) Tuns – also der Handlung:

▷ Vermeidbarkeit erfordert, dass es der betreffenden Person durch ihre individuellen Fähigkeiten und Kenntnisse möglich ist, die Gefahr nicht zu schaffen.

Für die Verhaltensform des Unterlassens gilt demgegenüber: **52**

▷ Vermeidbarkeit erfordert, dass es der betreffenden Person durch ihre individuellen Fähigkeiten und Kenntnisse möglich ist, die Gefahr abzuwenden.

Im Rahmen der Prüfung des Vermeidenmüssens ist die grundsätzliche (d. h.: **53**
unter Vorbehalt stehende) Vermeide*pflicht* der betreffenden Person im Hinblick auf
die konkrete – mit der Handlung oder Unterlassung verknüpfte – tatbestandsspezifische Schädigungsmöglichkeit zu ermitteln:

---

[43] Näher dazu *Freund/Rostalski*, AT, § 2 Rn. 28 ff., § 5 Rn. 15 ff., 23 ff.; s. auch *Kreuzberg*, Täterschaft und Teilnahme als Handlungsunrechtstypen, S. 161 f., 199 ff.
[44] S. dazu sowie zum Folgenden auch die Definitionen bei *Freund/Rostalski*, AT, § 5 Rn. 93.

▶ Grundsätzlich von Rechts wegen zu vermeiden ist die Schädigungsmöglichkeit dann, wenn – bei gegebener Sonderverantwortlichkeit – im Rahmen einer Güter- und Interessenabwägung das in Frage stehende Schutzinteresse das Interesse der handelnden oder unterlassenden Person im Grundsatz überwiegt.

54   Diese Abwägung ist der passende Ort, um all die Wertungsgesichtspunkte auf Tatbestandsebene i. e. S. zu berücksichtigen, die nicht der späteren Prüfungsstufe der fehlenden Rechtfertigung vorbehalten sind. Da aber noch nicht alle abwägungsrelevanten Gesichtspunkte berücksichtigt werden, ist noch keine endgültige, sondern – bezogen auf den konkret zu beurteilenden Fall – nur eine unter Vorbehalt stehende Missbilligung möglich. Auf der anschließenden Ebene der fehlenden Rechtfertigung ist im Hinblick auf die dort sachlich zu verortenden Aspekte abermals eine Interessenabwägung vorzunehmen. Das auf der Ebene des Tatbestands i. e. S. mögliche Missbilligungsurteil kann mithin nur unter der als erfüllt gedachten Voraussetzung des Fehlens von Rechtfertigungsgründen Bestand haben.[45] Insofern bezieht sich dieses freilich noch gar nicht auf die konkrete Person in der konkreten (Tat-)Situation, sondern – bedingt durch die fiktiven Annahmen – auf einen überhaupt nicht zur Entscheidung anstehenden hypothetischen Fall.

55   Bei der Prüfung des grundsätzlichen rechtlichen Vermeidenmüssens ist in die Abwägung neben den sich gegenüberstehenden Interessen regelmäßig noch ein spezieller weiterer Gesichtspunkt zu integrieren: Fast alle Straftatbestände erfordern den Verstoß gegen eine auch durch die *Sonderverantwortlichkeit des Adressaten oder der Adressatin der Norm* für das Vermeiden der Gefahr legitimierte Verhaltensnorm. Ausnahmen sind im Bereich des StGB nur die Tatbestände der §§ 138, 323c I, bei denen der Verstoß gegen eine monistisch legitimierte sog. „Jedermannpflicht" genügt. Die Legitimation einer dualistisch – auch durch die Sonderverantwortlichkeit der durch die Norm adressierten Person – fundierten Verhaltensnorm kann nur gelingen, wenn der Aspekt der Sonderverantwortlichkeit in die konkrete Pflichtbegründung integriert wird.[46] Jenseits legitimierbarer Pflichten gibt es von vornherein auch keine relevante Sonderverantwortlichkeit.[47]

---

[45] Die Abwägung zur Bestimmung eines endgültigen Verhaltensnormverstoßes erfasst nach zutreffender Auffassung auch die herkömmlich sogenannten Aspekte des Schuldausschlusses. In der anschließenden Stufe der Prüfung des hinreichenden Gewichts des Verhaltensnormverstoßes (der „hinreichenden Schuldhaftigkeit") geht es dann nur noch um ein *reines Problem der Gewichtung* des bereits bejahten rechtlichen Fehlverhaltens der konkreten Person.

[46] Die Irrelevanz einer „Garanten*stellung*" jenseits einer legitimierbaren „Garanten*pflicht*" erkennt zutreffend etwa auch *Arzt*, Die Strafrechtsklausur, S. 208. – Nicht angemessen erfasst wird der Zusammenhang zwischen der Garantenpflicht und dem Erfordernis der Fahrlässigkeit etwa bei *Rotsch*, Klausurenlehre, 1. Teil 2. Kap. Rn. 75 (Prüfung der Fahrlässigkeit erst *nach* Bejahung der Garantenpflicht).

[47] Zu den Gefahren der Verselbstständigung der Sonderverantwortlichkeit in Form der „Garanten*stellung*" als speziellem Tatbestandsmerkmal der begehungsgleichen Unterlassungsdelikte näher *Freund*, Erfolgsdelikt und Unterlassen, S. 39 ff., 154 ff., 281 f., 294 f., 306, 308; s. auch *Freund/ Rostalski*, AT, § 6 Rn. 51 ff., 61 ff., 132 ff.

Dass diesem Kriterium beim begehungsgleichen Unterlassungsdelikt unter der **56** Bezeichnung „Garantenverantwortlichkeit" traditionell ein besonderes Augenmerk gilt, ist gut nachvollziehbar. Wenn der Normadressat oder die Normadressatin die Gefahr nicht selbst schafft, erfordert die Begründung der Sonderverantwortlichkeit zumindest oft einen höheren Aufwand. Allerdings ändert das nichts an der Tatsache, dass diese Sonderverantwortlichkeit für einen Verhaltensnormverstoß durch Tun ebenso Voraussetzung ist wie für einen solchen durch begehungsgleiches Unterlassen. Sie ist mithin in beiden Fällen in der Prüfung zwingend zu thematisieren. Dabei gilt freilich: Wenn die Adressatin oder der Adressat der Norm die Gefahr selbst schafft, ist diese Person regelmäßig bereits deshalb sonderverantwortlich, weil ihr eigener Körper die wertungsrelevante Gefahrenquelle darstellt, die eine *besondere* Vermeidepflicht begründet.

Diese Regel bestätigen die durchaus vorhandenen Ausnahmen. Zu denken ist **57** etwa an den Fall des Wegziehens des rettenden Arms, wenn der Begleiter ins Stolpern geraten ist und sich zu verletzen droht.[48] Dieses Verhalten im Verhältnis zu dem, der ins Stolpern geraten ist und sich beim Sturz zu verletzen droht, verstößt gegen ein entsprechendes Verbot. Der Verstoß dagegen begründet aber nur eine Strafbarkeit nach § 323c I StGB.

Hat der den Arm Wegziehende das Stolpern zu verantworten, lässt sich das Verbot des Wegziehens **58** auch auf den (zusätzlichen) Legitimationsgrund der besonderen Verantwortlichkeit für das drohende schadensträchtige Geschehen stützen (sog. Ingerenzverantwortlichkeit[49] aufgrund gefährdenden Vorverhaltens). Dementsprechend greift – wegen des Verstoßes gegen die dualistisch legitimierte Verhaltensnorm – die strengere Strafbarkeit wegen Körperverletzung (im Vorsatzfall: § 223 I StGB – im Fahrlässigkeitsfall: § 229 StGB) ein.

Aus dem Gesagten folgt: Die Prüfung der grundsätzlichen rechtlichen Ver- **59** haltensmissbilligung auf Tatbestandsebene i. e. S. ist für beide denkbaren Verhaltensformen normativ vollkommen identisch. Allerdings gilt es zu beachten: Durch ein Unterlassen wird niemals ein neues Risiko *geschaffen*. Das ist schon terminologisch, aber auch sachlich falsch. Vielmehr kann sich eine Verantwortlichkeit im Falle eines Unterlassens nur dahingehend ergeben, dass die betreffende Person eine bereits bestehende Schädigungsmöglichkeit *nicht abwendet*. Eine klare Differenzierung zwischen den Verhaltens*formen* ist also im Hinblick auf das, was Gegenstand der Prüfung ist, unbedingt notwendig. Insofern gelten die zu der Entwicklung der Definitionen von Tun und Unterlassen im tatbestandsspezifisch strafrechtsrelevanten Sinne getroffenen Grundaussagen entsprechend.[50]

---

[48] S. zu diesem Beispiel (mit seiner Variante der Ingerenzverantwortlichkeit bei Tatbestandsverwirklichungen durch Tun) *Jakobs,* in: El sistema funcionalista, S. 133, 164; *Freund,* in: Grundlagen und Konzepte, S. 175, 180. – Zu weiteren Beispielen s. *Freund,* in: MünchKommStGB, Band 1, § 13 Rn. 85; *dens.,* Erfolgsdelikt und Unterlassen, S. 68 ff.; *Frisch,* Tatbestandsmäßiges Verhalten, S. 132 ff., 250 ff.

[49] S. allg. zur Problematik der Ingerenzverantwortlichkeit als Fallgruppe der Sonderverantwortlichkeit, bei der insbesondere umstritten ist, ob das gefährdende Vorverhalten stets pflichtwidrig sein muss, *Freund,* in: MünchKommStGB, Band 1, § 13 Rn. 118 ff. m. w. N.; *dens.,* Erfolgsdelikt und Unterlassen, S. 180 ff., 296 f.

60 Anzumerken ist an dieser Stelle noch Folgendes: Fahrlässiges Verhalten ist die Grundform rechtlich zu missbilligenden Verhaltens. Daher sind die Voraussetzungen eines *grundsätzlich fahrlässigen* Verhaltens exakt dieselben wie die soeben genannten. Eines abweichenden Aufbaus bedarf es bei der Prüfung eines Fahrlässigkeitsdelikts nach dem hier vorgestellten Konzept unter Zugrundelegung der darin verwendeten Definitionen nicht. Allerdings sollte bei der Prüfung der grundsätzlichen Verhaltensmissbilligung im Eingangssatz zu diesem Prüfungspunkt sowie abschließend klargestellt werden, dass das grundsätzlich rechtlich zu missbilligende Verhalten zugleich ein grundsätzlich fahrlässiges darstellt. Auf diese Weise können Irritationen bei denjenigen vermieden werden, die diesen Aufbau sowie das Stufenverhältnis von Vorsatz und Fahrlässigkeit (noch) nicht verinnerlicht haben.

61 Aus alledem folgt als Definition der grundsätzlich missbilligten Schaffung einer tatbestandsspezifischen Schädigungsmöglichkeit durch eine *Handlung* (bezogen auf einen möglichen Verstoß gegen eine dualistisch legitimierte Verhaltensnorm[51]):

▶ Eine Handlung (im hier interessierenden Sinne) ist im Hinblick auf die dadurch geschaffene tatbestandsspezifische Schädigungsmöglichkeit grundsätzlich rechtlich zu missbilligen, wenn die Schaffung dieser tatbestandlich abstrakt-generell erfassten Schädigungsmöglichkeit für fremde Rechtsgüter für die handelnde Person vorhersehbar und vermeidbar war und – bei gegebener Sonderverantwortlichkeit – von dieser Person von Rechts wegen grundsätzlich vermieden werden musste.

62 Für ein Verhalten im Sinne eines (begehungsgleichen) *Unterlassens* ergibt sich demgegenüber:

▶ Ein Unterlassen (im hier interessierenden Sinne) ist im Hinblick auf die dadurch nicht abgewendete (bereits bestehende) tatbestandsspezifische Schädigungsmöglichkeit grundsätzlich rechtlich zu missbilligen, wenn die Nichtabwendung dieser tatbestandlich abstrakt-generell erfassten Schädigungsmöglichkeit für fremde Rechtsgüter für die unterlassende Person vorhersehbar und vermeidbar war und – bei gegebener Sonderverantwortlichkeit – von dieser Person von Rechts wegen grundsätzlich vermieden werden musste.

b) Besonderheiten im Hinblick auf Täterschaft und Teilnahme

63 Im jüngeren Schrifttum setzt sich zunehmend die Einsicht durch, dass die Frage nach Täterschaft und Teilnahme als Problem des je spezifischen – auf das Vermeiden bestimmter tatbestandsspezifischer Schädigungsmöglichkeiten bezogenen – tatbestandsmäßigen Verhaltens aufzufassen ist.[52] Die Erkenntnis, dass daher die in-

---

[50] S. dazu oben § 2 Rn. 7 ff.

[51] S. zu diesem Normtyp oben § 1 Rn. 26 ff.

[52] So etwa *Stein*, Beteiligungsformenlehre, S. 221 ff., 238 ff. (eingehend und krit. dazu *Küper*, ZStW 105 [1993], 445 ff.); *Frisch*, Tatbestandsmäßiges Verhalten, S. 41 (Fn. 157), 70 ff., 240 ff., 289 ff., 301 f. et passim; s. auch *Kreuzberg*, Täterschaft und Teilnahme als Handlungsunrechts-

soweit relevanten Straftaten des (unmittelbaren oder mittelbaren) Täters, des Anstifters, des Gehilfen und des Mittäters an den ganz allgemeinen Straftatkriterien zu messen sind, ist auch für die Fallbearbeitung hilfreich.

Eine wichtige Konsequenz ist Folgende: Es gibt keine *Abgrenzungs*probleme zwischen der einen **64** *oder* anderen Tatbestandsverwirklichung. Deren Thematisierung suggeriert ein tatsächlich oft nicht bestehendes Verhältnis der Exklusivität. Vielmehr geht es – wie sonst auch – jedenfalls primär um die Frage, ob die jeweiligen Tatbestandserfordernisse (i. S. der Täterschaft *oder* der Teilnahme) erfüllt sind oder nicht. Sofern sich ergeben sollte, dass mehrere dieser Tatbestände nebeneinander erfüllt sind (was nicht selten vorkommt), stellt sich lediglich ein leicht lösbares Konkurrenzproblem: Erfüllt etwa jemand sowohl die Voraussetzungen der Beihilfe als auch die der Anstiftung, verdrängt die tätergleiche Bestrafung des Anstifters dessen Strafbarkeit wegen Beihilfe. Erfüllt der Anstifter zugleich die Voraussetzungen der (mittelbaren) Täterschaft, geht die Strafbarkeit als Täter vor. Als Prüfungsreihenfolge hat sich – falls die entsprechende Strafbarkeit ernsthaft in Betracht kommt[53] – folgende bewährt: Täterschaft vor Teilnahme! Innerhalb der Täterschaft gilt die Reihenfolge: 1. Unmittelbare Täterschaft – 2. Mittelbare Täterschaft – 3. Mittäterschaft. Innerhalb der Teilnahme gilt: Anstiftung vor Beihilfe! – Lediglich aus Gründen des besseren Verständnisses der Besonderheiten der Mittäterschaft wird diese spezielle Form der Täterschaft im Folgenden erst nach den Teilnahmeformen der Anstiftung (unten Rn. 71 ff.) und der Beihilfe (unten Rn. 79 ff.) behandelt (unten Rn. 84 ff.).

aa) Mittelbare Täterschaft

Auch der mittelbare Täter begeht seine Tat unmittelbar selbst. § 25 I Fall 2 StGB hat **65** insofern jedenfalls im Wesentlichen nur eine Klarstellungsfunktion: Die durch den Täter geschaffene oder nicht abgewendete Schädigungsmöglichkeit kann auch durch das Verhalten anderer Personen vermittelt sein.[54] In phänomenologischer Hinsicht sind demnach in ihrer idealtypischen Ausprägungsform drei Konstellationen möglicher täterschaftlicher Tatbestandsverwirklichung zu unterscheiden. Es gibt Fälle der als Möglichkeit in Betracht kommenden *unmittelbaren* Güterschädigung, solche der *opfervermittelten* und solche der *drittververmittelten* Güterschädigung.[55] Selbstverständlich sind auch Mischformen recht häufig.

Falsch ist es, bei der Prüfung der Strafbarkeit des (mittelbaren) Täters an das **66** Verhalten des „Vordermanns" (des Tatmittlers) anzuknüpfen. Dessen Verhalten ist bei der Tat des mittelbaren Täters nichts anderes als eine spezifische (Fehl-)Ver-

---

typen; *Murmann,* Die Nebentäterschaft im Strafrecht, S. 154 ff.; *Renzikowski,* Restriktiver Täterbegriff und fahrlässige Beteiligung, 1997, S. 49, 123 ff.; ferner *Freund,* Erfolgsdelikt und Unterlassen, S. 118 f., 233 Fn. 32, 235 ff., 241, 251 f., 258 f. m. Fn. 51. – Zur Bedeutung des spezifischen Verhaltensunrechts für die Beteiligungsformenlehre vgl. auch *Bloy,* Beteiligungsform, S. 205 ff.; i. S. einer im Verhältnis zur täterspezifischen Verhaltensnorm selbstständigen teilnehmerspezifischen Verhaltensnorm bereits *Binding,* GS 76 (1910), 1, 33.

[53] Einer der häufigsten Fehler in der Fallbearbeitung besteht darin, dass fernliegende Strafbarkeiten geprüft werden. Das kostet wertvolle Zeit, die dringend für die Klärung der tatsächlich fallrelevanten Probleme benötigt wird.

[54] S. zu dieser Klarstellungsfunktion des § 25 I Fall 2 StGB *Freund/Rostalski,* AT, § 10 Rn. 54.

[55] Zu diesen phänomenologischen Grundtypen möglicher Güterschädigung näher *Frisch,* Tatbestandsmäßiges Verhalten, S. 90 ff., 148 ff., 230 ff.

haltensfolge.[56] Diese setzt einen entsprechenden tatbestandsspezifischen Verhaltensnormverstoß des (mittelbaren) Täters als diese Folge auslösendes Fehlverhalten
voraus. Auf Tatbestandsebene i. e. S. ist daher ein entsprechend grundsätzlich missbilligtes tatbestandsspezifisches Verhalten des „Hintermannes" zu prüfen, der das
ganze Geschehen veranlasst oder zulässt. *Er* als potenzieller mittelbarer Täter muss
gehandelt oder unterlassen haben. *Sein* Verhalten muss für den Erfolg (quasi-)kau-
sal geworden sein etc. Dass es sich dabei um ein der unmittelbaren Rechtsgutsschädigung *vorgelagertes* Verhalten handelt, das diese nur mittelbar bewirkt, darf
nicht irritieren. Denn genau dieser Umstand kennzeichnet die besondere Erscheinungsform der mittelbaren Täterschaft.

67   Die tatbestandsrelevante Schädigungsmöglichkeit besteht bei der mittelbaren
Täterschaft konkret darin, dass die Rechtsgüter des potenziellen Opfers durch die
Veranlassung (oder das Nichthindern) des Verhaltens eines Vordermannes gefährdet
werden. Die spezifisch (mittelbar-)täterschaftliche Vermeidepflicht ergibt sich aufgrund der Benutzung einer anderen Person als Tatwerkzeug. § 25 I Fall 2 StGB
spricht von der Tatbegehung „durch einen anderen". Im Hinblick auf die gesetzlich
vorgesehene Differenzierung der Beteiligungsformen darf diese nicht schon dann
angenommen werden, wenn ein anderer veranlasst wird, eine Straftat zu begehen.
Andernfalls liefe die Anstiftungsstrafbarkeit leer. Letzterer kommt insofern eine
Sperrwirkung zu. Es bedarf dementsprechend für die (mittelbar-)täterschaftliche
Strafbarkeit eines speziellen Verantwortlichkeitsgrundes, der die täterschaftliche
Strafbarkeit rechtfertigt. Eine Tatbegehung „durch einen anderen" darf nur angenommen werden, wenn mehr aufweisbar ist als eine nur anstiftungsrelevante Tat-
veranlassung.

68   Dafür muss im Grundsatz eine überlegene Einsichts- und Steuerungsfähigkeit
des Hintermannes vorliegen.[57] Klassische Fälle sind die Ausnutzung eines Wissens-
defizits des Vordermanns oder die Benutzung einer schuldunfähigen (genauer: einer
zur Normbildung und Normbefolgung unfähigen) Person.[58]

69   Eines derartigen speziellen Verantwortlichkeitsgrundes bedarf es freilich nicht
mehr, wenn der Veranlassende seinerseits ohnehin bereits eine spezifische täter-
schaftsbegründende Vermeidepflicht hat: Der Vater, der mit seinem Kleinkind unterwegs ist und einen Dritten zur Tötung des Kindes veranlasst (und ihm vielleicht
sogar noch die Tatwaffe reicht), ist nach allgemeinen Regeln der Täterschaft auch
dann nicht nur Anstifter (bzw. Gehilfe), sondern Täter der Tötung seines Kindes,
wenn der unmittelbar Tötende kein Defizit aufweist.[59] Wer hier mit den traditionellen Kriterien der mittelbaren Täterschaft arbeitet, erfasst das Sachproblem nicht.

---

[56] Zu tatbestandsmäßigen Verhaltensfolgen bei der mittelbaren Täterschaft s. *Freund/Rostalski,* AT,
§ 10 Rn. 54.

[57] Näher zu diesem für die mittelbare Täterschaft wichtigen Wertungsgesichtspunkt *Freund/Rostal-
ski,* AT, § 10 Rn. 55 ff., 76 ff.

[58] Zum für die mittelbare Täterschaft leicht umsetzbaren Einheitsschema s. unten § 5 Rn. 49.

[59] S. zu diesem über die mittelbare Täterschaft hinausweisenden Wertungsgesichtspunkt der allgemeinen Organisationskreisverantwortlichkeit *Freund/Rostalski,* AT, § 10 Rn. 55 a. E., 93,
101 f., 103 f.

Der Vater wäre ja sogar dann Täter der Tötung seines Kindes, wenn er diese Tö- **70** tung lediglich nicht verhindern würde, obwohl ihm dies möglich und zumutbar wäre – und zwar dann in der naturalistischen Verwirklichungsform der Tötung durch begehungsgleiches Unterlassen. Bleibt er nicht nur untätig, sondern veranlasst oder fördert er die Tötung sogar, wird dadurch seine bereits nach Unterlassungsgrundsätzen begründete täterschaftliche Verantwortlichkeit selbstverständlich nicht in Frage gestellt. Er ist dann vielmehr *erst recht* Täter der Tötung seines Kindes, die sich *zusätzlich* auf die entsprechend missbilligte Verhaltensform des aktiven Tuns als täterschaftliches Töten zu stützen vermag.[60] Man kann ihn als „Nebentäter" bezeichnen.[61]

bb) Anstiftung

Auch die Anstiftung eines anderen zu dessen „vorsätzlicher rechtswidriger (Haupt-) **71** Tat" erfordert – wie jedes andere vollendete Erfolgsdelikt auch – einen tatbestandsspezifischen Verhaltensnormverstoß und einen entsprechenden Erfolgssachverhalt.[62]

Daher passt auf diese Anstifterstraftat ohne Weiteres das beim Erfolgsdelikt all- **72** gemein bewährte Aufbaukonzept der Tatbestandsprüfung i. e. S.:

1. Tatbestandsspezifisch strafrechtsrelevantes Verhalten (Handlung oder Unterlassung i. d. S.)
2. (Tatbestandlich abstrakt-generell erfasster) Erfolg
3. (Quasi-)Kausalität
4. Grundsätzlich missbilligte Schaffung oder Nichtabwendung der (anstiftungs-) tatbestandsspezifischen Schädigungsmöglichkeit bei gegebener Sonderverantwortlichkeit
5. Tatbestandsspezifische Verhaltensfolge („Erfolgszurechnung" auf Tatbestandsebene i. e. S.)
6. Vorsatz in Bezug auf die Tatbestandsverwirklichung i. e. S.

Das geprüfte Verhalten ist – wie stets – präzise zu bezeichnen. Der tatbestandlich **73** abstrakt-generell erfasste Erfolg der Anstiftung ist in der „vorsätzlichen rechtswidrigen Tat eines anderen" zu erblicken. Diese kann auch in einem entsprechenden Versuch bestehen. Zu beachten ist, dass es sich bei dieser Tat gerade nicht um eine *Straf*tat des anderen handeln muss. Vielmehr genügt es, dass die Tat des anderen eine Straftat *wäre,* wenn dieser hinreichend schuldhaft gehandelt *hätte.* Diese nach

---

[60] Zur Möglichkeit einer Tatbestandsverwirklichung in beiden Verhaltensformen – also sowohl durch (aktives) Tun als auch durch begehungsgleiches Unterlassen – s. *Freund/Rostalski,* AT, § 11 Rn. 41 ff.

[61] Die Nebentäterschaft ist keine weitere Täterschaftsform, sondern bringt nur zum Ausdruck, dass eine Person neben einer anderen die Voraussetzungen der Täterschaft erfüllt; zur Nebentäterschaft s. etwa *Freund/Rostalski,* AT, § 10 Rn. 5 f., 103; eingehend *Murmann,* Die Nebentäterschaft im Strafrecht, 1993.

[62] Näher zur Anstiftung als Straftat mit spezifischem Verhaltensunrecht und entsprechendem Erfolgssachverhalt *Freund/Rostalski,* AT, § 10 Rn. 109 ff.

dem Gesetz notwendige Abstraktion vom Straftaterfordernis hinreichend schuldhaften Verhaltens des Haupttäters trägt dem Charakter der Haupttat für die Strafbarkeit des Teilnehmers Rechnung: Da es um die Strafbarkeit des Teilnehmers geht,
kommt es nur darauf an, ob die Haupttat spezifische Folge seines Teilnehmer*fehl*-
verhaltens (hier des Anstifters) ist.

74   Die Kausalitätsprüfung weist keine Besonderheiten auf: Es muss *aufgrund* des
Verhaltens des Anstifters zur Begehung der vorsätzlichen rechtswidrigen Haupttat
gekommen sein. Daran fehlt es im Falle der ohnehin bereits zur Begehung einer
bestimmten Tat entschlossenen Person eines „omnimodo facturus".[63] Der für die
Kausalität des Anstifterverhaltens notwendige zur Haupttat – als Erfolg – führende
konkrete Verlauf entfällt freilich nicht schon dann, wenn sich der Haupttäter auch
ohne dieses Verhalten zu einem späteren Zeitpunkt von selbst zur Tatbegehung entschlossen hätte oder von einem anderen angestiftet worden wäre. Solche hypothetischen Verläufe sind für die Beurteilung der Kausalität im konkreten Fall stets
irrelevant.[64] Wurde der erfolgsverursachende Verlauf festgestellt, steht zugleich
fest: Das Verhalten der betreffenden Person hat die entsprechende Schädigungsmöglichkeit geschaffen, dass die andere Person des potenziellen Haupttäters das
entsprechende unmittelbar güterschädigende Verhalten vornimmt. Die Schaffung
(oder Nichtabwendung) genau dieser tatbestandlich abstrakt-generell erfassten
Schädigungsmöglichkeit ist – wie stets – Anknüpfungspunkt der nachfolgenden
Prüfung der grundsätzlichen Verhaltensmissbilligung auf Tatbestandsebene i. e. S.

75   Im Kontext der notwendigen Prüfung dieser grundsätzlichen tatbestandsspezifischen Verhaltensmissbilligung wird deutlich, dass die geläufige Definition des „Be-
stimmens" als „Hervorrufen des Tatentschlusses"[65] gleich in zweifacher Hinsicht
defizitär ist:[66] In dieser Definition fehlt der Aspekt der Verhaltensmissbilligung vollständig und damit das Grundkriterium einer jeden Straftat. Darüber hinaus fehlt dann
aber (konsequenterweise) auch der Aspekt der Verhaltensmissbilligung speziell mit
Blick auf die anstiftungstatbestandsspezifische Schädigungsmöglichkeit mit der
dafür erforderlichen qualitativen und quantitativen Wertung: Im Hinblick auf die
tätergleiche(!) Bestrafung des Anstifters genügt es gerade nicht, dass man sein Verhalten überhaupt rechtlich missbilligen kann. Vielmehr muss sein Verhaltensnormverstoß, der eine Schädigungsmöglichkeit schafft oder nicht abwendet von dem-
selben Gewicht sein wie der eines Täters der Straftat, zu der angestiftet wird.

---

[63] S. dazu *Freund/Rostalski*, AT, § 10 Rn. 115; vgl. ferner statt vieler *Kühl*, AT, § 20 Rn. 177
m. w. N.

[64] Zur grundsätzlichen Irrelevanz hypothetischer Verläufe s. bereits oben § 2 Rn. 32 ff., s. dazu auch
Freund/Rostalski, AT, § 2 Rn. 75.

[65] S. dazu etwa *Kühl*, in: Lackner/Kühl, § 26 Rn. 2 m. w. N.

[66] Von der Verwendung dieser Definition ist daher abzuraten. Wenn sie dennoch verwendet wird,
sollte jedenfalls deutlich gemacht werden, dass diese Definition nicht ausreicht, um ein grundsätzlich missbilligtes Anstiftungsverhalten festzustellen. Für die Definition der Handlung oder Unterlassung ist auf die auch sonst verwendete abzustellen. Im Übrigen geht es um Probleme der grundsätzlichen tatbestandsspezifischen Verhaltensmissbilligung. Auch insofern unterscheidet sich die
Straftat der Anstiftung nicht von sonstigen Erfolgsdelikten.

Dafür genügt z. B. nicht die bloße Schaffung einer tatanreizenden Situation, **76** selbst wenn diese im Hinblick auf die dadurch bewirkte Schaffung der Gefahr der Haupttatbegehung missbilligt ist. Eine tätergleiche Bestrafung erfordert weitergehend einen (ausdrücklichen oder zumindest konkludenten) Erklärungswert des Verhaltens des Anstifters dahingehend, dass die Haupttat begangen werden soll.[67] Eine Anstiftung durch (begehungsgleiches) Unterlassen ist damit zwar nicht vollkommen ausgeschlossen, kommt aber nur in den seltenen Fällen in Betracht, in denen das Unterlassen einen entsprechenden Erklärungswert besitzt.[68]

Auf der Basis der zutreffend bestimmten grundsätzlichen Verhaltensmiss- **77** billigung (im Hinblick auf die Schaffung oder Nichtabwendung der anstiftungstatbestandsspezifischen Schädigungsmöglichkeit) erschöpft sich auch bei der Anstiftung die Prüfung der tatbestandsspezifischen Verhaltensfolge (der sog. „Erfolgszurechnung" auf Tatbestandsebene i. e. S.) in einer schlichten Tatsachenfeststellung: Mit der Haupttatbegehung muss sich *genau die* tatbestandlich abstrakt-generell erfasste *Schädigungsmöglichkeit* realisieren, deren Schaffung grundsätzlich rechtlich missbilligt war.

Trotz missverständlicher Formulierungen, die bei der Anstiftung einen anders **78** gearteten Vorsatz in Gestalt eines „doppelten Anstiftervorsatzes" suggerieren,[69] ist dieser Vorsatz ein „ganz normaler" Tatvorsatz hinsichtlich der Tatbestandsverwirklichung i. e. S.[70] Dieser ist nur bezogen auf die konkret in Rede stehende Anstiftung als Straftat: Die anstiftende Person muss – wie sonst auch – die Umstände sowie deren Bewertungsrelevanz kennen, die die Verwirklichung des Anstiftungstatbestandes i. e. S. begründen. Dann handelt (oder unterlässt) sie *insofern* vorsätzlich. Für die vorsätzliche vollendete Anstiftung zur vollendeten (oder versuchten) Haupttat muss sich mit der Haupttat eine in dieser Hinsicht erkannte geschaffene oder nicht abgewendete Schädigungsmöglichkeit realisiert haben. Daran fehlt es beispielsweise, wenn die zur Tötung einer ganz bestimmten Person angestiftete Person aufgrund einer Personenverwechslung eine andere Person tötet, mit deren Tötung die anstiftende Person nicht gerechnet hat. Richtigerweise lässt sich in einem solchen Fall nur eine Strafbarkeit wegen Anstiftung zum (untauglichen) Tötungsversuch am gemeinten Opfer ggf. in Tateinheit mit fahrlässiger Tötung des tatsächlich Getöteten begründen.[71]

---

[67] S. zu diesem restriktiven Verständnis der Anstiftung *Freund/Rostalski*, AT, § 10 Rn. 115 ff.; insofern sachlich übereinstimmend etwa *Wessels/Beulke/Satzger*, AT, Rn. 881 m. w. N.

[68] Vgl. zur Möglichkeit einer Anstiftung durch begehungsgleiches Unterlassen nur in den seltenen Fällen des „beredten Schweigens" *Freund,* Erfolgsdelikt und Unterlassen, S. 251 f.; *Freund/Rostalski,* AT, § 10 Rn. 118.

[69] Vgl. zu dieser Begrifflichkeit des „doppelten Anstiftervorsatzes" etwa *Wessels/Beulke/Satzger,* AT, Rn. 888.

[70] S. zum Anstiftervorsatz als normalem Tatvorsatz *Freund/Rostalski,* AT, § 10 Rn. 127 f.

[71] Näher zu dieser umstrittenen Problematik *Freund/Rostalski,* AT, § 10 Rn. 132 ff.

cc) Beihilfe

79 Für den Aufbau der Straftat der Beihilfe in der Fallbearbeitung gilt das soeben zur
Anstiftung Ausgeführte sinngemäß. Vorteilhaft ist auch hier bei der Prüfung des
Tatbestands i. e. S. folgende Reihenfolge:[72]

1. Tatbestandsspezifisch strafrechtlich relevantes Verhalten (Handlung oder Unterlassung im tatbestandsspezifisch strafrechtsrelevanten Sinne)
2. (Tatbestandlich abstrakt-generell erfasster) Erfolg
3. (Quasi-)Kausalität
4. Grundsätzlich missbilligte Schaffung oder Nichtabwendung der (beihilfe-)tat-
   bestandsspezifischen Schädigungsmöglichkeit bei gegebener Sonderverantwortlichkeit
5. Tatbestandsspezifische Verhaltensfolge („Erfolgszurechnung" auf Tatbestandsebene i. e. S.)
6. Vorsatz in Bezug auf die Tatbestandsverwirklichung i. e. S.

Der tatbestandlich abstrakt-generell erfasste Erfolg der Beihilfe ist die vorsätzliche
rechtswidrige Haupttat, bei der ein durch das Hilfeleistungs*verhalten* eingetretener
Unterstützungs*effekt* zu verzeichnen ist. Zu einer so beschaffenen Haupttat muss es
gekommen sein. Diese ratio-orientierte Erfolgsbestimmung i. V. m. der hier vorgeschlagenen Präzisierung der conditio-Formel[73] als Grundlage der an den Erfolg
anschließenden Prüfung der (Quasi-)Kausalität entlarvt auch das vieldiskutierte
Problem, ob der Gehilfenbeitrag für den Erfolg der Haupttat ursächlich sein muss
oder ob jede Förderung der Haupttat ausreicht,[74] als Scheinproblem: Wenn der Gehilfenbeitrag die Haupttat tatsächlich gefördert hat, war er stets auch im rechtverstandenen Sinne (quasi-)kausal für den Erfolg der Haupttat. Denn dann entfiele jedenfalls der dahin führende konkrete Haupttat-Verlauf. Ob die Haupttat auch ohne den
Gehilfenbeitrag begangen worden wäre und ob dann der Enderfolg ebenfalls eingetreten wäre, ist – wie sonst auch[75] – als rein hypothetischer Verlauf für die notwendige konkrete Kausalitätsfeststellung irrelevant.

81   Prüfungstechnisch traditionell noch sehr oft vernachlässigt wird nicht nur bei der
Anstiftung, sondern auch bei der Beihilfe die Problematik der entsprechenden
grundsätzlichen Verhaltensmissbilligung. Im hier vorgeschlagenen Einheitsschema
hat dieser wichtige Prüfungspunkt seinen festen selbstständigen Platz und kann
daher nicht so leicht wie sonst übersehen werden. Hierher gehört unter anderem
auch die mittlerweile immerhin geläufige Problematik der Beihilfe durch für sich

---

[72] Näher zur Beihilfe als Straftat mit spezifischem Verhaltensunrecht und entsprechendem Erfolgssachverhalt *Freund/Rostalski,* AT, § 10 Rn. 137 ff.

[73] S. dazu oben § 2 Rn. 32 ff.

[74] Vgl. zu dieser Diskussion etwa *Rengier,* AT, § 45 Rn. 92 ff.; *Wessels/Beulke/Satzger,* AT, Rn. 901,
jew. m. w. N.

[75] S. dazu bereits oben § 2 Rn. 32 ff. sowie die vorangegangenen Ausführungen zur Anstiftung.

genommen „neutrales Verhalten".[76] In der Sache ergibt sich, dass je nach den Umständen auch ein ansonsten erlaubtes Verhalten grundsätzlich rechtlich zu missbilligen sein kann und dann eben gerade kein „neutrales Verhalten" mehr ist. Zwar
mag der Verkauf eines Küchenmessers in der Regel rechtlich erlaubt sein. Selbst
wenn der Käufer damit ein Tötungsdelikt begeht, liegt dann kein Verhaltensnormverstoß des Verkäufers i. S. einer Beihilfe vor. Anders ist das jedoch wenn, der Verkauf unmittelbar vor der Tat stattfindet und der Verkäufer handfeste Anhaltspunkte
für die drohende Tat hat.

Auch das – wie gerade gezeigt – für die Kausalität irrelevante Problem hypo- **82**
thetischer Kausalverläufe (zum Enderfolg der Haupttat hin) ist ggf. auf der
Wertungsebene der grundsätzlichen Verhaltensmissbilligung anzusprechen: Für die
entsprechende grundsätzliche Missbilligung als Beihilfeverhalten spielt es keine
Rolle, ob der Haupttäter seine Haupttat auch ohne diese Unterstützung begangen
hätte. Entscheidend ist allein, dass im Hinblick auf die geschehene Unterstützung
der Haupttat der Verstoß gegen eine entsprechende im Grundsatz (im Verhaltenszeitpunkt ex ante) legitimierbare Verhaltensnorm begründbar ist und daher dieses
Unterstützungsverhalten – bei gegebener Sonderverantwortlichkeit des Adressaten
oder der Adressatin der Norm – von Rechts wegen grundsätzlich nicht sein durfte.
Die Schaffung oder Nichtabwendung *dieser* Schädigungsmöglichkeit als Auslösemoment des tatsächlich geschehenen Verlaufs ist für die Vollendungstat einzig inte-
ressierender Anknüpfungspunkt. I. d. S. dualistisch legitimieren lässt sich insofern
im Grundsatz etwa das Verbot, einem Einbrecher die Leiter zum Tatort zu tragen,
und zwar vollkommen unabhängig davon, ob der potenzielle Haupttäter dies sonst
selbst tun würde.[77] Ein wichtiger Wertungsgesichtspunkt für diese grundsätzliche
Verhaltensmissbilligung ist der eindeutige deliktische Sinnbezug des Verhaltens.[78]

Für die tatbestandsspezifische Verhaltensfolge (die sog. „Erfolgszurechnung" **83**
auf Tatbestandsebene i. e. S.) und den Vorsatz hinsichtlich der Tatbestandsverwirklichung i. e. S. gelten die allgemeinen Kriterien. Insbesondere bedarf es auch
beim Gehilfen keines „doppelten Vorsatzes". Vielmehr muss diese Person vorsätzlich in Bezug auf die Verwirklichung des entsprechenden Beihilfetatbestands
i. e. S. handeln oder unterlassen (also die tatbestandsverwirklichenden Umstände
ihres Verhaltens sowie deren Bewertungsrelevanz kennen).

dd) Mittäterschaft

Auch der Mittäter begeht seine Straftat als Mittäter unmittelbar selbst und *insofern* **84**
allein.[79] Für die entsprechende Strafbarkeit bedarf es nicht etwa einer „Zurechnung"
von Fehlverhaltensweisen anderer als eigenhändig verwirklicht. Vielmehr ist auch
der Mittäter nur für sein *eigenes personales Fehlverhalten* und *dessen* Konsequen-

---

[76] S. dazu etwa *Rackow,* Neutrale Handlungen, 2007; *Rengier,* AT, § 45 Rn. 101 ff.; *Wessel/Beulke/
Satzger,* AT Rn. 908; ferner *Freund/Rostalski,* AT, § 10 Rn. 141, jew. m. w. N.

[77] S. zu diesem Beispiel *Freund/Rostalski,* AT, § 10 Rn. 139.

[78] Näher zu diesem bedeutsamen Kriterium *Freund/Rostalski,* AT, § 10 Rn. 141 ff. m. w. N.

[79] S. zur Mittäterschaft als Form der Straftat *Freund/Rostalski,* AT, § 10 Rn. 153 ff. m. w. N.

zen verantwortlich. Insofern normiert § 25 II StGB einen selbstständigen Straftatbestand für denjenigen, der mit einer oder mehreren weiteren Personen gemeinschaftlich genau das tut (oder unterlässt), was bei einem (hypothetischen) Alleintäter zur
Tatbestandsverwirklichung führen *würde*. Der Straftatbestand, den der Mittäter verwirklicht, ist dementsprechend von dem des Alleintäters abgeleitet. Ergänzt wird
dieser Alleintätertatbestand durch das Kriterium der „gemeinschaftlichen Begehung" (der hypothetischen Alleintätertat) zusammen mit mindestens einer anderen Person.

85   Für das richtige Verständnis des so normierten eigenständigen Falles der Täterschaft muss beachtet werden, dass nicht jeder zum Mittäter wird, der mit einem
(oder mehreren) anderen „gemeinschaftlich" etwas bewirkt, das zusammen-
genommen für eine Alleintätertat reichen würde. Im Hinblick auf die zu legitimierende – strenge – Täterstrafe und die im Verhältnis dazu obligatorisch gemilderte
Strafe für den Gehilfen kann bei ratio-orientiertem Verständnis nicht jedes Unterstützungsverhalten mittäterschaftsbegründend wirken. Auch der Gehilfe kann nach
dem bloßen Wortlaut mit dem Haupttäter zusammen in gewissen Sinne „gemeinschaftlich" handeln. Indessen vermag dies die Anforderungen an ein entsprechend
mittäterschaftliches Verhalten selbstverständlich nicht zu erfüllen. Notwendig ist
vielmehr ein bestimmtes *Mindestgewicht des eigenen Anteils* an der hypothetischen
Alleintätertat. Sachlich besteht dieser aus Elementen der (gegenseitigen) Anstiftung und der (gegenseitigen) Beihilfe. Das Verhalten, das dafür den Ansatzpunkt bildet, ist auch bei der Prüfung der Strafbarkeit als Mittäter im Eingangsobersatz genau zu bezeichnen. Nur dann existiert eine solide Grundlage für die
anschließende Prüfung.

86   Allerdings reicht selbst ein gewichtiger Anteil in Form eines sogar vollkommen
gleichberechtigten „arbeitsteiligen Zusammenwirkens" allein für die Mittäterschaft
dann nicht aus, wenn die betreffende Person ein täterspezifisches Kriterium nicht
erfüllt, das der jeweilige Tatbestand voraussetzt: Handelt z. B. derjenige, der das
Opfer absprachegemäß festhält, sodass der andere ihm Geld abnehmen und für sich
vereinnahmen kann, ohne Zueignungsabsicht, scheidet ein mittäterschaftlicher
Raub aus. Vielmehr ist in einem solchen Fall der Festhaltende lediglich Gehilfe in
Bezug auf den alleintäterschaftlichen Raub, den der andere begeht.

87 Nur nebenbei bemerkt: Die täterschaftliche Verantwortlichkeit des anderen wegen Raubes ist in
     einem solchen Fall vollkommen unabhängig von irgendwelchen Defiziten des Gehilfen. Die nach
     der gesetzlichen Systematik vorausgesetzte Möglichkeit der Tatbegehung mit einem Gehilfen im-
     pliziert die entsprechende täterschaftliche Verantwortlichkeit auch und gerade bei volldeliktischer
     Verantwortlichkeit der zur Unterstützung eingesetzten Person.[80]

---

[80] Der Rekurs von BGH NStZ 2013, 103 f. (mit i. E. zust. Bespr. *Jäger*, JA 2013, 71 f.) auf das defizitäre Wissen der die Raubgewalt anwendenden Personen und damit die mittelbare Täterschaft
war daher überflüssig; ein täterschaftlicher Raub wäre auch dann anzunehmen gewesen, wenn die
zur Gewaltanwendung veranlassten Personen ihrerseits volldeliktisch i. S. einer Beihilfe zu diesem
Raub gehandelt hätten. – Zum Einsatz eines vollverantwortlichen Gehilfen für die Gewaltanwendung beim Raub s. *Freund/Rostalski*, AT, § 10 Rn. 4 m. Fn. 3.

Mit der Erkenntnis, dass jeder Mittäter für sich den entsprechenden Mittätertat- **88**
bestand durch sein genau zu bezeichnendes Verhalten erfüllen muss, ist zugleich die
bei der universitären Fallbearbeitung oft auftauchende Frage der getrennten oder
gemeinsamen Prüfung von in Betracht kommenden Mittätern klar zu beantworten:
Da das Verhalten jeder Person, die Mittäter sein soll, in dieser Hinsicht zu prüfen ist,
muss eine getrennte Prüfung erfolgen.

Eine nur scheinbare Ausnahme bildet etwa der Fall, in dem zwei Personen A und **89**
B absprachegemäß auf ein Opfer einschlagen und nicht mitgeteilt ist, wer von den
beiden welche Schläge genau ausgeführt hat. Wenn in einem solchen Fall eine „ge-
meinsame Prüfung" aus prüfungsökonomischen Gründen sinnvoll erscheint, ändert
dies jedoch nichts daran, dass es sich sachlich um die bloße Zusammenfassung
zweier getrennter Prüfungen handelt. Auch die Ersparnis hält sich in Grenzen: Man
spart nur den Satz, dass für die Strafbarkeit des B als Mittäter der Körperverletzung
im Hinblick auf dessen entsprechendes Verhalten auch Entsprechendes gilt.

Auch bei der nach dem Gesagten jedenfalls im Grundsatz getrennten Prüfung **90**
eines Mittäters kann das Einheitsschema gewinnbringend verwendet werden. Die
bewährte Reihenfolge der Prüfung des Tatbestands i. e. S. lautet folgendermaßen:

1. Tatbestandsspezifisch strafrechtlich relevantes Verhalten (Handlung oder Unterlassung im tatbestandsspezifisch strafrechtsrelevanten Sinne)
2. (Tatbestandlich abstrakt-generell erfasster) Erfolg
3. (Quasi-)Kausalität
4. Grundsätzlich missbilligte Schaffung oder Nichtabwendung der (mittäter-
   schafts-)tatbestandsspezifischen Schädigungsmöglichkeit bei gegebener Sonderverantwortlichkeit
5. Tatbestandsspezifische Verhaltensfolge („Erfolgszurechnung" auf Tatbestandsebene i. e. S.)
6. Vorsatz in Bezug auf die Tatbestandsverwirklichung i. e. S.

Im Rahmen der Prüfung der mittäterschaftlichen Verwirklichung einer Vollendungs- **91**
tat konkretisierungsbedürftig ist zum einen der (tatbestandlich abstrakt-generell
erfasste) Erfolg. Er liegt in dem Geschehen, das – wenn eine Person als Alleintäter
dafür verantwortlich wäre – dem Erfolgssachverhalt der Alleintäterstraftat entsprechen würde. Konkret heißt das etwa für die Strafbarkeit wegen Diebstahls als
Mittäter: Es muss zur Wegnahme einer fremden beweglichen Sache gekommen
sein. Bei der Strafbarkeit wegen Raubes als Mittäter muss es zur gewaltsamen Wegnahme einer fremden beweglichen Sache gekommen sein, bei der Strafbarkeit
wegen mittäterschaftlicher Körperverletzung muss das Opfer eine körperliche Misshandlung oder eine Gesundheitsschädigung erlitten haben etc.

Bei der (Quasi-)Kausalitätsprüfung ist regelmäßig unschwer festzustellen, ob **92**
das geprüfte Verhalten hinweg- oder hinzugedacht werden kann, ohne dass der konkrete Verlauf zum Erfolg entfiele. Denn hypothetische Verläufe bleiben hier – wie
sonst auch – selbstverständlich außer Betracht.

Die für die Verantwortlichkeit als Mittäter entscheidende Wertung erfolgt bei der **93**
Prüfung, ob die in Frage stehende Schädigungsmöglichkeit eine (mittäterschafts-)

tatbestandssspezifische ist. Insofern gibt es zwar eindeutige Fälle der für die Mit-täterschaft hinreichend gewichtigen Mitwirkung, jedoch zeigt die jahrzehntelange intensive Diskussion um die Mittäterschaftsproblematik, dass hier auch Grenz-bereiche existieren, in denen verschiedene Ergebnisse gleichermaßen gut vertretbar und die Kategorien richtig und falsch zumindest problematisch sind.

c) Vorteile der neuen Verortung

94 Lange Zeit beschränkte sich die Tatbestandsprüfung i. e. S. auf die Klärung, dass eine Handlung oder eine Unterlassung (quasi-)kausal für einen rechtlich im Grund-satz unerwünschten Erfolg geworden war. Vorsatz und Fahrlässigkeit galten als bloße Schuldformen und blieben der entsprechenden späteren (dritten) Prüfungs-stufe vorbehalten.[81] In deren Rahmen wurden dann auch die Probleme der recht-lichen Verhaltensmissbilligung – jedenfalls der Sache nach – „untergebracht". In-zwischen ist jedoch anerkannt, dass der Vorsatz als spezielles subjektives Element schon das tatbestandsmäßige Verhaltensunrecht (der Vorsatztat) prägt.[82] Für die Fahrlässigkeit kann mit Blick auf das entsprechende Verhaltensunrecht nichts ande-res gelten.

95 Es ist als Verdienst der Lehre von der Erfolgszurechnung zu verzeichnen, auf einen wichtigen Wertungsgesichtspunkt zur Eingrenzung der Strafbarkeit auf der Ebene des Tatbestands i. e. S. aufmerksam gemacht zu haben: Nur wenn sich im konkreten erfolgsverursachenden Geschehen ein *(im Grundsatz) unerlaubtes* Ri-siko realisiert, kann der Erfolg in diesem Rahmen zugerechnet werden. Allerdings betrifft dieser Aspekt – wie gezeigt wurde – gar nicht erst die Frage der Zurechen-barkeit des Erfolgs, sondern bereits die Frage der grundsätzlichen tatbestandsspezi-fischen Verhaltensmissbilligung. Diese ist logischerweise vorrangig zu themati-sieren.

96 Die Herauslösung dieses Erfordernisses aus der Prüfung der tatbestandsspezi-fischen Verhaltensfolge (der sog. „Erfolgszurechnung" auf Tatbestandsebene i. e. S.) und seine Verortung im Rahmen eines eigenen Prüfungspunktes bringt meh-rere Vorteile: Diskussionen im Hinblick auf das Erfordernis des grundsätzlichen rechtlichen Vermeidenmüssens, welche den Hauptgesichtspunkt der Frage nach einer grundsätzlichen Missbilligung des Verhaltens betreffen, werden eben auch unter diesem Prüfungspunkt thematisiert. Scheitert die Prüfung, so ist der Tat-bestand i. e. S. eindeutig aufgrund fehlender Verhaltensmissbilligung zu verneinen, nicht erst aufgrund einer scheiternden „Zurechnung" i. d. S. Auch ergibt sich durch eine solche Vorgehensweise – wie bereits erwähnt – eine vollkommene Parallelität der Prüfungsreihenfolge bei Vorsatz- und Fahrlässigkeitsdelikt und verdeutlicht da-durch zugleich deren Verhältnis in Bezug auf den jeweils verwirklichten Un-wertgehalt.

---

[81] Näher zu diesem „klassischen Straftatbegriff" *Freund,* in: MünchKommStGB, Band 1, Vor § 13 Rn. 5 f.; *Jescheck/Weigend,* AT, § 22 II (S. 202 f.); *Roxin/Greco,* AT I, § 7 Rn. 15.

[82] S. dazu etwa *Roxin/Greco,* AT I, § 10 Rn. 62 ff.; *Wessels/Beulke/Satzger,* AT, Rn. 310 (Tat-bestandsvorsatz als Element des subjektiven Unrechtstatbestands).

Bei einem solchen Vorgehen wird deutlich: „Zurechnungsprobleme" existieren **97** nicht! Und – wie im Folgenden noch näher erläutert wird – nicht nur das: Bei strategisch sinnvoller Vorgehensweise ist die grundsätzliche Verhaltensmissbilligung bereits auf die Schaffung oder Nichtabwendung *gerade der* Schädigungsmöglichkeit zu beziehen, die sich auch tatsächlich realisiert hat. Konstellationen, in denen die Verantwortlichkeit für einen bestimmten Erfolg problematisch ist, betreffen dann immer bereits die vorgeschaltete Frage der entsprechenden spezifischen – zumeist bereits der grundsätzlichen – Verhaltensmissbilligung: Sachlich geht es stets darum, zu klären, ob genau die konkrete Schädigungsmöglichkeit durch richtiges Verhalten von Rechts wegen grundsätzlich vermieden werden musste. Die Verantwortlichkeit für spezifische Folgen ergibt sich stets aus der Verantwortlichkeit für das diese Folgen auslösende Verhalten. Tatbestandsspezifische Fehlverhaltens-*folgen* entstehen also dadurch, dass sie durch ein Fehl*verhalten* verursacht werden. Die entsprechende Verhaltensmissbilligung als solche ist vollkommen losgelöst von einem etwaigen Erfolgseintritt – ist sie doch gerade auch dann zu thematisieren, wenn ein solcher vollkommen ausgeblieben ist (wie etwa bei der Versuchsprüfung[83]). Lässt sich ein Verhalten im Hinblick auf die Schaffung oder Nichtabwendung genau der Schädigungsmöglichkeit (grundsätzlich) missbilligen, die sich tatsächlich in einem tatbestandlich abstrakt-generell erfassten erfolgsverursachenden Verlauf realisiert hat, stellt diese Folge dann quasi automatisch eine tatbestandsspezifische (Fehl-)Verhaltensfolge (i. d. S.) dar. Bevor allenfalls klarstellend Fragen der sog. „Erfolgszurechnung" zu beantworten sind, ist stets zu klären, ob und ggf. inwiefern genau (unter Vorbehalt stehendes bzw. endgültiges und hinreichend gewichtiges) tatbestandsspezifisches Verhaltensunrecht vorliegt.

Ob es vor diesem Hintergrund nicht besser wäre, bei der Verhaltensbewertung in **98** zusammenhängender Form bereits alle bewertungsrelevanten Gesichtspunkte zu berücksichtigen und so direkt zu einem *endgültigen* Missbilligungsurteil zu kommen, weil dies doch der einfachere und direktere Weg wäre, ist ein berechtigter Gedanke. Seine Umsetzung findet sich im grundlagenorientierten Aufbaumodell bei *Freund/Rostalski*.[84] Da dieser Schritt wohl für viele (noch) zu groß wäre, muss beim Festhalten an der Tradition der dreigeteilten Prüfung des *straf*tatbestandsspezifischen (auch hinreichend gewichtigen) Verhaltensnormverstoßes (auf den verschiedenen Ebenen des Tatbestands i. e. S., der insbes. die fehlende Rechtfertigung erfassenden Tatbestandserweiterung und der „hinreichenden Schuldhaftigkeit") zwangsläufig dem Umstand Rechnung getragen werden, dass es sich vor einem endgültigen Urteil über das Vorliegen kriminellen Verhaltensunrechts auf der letzten Prüfungsstufe nur um vorläufige bzw. hypothetische Missbilligungsurteile handelt. Wer das nicht beachtet, macht gravierende sachliche Fehler.

---

[83] S. zur Versuchsprüfung nachfolgend § 3 sowie § 5 Rn. 44 ff.
[84] *Freund/Rostalski*, AT, § 12 I; s. auch bereits *Freund*, JuS 1997, 235, 238 f., 331 ff.

5. Tatbestandsspezifische Verhaltensfolge („Zurechnung" des Erfolgs auf Tatbestandsebene i. e. S.) – Der konkrete Verlauf zum Erfolg als tatbestandsspezifische Folge grundsätzlich missbilligten Verhaltens

99   Bei dem – bereits oben (§ 2 Rn. 25 ff.) festgestellten – tatbestandlich abstrakt-generell erfassten (reinen) Erfolg muss es sich um eine tatbestandsspezifische Verhaltensfolge handeln. Man kann auch sagen: Der Erfolg muss auf Tatbestandsebene i. e. S. „zurechenbar" sein. Im Anschluss an die erste normative Wertungsebene der grundsätzlichen rechtlichen Missbilligung bedarf es für die Beantwortung der Frage nach der tatbestandsspezifischen Verhaltensfolge – der „Zurechenbarkeit" des erfolgsverursachenden Geschehens auf Tatbestandsebene i. e. S. – nun bei genauem Hinsehen allerdings keiner weiteren Prüfung:

100   Für die Annahme einer tatbestandsspezifischen Verhaltensfolge ist es erforderlich, dass sich *gerade die* Schädigungsmöglichkeit in einem konkreten erfolgsverursachenden Verlauf realisiert hat, welche grundsätzlich rechtlich missbilligt geschaffen bzw. nicht abgewendet wurde. Hat man – wie im Vorangegangenen geschehen – die Prüfung der grundsätzlichen Verhaltensmissbilligung bereits im Hinblick auf die Schaffung oder Nichtabwendung *genau der Schädigungsmöglichkeit* vorgenommen, die sich auch tatsächlich realisiert hat, verbleibt an dieser Stelle nicht mehr als eine bloß wiederholende Tatsachenfeststellung. Zur Klarstellung und um sich nicht zu weit von dem bisher Gewohnten zu entfernen, ist dies – zumindest vorerst – noch ratsam. Sachlich erforderlich ist eine solche Feststellung allerdings nicht. Dessen sollte man sich stets bewusst bleiben.

101   Als Definition der tatbestandsspezifischen Verhaltensfolge (bzw. der „Zurechnung" des Erfolgs auf Tatbestandsebene i. e. S.) ergibt sich für die Handlung:

▶ Eine tatbestandsspezifische Verhaltensfolge (bzw. auf Tatbestandsebene i. e. S. „zurechenbar") ist ein konkreter erfolgsverursachender Verlauf, in dem sich genau die tatbestandlich abstrakt-generell erfasste Schädigungsmöglichkeit realisiert hat, die durch die Handlung in grundsätzlich rechtlich missbilligter Weise geschaffen wurde.

102   Für die Unterlassung ergibt sich als Definition entsprechend:

▶ Eine tatbestandsspezifische Verhaltensfolge (bzw. auf Tatbestandsebene i. e. S. „zurechenbar") ist ein konkreter erfolgsverursachender Verlauf, in dem sich genau die tatbestandlich abstrakt-generell erfasste Schädigungsmöglichkeit realisiert hat, die durch die Unterlassung in grundsätzlich rechtlich missbilligter Weise nicht abgewendet wurde.

103   Die Kriterien der tatbestandsspezifischen Verhaltensfolge lassen sich für Handlung und Unterlassung folgendermaßen zusammenfassen:

▶ Eine tatbestandsspezifische Verhaltensfolge (bzw. auf Tatbestandsebene i. e. S. „zurechenbar") ist ein konkreter erfolgsverursachender Verlauf, in dem sich genau die tatbestandlich abstrakt-generell erfasste Schädigungsmöglichkeit realisiert hat, die durch die Handlung oder die Unterlassung in grundsätzlich rechtlich missbilligter Weise geschaffen oder nicht abgewendet wurde.

Durch die Herauslösung der Prüfung der grundsätzlichen rechtlichen Miss-   **104** billigung des Verhaltens aus der „Zurechnungsprüfung" – genauer: der Prüfung der tatbestandsspezifischen Verhaltensfolge – verbleibt für diese mithin allein das, was herkömmlich unter dem Unterpunkt der *Risikorealisierung* thematisiert wird.

Nach Prüfung und Bejahung auch dieses Erfordernisses ist folgendes Ergebnis   **105** zu verzeichnen: Es liegt ein im Hinblick auf die damit verbundene tatbestandlich abstrakt-generell erfasste Schädigungsmöglichkeit ein grundsätzlich rechtlich zu missbilligendes Verhalten sowie eine durch dieses Verhalten (quasi-)verursachte tatbestandsspezifische Verhaltensfolge vor.[85] Das Verhalten der betreffenden Person hat die Grundanforderungen an einen entsprechenden Verhaltensnormverstoß erfüllt. Damit sind alle Voraussetzungen erfüllt, die beim Fahrlässigkeitsdelikt der Tatbestand i. e. S. erfordert. Bis zu dieser Stelle verlaufen der Prüfungsaufbau von Fahrlässigkeits- und Vorsatztat mithin absolut identisch. Ob nun *darüber hinaus* auch ein *vorsätzlicher* Verhaltensnormverstoß vorliegt, ist – sofern der betreffende Straftatbestand einen solchen voraussetzt – anhand der folgenden Kriterien zu überprüfen.

6. Tatbestandsvorsatz i. e. S. – Kenntnis der entsprechenden Tatumstände

Zusätzliche Voraussetzung der vorsätzlichen Vollendungstat ist der Vorsatz im Hin-   **106** blick auf die Tatbestandsverwirklichung i. e. S., welcher ein *vorsätzliches Verhalten*, das unter Vorbehalt (also nur im Grundsatz) missbilligt ist, sowie eine entsprechend *vorsätzliche Folgenherbeiführung oder Nichtabwendung bestimmter Folgen* beinhaltet:

▶ Bei der Vollendungstat handelt oder unterlässt vorsätzlich in Bezug auf die Tatbestandsverwirklichung i. e. S., wer die Umstände (unter Einschluss ihrer Bewertungsrelevanz) kennt, die die grundsätzlich zu missbilligende Schaffung oder Nichtabwendung der tatbestandlich abstrakt-generell erfassten Schädigungsmöglichkeit begründen, die sich realisiert hat.

Was genau der Täter dafür gewusst haben muss, ergibt sich aus den im Voran-   **107** gegangenen geprüften Voraussetzungen: Er muss für ein vorsätzliches Fehlverhalten – zum verhaltensrelevanten Zeitpunkt – Kenntnis dahingehend gehabt haben, dass durch sein Verhalten die als Anknüpfungspunkt der grundsätzlichen Missbilligungsprüfung zuvor festgestellte tatbestandsspezifische Schädigungsmöglich-

---

[85] Zur Klarstellung: Dass diese tatbestandsspezifische Verhaltensfolge auch eine *Fehl*verhaltensfolge ist, lässt sich noch nicht abschließend feststellen und ist deshalb als Formulierung an dieser Stelle zu vermeiden.

keit für fremde Rechtsgüter geschaffen oder nicht abgewendet wird und dass bestimmte Umstände existieren, auf deren Grundlage er für die Vermeidung dieser Gefahr sonderverantwortlich ist.

108 Nach zwar umstrittener, jedoch zutreffender Auffassung ist für vorsätzliches Verhalten in Bezug auf die Tatbestandsverwirklichung i. e. S. nicht nur die Kenntnis der tatsächlichen Umstände (als bloße Faktenkenntnis) erforderlich. Vielmehr muss die betreffende Person auch die Bewertungsrelevanz dieser tatsächlichen Umstände in jeder Hinsicht zutreffend erfassen. Außerdem muss sie – um insofern die Vorsatzvoraussetzungen zu erfüllen – selbst die auf den entsprechenden Umständen basierende Bewertung ihres Verhaltens als im Grundsatz unerlaubtes vornehmen. Nur dann hat sie die für sie kontext- und adressatenspezifisch grundsätzlich (unter Vorbehalt) geltende Verhaltensnorm zutreffend gebildet und besitzt damit die uneingeschränkte Tatvermeidemacht, deren es für die Vorsatztat bedarf.[86] Demgegenüber erkennt eine Person, die schon in der grundsätzlichen Abwägung der in Rede stehenden kollidierenden Interessen nicht zum zutreffenden Ergebnis gelangt, dass ihre eigenen Interessen in diesem Fall zurückstehen müssen, schon die grundsätzliche Verbotenheit ihres Verhaltens nicht. Dementsprechend kommt es seitens dieser Person nicht zur Bildung der für sie geltenden Verhaltensnorm. Daher kann diese auch nicht vorsätzlich dagegen verstoßen.

109 Für die Annahme auch einer vorsätzlichen *Folgenherbeiführung bzw. einer Nichtabwendung bestimmter Folgen* muss sich gerade eine vom Täter erkannte Schädigungsmöglichkeit realisiert haben. Die bloß grundsätzlich fahrlässige Folgenherbeiführung im nur zufälligen Zusammenhang mit einem vorsätzlichen Verhalten genügt für die vollendete Vorsatztat nicht.[87]

110 Allerdings bedarf es hinsichtlich dieses Erfordernisses bei einem Prüfungsvorgehen wie dem vorangehend geschilderten keiner eigenständigen Prüfung mehr. Ebenso wie die grundsätzliche Verhaltensmissbilligung wird auch die Prüfung des vorsätzlichen Verhaltens (hinsichtlich der Tatbestandsverwirklichung i. e. S.) nicht auf die Schaffung oder Nichtabwendung *irgend*einer Schädigungsmöglichkeit bezogen. In Bezug genommen wird vielmehr stets gerade *die Schädigungsmöglichkeit,* die das Auslösemoment des schädigenden Verlaufs bildet, der sich tatsächlich ereignet hat. Es empfiehlt sich allerdings – wie auch bei der Feststellung der tatbestandsspezifischen Verhaltensfolge – zumindest momentan noch eine klarstellende Feststellung dieser vorsätzlichen Folgenherbeiführung hinsichtlich der Tatbestandsverwirklichung i. e. S.[88]

111 Bei den vollendeten Erfolgsdelikten ist es – wie bereits erläutert – sinnvoll, den im Rahmen der (Quasi-)Kausalität ermittelten Verlauf und die darin als Teilschritt

---

[86] *Rostalski,* JuS 2021, 827: Der Vorsatztäter „kennt die Gründe, die gegen die Vornahme seines Verhaltens sprechen und entscheidet sich insoweit bewusst gegen das Recht." – S. dazu bereits oben § 1 Rn. 57 ff.; ferner auch noch unten § 2 Rn. 120, 144 ff.

[87] S. zu entsprechenden Fällen und Problemkonstellationen *Freund/Rostalski,* AT, § 7 Rn. 124 ff.

[88] Als nur scheinbare Problemfälle der Strafbarkeit wegen vollendeter Vorsatztat entpuppen sich etwa die Konstellationen der aberratio ictus. In diesen Fällen fehlt es bereits an der für vorsätzliches Verhalten in Bezug auf die Tatbestandsverwirklichung i. e. S. erforderlichen Kenntnis der Umstände, die die sich realisierende Schädigungs*möglichkeit* begründen; vgl. zu solchen Fällen etwa *Freund,* FS Maiwald, 2010, S. 211, 224 f.; *Freund/Rostalski,* AT, § 7 Rn. 92 ff.

festgestellte tatbestandsspezifische Schädigungsmöglichkeit als Anknüpfungspunkt der weiteren Prüfung heranzuziehen. Auf diese Weise verbleibt aber für jede Form der „Folgenzurechnung" lediglich eine redundante Tatsachenfeststellung. Das gilt auch für die (auf die Tatbestandsverwirklichung i. e. S. bezogene) vorsätzliche Folgenherbeiführung: Der eingetretene Erfolg wurde i. d. S. vorsätzlich herbeigeführt oder nicht abgewendet, wenn sich die erkannte Schädigungsmöglichkeit realisiert hat (deren Schaffung oder Nichtabwendung grundsätzlich tatbestandsspezifisch zu missbilligen ist).

Da auf der Ebene des Tatbestands i. e. S. lediglich ein Vorbehaltsurteil über die Verhaltensmissbilligung möglich ist, kann auch noch nicht von einem *vorsätzlichen* tatbestandsspezifischen Verhaltensnorm*verstoß* die Rede sein. Ein solcher liegt nur unter der als erfüllt gedachten Voraussetzung der endgültigen Verhaltensmissbilligung (insbes. der fehlenden Rechtfertigung – bzw. bei traditionellem Vorgehen der hinreichenden Schuldhaftigkeit)[89] vor. Die gängige „Vorsatzfeststellung" auf der Ebene des Tatbestands i. e. S. ist dementsprechend ebenfalls nur ein Vorbehaltsurteil bzw. hat nur hypothetischen Charakter. Hätte man das rechtzeitig beachtet, wäre der Erlaubnistatbestandsirrtum niemals zum Problem geworden. Generationen von Studierenden wäre dann die Qual der Auseinandersetzung mit teilweise haarsträubenden Konstruktionen erspart geblieben![90] **112**

Klarzustellen ist Folgendes: Ein spezieller *Wille* im Hinblick auf die Schaffung bzw. Nichtabwendung der Schädigungsmöglichkeit sowie den Eintritt von tatsächlichen Schäden ist für den Vorsatz nicht erforderlich. Wer weiß, was er (willentlich) tut, will dies auch – jedenfalls im normativ relevanten Sinne. Mithin ist die verbreitete Formulierung „Vorsatz ist der Wille zur Verwirklichung eines Straftatbestandes in Kenntnis aller seiner objektiven Tatumstände" nicht nur unpräzise, sondern auch verwirrend und gutachterlich fehlerhaft. Denn auch diejenigen, die diese Vorsatzdefinition anwenden, verneinen das Vorsatzerfordernis nicht deshalb, weil der betreffenden Person der Eintritt der Folgen unerwünscht war, wenn sie diese Möglichkeit jedenfalls erkannt hat, und fordern mithin zur Erfüllung dieses Tatbestandsmerkmals nicht all das, was sie in der Definition aber voraussetzen. Auch wird wohl niemand ernstlich behaupten, die betreffende Person müsse sich alle „objektiven Tatumstände" vorgestellt haben. Den bereits „eingetretenen Erfolg" als Tatumstand der Vollendungstat kann sich im allein vorsatzrelevanten Verhaltenszeitpunkt niemand vorstellen bzw. niemand kann diesen im entscheidenden Zeitpunkt ex ante bereits kennen. Und zwischen dem „eingetretenen Erfolg" und dem „mög- **113**

---

[89] Auf der Ebene der hinreichenden Schuldhaftigkeit ist nur dann noch eine Voraussetzung des Verhaltensnormverstoßes überhaupt zu prüfen, wenn man die Anforderungen an die individuelle Normbildungs- und Normbefolgungsfähigkeit nicht bereits im Rahmen der grundsätzlichen Verhaltensmissbilligung auf Tatbestandsebene i. e. S. bzw. der endgültigen Verhaltensmissbilligung im Rahmen der Tatbestandserweiterung thematisiert hat. S. dazu näher unten § 2 Rn. 149, 150 ff.

[90] Zur geradezu verwirrenden „Theorienvielfalt" beim Erlaubnistatbestandsirrtum s. etwa *Kühl*, AT, § 13 Rn. 70 ff.; *Wessels/Beulke/Satzger*, AT, Rn. 739 ff., jew. m. w. N. Neuerdings gibt es eine weitere Bereicherung des Angebots an Theorien: die von ihrem Erfinder selbst so genannte „uneingeschränkte Schuldtheorie"; s. dazu *Heuser*, ZStW 132 (2020), 330 ff.

licherweise eintretenden Erfolg" besteht ein gravierender Unterschied, der beim richtigen Definieren beachtet werden muss!

114   Ob der Vorsatztäter nur bestimmte „Fakten" kennen oder ob und inwieweit er auch bestimmte Wertungen vollziehen muss, ist nach wie vor heftig umstritten. Dafür kommt es nicht zuletzt auf den jeweiligen Tatbestand an. Beispielsweise genügt für die Strafbarkeit wegen eines Eigentumsdelikts nicht allein die Kenntnis der reinen Fakten, aus denen sich das fremde Eigentum an einer Sache ergibt. Wer etwa – trotz Kenntnis der für die Bewertung als „fremd" relevanten Tatsachen – aufgrund fehlerhafter rechtlicher Bewertung annimmt, Eigentümer einer bestimmten Sache zu sein, begeht in Bezug auf diese keine vorsätzliche Sachbeschädigung, wenn er sie hässlich findet und deshalb zerstört. Bekanntlich begnügen sich die Anhänger der Schuldtheorien mit Blick auf das Unrechtsbewusstsein mit der bloßen Fahrlässigkeit in Bezug auf den Charakter des Verhaltens als Verhaltensnorm*verstoß*. Unter Berufung auf § 17 StGB soll für die Bestrafung wegen *vorsätzlichen* (tatbestandsspezifischen) Verhaltensnorm*verstoßes* angeblich die Kenntnis der Tatumstände im Übrigen ausreichen. Da man § 17 StGB zwar so verstehen *kann,* aber bei durchaus möglicher verfassungskonformer Auslegung anders verstehen *muss,*[91] ist die geradezu gebetsmühlenartig wiederholte Behauptung, die sog. Vorsatztheorie sei durch § 17 StGB überholt, unzutreffend.[92]

115   Da auch das erfolgsqualifizierte Delikt zur Gruppe der vollendeten Erfolgsdelikte gehört, soll an dieser Stelle auf dessen Besonderheiten eingegangen werden – und zwar am Beispiel der besonders bedeutsamen Körperverletzung mit Todesfolge gem. § 227 StGB: Formal handelt es sich dabei um eine spezifische Kombination von vorsätzlicher Körperverletzung (§§ 223 ff. StGB) und fahrlässiger Tötung (§ 222 StGB). Im Hinblick auf die erheblich strengere Strafbarkeit im Vergleich mit der Strafbarkeit bei bloßer Tateinheit (§ 52 StGB) muss materiell im Wege der verfassungskonformen Auslegung des § 227 StGB in Bezug auf die Todesherbeiführung (besondere) Leichtfertigkeit – also eine qualifizierte Form der Fahrlässigkeit – gegeben sein.[93]

116   Dieser Befund wird durch die gängige Terminologie des „spezifischen Gefahrrealisierungszusammenhangs" eher verschleiert. Zwar ist anerkannt, dass für die Strafbarkeit nach § 227 StGB die (sich bereits klarstellend aus § 18 StGB ergebende) Fahrlässigkeitsbeziehung in Bezug auf die Todesherbeiführung nicht genügt. Vielmehr wird – zusätzlich – verlangt, dass sich im konkreten todeserfolgsverursachenden Geschehen gerade die spezifische Gefährlichkeit des *vorsätzlichen* Grunddelikts realisiert haben muss. Die weitere Konkretisierung dieses Erfordernisses ist jedoch heillos umstritten. Sachlich geht es dabei nicht um etwas „Objektives", son-

---

[91] S. dazu *Freund/Rostalski*, AT, § 4 Rn. 67, 80 ff., § 7 Rn. 97 ff., 116; ferner oben § 2 Rn. 108.

[92] Vgl. zu dieser Behauptung, die Vorsatztheorie sei durch § 17 StGB überholt, etwa *Kaspar*, AT, § 7 Rn. 56; *Murmann*, GK, § 25 Rn. 14; *Valerius*, Einführung, S. 148; *Wessels/Beulke/Satzger*, AT, Rn. 742. – Mit Recht vorsichtiger formulierend etwa *Heinrich*, AT, Rn. 549.

[93] Näher dazu und zum Folgenden *Freund*, FS Frisch, 2013, S. 677 ff., 685 ff. m. w. N. zu dieser Problematik.

dern – wie beim Vorsatz – um ein spezielles subjektives Straftaterfordernis. Dieses ist zwar unterhalb des Tötungsvorsatzes anzusiedeln, reicht aber nahe an diesen heran. Denn es sollen tötungsvorsatznahe Konstellationen erfasst werden.

Fallbearbeitungstechnisch kann man folgendermaßen vorgehen: Nach der Prü-   117
fung der vorsätzlichen Körperverletzung (§ 223 I StGB) und typischerweise ihrer Qualifikation in der Form der lebensgefährdenden Behandlung (§ 224 I Nr. 5 StGB), die das Grunddelikt verdrängt, prüft man im Anschluss die fahrlässige Tötung nach § 222 StGB. Dieses Vorgehen ist allein sachgerecht, wenn schon das einfache Fahr-lässigkeitserfordernis im Hinblick auf die Schädigungsmöglichkeit hinsichtlich des Lebens der anderen Person nicht erfüllt ist. Denn dann kann erst recht keine Körper-verletzung mit Todesfolge vorliegen (wie § 18 StGB klarstellend ergibt). Aber auch, wenn zwar die Voraussetzungen einer fahrlässigen Tötung vorliegen, jedoch letzt-lich die Besonderheit des § 227 StGB nicht erfüllt ist, ist zunächst § 222 StGB zu prüfen. Wenn der Tatbestand des § 227 StGB nicht erfüllt ist, kann am Ende dieser Prüfung nicht etwa das Ergebnis einer Strafbarkeit nach § 222 StGB stehen.

Auch wenn letztlich die Körperverletzung mit Todesfolge zu bejahen sein sollte,   118
dient die vorrangige Prüfung des § 222 StGB der deutlicheren Trennung des Pro-blems der Fahrlässigkeit überhaupt von dem darauf aufbauenden Problem ihrer ge-steigerten Form (und deren spezifischer Realisierung) im Kontext des § 227 StGB. Wer nach dem vorsätzlichen Grunddelikt der (gefährlichen) Körperver-letzung gleich § 227 StGB prüft, muss innerhalb dieser Prüfung – jedenfalls sach-lich – ebenfalls entsprechend gestuft verfahren. Fehlerhaft ist es daher, einer nicht selten anzutreffenden Empfehlung zu folgen und bei § 227 StGB den spezifischen Gefahrrealisierungszusammenhang *vor* dem nötigen Fahrlässigkeitsbezug zu be-jahen.[94] Bei angenommenem spezifischem Gefahrrealisierungszusammenhang wäre die nachfolgende Ablehnung der Fahrlässigkeit ein innerer Widerspruch.

Das *Ergebnis* des 5. Abschnitts bei der Prüfung einer Fahrlässigkeitstat bzw. des   119
6. Abschnitts der Prüfung der Voraussetzungen des Tatbestandes i. e. S. der Vorsatz-tat lautet: Der Tatbestand i. e. S. ist erfüllt.[95]

II. Endgültige Missbilligung (insbes. fehlende Rechtfertigung) und beim Vorsatzdelikt Kenntnis der entsprechenden Tatumstände als Tatbestandserweiterung

Das grundsätzlich missbilligte tatbestandsspezifische Verhalten der konkreten Per-   120
son muss speziell im Hinblick auf die Schaffung oder Nichtabwendung der Schädigungsmöglichkeit, die sich realisiert hat(!), unter Berücksichtigung des

---

[94] Im Sinne einer solchen Empfehlung aber etwa *Rotsch,* Klausurenlehre, 1. Teil 2. Kap. Rn. 50, nach dessen Schema die Prüfung der Fahrlässigkeit erst *nach* der Prüfung des spezifischen Gefahr-zusammenhangs erfolgen soll; ebenso etwa *Gropp/Sinn,* AT, § 8 Rn. 23; *Wessels/Hettinger/Eng-länder,* BT I, Rn. 276.

[95] Dieses Ergebnis steht am Ende des 5. bzw. 6. Abschnitts, erhält also nicht etwa einen eigenen Gliederungspunkt.

Gesamtkontextes *endgültig zu missbilligen* sein. Dafür dürfen insbesondere keine Rechtfertigungsgründe vorliegen. Außerdem muss diese Person alle *dafür* relevanten Umstände des Gesamtkontextes kennen, damit der für die Bestrafung wegen Vorsatztat notwendige *vorsätzliche* Verhaltensnormverstoß vorliegt. Etwa im Falle eines Erlaubnistatbestandsirrtums kennt die betreffende Person das Fehlen einer rechtfertigenden Sachlage nicht. Unter diesen Umständen kann ihr gegenüber nicht der Vorwurf erhoben werden, eine vorsätzliche Straftat – also einen entsprechenden *vorsätzlichen* tatbestandsspezifischen Verhaltensnorm*verstoß* – begangen zu haben. Diese Prüfung der endgültigen Missbilligung des Verhaltens (insbes. der fehlenden Rechtfertigung) und beim Vorsatzdelikt der Kenntnis der entsprechenden Tatumstände erfolgt prüfungstechnisch gesehen im Wege einer *Tatbestandserweiterung.* Diese bildet zusammen mit dem bereits geprüften Tatbestand i. e. S. den Tatbestand im weiteren Sinne (i. w. S.), für dessen Erfüllung als Kernelement der sachlich begründete *endgültige Verstoß* gegen eine kontext- und adressatenspezifisch legitimierte Verhaltensnorm notwendig ist.

121   Die Missbilligung im Tatbestandsbereich i. e. S. ist nur eine vorläufige (unter Vorbehalt stehende) und muss folglich auf der Stufe der *endgültigen* Missbilligung des Verhaltens im Wege einer Tatbestandserweiterung, die insbes. die fehlende Rechtfertigung umfasst, einer zusätzlichen Überprüfung standhalten. Es ist ratsam, diese Prüfungsebene in Bezug auf den Prüfungsgegenstand präzise zu bezeichnen: Zu überprüfen ist insbes. das *Fehlen* von Rechtfertigungsgründen (als negatives Prüfungsmerkmal),[96] und zwar speziell im Hinblick auf die Schaffung oder Nichtabwendung genau der Schädigungsmöglichkeit, die sich realisiert hat, wobei der Gesamtkontext in Rechnung zu stellen ist. Wenn spezielle Rechtfertigungsgründe fehlen, ist spätestens auf dieser Prüfungsstufe außerdem zu überlegen, ob es nicht vielleicht sonstige Gründe gibt, die einer endgültigen Verhaltensmissbilligung entgegenstehen. Die am Ende stehende Bewertung des Verhaltens der konkreten Person als endgültig rechtlich missbilligt in dem Sinne, dass diese gegen eine ihr gegenüber kontext- und adressatenspezifisch legitimierte Verhaltensnorm verstoßen hat, muss jedenfalls sachlich positiv begründet sein.[97]

122   Bei der Bestimmung der sich der handelnden oder unterlassenden Person darbietenden Sachlage wurden auf Tatbestandsebene i. e. S. bei der (empirischen) Feststellung der Schädigungsmöglichkeit, die sich realisiert hat, und bei der rechtlichen Bewertung ihrer Schaffung oder Nichtabwendung durch diese Person Aspekte ausgeklammert, die eine das Verhalten rechtfertigende Situation begründen und damit zum Ausschluss der Missbilligung führen können. Damit tatsächlich ein endgültiges Missbilligungsurteil in der jeweils interessierenden Hinsicht gefällt werden und auch im Endergebnis ein tatbestandsspezifischer (vorsätzlicher) Verhaltensnormverstoß angenommen werden kann, ist auf der Ebene der Recht-

---

[96] Insofern sind also Rechtfertigungsgründe funktional gesehen durchaus negative Tatbestandsmerkmale; s. zu den verschiedenen Tatbestandsbegriffen bereits oben § 1 Rn. 7 ff.

[97] Näher zum auf dieser Basis in der sog. „Schuldstufe" allein noch verbleibenden Problem der Gewichtung des bereits endgültig begründeten tatbestandsspezifischen Verhaltensnormverstoßes unten § 2 Rn. 149, 150 ff.

fertigung der konkrete erfolgsverursachende Verlauf – als Geschehensablauf vom tatbestandsspezifisch strafrechtsrelevanten Verhalten hin zum tatbestandlich abstrakt-generell erfassten Erfolg – *genau um diese Umstände* zu erweitern. Die endgültige Verhaltensbewertung ist sodann im Hinblick auf die Schaffung oder Nichtabwendung genau der entsprechenden Schädigungsmöglichkeit (als Vorstufe) unter Berücksichtigung sämtlicher bewertungsrelevanter Aspekte im konkreten Kontext vorzunehmen.

Ermittelt wird an dieser Stelle also nicht etwa die Schaffung oder Nicht-   **123** abwendung einer anderen oder irgendeiner Schädigungsmöglichkeit. Vielmehr geht es um die abschließende Bewertung der Schaffung oder Nichtabwendung *genau der* Schädigungsmöglichkeit, die bislang im Wege eines Vorbehaltsurteils als im Grundsatz unerlaubt eingestuft wurde und die sich – sofern es um die Prüfung der Vollendungstat geht – im konkreten erfolgsverursachenden Verlauf auch tatsächlich realisiert hat. Genau diese Schaffung bzw. Nichtabwendung der Schädigungsmöglichkeit bildet – erweitert um die zusätzlichen Aspekte des Gesamtkontextes – den Anknüpfungspunkt der endgültigen Missbilligungsprüfung.

Es wird nun also an die Abwägung, welche im Rahmen der grundsätzlichen Ver-   **124** haltensmissbilligung auf Tatbestandsebene i. e. S. vorgenommen wurde, angeknüpft und die Interessenabwägung durch die zusätzlich zu berücksichtigenden Gesichtspunkte erweitert. Kommt man im Rahmen dieser erweiterten Abwägung zu dem Ergebnis, dass das im Grundsatz überwiegende Interesse bei einer solchen umfassenden Beurteilung doch nicht überwiegt, ist das Verhalten gerechtfertigt und das grundsätzliche Missbilligungsurteil zu verwerfen. Es kann unter diesen Umständen im konkreten Kontext nicht zu einem endgültigen erstarken. Das ist in erster Linie dann der Fall, wenn ein geschriebener Rechtfertigungsgrund eingreift. Allerdings sind die geschriebenen Rechtfertigungsgründe – wie etwa §§ 32, 34 StGB oder §§ 228, 904 BGB – nicht abschließend. Vielmehr stellen diese lediglich spezielle Ausprägungsformen des allgemeinen rechtfertigenden Prinzips dar, auf das bei Bedarf zurückgegriffen werden kann und das als Grundlage der an dieser Stelle vorzunehmenden Abwägung dient:

Das *allgemeine rechtfertigende Prinzip* ist das der *Wahrung des überwiegenden*   **125** *Interesses.* Danach ist ein grundsätzlich missbilligtes Verhalten – im Sinne eines tatbestandsmäßigen Verhaltens i. e. S. – letztlich doch nicht zu beanstanden und damit das vorläufige Missbilligungsurteil zu verwerfen, wenn es das erforderliche und angemessene Mittel zur Wahrung höherwertiger Interessen ist.[98] Es existieren dann zusätzliche – auf der Ebene des Tatbestands i. e. S. noch nicht berücksichtigte – Aspekte, die dazu führen, dass das als im Grundsatz überwiegende und damit grundsätzlich schutzwürdige mit der allgemeinen Handlungsfreiheit der betreffenden Person kollidierende Interesse letztlich doch nicht das überwiegende und damit schutzwürdigere darstellt.

Die Beantwortung der Frage, welche Perspektive bei dieser Abwägung zu be-   **126** achten ist, fällt ganz leicht, wenn die allgemeinen Anforderungen an einen Ver-

---

[98] Näher dazu *Freund/Rostalski*, AT, § 3 Rn. 5.

haltensnormverstoß bekannt sind: Einen Verhaltensvorwurf kann man einer bestimmten Person nur im Hinblick darauf machen, was genau diese im konkreten
verhaltensrelevanten Zeitpunkt wissen und auf dessen Grundlage leisten konnte. Es
können mithin nur solche Informationen einbezogen werden, die dieser Person in
dieser Situation vor Augen standen. Nur auf individuell vermeidbare Fehleinschätzungen kommt es insoweit nicht an. Was jedoch nur ein „allwissender Beobachter" wissen konnte oder erst im Nachhinein bekannt wurde, kann nicht dafür
maßgeblich sein, ob sich die betreffende Person *in der konkreten Situation* im Hinblick auf den Schutz fremder Rechtsgüter richtig oder falsch verhalten hat. Falsch
hat sie sich nur verhalten, wenn sie nicht das geleistet hat, was ihr möglich und –
weil unter den gegebenen Umständen angemessen – auch rechtlich geboten war.
Für eine bestimmte Person unmöglich zu Leistendes kann von dieser ebenso wenig
verlangt werden wie die Erlangung unmöglicher Kenntnis.

127   Vor diesem Hintergrund handelt es sich bei der Perspektivenfrage (auch) im
Kontext der Rechtfertigung nicht etwa nur um ein Problem des erhebbaren Vorwurfs bei bereits gegebenem Verhaltensnormverstoß. Vielmehr geht es um die dem
Strafrecht vorgelagerte Frage der Existenz einer legitimierbaren Verhaltensnorm,
gegen die verstoßen werden kann. Verhaltensnormen können nur wirken und damit
ihren legitimen Zweck des Rechtsgüterschutzes erreichen, wenn ihr Adressat oder
ihre Adressatin in der konkreten Situation in der Lage ist, sie zu bilden und zu befolgen. Andernfalls werden sie zum sinnlosen Postulat.[99]

128   In diesem Zusammenhang ist zum wiederholten Mal auf einen Fehler aufmerksam zu machen, den die Anhänger der Schuldtheorien im Zusammenhang mit der
Problematik des sog. Erlaubnistatbestandsirrtums nicht nur objektiv, sondern auch
aus ihrer eigenen Perspektive erkennbar begehen: Ein Verhalten, das die erforderliche und erwartbare Sorgfalt wahrt, kann nach allgemeinen Regeln nicht ver-
haltensnormwidrig sein. Wenn also etwa jemand in einer konkreten Situation davon
ausgehen darf, angegriffen zu werden, und auf dieser Basis die erforderliche Verteidigung übt, die den mit Recht anzunehmenden Angreifer verletzt, liegen noch
nicht einmal die Voraussetzungen einer unrechtmäßigen fahrlässigen Körperverletzung vor. Dann kann aber ohne inneren Widerspruch im Kontext der Prüfung der
entsprechenden Vorsatztat nicht behauptet werden, das Verhaltensunrecht einer vor-

---

[99] Fehlerhaft daher *Schladitz,* Normtheoretische Grundlagen, S. 513 f. (vgl. auch S. 608), der
meint: „Der Bestimmungsnorm ist es folglich im Ergebnis egal, ob ihr (personalisierter!) Normbefehl vom Normunterworfenen auch vernommen wurde. Ähnlich zum bürgerlichen Recht wird
der Zugang des Normbefehls, mittels einer *Willenserklärung* der Rechtsordnung, fingiert. [...]
Freund will mit seinem System demgegenüber die Wirkung der Bewertungsfunktion von der Wirkung der Bestimmungsfunktion der Norm abhängig machen. Aber das ist verfehlt, die Bewertungsnorm ist tatsächlich unabhängig. Die Bewertungsnorm begnügt sich richtigerweise mit der *Fiktion
der Verhaltensbestimmung,* unterstellt m. a. W. die Zugänglichkeit des Einzelnen für die Anforderungen des Rechts." – Dazu ist nur zu sagen: Aus fingierten Verhaltensnormen lassen sich
keine Bewertungen ableiten, die geeignet sind, Verhaltensunrecht zu begründen. Zur objektiven
Unmöglichkeit schuldlosen Verhaltensunrechts im Strafrecht weiterführend *Rostalski,* in: Normentheorie und Strafrecht, S. 105 ff.; s. auch *Freund,* in: Grundlagen und Konzepte, S. 175, 188 ff.

sätzlichen Körperverletzung sei gegeben und die Strafbarkeit wegen vorsätzlicher Körperverletzung scheitere *nur* am Fehlen von „Vorsatzschuld".[100]

In einem solchen Fall kann – bei Zugrundelegung des dreistufigen Aufbaus – im Rahmen der Prüfung des Tatbestands i. e. S. zwar noch die grundsätzliche Missbilligung des Verhaltens angenommen werden. Allerdings ist diese Bewertung vorläufig und steht unter dem Vorbehalt, dass das Verhalten auch nicht gerechtfertigt ist. Insofern gilt: Im für einen Verhaltensnormverstoß erforderlichen endgültigen Sinne ist das Verhalten unter Berücksichtigung des konkreten Kontexts, in dem es vorgenommen wird, rechtlich erlaubt und gerade nicht zu missbilligen. **129**

Das bedeutet zugleich: In Fällen des „unvermeidbaren" – genauer: des nicht auf Fahrlässigkeit beruhenden Erlaubnistatbestandsirrtums handelt es sich gar nicht um einen Fall des Erlaubnistatbestands*irrtums*. Eine solche Kennzeichnung führt jedenfalls auf das falsche Gleis der einschlägigen Irrtumslehren. Wenn die betreffende Person vom Gegebensein der rechtfertigenden Sachlage ausgehen durfte, liegt vielmehr ganz einfach eine in diesem Sinne tatsächlich rechtfertigende Sachlage vor und die *rechtfertigende Wirkung* des entsprechenden Rechtfertigungsgrundes greift *tatsächlich* ein. **130**

Bestätigt wird die Ablehnung bereits des Verhaltensunrechts durch einen Blick auf Nothilfekonstellationen, in denen eine im Grundsatz für die Gefahrenabwendung sonderverantwortliche Person nicht nur davon ausgeht, sondern auch davon ausgehen *muss,* dass etwa auf ein schutzbefohlenes Kind ein gegenwärtiger rechtswidriger Angriff mit drohender Körperverletzung verübt wird: Schreitet die betreffende Person nicht ein, obwohl sie das könnte, verhält sie sich rechtswidrig und macht sich wegen (untauglich) versuchter Körperverletzung auch dann strafbar, wenn aus der Perspektive eines allwissenden Beobachters der Angriff harmlos gewesen sein sollte. Unter diesen Umständen kann ein pflichtgemäßes Einschreiten jedoch kein Verhaltensunrecht darstellen. **131**

Erfreulicherweise ist bei manchen Rechtfertigungsgründen die richtige Erkenntnis bereits geläufig. Etwa beim Recht zur vorläufigen Festnahme nach § 127 I StPO erkennen zumindest viele, dass es nicht auf eine „wirkliche Tatbegehung" (seitens des Festzunehmenden), sondern nur darauf ankommen kann, ob der Festnehmende von einer solchen Tat ausgehen durfte.[101] **132**

---

[100] Zum fehlenden Verhaltensunrecht bei „unvermeidbarem" (nicht auf Fahrlässigkeit beruhendem) Irrtum *Sternberg-Lieben,* in: Schönke/Schröder, Vor § 32 Rn. 21; *Roxin/Greco,* AT I, § 14 Rn. 112; s. ergänzend *Arzt,* Die Strafrechtsklausur, S. 181 f.; *Hardtung/Putzke,* Examinatorium AT, Rn. 747 f.; *Freund/Rostalski,* AT, § 3 Rn. 10 ff. – Bemerkenswert ist in diesem Zusammenhang der „Hells-Angels-Fall"; s. dazu BGH v. 2.11.2011 – 2 StR 375/11, BeckRS 2011, 19102 (Tötung eines Polizeibeamten durch „Hells Angel" im „unvermeidbaren Erlaubnistatbestandsirrtum"); s. dazu etwa *Engländer,* NStZ 2012, 274 ff.; *Voigt/Hoffmann-Holland,* NStZ 2012, 362 ff.; ferner die Fallbearbeitung von *Freund/Telöken,* ZJS 2012, 796 ff.

[101] S. zum Festnahmerecht des § 127 I StPO *Freund/Rostalski,* AT, § 3 Rn. 13 ff.; *Murmann,* GK, § 25 Rn. 164; *Roxin/Greco,* AT I, § 17 Rn. 24 m. w. N.; vgl. auch *Valerius,* Einführung, S. 156 f. (der freilich – anders als der Text – davon ausgeht, ein „dringender Tatverdacht" sei ausreichend); aus der Rechtsprechung s. etwa BGH (Zivilsenat) NJW 1981, 745; OLG Zweibrücken NJW 1981, 2016. – Zur Gegenauffassung s. etwa *Frister,* AT, 14. Kap. Rn. 15; *Wessels/Beulke/Satzger,* AT, Rn. 614.

133   Bereits im Rahmen der Prüfung der grundsätzlichen Missbilligung auf Tatbestandsebene i. e. S. wurde aus gutem Grund nicht die Missbilligung der Schaffung oder Nichtabwendung *irgend*einer Schädigungsmöglichkeit geprüft, sondern gerade *der* Schädigungsmöglichkeit, die sich auch tatsächlich realisiert hat. Dies kann auf der Prüfungsebene fehlender Rechtfertigung nicht anders sein. Denn nur auf diesem Weg ergibt sich ohne Weiteres die Verantwortlichkeit für die Verhaltens*folgen* im rechtfertigungsrelevanten Kontext als *spezifische Folgen* eines zugrundeliegenden *nicht gerechtfertigten Verhaltens*. Auf dieser Basis ist es dann auch erstmals berechtigt, von eingetretenen spezifischen *Fehl*verhaltensfolgen zu sprechen.

134   Auch auf der Ebene der Tatbestandserweiterung – insbes. der Prüfung fehlender Rechtfertigung einer Tatbestandsverwirklichung i. e. S. – ist es also überflüssig, eine gesonderte „Prüfung" der tatbestandsspezifischen Verhaltensfolgen vorzunehmen. Vielmehr kann die bereits (bei der Prüfung des Tatbestands i. e. S.) festgestellte tatbestandsspezifische Verhaltensfolge nach Prüfung der genau im Hinblick darauf fehlenden Verhaltensrechtfertigung bzw. der endgültigen Verhaltensmissbilligung unmittelbar und endgültig als *Fehl*verhaltensfolge bezeichnet werden. Wer möchte, kann in diesem Zusammenhang auch von der endgültigen „Zurechenbarkeit" des konkreten erfolgsverursachenden Verlaufs im Rahmen der Tatbestandserweiterung sprechen, allerdings ohne dass es einer gesonderten „Zurechnungsprüfung" bedarf. Dies gilt – wie auch schon auf Tatbestandsebene i. e. S. – selbstverständlich nur dann, wenn die spezifische endgültige Verhaltensmissbilligung tatsächlich genau im hier präzisierten Sinne vorgenommen wurde.

135   Mit dieser Erkenntnis löst sich auch die bekannte und vieldiskutierte Problematik um die Vollendungs- oder Versuchslösung beim Fehlen des sog. „subjektiven Rechtfertigungselements" (in Form der Kenntnis der tatsächlich gegebenen rechtfertigenden Sachlage) praktisch in Luft auf.[102] Denn die richtige Lösung liegt klar auf der Hand: Im bekannten Beispielsfall, in dem die Ehefrau meint, den betrunken heimkehrenden Ehemann mit dem Nudelholz zu traktieren, tatsächlich aber den ihr nach dem Leben trachtenden gefährlichen Einbrecher niederschlägt, ist es gerade nicht zur Verletzung des Ehemannes oder einer anderen harmlosen Person gekommen. Verletzt wurde vielmehr der gefährliche Einbrecher. Ermittelt man die diesem Schaden vorangehende Schaffung der entsprechenden Schädigungsmöglichkeit und nimmt diese als Anknüpfungspunkt für eine endgültige Missbilligungsprüfung, ergibt sich Folgendes: Unter Berücksichtigung auch des rechtfertigungsrelevanten Gesamtkontextes ist das *Verhalten* im erforderlichen endgültigen Sinne gerade *nicht zu missbilligen*. Ein entsprechender *spezifischer* Verhaltensnormverstoß, der Auslösemoment für genau den Verlauf ist, der sich *im konkreten Gesamtkontext* tatsächlich ereignet hat, liegt daher überhaupt nicht vor. Insofern erweist sich auch die oft verlangte Kenntnis der Umstände, welche die rechtfertigende Sachlage begründen, als überflüssig und sachlich sogar falsch: Wenn der durch das Verhalten ausgelöste oder nicht abgebrochene Verlauf unter Berücksichtigung des

---

[102] S. zur Problematik des fehlenden subjektiven Rechtfertigungselements andeutungsweise bereits oben § 1 Rn. 63 ff.

Gesamtkontextes und sämtlicher wertungsrelevanter Umstände von Rechts wegen nicht vermieden werden musste, kann die Unkenntnis dessen keine entsprechende Missbilligung begründen.

Im Verhältnis zu einem in Erwägung gezogenen gefährlichen Einbrecher greift der Rechtfertigungsgrund der Notwehr ein. In dieser Hinsicht ergibt eine verständige Würdigung der sich der Frau ex ante darbietenden Sachlage eine entsprechende *relative Rechtfertigung.* Dass sie im verhaltensrelevanten Zeitpunkt den gefährlichen Einbrecher gar nicht bedacht, sondern sich ihren vermeintlich erscheinenden Ehemann vorgestellt hat, ändert nichts an diesem Scheitern der endgültigen Missbilligung des Verhaltens im für die Vollendungstat einzig interessierenden Sinne: Der Schaffung der Schädigungsmöglichkeit im Verhältnis zu dem gefährlichen Einbrecher, die sich in dessen Verletzungen tatsächlich realisiert hat. Die Rechtsordnung kann der Frau nicht verbieten, einen gefährlichen Einbrecher niederzuschlagen, der ihr nach dem Leben trachtet. Das gilt unabhängig davon, ob die Frau diese bestehende und sich letztlich realisierende Möglichkeit bei ihrem Schlag in Erwägung gezogen oder überhaupt nicht erkannt hat.[103]   **136**

Ein Verhaltensnormverstoß im Hinblick auf die Gefahrschaffung für den Ehemann bleibt davon unberührt. Dieser ist freilich nur für die davon unabhängig zu beurteilende – und nach selbstständiger Prüfung letztlich anzunehmende – Strafbarkeit wegen einer (untauglichen) versuchten Körperverletzung an diesem bedeutsam.   **137**

Die noch immer vertretene – sachlich verfehlte – Vollendungslösung[104] beruht auf der Realisierung der Gefahr voreiliger Annahme einer Vollendung: Das auf der Ebene des Tatbestands i. e. S. vorgenommene „Zurechnungsurteil" gestattet noch keine (endgültige) „Zurechnung" als Unrechtserfolg i. S. einer spezifischen *Fehl*verhaltensfolge, weil in diesem Zusammenhang ein endgültiger tatbestandsspezifischer Verhaltensnormverstoß und damit ein *Fehl*verhalten noch gar nicht festgestellt werden kann. Eine Fehlverhaltensfolge liegt nur vor, wenn sich in dem schadensträchtigen Verlauf eine Schädigungsmöglichkeit realisiert hat, die die betreffende Person hätte erkennen und vermeiden können sowie von Rechts wegen – bei gegebener Sonderverantwortlichkeit – hätte vermeiden müssen. Der Verlauf, der sich tatsächlich zugetragen hat, muss ex ante gedanklich antizipierter Legitimationsgrund der übertretenen Verhaltensnorm gewesen sein. Das trifft auf die Verletzung des gefährlichen Einbrechers eindeutig nicht zu.[105] Welcher schädigende Verlauf sich tatsächlich realisiert *hat*, ist selbstverständlich unter Berücksichtigung aller vorhandenen Erkenntnismöglichkeiten (ex post) zu ermitteln.   **138**

Die subjektive Fehleinschätzung der Frau, es erscheine ihr Ehemann, bewirkt lediglich, dass das grundsätzlich missbilligte Körperverletzungsverhalten *im Verhältnis zu diesem* nicht gerechtfertigt ist. Diese Nichtrechtfertigung als Aufrechterhaltung der Verhaltensmissbilligung beruht jedoch   **139**

---

[103] Damit erweist sich das oft postulierte Erfordernis der Kenntnis der tatsächlich rechtfertigenden Sachlage als subjektives Rechtfertigungselement als sachlich unberechtigt: Jedenfalls soweit es um die Verantwortlichkeit für einen tatsächlichen Verlauf in einem bestimmten Kontext geht, muss dieser stets ein von Rechts wegen zu vermeidender sein.

[104] I. S. einer Vollendungslösung etwa BGHSt 2, 111, 114 ff.; BGH NStZ 2016, 333; *Paeffgen/ Zabel,* in: NK-StGB, Vor § 32 Rn. 128; wohl auch *Heuser,* ZStW 132 (2020), 330, 356.

[105] Sachlich übereinstimmend etwa *Frister,* AT, 14. Kap. Rn. 28; *Hardtung/Putzke,* Examinatorium AT, Rn. 700; *Mitsch,* in: Baumann/Weber/Mitsch/Eisele, AT, § 14 Rn. 55; *Wessels/Beulke/Satzger,* AT, Rn. 415; s. auch BGHSt 38, 144, 155 f.

entscheidend auf dem bloßen Irrtum der Frau und ist aus diesem Grund ihrerseits nur *relativ*. Sie könnte daher auch nur Grundlage einer Verantwortlichkeit für die Verletzung des Ehemannes (oder anderer harmloser Personen) sein, zu der es aber nicht gekommen ist.

140 Wenn schon das Verhalten im Hinblick auf die eingetretene Folge kein Fehlverhalten darstellt, kann die eingetretene Folge auch keine Fehlverhaltensfolge sein. Da die Frau die Verletzung des gefährlichen Einbrechers von Rechts wegen nicht vermeiden musste, sondern insofern gerechtfertigt ist, kann sich in dieser Hinsicht auch keine spezifische Fehlverhaltensfolge realisieren. Dementsprechend ist die Verletzung des Einbrechers auch nicht als Unrechtserfolg „zurechenbar". Mit der Verletzung des gefährlichen Einbrechers realisiert sich gerade kein Verlauf, den die Frau von Rechts wegen vermeiden musste. In der für die Vollendungstat am gefährlichen Einbrecher entscheidenden Hinsicht liegt bereits kein tatbestandsspezifischer Verstoß gegen eine Verhaltensnorm vor, die derartiges unterbinden sollte. Im Hinblick auf den vermeintlich erschienenen Ehemann ist durch dieses Verhalten aber immerhin ein grundsätzlich missbilligtes und nicht gerechtfertigtes Verhalten im Sinne eines untauglichen Versuchs der gefährlichen Körperverletzung gegeben.

141 Beim geläufigen dreistufigen Deliktsaufbau dürfte nicht selten das erforderliche Bewusstsein fehlen, dass auf den traditionell konzipierten Ebenen der Tatbestandsmäßigkeit und der fehlenden Rechtfertigung definitiv nur hypothetische Urteile bzw. Urteile über einen hypothetischen – nicht schon den realen zur Beurteilung anstehenden – Sachverhalt möglich sind. Nach zutreffender Auffassung gibt es kein strafrechtlich relevantes schuldloses Verhaltensunrecht.[106] Denn derjenige, von dem nicht zu erwarten ist, dass er eine Verhaltensnorm bildet und befolgt, kann auch nicht gegen eine in der konkreten Situation ihm gegenüber legitimierbare kontext- und adressatenspezifische Verhaltensnorm verstoßen. Dementsprechend kann auch kein *vorsätzlicher* Verhaltensnormverstoß vorliegen. Insofern geht es auch nicht erst um ein Problem der sog. „Zurechnung", sondern bereits um ein solches des tatbestandsspezifischen Verhaltensunrechts.

142 Sachlich gehören die kontext- und adressatenspezifisch zu beachtenden Anforderungen an die Normbildung und Normbefolgung bereits zur grundsätzlichen Verhaltensmissbilligung[107] oder aber spätestens in den Kontext der Rechtfertigung. Solche Fälle werden traditionsbedingt leider noch immer erst in der „Schuldprüfung" (bei unterstelltem Verhaltensnormverstoß) verortet. Tat-

---

[106] Mit § 17 StGB ist diese „Schuldakzessorietät" strafrechtlich relevanten Verhaltensunrechts durchaus kompatibel: Dessen Satz 1 bestimmt nur, dass bei individuell unvermeidbar (genauer: nicht aufgrund von Fahrlässigkeit) fehlender Einsicht, Unrecht zu tun, keine Straftat vorliegt. Das ist trivial, weil die Nichtbeachtung dessen zu einem unberechtigten Vorwurf führte, dessen Unzulässigkeit spätestens aus dem Verstoß gegen das mit Verfassungsrang ausgestattete Schuldprinzip resultiert. Aus § 17 S. 1 StGB ergibt sich nicht etwa das Vorliegen schuldlosen Verhaltensunrechts. Dessen auch nur mittelbare Feststellung liegt jenseits des Entscheidungsprogramms dieser Norm. – Zur objektiven Unmöglichkeit schuldlosen Verhaltensunrechts im Strafrecht weiterführend *Rostalski*, in: Normentheorie und Strafrecht, S. 105 ff. – Zutreffend bereits *Binding*, Handbuch, S. 159: „Normwidrigkeit und schuldhafte Normwidrigkeit sind identisch"; s. auch *Frisch*, FS Beulke, 2015, S. 103, 108 ff.; *Jakobs*, Handlungsbegriff, S. 41 ff.; *Kreß*, AT-Skript Kölner Examenskurs, 5. Kap. Rn. 74 ff.; *Pawlik*, FS Otto, 2007, S. 133 ff.; ferner *Freund/Rostalski*, AT, § 3 Rn. 38 ff., § 4 Rn. 13 ff., 20 ff., 27, 64 ff.; *Freund*, in: Grundlagen und Konzepte, S. 175, 188 ff.

[107] Oben § 2 Rn. 46 ff.

sächlich kann in Fällen, in denen die Normbildung und Normbefolgung rechtlich nicht erwartet werden kann, schon kein rechtlich missbilligtes Verhalten i. S. e. Verhaltensnormverstoßes als der Grundvoraussetzung von Schuldspruch und ggf. zusätzlichem Strafübel angenommen werden. Beispielsweise kann sich ein schuldunfähiges Kind schon nicht grundsätzlich missbilligt i. S. e. fahrlässigen Tötung oder eines Totschlags verhalten. Ein unter Verfolgungswahn Leidender mag vielleicht in Bezug auf die Tatbestandsverwirklichung i. e. S. durchaus normbildungs- und normbefolgungsfähig sein, ist aber dazu außerstande, wenn es um die Rechtfertigung seines Verhaltens durch Notwehr gegenüber einem wahnbedingt vermeintlichen Angreifer geht.

Wenn viele momentan noch zu anderen Ergebnissen kommen, liegt das an dem 143 traditionellen dreistufigen Straftataufbau: Bei diesem wird ganz einfach auf der Tatbestandsebene von den späteren Stufen abstrahiert bzw. man *fingiert* zunächst das Fehlen von Rechtfertigungsgründen und das Fehlen von Schuldausschließungs- und Entschuldigungsgründen. Mit diesem Trick erreicht man Zwischenurteile über angeblich sogar vorsätzliches rechtliches Fehlverhalten. Jedoch handelt es sich dabei nur um hypothetische Urteile, die der konkreten Person gerade nicht gerecht werden.

Nach dem Abschluss der Prüfung des Fehlens von Rechtfertigungsgründen und 144 der Zurechenbarkeit des Erfolgs auf Rechtswidrigkeitsebene scheint der Sprung in die nächste Prüfungsstufe der hinreichenden Schuldhaftigkeit des (endgültig missbilligten) tatbestandsspezifischen Verhaltens angezeigt. Allerdings ist an dieser Stelle noch vorrangig klärungsbedürftig, ob auch die Voraussetzungen *vorsätzlichen Verhaltens* im Hinblick auf das Fehlen einer *endgültig missbilligtes Verhalten ausschließenden Sachlage* (insbes. das Fehlen von Rechtfertigungsgründen) vorliegen (vorsätzlicher Verhaltensnormverstoß im endgültigen Sinne).

Zu prüfen ist an dieser Stelle der Vorsatz hinsichtlich der Verwirklichung der 145 Voraussetzungen der Tatbestandserweiterung, der benötigt wird, wenn jemand wegen vorsätzlicher Begehung einer Straftat verurteilt werden soll. Ohne diesen vollständigen Vorsatz, der auch das Fehlen von Tatumständen umfasst, die endgültiges Verhaltensunrecht ausschließen, wäre der damit verbundene Vorwurf des *vorsätzlichen* tatbestandsspezifischen Verhaltensnorm*verstoßes* sachlich nicht berechtigt. Denn auch im Hinblick auf den vorsätzlichen Verstoß gegen eine tatbestandsspezifische Verhaltensnorm konnte im Rahmen der Prüfung der Tatbestandsmäßigkeit i. e. S. nur ein *Vorbehalts*urteil vorgenommen werden.

Für einen endgültig anzunehmenden vorsätzlichen Verhaltensnormverstoß be- 146 darf es der Klärung, ob die betreffende Person auch die ihr Verhalten nicht rechtfertigende Sachlage – dessen nicht rechtfertigenden Kontext – kannte. Daran fehlt es im Falle des „vermeidbaren" (auf Fahrlässigkeit beruhenden) Erlaubnistatbestandsirrtums. Das gilt erst recht für den „unvermeidbaren Erlaubnistatbestandsirrtum". Wie dargelegt führt der „unvermeidbare" – genauer: der nicht auf Fahrlässigkeit beruhende – „Erlaubnistatbestandsirrtum" bereits zum Ausschluss des Verhaltensunrechts.[108] Sachlich liegt dann überhaupt kein Irrtum über das Eingreifen

---

[108] S. zum fehlenden Verhaltensunrecht bei „unvermeidbarem" (nicht auf Fahrlässigkeit beruhendem) Irrtum bereits oben § 2 Rn. 130 ff.

eines Rechtfertigungsgrundes vor, weil die Bedingungen rechtmäßigen Verhaltens eingehalten sind. Damit stellt sich kein Vorsatzproblem mehr.

147 Die unter dem Stichwort des Erlaubnistatbestandsirrtums diskutierte Problematik der Strafbarkeit wegen Vorsatztat stellt sich überhaupt nur in den Fällen, in denen der Irrtum auf Fahrlässigkeit beruht („vermeidbar" war). Nach allem Bisherigen ist die Entscheidung dieser Frage ganz einfach: Eine Verurteilung wegen Vorsatztat kommt nicht in Betracht, wenn die betreffende Person von einer Sachlage ausgegangen ist, bei deren tatsächlichem Gegebensein ein Rechtfertigungsgrund eingreifen würde. Denn dann fehlt ihr die Kenntnis der Sachlage, die ihren Verhaltensnormverstoß begründet.[109]

148 Aufbautechnisch sollte dieses Sachproblem *nach* der Feststellung behandelt werden, dass ein Verhalten grundsätzlich tatbestandsspezifisch zu missbilligen und insbes. nicht gerechtfertigt ist. Allerdings gehört diese Prüfung des vorsätzlichen Verhaltens in Bezug auf eine endgültig missbilligte (insbes. nicht gerechtfertigte) Schaffung oder Nichtabwendung der Schädigungsmöglichkeit, die sich in einem bestimmten Kontext realisiert hat, noch in den Sachzusammenhang der erkanntermaßen endgültigen Missbilligung und damit der entsprechenden Tatbestandserweiterung. Die Defizite der Vorsatzprüfung im Rahmen des Tatbestands i. e. S. bei traditionellem dreistufigem Aufbau sind also jedenfalls *vor* der „Schuldstufe" zu beheben.[110]

149 Werden die Anforderungen an ein nicht nur grundsätzlich missbilligtes, sondern auch nicht gerechtfertigtes tatbestandsspezifisches Verhalten – also an einen entsprechenden (vorsätzlichen) Verhaltensnormverstoß – zutreffend kontext- und adressatenspezifisch bestimmt, bleibt auf der dritten Prüfungsstufe (der Prüfung eines für eine Straftat hinreichend gewichtigen Verhaltensnormverstoßes also „hinreichend schuldhaften Verhaltens") nur noch ein reines Gewichtungsproblem. Denn auf der Basis des hier vorgeschlagenen Konzepts wurden bereits *sämtliche* Aspekte berücksichtigt, die für die Annahme eines tatbestandlich abstrakt-generell in Bezug genommenen Verhaltensnormverstoßes (also des nicht nur grundsätzlich, sondern auch endgültig missbilligten Verhaltens) zu beachten waren. Unter diesen Umständen steht der individualisierend bestimmte tatbestandsspezifische Verhaltensnormverstoß der konkreten Person fest. Es liegt entsprechendes personales Verhaltensunrecht dieser Person vor.

III. Feststellung eines hinreichend gewichtigen Fehlverhaltens – zur Relevanz des Fehlens von Schuldausschließungs- und Entschuldigungsgründen

150 Der tatbestandsspezifische Verhaltensnormverstoß muss für eine Bestrafung hinreichend gewichtig sein. Denn auf der Basis des hier vorgeschlagenen Konzepts steht *nur eines* noch nicht fest: Klärungsbedürftig ist allein noch, dass der

---

[109] Zum umfassenden Vorsatzverständnis s. bereits oben § 1 Rn. 58.

[110] Sachlich übereinstimmend der Aufbauhinweis etwa von *Kühl*, AT, § 13 Rn. 77; vgl. auch *Kaspar*, AT, § 7 Rn. 51.

unter Berücksichtigung sämtlicher (auch der individuellen) Aspekte der Verhaltensmissbilligung begründete Verstoß auch das materielle Gewicht einer Straftat besitzt. Damit der in concreto vorliegende tatbestandsspezifische Verhaltensnormverstoß die Qualität kriminellen Unrechts aufweist, muss er für die infrage stehende strafrechtliche Rechtsfolge (des Schuldspruchs und ggf. eines zusätzlichen Strafübels) hinreichend gewichtig sein. Nur dann liegt auch entsprechendes personales Verhaltensunrecht i. S. des erforderlichen *kriminellen* Unrechts vor.

Dieses Erfordernis der hinreichenden Gewichtigkeit des Fehlverhaltens ist aus **151** dem verfassungsrechtlichen Verhältnismäßigkeitsgrundsatz abzuleiten und sachlich ein allgemeines materiellrechtliches Straftatkriterium,[111] welches als letztes Prüfungskriterium der materiellen Voraussetzungen auf dieser dritten Ebene sinnvoll zu verorten ist. Es bildet zugleich das Bindeglied zwischen der für den richtigen (angemessenen) Schuldspruch bedeutsamen personalen Straf*tat*lehre und der damit untrennbar verbundenen Lehre von der richtigen (angemessenen) *Strafzumessung*.[112] Ein bestimmter Schuldspruch und ein darauf etwa gegründetes konkretes Strafübel müssen nach ihrem Inhalt und in ihrem Maß der freiheitseinschränkenden Wirkung exakt dem Maß der Verantwortlichkeit für die – bewusst oder unbewusst – unberechtigt angemaßte Freiheit entsprechen.[113]

Indessen werden herkömmlich auch Schuld*ausschließungs*gründe erst auf der **152** sog. „Schuldstufe" thematisiert. Das ist zu spät angesetzt, weil ohne ein *überhaupt* schuldhaftes Verhalten nach allem Bisherigen bereits kein personales Verhaltensunrecht der schuldlos handelnden oder unterlassenden Person vorliegt. Eine Straftat scheidet schon deshalb aus, weil sich dieser Person gegenüber überhaupt keine Verhaltensnorm legitimieren lässt, gegen die sie verstoßen haben könnte.[114]

Bei genauer Analyse führt ein *Schuldausschließungsgrund* im strengen Sinne **153** des Wortes bereits zum Ausschluss des Verhaltensunrechts einer Person: Angesichts der fehlenden Fähigkeit zur Verhaltensnormbildung und -befolgung ist diese Person als Adressatin oder Adressat der Norm bereits ungeeignet. Daher kann sie auch keinen entsprechenden Verhaltensnormverstoß begehen. Man denke etwa an ein schuldunfähiges Kind oder an eine Person, die aufgrund dauerhafter oder vorübergehender Faktoren *überhaupt nicht* in der Lage ist, tatbestandsrelevante Normen zu bilden und zu befolgen. In einem solchen Fall ist es allein sachgerecht, bereits die grundsätzliche Missbilligung auf Tatbestandsebene i. e. S. abzulehnen. Ein unter diesen Umständen vorgenommenes Verhalten kommt bereits im Grundsatz als Verhaltensnormverstoß dieser Person(!) nicht in Betracht. Spätestens bei der Prüfung einer endgültigen Verhaltensmissbilligung auf der Ebene der Tatbestandserweiterung

---

[111] Näher dazu *Freund/Rostalski,* AT, § 2 Rn. 45 f., § 4 Rn. 92.

[112] Näher zum Zusammenhang zwischen Straftatlehre und Strafzumessung *Frisch,* in: 140 Jahre Goltdammer's Archiv, 1993, S. 1 ff.; *ders.,* FS Beulke, 2015, S. 103 ff.; s. auch *Freund,* GA 1999, 509 ff.

[113] S. dazu auch schon oben § 1 Rn. 6, 87 ff.

[114] S. dazu nochmals oben § 1 Rn. 22, § 2 Rn. 120 ff.

führt die in concreto fehlende Normbildungs- oder Normbefolgungsfähigkeit zu deren Ablehnung.[115]

154   Wer allerdings an der herkömmlichen Verortung der Schuldausschließungsgründe auf der traditionellen Schuldebene weiterhin festhalten möchte, sollte jedenfalls unbedingt zwischen diesem Teil der Schuldebene (ob überhaupt „Schuld" vorliegt), welcher die Feststellung des Verhaltensunrechts – des tatbestandsspezifischen Verhaltensnormverstoßes – betrifft und dem nachfolgenden Teil präzise differenzieren, bei dem es um die spezifisch strafrechtliche Frage des *hinreichenden Gewichts* des Fehlverhaltens (der „Schuld") geht.

155   Definitiv – und richtigerweise ausschließlich – auf dieser Ebene der Gewichtung zu verorten ist die Frage, ob der festgestellte tatbestandsspezifische Verhaltensnormverstoß als solcher(!) für eine strafrechtliche Reaktion hinreichend gewichtig ist. Dabei geht es nicht etwa nur um die Prüfung des *Fehlens* von speziellen Entschuldigungsgründen als Negativvoraussetzung. Erforderlich ist vielmehr in jedem Einzelfall die positive Feststellung des hinreichenden Gewichts des Verhaltensnormverstoßes – und damit die Beachtung dieses verfassungsrechtlich verankerten allgemeinen materiellrechtlichen Straftatkriteriums.

156   Ein praktisch höchst bedeutsames Anwendungsfeld dieses Rechtsgedankens bietet das fahrlässige Fehlverhalten. Ein etwa i. S. einer fahrlässigen Tötung grundsätzlich missbilligtes – also grundsätzlich fahrlässiges – Verhalten, das auch nicht gerechtfertigt ist, berechtigt nur dann zu einem entsprechenden Schuldspruch und zur Bestrafung, wenn der Verhaltensnormverstoß dafür gewichtig genug ist.[116]

157   An einem hinreichend gewichtigen Verhaltensnormverstoß kann es auch dann fehlen, wenn ein spezieller Entschuldigungsgrund eingreift. Bei solchen geht es typischerweise um eine erhebliche Erschwerung normgemäßen Verhaltens, die zu einer nur stark eingeschränkten Tatvermeidemacht führt. Sachlich ist auch in derartigen Fällen der Verhaltensnormverstoß für Schuldspruch und zusätzliches Strafübel als strafrechtliche Reaktion von zu geringem Gewicht. Dementsprechend muss für die Annahme einer Straftat letztlich das dafür nötige Gewicht des Verhaltensnormverstoßes stets positiv festgestellt werden. Eine Zwischenfeststellung dahingehend, dass der Verhaltensnormverstoß ohne die Entschuldigungssituation durchaus gewichtig *wäre,* ist – wie sonst auch – als hypothetisches Urteil für die Entscheidung des konkreten Einzelfalls ohne Belang und daher nicht zielführend. Ganz im Gegenteil suggeriert diese Zwischenfeststellung fälschlich das Gegebensein eines hinreichend gewichtigen Verhaltensnormverstoßes, dessen Gewicht erst noch irgendwie „reduziert" werden müsse, um eine Bestrafung letztlich ablehnen zu können.

---

[115] S. dazu beispielhaft den Fall des unter Verfolgungswahn Leidenden, der die Situation nicht richtig einzuschätzen vermag, oben § 2 Rn. 142 a. E.

[116] S. zu diesem Untergrenzenproblem speziell bei der Fahrlässigkeitstat etwa *Schlüchter,* Grenzen strafbarer Fahrlässigkeit, 1996; allg. dazu *Freund,* in: MünchKommStGB, Band 1, Vor § 13 Rn. 207 ff., 243 ff. m. w. N.

Ist das tatbestandsspezifische Verhalten tatsächlich positiv feststellbar endgültig   **158**
missbilligt und hinreichend gewichtig („hinreichend schuldhaft"), kann der Verhaltensnormverstoß erstmals als *straf*tatbestandsspezifischer bezeichnet werden.
Denn nur bei Beachtung dieser Voraussetzungen kommt eine *straf*rechtliche Reaktion als angemessene Rechtsfolge überhaupt in Betracht.

Sind alle genannten Erfordernisse der Strafbarkeit erfüllt, lautet das Endergebnis   **159**
der Strafbarkeitsprüfung (und zwar ohne Vergabe eines neuen Gliederungs-
punkts![117]): Der Täter hat sich durch seine Handlung oder Unterlassung wegen […]
gem. § […] strafbar gemacht.

IV. Zusätzliche Sanktionserfordernisse

Zu guter Letzt sind auf einer getrennten Ebene traditionsgemäß zusätzliche   **160**
Sanktionserfordernisse unterzubringen wie insbesondere das Erfordernis eines
Strafantrags.[118] Insofern sollte auf korrekte Formulierungen geachtet werden. Etwa
bei der fahrlässigen Körperverletzung muss es heißen, dass für die Verfolgung der
Straftat *grundsätzlich* ein Strafantrag erforderlich ist. Denn sein Fehlen kann durch
ein besonderes öffentliches Interesse an der Strafverfolgung ersetzt werden (§ 230 I
1 StGB).

---

[117]Zur verbreiteten Vergabe überflüssiger Gliederungspunkte für das reine Ergebnis vgl. etwa *Eis-
ele/Heinrich/Mitsch*, Strafrechtsfälle und Lösungen, S. 3, 4, 8 et passim; *Rotsch*, Klausurenlehre,
1. Teil 2. Kap. Rn. 9, 17, 19 et passim; *Seier/Waßmer*, Anfängerklausur, S. 12 ff., 16 f. et passim.

[118]Streng genommen betrifft der Strafantrag nicht mehr die Strafbarkeit, sondern nur die Verfolgbarkeit wegen einer Tat. Das ist ein feiner, aber wichtiger Unterschied. Ungeachtet dessen hat es
sich eingebürgert, in der Fallbearbeitung auch dann kurz darauf einzugehen, wenn ausdrücklich
nur nach der Strafbarkeit gefragt ist.

§ 3 Vermeintliche Besonderheiten der Prüfung eines Versuchsdelikts

Ist der im Tatbestand des vollendeten Erfolgsdelikts vorausgesetzte Erfolg ausge- 1
blieben oder fehlt es aus anderen Gründen an einer spezifischen Folge des Fehlverhaltens, scheidet eine Strafbarkeit wegen Vollendungstat aus. Allerdings kommt
dann möglicherweise eine Bestrafung wegen einer entsprechenden Versuchstat in
Betracht. Die Voraussetzungen, unter denen dies grundsätzlich möglich ist, ergeben
sich aus §§ 22, 23 I (u. U. i. V. m. § 12 I) StGB. § 22 StGB bestimmt dabei zunächst
den Begriff des Versuchs sowie dessen Voraussetzungen. § 23 I StGB beschreibt die
bei Verbrechen und bei Vergehen unterschiedlichen Anforderungen an die gesetzliche Anordnung der Versuchsstrafbarkeit.

I. Zu den Voraussetzungen einer Bestrafung wegen Versuchstat

Die sachlichen Voraussetzungen des strafbaren Versuchs ergeben sich aus dessen 2
zutreffend bestimmtem Strafgrund. Dieser wird bei der Versuchstat im Gegensatz
zum Strafgrund beim Vollendungsdelikt häufig als problematisch empfunden.[1] Indessen beruht diese Einschätzung auf einem Missverständnis: Letztlich sind auch
im hier interessierenden Zusammenhang lediglich die allgemeinen Grundlagen heranzuziehen und auf dieser Basis die Anforderungen an ein (grundsätzlich) zu missbilligendes Verhalten i. S. der Versuchstat sachgerecht zu erfassen.

Der Strafgrund kann auch bei der Bestrafung wegen einer Versuchstat nicht an- 3
ders als bei der Vollendungstat bestimmt werden: In der Sache geht es stets um die
angemessen missbilligende Reaktion auf einen begangenen tatbestandsspezifischen
Verhaltensnormverstoß, der letztlich nur vorliegt, wenn das grundsätzlich missbil-

---

[1] *Heckler,* Ermittlung der Rücktrittsleistung, S. 39 ff.; *Eser/Bosch,* in: Schönke/Schröder, Vor § 22
Rn. 17 ff.; *Kühl,* AT, § 15 Rn. 38 ff.

G. Freund, A. Bünzel, *Die Elemente der Straftat und ihre Konkretisierung in der
Fallbearbeitung*, Tutorium Jura, https://doi.org/10.1007/978-3-662-65499-6_3

ligte tatbestandsspezifische Verhalten nicht gerechtfertigt und hinreichend schuldhaft ist.[2] Das gilt für Versuchs- und Vollendungstat gleichermaßen. *Jakobs* formuliert insofern prägnant: Der Versuch stellt wie die Vollendung „einen *perfekten* Normbruch" dar.[3] Dieser tatbestandsspezifische Verhaltensnormverstoß ist beim Versuch nur eben ein solcher im Sinne dieser Versuchstat.[4]

4   Nun stellt sich allerdings die Frage nach den näheren Anforderungen dieses tatbestandsspezifischen Verhaltensnormverstoßes. Unproblematisch sind insofern die Fälle, in denen der Versuchstäter sogar die Anforderungen des tatbestandsspezifischen Verhaltensnormverstoßes i. S. der Vollendungstat erfüllt. In diesen Fällen liegt stets auch ein Verhaltensnormverstoß i. S. der Versuchstat vor. Klärungsbedürftig ist freilich, inwieweit beim Versuch im Verhältnis zur Vollendungstat geringere Anforderungen ausreichen können.

1. Identischer tatbestandsspezifischer Verhaltensnormverstoß bei Vollendung und beendetem Versuch

5   Wenn der Täter genau das getan oder unterlassen hat, was auf der Basis der ihm im Verhaltenszeitpunkt vor Augen stehenden Situation unter Umständen zum Eintritt einer (vollendungstatbestands-)spezifischen Fehlverhaltensfolge als Erfolg hätte führen können, und wenn nur dieser erfolgsherbeiführende Verlauf (zufällig) ausgeblieben ist, liegt ein Verhaltensnormverstoß *auch* i. S. des Versuchsdelikts vor. Hat der Versuchstäter sogar die Anforderungen an einen (straf-)tatbestandsspezifischen Verhaltensnormverstoß i. S. der Vollendungstat erfüllt, bestehen in dieser Hinsicht keine Bedenken gegen eine entsprechende Versuchsstrafbarkeit. In diesen Fällen gelten also ohne Weiteres die oben (§ 1 Rn. 26 ff. und § 2 Rn. 45 ff., 120 ff., 150 ff.) näher erläuterten allgemeinen Regeln:

6   Damit eine bestimmte Verhaltensnorm – als Voraussetzung eines Verstoßes dagegen – Geltung beanspruchen kann, muss die damit verbundene Verhaltensbeschränkung verfassungsrechtlich legitimiert sein. Grundvoraussetzung dafür ist der mit der Verhaltensnorm verfolgte Rechtsgüterschutz als legitimer Zweck, zu dessen Erreichung die Verhaltensnorm geeignet, erforderlich und angemessen sein muss. Insofern gilt mit Blick auf Versuch und Vollendung: Das Verhalten lässt sich im Hinblick auf den erstrebten Rechtsgüterschutz stets bereits deshalb verbieten, weil dadurch die *Möglichkeit* einer Schädigung (oder bei den Gefährdungs- oder Gefähr-

---

[2] S. zu den allgemeinen Anforderungen an eine Straftat oben § 1 Rn. 5 ff.

[3] *Jakobs,* FS Streng, 2017, S. 37, 41.

[4] Der Verstoß gegen eine deliktsspezifische Verhaltensnorm ist notwendige Voraussetzung einer jeden Straftat; näher dazu *Freund,* in: MünchKommStGB, Band 1, Vor § 13 Rn. 130 ff., 133 ff., 434 ff.; weiterführend zum deliktsspezifischen Verhaltensunrecht auch beim Versuch *Wachter,* Das Unrecht der versuchten Tat, S. 124 ff., 183 ff. (beim untauglichen Versuch). – S. auch *Freund/ Rostalski,* AT, § 8 Rn. 9 ff., 29 ff.; das Erfordernis des tatbestandsspezifischen Verhaltensnormverstoßes auch bei der Versuchstat erfasst zutreffend etwa auch *Kühl,* AT, § 15 Rn. 2.

lichkeitsdelikten einer Gefährdung oder entsprechenden Gefährlichkeit) missbilligt geschaffen oder nicht abgewendet würde. Ob diese Gefahrschaffung oder Nichtabwendung einer Gefahr dann *tatsächlich* einen schädigenden Verlauf nach sich zieht, ist für die Missbilligung des Verhaltens stets irrelevant. Es hat nur Bedeutung für die darüber hinausgehende Frage der Verantwortlichkeit für den Eintritt spezifischer Fehlverhaltens*folgen* – also der meist so bezeichneten „Erfolgszurechnung".

Hat die betreffende Person aus ihrer Sicht alles getan, was zur Vollendung seines   7
Handlungs- oder Unterlassungsprojekts notwendig ist, hat sie dasselbe personale Fehlverhalten vorgenommen, welches für einen Verhaltensnormverstoß i. S. des Vollendungsdelikts erforderlich und ausreichend ist. Der Verhaltensnormverstoß bei diesem *beendeten Versuch* ist mithin identisch mit dem für eine Vollendungstat notwendigen.[5] Daraus folgt als logische Konsequenz: Verhält sich jemand vollständig tatbestandsmäßig und schafft damit letztlich in rechtlich zu missbilligender Weise eine tatbestandsspezifische Schädigungsmöglichkeit bzw. wendet diese nicht ab, liegt ein Verhaltensnormverstoß *sowohl* i. S. der Versuchstat *als auch* der Vollendungstat vor – freilich immer vorausgesetzt, dass dieser Verstoß das für eine Straftat hinreichende Gewicht aufweist.[6]

Zur Klarstellung: Der „beendete Versuch" ist im hier interessierenden Zusammenhang des   8
versuchstatbestandsspezifischen Verhaltensnormverstoßes anerkanntermaßen im Verhaltenszeitpunkt ex ante auf der Basis der Tätervorstellung über den möglichen weiteren Verlauf zu bestimmen. Entsprechendes gilt für den „unbeendeten Versuch", der im hier maßgeblichen Zusammenhang ebenfalls im Verhaltenszeitpunkt ex ante auf der Basis der Tätervorstellung über den möglichen weiteren Verlauf zu bestimmen ist. Davon zu unterscheiden ist der Streit um die rücktrittsfähige Versuchstat, bei dem die Begriffe des beendeten und des unbeendeten Versuchs ebenfalls eine Rolle spielen, aber von der Gesamtbetrachtungslehre abweichend konzipiert werden.[7] Nach dieser von der Rechtsprechung und einem Großteil des Schrifttums vertretenen Gesamtbetrachtungslehre soll kein (endgültig) fehlgeschlagener, sondern ein noch rücktrittsfähiger „unbeendeter Versuch" vorliegen, wenn der Versuchstäter noch die Möglichkeit sieht, durch weitere gleichwertige Akte den Angriff zu wiederholen – z. B. nach dem ersten Fehlschuss weitere Schüsse abzugeben – oder aber durch andere Akte fortzusetzen – z. B. nach erkanntem Fehlschlagen des Erschießens mit der letzten Kugel das Opfer nunmehr zu überfahren, zu erschlagen, zu erwürgen oder mit Benzin zu übergießen und zu verbrennen. Im Rücktrittskontext haben also die Begriffe des „unbeendeten Versuchs" und des „beendeten Versuchs" nach der Gesamtbetrachtungslehre eine ganz andere Bedeutung als im Zusammenhang mit der Frage nach dem Überschreiten der Versuchsschwelle.

---

[5] *Freund/Rostalski*, AT, § 8 Rn. 30. – Zur schwierigen Problematik etwaiger weitergehender Sanktionserfordernisse auch bei der Versuchstat s. *Freund/Rostalski*, AT, § 8 Rn. 41 ff.

[6] Zu diesem für die Untergrenze des Strafrechts ganz allgemein bedeutsamen Gewichtungsproblem näher oben § 2 Rn. 150 ff.

[7] Zur Gesamtbetrachtungslehre s. insbesondere BGHSt 31, 170, 176; ferner etwa auch BGH NStZ 2015, 26 f.; NStZ 1994, 535, 535 f.; aus dem Schrifttum s. etwa *Hoffmann-Holland,* in: Münch-KommStGB, Band 1, § 24 Rn. 61; *Kaspar,* AT, § 8 Rn. 100 ff.; *Wessels/Beulke/Satzger,* AT, Rn. 1018, jew. m. w. N.

9 Demgegenüber verwendet die Einzelaktstheorie die beiden Begriffe auch im Rücktrittskontext im selben Sinne wie im Kontext des versuchstatbestandsspezifischen Verhaltensnormverstoßes. Wenn z. B. eine Person auf ihr Opfer mit Tötungsvorsatz einen Schuss abgibt, der jedoch sein Ziel verfehlt, kann sie nach diesem zustimmungswürdigen Konzept nicht mehr dadurch strafbefreiend zurücktreten, dass sie davon Abstand nimmt, auf ihr Opfer *weitere* mögliche Schüsse abzugeben. Denn dieser „Verzicht" bezieht sich nur auf die Nichtvornahme weiterer – für eine Versuchsstrafbarkeit selbstständig ausreichender – Tötungsakte. Darin einen actus contrarius zur Versuchstat zu erblicken, durch den die Infragestellung der Normgeltung bereits hinreichend ausgeglichen wird, erscheint mehr als fragwürdig. Auch der oft herangezogene Gedanke des Opferschutzes ergibt aus mehreren Gründen kein taugliches Argument: Zum einen ist mehr als zweifelhaft, ob eine Erweiterung der Rücktrittsmöglichkeiten i. S. der Argumentation der Gesamtbetrachtungslehre tatsächlich eine opferschützende Wirksamkeit entfalten kann. Insofern sind die empirischen Prämissen des Konzepts in keiner Weise abgesichert. Entscheidend ist freilich Folgendes: Die Gewährung eigentlich unverdienten strafbefreienden Rücktritts allein im Interesse des Opferschutzes führt auch normativ zu dem soeben schon angeklungenen inakzeptablen „Kuhhandel" mit dem durchaus verdienten Schuldspruch und der Bestrafung wegen der nicht mehr ungeschehen zu machenden Versuchstat.[8]

2. Tatbestandsspezifischer Verhaltensnormverstoß bei unbeendetem Versuch

10 Größere Schwierigkeiten der Begründung eines versuchstatbestandsspezifischen Verhaltensnormverstoßes ergeben sich in den Fällen des *unbeendeten Versuchs*. Hat die betreffende Person noch nicht alles getan, was auf der Basis der ihr vor Augen stehenden Situation im Verhaltenszeitpunkt ex ante notwendig war, um die zu erwartenden Folgen ihres weiteren Verhaltensverlaufs eintreten zu lassen, kommt es auf Folgendes an:

11 Auch in diesen Fällen muss – bezogen auf die Versuchstat – ein (versuchs-)tatbestandsspezifischer Verhaltensnormverstoß vorliegen. Die damit verbundene rechtliche Verhaltensmissbilligung kann als Eingriff verfassungsrechtlichen Anforderungen nur genügen, wenn mit diesem Verhalten die Schaffung oder Nichtabwendung einer Schädigungsmöglichkeit verbunden ist, die von Rechts wegen – bei gegebener Sonderverantwortlichkeit – vermieden werden musste. Ein solcher Verhaltensnormverstoß ist dann ein *versuchstatbestandsspezifischer*, wenn gerade die durch diesen geschaffene oder nicht abgewendete Schädigungsmöglichkeit die nach dem (Versuchs-)Straftatbestand abstrakt-generell erforderlichen Eigenschaften aufweist.

12 Die Versuchstat ist insofern *vollendungstatakzessorisch*. Daraus folgt: Für den Versuchstatbestand ist sachlich die *Möglichkeit* der Schaffung oder Nichtabwendung genau *der* Schädigungsmöglichkeit tatbestandsspezifisch, die bei der jeweils entsprechenden Vollendungstat als Auslösemoment des schädigenden Verlaufs zum

---

[8] Instruktiv zur Einzelaktstheorie und ihren Gründen bzw. ihrer Kritik an der Gesamtbetrachtungslehre *M. Bergmann,* ZStW 100 (1988), 329 ff., 339 ff.; s. auch *Eser/Bosch,* in: Schönke/Schröder, § 24 Rn. 20 f.; *Freund/Rostalski,* AT, § 9 Rn. 28 ff.; *Jakobs,* AT, 26/15 ff.; *Heckler,* Ermittlung der Rücktrittsleistung, S. 196 ff.; *Rostalski,* Tatbegriff, S. 344 ff.; *Timpe,* Ad Legendum (Juridicum Münster) 2014, 236 ff.

abstrakt-generell erfassten Erfolg hin diesen in Gang setzt oder nicht abwendet. Beim Totschlag gem. § 212 I StGB ist dies eine – für den Einzelfall näher zu konkretisierende – Schädigungsmöglichkeit im Hinblick auf das Leben eines anderen Menschen. Allerdings muss dieser schädigende Verlauf – anders als bei dem für die Vollendungstat erforderlichen – noch nicht *tatsächlich* in Gang gesetzt worden sein, vielmehr ist es ausreichend, dass die Ingangsetzung dieses Verlaufs durch das (potenziell) güterschädigende Verhalten unmittelbar bevorsteht. Dafür muss auf der Basis der sich der konkreten Person darbietenden Sachlage zu prognostizieren sein, dass der weitere Verhaltensverlauf unmittelbar in das Verhalten einmündet, das den tatbestandsspezifischen Verhaltensnormverstoß der Vollendungstat bzw. des beendeten Versuchs darstellt. Diese spezifische Gefahr des unmittelbaren Einmündens muss – als versuchstatbestandsspezifische Schädigungsmöglichkeit – durch das in Rede stehende Verhalten in grundsätzlich rechtlich zu missbilligender Weise geschaffen oder nicht abgewendet worden sein.

Auch die Versuchstat setzt also einen *tatsächlich* begangenen Verstoß gegen eine   **13** rechtliche Verhaltensnorm voraus, die auf der Basis der sich der betreffenden Person darbietenden Sachlage legitimierbar ist. Die bloße Einbildung, einen solchen Verstoß zu begehen, oder gar das bloße Vorhaben eines solchen genügt nicht. Dieses Erfordernis eines tatsächlich begangenen Verhaltensnormverstoßes findet Ausdruck in der durch § 22 StGB gesetzlich normierten Voraussetzung des „unmittelbaren Ansetzens zur Tatbestandsverwirklichung" als der Minimalbedingung eines versuchstatbestandsspezifischen Fehlverhaltens. Dabei meint diese Formulierung ein unmittelbares Ansetzen zur Verwirklichung des Tatbestands der jeweiligen *Vollendung*stat! Auf dieser materiellen Grundlage, die auch im Einklang mit den formal-gesetzlichen Vorgaben steht, bereitet die Konkretisierung der zu prüfenden Voraussetzungen der Versuchstat keine größeren Schwierigkeiten. Notwendig ist der (hinreichend gewichtige[9]) Verstoß gegen eine legitimierbare Verhaltensnorm, welcher vom Versuchstatbestand abstrakt-generell erfasst ist.

Das „unmittelbare Ansetzen zur Tatbestandsverwirklichung" als notwendige   **14** Überschreitung der „Versuchsschwelle" erfordert mithin zweierlei: Das Verhalten der betreffenden Person muss erstens überhaupt eine versuchstatbestandsspezifische Schädigungsmöglichkeit geschaffen oder nicht abgewendet haben. Zweitens muss genau diese Schaffung oder Nichtabwendung letztlich ein von Rechts wegen zu missbilligendes Verhalten darstellen.[10] Das sind exakt dieselben Anforderungen, die auch sonst an die Annahme eines Verhaltensnormverstoßes zu stellen sind, der von einem bestimmten Straftatbestand erfasst wird. Allerdings bedarf die Begründung der Schaffung oder Nichtabwendung der jeweiligen tatbestandsspezifischen Schädigungsmöglichkeit beim Versuchsdelikt unter Umständen eines höheren Aufwands. Denn diese kann – anders als bei der Vollendungstat – nicht aus dem geschehenen (Quasi-)Kausalverlauf abgeleitet werden, der sich auch ex post feststellbar *tatsächlich* ereignet hat. Vielmehr muss beim Versuchsdelikt vor der Prüfung der grundsätz-

---

[9] Zur Bedeutung des hinreichenden Gewichts des Fehlverhaltens für das Gegebensein von Kriminalunrecht näher oben § 2 Rn. 150 ff.

[10] Das bedeutet: Es muss nicht nur grundsätzlich, sondern endgültig missbilligt sein; insbes. darf kein Rechtfertigungsgrund vorliegen.

lichen und erst recht der endgültigen Missbilligung der Schaffung oder Nichtabwendung zunächst das Vorliegen genau dieser Schaffung oder Nichtabwendung der versuchstatbestandsspezifischen Schädigungsmöglichkeit als Anknüpfungspunkt für die anschließende Missbilligungsprüfung herausgearbeitet werden. Erst im Anschluss an die präzise Bestimmung der in Frage stehenden (versuchstatbestandsspezifischen) Schädigungsmöglichkeiten, die durch das Verhalten der Person tatsächlich geschaffen oder nicht abgewendet wurden, ist die normative Frage zu klären: Lässt sich bereits dieses „frühe" Verhalten im Hinblick auf den angemessenen Schutz des Rechtsguts – und im Falle eines potenziellen dualistisch fundierten Verhaltensnormverstoßes auch unter Berücksichtigung der Sonderverantwortlichkeit – von Rechts wegen grundsätzlich (und auf Rechtfertigungsebene endgültig) missbilligen?

15   Nochmals zur Verdeutlichung anhand des anwendbaren Einheitsschemas: Auch beim Versuchsdelikt muss bereits *vor* der Prüfung der grundsätzlichen Verhaltensmissbilligung *deren* Anknüpfungspunkt bestimmt werden. Dieser Anknüpfungspunkt besteht sowohl bei der Versuchs- als auch bei der Vollendungstat in der Schaffung oder Nichtabwendung der jeweils tatbestandsspezifischen Schädigungsmöglichkeit. Während diese bei der Vollendungstat ganz einfach im Wege des Rückschlusses aus dem zum Erfolg führenden Verlauf abzuleiten ist, muss sie beim Versuchsdelikt auf der Grundlage dessen, was der betreffenden Person bei ihrem Verhalten vor Augen stand, prognostisch ermittelt werden. Zu klären ist, ob bereits mit diesem Verhalten die Schädigungsmöglichkeit geschaffen oder nicht abgewendet wurde, dass es unmittelbar zu einer weiteren Umsetzung des Verhaltensprojekts und damit zu einem Verhaltensnormverstoß i. S. d. Vollendungstat kommt. Eine solche Schaffung oder Nichtabwendung ist ohne größeren Begründungsaufwand anzunehmen, wenn bereits eine Teilverwirklichung des tatbestandsspezifischen Verhaltensnormverstoßes i. S. der Vollendungstat (bzw. des beendeten Versuchs) stattgefunden hat, sofern mit dessen vollständiger Verwirklichung die Vollendung unmittelbar droht. Liegt noch keine Teilverwirklichung des tatbestandsspezifischen Verhaltensnormverstoßes i. S. der Vollendungstat (bzw. des beendeten Versuchs) vor, erfordert die Begründung eines Verhaltensnormverstoßes i. S. der Versuchstat einen größeren Aufwand. Nicht alles, was der späteren Begehung einer Straftat dient, kann bereits als deren strafbarer Versuch aufgefasst werden. Insofern gilt es, das straflose Vorverhalten vom entsprechend rechtlich missbilligten tatbestandsspezifischen Versuchsverhalten abzugrenzen.

16   An der zuletzt genannten Voraussetzung der unmittelbar drohenden Vollendungstat kann es etwa in den vieldiskutierten „Opferfallenfällen" fehlen. Man denke hier an den Giftfallenfall, in dem der Apotheker mit dem Aufstellen der Giftfalle für die erwarteten Eindringlinge zwar bereits vollständig gehandelt hat, mit einem tödlichen Genuss des vergifteten Getränks durch diese aber erst nach dem Abzug der Polizei zu rechnen war.[11] Bis zu diesem Zeitpunkt wurde die versuchstatbestandsspezifische Schädigungsmöglichkeit in Bezug auf die erwarteten Eindringlinge noch nicht in der für den versuchstatbestandsspezifischen Verhaltensnormverstoß erforderlichen Form geschaffen.

---

[11] S. zum Giftfallenfall BGHSt 43, 177 ff.; ferner etwa *Fahl,* Strafrechts-Klassiker, § 22 Rn. 9 ff.; *Wedding,* Mittelbare Täterschaft und Versuchsbeginn, 2007.

In Bezug auf die auf der Lauer liegenden Polizeibeamten geht der BGH zwar davon aus, dass **17** *insoweit* eine versuchstatbestandsspezifische Schädigungsmöglichkeit geschaffen wurde (d. h. der BGH unterstellt, die Polizeibeamten hätten sich vielleicht an dem vergifteten Getränk nichtsahnend vergreifen können);[12] allerdings hat der Apotheker damit nicht gerechnet, weshalb jedenfalls insofern der Vorsatz in Bezug auf diesen vom BGH angenommenen versuchstatbestandsspezifischen Verhaltensnormverstoß nicht vorliegt.[13] In Bezug auf die erwarteten Eindringlinge fehlt es dagegen (nach der für die Missbilligung des Verhaltens des Apothekers maßgeblichen Beurteilungsgrundlage) an der Schaffung einer versuchstatbestandsspezifischen Gefahr einer Vergiftung. *Insofern* liegt daher schon aus diesem Grund kein Verhaltensnormverstoß i. S. einer versuchten Tötung vor, der aber für ein Überschreiten der Schwelle zu einer entsprechenden Strafbarkeit unverzichtbar ist. Allein das vorsätzliche Verhaltensprojekt (das Zulassen der Vergiftung der Eindringlinge durch das aufgestellte Getränk) reicht nicht für die Versuchsstrafbarkeit. Denn dieser vom Verhaltensprojekt umfasste Verhaltensnormverstoß wurde noch nicht in die Tat umgesetzt.

Nach dem bisher Gesagten reicht es selbstverständlich nicht aus, wenn etwa nur **18** der in Aussicht genommene Tatort aufgesucht wird, das erwartete Opfer aber nicht erscheint.[14] Als Kontrastbeispiel und zugleich als äußerster Grenzfall, in dem das Kriterium der für die Verhaltensnormlegitimation und damit für die Begründung eines entsprechenden Verstoßes erforderlichen hinreichenden Verdichtung der Gefahr wohl bereits als erfüllt anzusehen ist, kann das Anlegen der nach der Vorstellung der handelnden Person geladenen und entsicherten Pistole auf das angenommene Opfer dienen.[15]

3. Das Fehlen eines (tatbestandsspezifischen) Verhaltensnormverstoßes beim Wahndelikt als Kriterium zur Unterscheidung vom untauglichen Versuch

Konkret-individuell begründete Verhaltensnormverstöße gibt es unabhängig von **19** darauf bezogenen konkretisierten Sanktionsnormen. Über die Vorfrage der Verhaltensnormverstöße hinaus, die auf der Grundlage legitimierter Verhaltensreglementierung begründet sind, ist für die Frage der Bestrafung maßgeblich, dass ein Strafgesetz existiert, auf dessen Grundlage eine Sanktionsnorm einzelfallbezogen vom jeweils zuständigen Strafgericht zu bilden ist, die genau auf diesen Verhaltensnormverstoß Bezug nimmt.[16] Erst dadurch wird ein Verhaltensnormverstoß zu einem *tatbestandsspezifischen*.

---

[12] BGHSt 43, 177, 183.

[13] I. d. S. mit Recht auch BGHSt 43, 177, 183.

[14] S. dazu und zum Folgenden *Freund/Rostalski*, AT, § 8 Rn. 61 ff.

[15] Vgl. zu dieser Konstellation etwa *Wessels/Beulke/Satzger*, AT, Rn. 952 m. w. N.

[16] Zur Bildung konkreter Sanktionsanordnungen – als einzelfallbezogenen Sanktionsnormen – auf strafgesetzlicher Ermächtigungsgrundlage näher *Freund/Rostalski*, GA 2018, 264 ff.

20   Wenn das soeben skizzierte Zusammenspiel von Verhaltens- und Sanktionsnorm verstanden ist, bereitet auch die oft als schwierig empfundene Unterscheidung des straflosen Wahndelikts vom strafbaren untauglichen Versuch keine Probleme mehr. Dies soll anhand eines Beispiels verdeutlicht werden:

21   A ist im Krankenhaus an ein Beatmungsgerät angeschlossen. B betritt das Krankenzimmer und schaltet das Beatmungsgerät ab, weil er A noch nie leiden konnte. Handelt es sich bei A um einen lebenden Menschen, dessen Hirntätigkeit noch nicht erloschen ist, und hat B dies im Zeitpunkt des Abschaltens des Geräts zutreffend erkannt, liegt ein vorsätzlicher tatbestandsspezifischer Verhaltensnormverstoß i. S. des § 212 I StGB vor und entsprechende Fehlverhaltensfolgen sind eingetreten. Daher ist B strafbar nach § 212 I StGB.

22   Sind die Hirnfunktionen des A dagegen bereits irreversibel erloschen, erkennt B dies aber nicht, sondern geht er vielmehr von noch vorhandenen Hirnfunktionen und damit von einem lebenden Menschen aus, scheidet zwar eine vollendete Tötung aus. Denn die bloße irrige Annahme des B vermag den dafür erforderlichen Erfolg nicht zu ersetzen. Allerdings verstößt B gegen das ihm gegenüber in der konkreten Situation legitimierbare Tötungsverbot. Dieses existiert nicht etwa nur in der fehlerhaften Einbildung des A, sondern gilt als Rechtsnorm durchaus objektiv: Auch und gerade auf der Basis der tatsächlich vorhandenen Fehleinschätzung der Sachlage durch B kann dieser bei Vornahme seines Verhaltens nicht hinreichend verlässlich ausschließen, dass seine Einschätzung auch wirklich nicht zutrifft. Er muss daher das Abschalten im Hinblick darauf unterlassen, dass es tatsächlich zum Tod eines bis dahin noch nicht hirntoten (also eines lebenden) Menschen führen könnte. Noch einmal auf den Punkt gebracht: B muss das Abschalten im Hinblick auf die Gefahr unterlassen, dass seine Fehleinschätzung der Sachlage möglicherweise keine ist!

23   In diesem Fall lässt sich mithin die Verhaltensnorm i. S. des kontext- und adressatenspezifisch konkretisierten Tötungsverbots bilden, das Gerät abzuschalten, und zwar (bei gegebener Sonderverantwortlichkeit) im Hinblick auf die dadurch (auf der Basis der sich B darbietenden Sachlage) geschaffene Möglichkeit, dass A als noch Hirnfunktionen aufweisender lebender Mensch dadurch zu Tode kommen könnte. Mit der Normierung der Strafbarkeit des Versuchs der Tötung gem. §§ 212 I, 22, 23 I StGB existiert eine gesetzliche Grundlage, auf der sich als Reaktion auf diesen Verhaltensnormverstoß eine entsprechende Sanktionsnorm auch im Falle eines solchen untauglichen Versuchs bilden lässt.[17]

24   Anders verhält es sich in folgender Abwandlung des Falles: B hat zutreffend erkannt, dass die Hirnfunktionen irreversibel erloschen sind, geht allerdings irrig davon aus, mit dem Hirntod sei noch nicht der für das (Straf-)Recht maßgebliche Tod dieses Menschen eingetreten, weshalb es sich bei A noch immer um einen lebenden Menschen handele. Unter diesen Umständen lässt sich gegenüber B keine Verhal-

---

[17] § 23 III StGB normiert nicht etwa die Strafbarkeit des untauglichen Versuchs, sondern sieht nur für die Fälle des groben Unverstands eine fakultative Milderbeurteilung vor. Die Strafbarkeit auch des untauglichen Versuchs ergibt sich vielmehr aus der allg. Begriffsbestimmung des § 22 StGB: „nach seiner Vorstellung von der Tat".

tensnorm begründen, deren Verstoß tatbestandsspezifisch i. S. des § 212 I StGB
wäre. Ein tatbestandsrelevantes Lebensschutzinteresse des A vermag als legitimer
Zweck für ein entsprechendes Verbot nicht zu fungieren. Deshalb bietet § 212 I StGB
keine Grundlage für die Bildung einer Sanktionsnorm, die auf dieses Verhalten als
personales Fehlverhalten i. S. einer Tötung Bezug nimmt.

Die irrige Annahme des B, mit seinem Verhalten gegen das von § 212 I StGB in   25
Bezug genommene Tötungsverbot zu verstoßen, beruht auf einer Überdehnung der
Reichweite dieses Strafgesetzes und der auf dessen Basis zu bildenden einzelfallbezogenen konkreten Sanktionsnormen. Diese Fehlannahme vermag jedoch den tatsächlich gar nicht vorhandenen Rechtsverstoß nicht zu erzeugen.

4. Berechtigter Kern des „Tatentschlusses" beim versuchstatbestandsspezifischen Verhaltensnormverstoß

Sieht man von der oft überflüssigerweise durchgeführten „Vorprüfung"[18] ab, wird   26
traditionell als Einstieg in die Prüfung einer Versuchstat der Tatentschluss geprüft.
Dieser entspricht nach weit verbreiteter Ansicht dem Vorsatzerfordernis bei der
Vollendungstat. Mitunter sind sonstige spezielle subjektive Erfordernisse – wie
etwa die Absicht rechtswidriger Bereicherung beim Betrug – zu beachten. Im Gegensatz zur ansonsten stets zugrunde gelegten Prüfungsreihenfolge wird der Prüfungsaufbau damit umgekehrt und vor dem sog. objektiven Tatbestand nun zunächst
der sog. subjektive Tatbestand geprüft. Dabei besteht unter den Studierenden oft
Unsicherheit, was die Prüfung des Tatentschlusses denn konkret alles beinhalten
muss – etwa tatsächlich auch den Vorsatz im Hinblick auf Kausalität und die sog.
„Erfolgszurechnung"?

Die folgenden Ausführungen sollen klären, welche notwendigen Anforderungen   27
des Versuchstatbestands tatsächlich zu diesem Prüfungspunkt gehören und welche
nicht. Dabei soll auch gezeigt werden, inwiefern bereits die Begrifflichkeit des „Tatentschlusses" zur Verwirrung hinsichtlich des inhaltlich zu Prüfenden beiträgt.

a) Der Tatentschluss – und was sachlich dahintersteht

Wie viele definieren beispielsweise *Wessels/Beulke/Satzger* den Tatentschluss fol-   28
gendermaßen: „Dieses subjektive Unrechtselement umfasst den auf alle objektiven
Tatbestandsmerkmale gerichteten Vorsatz (s. § 15) sowie die sonstigen subjektiven
Tatbestandsmerkmale [...]".[19] *Rengier* konkretisiert den Vorsatz und damit den Tat-
entschlussgegenstand der „objektiven Tatbestandsmerkmale" noch weiter, indem er
ausdrücklich klarstellt, dass dieser auch die Kausalität und die sog. „objektive Zurechnung" mit umfassen solle.[20]

---

[18] Vgl. zu dieser verbreiteten „Vorprüfung" statt vieler *Kühl*, AT, § 15 Rn. 8 ff.

[19] *Wessels/Beulke/Satzger*, AT, Rn. 939.

[20] *Rengier*, AT, § 34 Rn. 2.

29   Indessen ist dies zumindest sprachlich unpräzise: Auf einen *tatsächlich* vorliegenden Kausalzusammenhang bzw. „Zurechnungszusammenhang" kann sich der Vorsatz und erst recht der Tatentschluss wohl kaum beziehen. Denn bei gegebenem Kausalzusammenhang und eingetretener tatbestandsspezifischer Verhaltensfolge ist regelmäßig eine Vollendungstat zu bejahen und die Frage des strafbaren Versuchs wird nicht relevant. Es kann also nicht allzu sehr verwundern, dass diese Definition bei Studierenden zu Verwirrung und zumindest unpräzisen Formulierungen in der Fallbearbeitung führt. Eine Definition muss so beschaffen sein, dass unter sie subsumiert werden kann. Nur dann lässt sich im Hinblick auf die Umstände des konkret zu prüfenden Falls ermitteln, ob die entsprechenden Voraussetzungen vorliegen. Die gängige Definition des Tatentschlusses genügt diesen Anforderungen nicht.[21]

30   Daher soll im Folgenden konkretisiert werden, welche Anforderungen an den herkömmlich geprüften Tatentschluss tatsächlich zu stellen sind. Auf dieser Basis ergibt sich fast wie von allein eine aufschlussbringende Definition, unter die problemlos – ohne begriffliche Verrenkungen – subsumiert werden kann.

31   Da eine Vorsatzprüfung ohne Gegenstand in der Luft hinge, ist zuallererst präzise zu bestimmen, worauf sich der zu prüfende Vorsatz (auf Tatbestandsebene i. e. S.) überhaupt beziehen soll. Vorrangig klärungsbedürftig ist daher dessen Gegenstand: die Tatbestandsverwirklichung i. e. S. durch das in Rede stehende Verhalten, das außerdem nicht gerechtfertigt sein darf (und für die strafrechtliche Erfassung zudem einen hinreichend gewichtigen Verhaltensnormverstoß darstellen muss). Wenn die betreffende Person sich vorsätzlich hinsichtlich der Tatbestandsverwirklichung i. e. S. verhalten haben soll, erfordert dies die Kenntnis aller – diese Tatbestandsverwirklichung i. e. S. begründenden – relevanten Umstände sowie deren Bewertungsrelevanz. Es ist dafür zunächst das Vorliegen der eine Tatbestandsverwirklichung i. e. S. begründenden Umstände (sowie der entsprechenden Bewertungsrelevanz) zu ermitteln, bevor im Anschluss daran die Kenntnis dieser Umstände und damit der entsprechende Vorsatz festgestellt werden kann. Ist – wie bislang üblich – der Tatentschluss der erste Prüfungspunkt des Tatbestands i. e. S., muss dies innerhalb dieses Prüfungspunktes *vor* der Thematisierung des Vorsatzes angesprochen werden. Dabei ist es zwingend notwendig, auf alle relevanten Umstände und deren Bewertungsrelevanz einzugehen. In vielen Fallbearbeitungen gelingt das mehr schlecht als recht.

32   Die Probleme des traditionellen – „umgedrehten" – Aufbaukonzepts entstehen bei Verwendung des hier vorgestellten Einheitsschemas, das uneingeschränkt dem der Vollendungstat entspricht, nicht: Im Vorangegangenen (§ 3 Rn. 2 ff.) wurde gezeigt, was ein grundsätzlich missbilligtes versuchstatbestandsspezifisches Verhalten voraussetzt. Für die Strafbarkeit darf dieses Verhalten selbstverständlich insbes. nicht gerechtfertigt sein und es muss einen hinreichend gewichtigen Verhaltensnormverstoß darstellen.

---

[21] Zu den entsprechenden Defiziten bereits der Vorsatzdefinition vgl. oben § 1 Rn. 2 f.

Für die Bejahung der Tatbestandsmäßigkeit i. e. S. muss die betreffende Person   33
ein tatbestandsspezifisch strafrechtlich relevantes Verhalten vorgenommen haben,
durch welches die versuchstatbestandsspezifische Schädigungsmöglichkeit geschaffen oder nicht abgewendet wurde. Das ist dann der Fall, wenn auf der Basis der
sich der konkreten Person darbietenden Sachlage zu prognostizieren ist, dass der
weitere Verhaltensverlauf unmittelbar in das tatbestandsmäßige Verhalten i. e. S. der
Vollendungstat bzw. des beendeten Versuchs einmündet. Insofern bestimmt sich die
Beurteilungsbasis, die bei der Bewertung eines Verhaltens als i. S. der Versuchstat
grundsätzlich zu missbilligendes zugrunde zu legen ist, nach denselben Kriterien,
nach denen auch beim Vollendungsdelikt die Basis einer solchen Bewertung zu bestimmen ist.

Genau diese Beurteilungsbasis ist als Anknüpfungspunkt der Vorsatzprüfung   34
heranzuziehen. Hinsichtlich der an den Vorsatz im Hinblick auf die Tatbestandsverwirklichung i. e. S. zu stellenden Voraussetzungen gelten im Vergleich zur Vollendungstat ebenfalls keine Besonderheiten: Die betreffende Person muss im verhaltensrelevanten Zeitpunkt die Umstände kennen, die die grundsätzlich zu
missbilligende Schaffung oder Nichtabwendung der (versuchs-)tatbestandlich
abstrakt-generell erfassten Schädigungsmöglichkeit begründen. Dafür genügt es
nicht, wenn die betreffende Person diese Umstände nur in einem zu einem früheren
Zeitpunkt gefassten „Tatentschluss" gedanklich zutreffend antizipiert, bei ihrem
späteren Versuchsverhalten sich darüber aber nicht mehr im Klaren ist. Die traditionelle Prüfung des Tatentschlusses verleitet insofern dazu, einen nicht ausreichenden dolus antecedens schon als genügenden Vorsatz anzusehen.

Aus dem Gesagten ergibt sich eine wichtige grundlegende Differenzierung: Eine   35
Person kann sich missbilligt i. S. einer Vollendungstat oder i. S. einer Versuchstat
und damit im jeweiligen Sinne mindestens *fahrlässig* verhalten. Kommt im verhaltensrelevanten Zeitpunkt(!) die Kenntnis der maßgeblichen Umstände hinzu, wird
dadurch ein höherer Unwertgehalt begründet und es handelt es sich um einen *sogar*
vorsätzlichen Verhaltensnormverstoß im jeweiligen Sinne. Es kann also bei der Versuchstat ebenso wie bei der Vollendungstat zwischen einem missbilligten (fahrlässigen) tatbestandsspezifischen Verhalten und einem vorsätzlichen missbilligten tatbestandsspezifischen Verhalten unterschieden werden.

Wird die herkömmliche Prüfungsreihenfolge bei der Versuchsprüfung gewählt,   36
ist es daher unbedingt ratsam, beim sog. Tatentschluss zu differenzieren: Zum einen
bedarf es der Prüfung des im *Verhaltensprojekt* enthaltenen (grundsätzlich) missbilligten Verhaltens; zum anderen bedarf es der Prüfung des *bei der Vornahme dieses*
Verhaltens – also auch noch im Zeitpunkt des unmittelbaren Ansetzens – vorliegenden und auf dieses Verhalten bezogenen Vorsatzes.[22]

---

[22] Zur auch beim Versuch notwendigen Vorsatzprüfung bezogen auf den Zeitpunkt des tatbestandsmäßigen Verhaltens s. auch das Prüfungsschema bei *Freund/Rostalski*, AT, § 8 Rn. 71. – Zur „Doppelfunktion" der Tatentschlussprüfung zutreffend *Wachter*, Das Unrecht der versuchten Tat, S. 190
m. Fn. 342.

37   Vor diesem Hintergrund ist es sachlich falsch, wenn es bisweilen heißt, es gebe keinen Versuch eines Fahrlässigkeitsdelikts.[23] Ein solcher ist konstruktiv ohne Weiteres möglich.[24] Wie *Jakobs* zutreffend betont hat, kann alles, was erfolgreich begangen werden kann, auch erfolglos versucht werden.[25] Richtig ist nur, dass es de lege lata – von Sonderfällen abgesehen[26] – keine Strafnorm gibt, die aber als Ermächtigungsgrundlage dafür erforderlich wäre, eine entsprechende einzelfallbezogene Sanktionsnorm zu bilden und ein solches Verhalten damit zu bestrafen. Denn die geläufigen Fahrlässigkeitstatbestände sind als Vollendungsdelikte konzipiert. Sie enthalten keine spezielle Versuchsstrafbarkeitsanordnung und werden als Vergehen auch nicht von der allgemeinen Regel des bei Verbrechen „automatisch" strafbaren Versuchs erfasst.

38   Indessen kann sich das durch die Einführung eines entsprechenden Verbrechenstatbestands schnell ändern. Wenn sich der Gesetzgeber etwa entschlösse, die besonders leichtfertige Tötung – als qualifiziert fahrlässige Form der Tötung – mit einer Mindeststrafe von einem Jahr unter Strafe zu stellen, wäre über §§ 22, 23 I, 12 I StGB auch die Bildung konkreter einzelfallbezogener Strafbarkeitsanordnungen auf gesetzlicher Grundlage für Fälle des entsprechend qualifiziert fahrlässigen Tötungsversuchs möglich.[27]

b) Verwirrungspotenzial des Begriffs „Tatentschluss als Vorsatz"

39   Die Umschreibung des Tatentschlusses als „Vorsatz in Bezug auf sämtliche Merkmale des objektiven Tatbestandes" führt gleich in mehrfacher Hinsicht zu Begriffsverwirrung. Zunächst sollte unmittelbar einleuchten, dass bei der Prüfung des Tatentschlusses, die üblicherweise der des unmittelbaren Ansetzens – als der (grundsätzlich missbilligt) geschaffenen oder nicht abgewendeten (versuchs-)tatbestandsspezifischen Schädigungsmöglichkeit – vorgelagert ist, noch kein gar vorsätzliches tatbestandsmäßiges Verhalten i. e. S. festgestellt werden kann. Wenn noch kein grundsätzlich missbilligtes Verhalten im Sinne der Schaffung oder Nichtabwendung der tatbestandsspezifischen Schädigungsmöglichkeit vorgenommen wurde, kann es nur rein subjektiv im Kopf der betreffenden Person die Vorstellung eines künftigen (vorsätzlichen) Verhaltens geben, das für den Fall seiner Vornahme den genannten Anforderungen entspricht. Diese von einem entsprechenden Verhaltensnormverstoß unabhängige Vorstellung ist aber in einem *Tat*strafrecht

---

[23] So aber etwa *Wessels/Beulke/Satzger*, AT, Rn. 939; vgl. auch *Kühl*, AT, § 15 Rn. 23 (der freilich letztlich jedenfalls auf dessen Straflosigkeit rekurriert).

[24] S. dazu *Freund/Rostalski*, AT, § 8 Rn. 2 ff.

[25] *Jakobs*, AT, 25/28; s. auch *dens.*, FS Streng, 2017, S. 37, 38; *Wachter*, Das Unrecht der versuchten Tat, S. 177 ff., (S. 189 f. auch zum durchaus denkbaren – de lege lata freilich straflosen – Fall des fahrlässigen untauglichen Versuchs einer Tötung), jew. m. w. N. auch zur Gegenposition.

[26] S. zu solchen Sonderfällen *Freund/Rostalski*, AT, § 8 Rn. 5; *Wachter*, Das Unrecht der versuchten Tat, S. 178.

[27] Zu einem solchen Gesetzesvorschlag s. etwa *Freund*, FS Frisch, 2013, S. 677, 693 ff.; *Rostalski*, GA 2017, 585, 595 ff., 598; näher zur Problematik der qualifizierten Tötungsfahrlässigkeit, die durch die „Raserfälle" erneut aktuell geworden ist, *Freund/Rostalski*, JZ 2020, 241 ff. m. w. N.

vollkommen irrelevant. Ihre isolierte – verhaltensunabhängige – Prüfung ergibt daher keinen Sinn.

Außerdem gilt auch im hier interessierenden Zusammenhang das zu den Anforderungen an das Vorsatzerfordernis bei der Vollendungstat Gesagte entsprechend – und damit auch: Ein voluntatives Element ist nicht erforderlich.[28] Insofern ist auch die Bezeichnung des Vorsatzerfordernisses bei der Versuchstat als Tat*entschluss* irreführend. Das Verhalten der betreffenden Person muss nicht etwa auf die Umsetzung dieses Verhaltensprojekts i. S. einer Absicht zielgerichtet sein. Auch muss sie die Umsetzung des Projekts nicht etwa i. S. eines emotionalen „Gutheißens" *wollen*.[29]   40

Weil bei den Voraussetzungen einer Versuchstat – wie gesehen – der Vorsatz also wie bei der Vollendungstat auf das grundsätzlich zu missbilligende Verhalten zu beziehen ist, ist es in der Fallbearbeitung dringend ratsam, auch beim Versuch zunächst diese grundsätzliche Verhaltensmissbilligung zu prüfen und sodann im Anschluss das entsprechende Vorsatzerfordernis zu thematisieren.   41

5. Zwischenfazit

Im Sinne eines Zwischenfazits gilt es festzuhalten: Der einer Bestrafung wegen Versuchstat zugrundeliegende Verhaltensnormverstoß entspricht beim beendeten Versuch vollkommen dem für eine Bestrafung wegen Vollendungstat. Nur beim unbeendeten Versuch sind gewisse Abstriche hinsichtlich der Anforderungen notwendig und sachlich begründbar. Maßgeblich ist aber stets, dass die betreffende Person jedenfalls zum Verhaltensnormverstoß i. S. des Vollendungsdelikts unmittelbar angesetzt und dadurch zugleich einen versuchstatbestandsspezifischen Verhaltensnormverstoß tatsächlich begangen haben muss.   42

Dabei erfordert ein solcher *versuchstatbestandsspezifischer* Verhaltensnormverstoß als Grundlage für eine Bestrafung mit Blick auf den Gesetzlichkeitsgrundsatz zunächst ein abstrakt-generell formuliertes Strafgesetz, das auf Verstöße gegen Verhaltensnormen Bezug nimmt, die in diesem Sinne tatbestandsspezifisch sind. Auf einer solchen strafgesetzlichen Grundlage ist sodann eine einzelfallbezogene Sanktionsnorm zu bilden, die letztlich eine konkrete Sanktionsanordnung (in Form von Schuldspruch und Strafe) zum Inhalt hat.   43

---

[28] Zur Irrelevanz eines voluntativen Vorsatzelements s. bereits oben § 2 Rn. 113.

[29] In die falsche Richtung weisend daher die Aussage von *Rengier* (AT, § 34 Rn. 14): „Beim Versuch muss der Täter mehr wollen, als objektiv geschehen ist (…)". Aus seinen nachfolgenden Ausführungen geht zwar hervor, dass inhaltlich wohl das Richtige gemeint ist. Sachlich gilt jedenfalls: Die betreffende Person muss die mit ihrem Verhaltensprojekt bei dessen Umsetzung verbundene Gefahr im Zeitpunkt des unmittelbaren Ansetzens zu ihrer Versuchstat(!) lediglich zutreffend erkannt haben; auf ein spezielles „Wollen" kommt es neben einem rechtverstandenen Wissen nicht an. Wer weiß, was er mit seinem Handeln oder Unterlassen an Schaden anrichtet, „will" das im normativ allein maßgeblichen Sinne nolens volens(!) immer. – Zur Irrelevanz eines voluntativen Vorsatzelements s. auch oben § 2 Rn. 113.

44   Diese Sanktionsnorm kann vom jeweils zuständigen Strafgericht nur gebildet werden, wenn als deren Grundvoraussetzung tatsächlich ein einschlägiger tatbestandsspezifischer Verhaltensnormverstoß vorliegt. Ein solcher erfordert – wie oben (§ 1 Rn. 26 ff., 51 ff.) näher dargelegt – eine stichhaltige und in jeder Hinsicht überzeugungskräftige Begründung dafür, dass die betreffende Person gegen eine ihr gegenüber kontext- und adressatenspezifisch legitimierbare Verhaltensnorm verstoßen hat, die zu der vom jeweiligen Strafgesetz in Bezug genommenen Klasse gehört.[30] Genauso sorgfältig wie die Begründung des Strafgerichts muss auch in der Fallbearbeitung die Begründung für diesen Verhaltensnormverstoß erfolgen.

II. Der Versuch als „normal" zu prüfende Straftat – Wider das auf dem Kopf stehende Prüfungsschema

45   Die vorangegangenen Ausführungen haben gezeigt: An eine Versuchstat sind nicht etwa ganz andere Anforderungen zu stellen als an eine Vollendungstat. Vielmehr wurde deutlich, dass es sich im Hinblick auf den vorausgesetzten Verhaltensnormverstoß entweder um genau denselben wie bei einem solchen i. S. der Vollendungstat handeln kann oder aber um ein Weniger. Dieses Weniger ist freilich besonders begründungsbedürftig und darf nicht so schwach ausgeprägt sein, dass im Verhalten der betreffenden Person allenfalls die *Vorbereitung* eines (tatbestandsspezifischen) Verhaltensnormverstoßes erblickt werden kann. Vielmehr muss es eine bestimmte Schwelle erreichen. Erforderlich ist, dass es durch das in Rede stehende Verhalten zur Schaffung oder Nichtabwendung einer tatbestandsspezifischen Schädigungsmöglichkeit gekommen ist. Diese ist – wie auch sonst bei der Verhaltensnormkonkretisierung – auf der Basis der Sachlage zu bestimmen, angesichts deren die betreffende Person handelt oder unterlässt.

46   Dass insoweit auch subjektive Elemente benötigt werden, um den versuchstatbestandsspezifischen Verhaltensnormverstoß zu bestimmen, rechtfertigt es auch beim Versuch nicht, eine rein subjektive „Eingangsprüfungsstufe" vorzusehen, die auf ein *zukünftiges* Vorhaben der Person bezogen ist. Entsprechende „Gedankenverbrechen" stellen keine Verhaltensnormverstöße dar und sind als solche rechtlich erlaubt (und damit „frei") und strafrechtlich vollkommen irrelevant. Wenn und solange derartige Pläne nicht in eine entsprechende Tat umgesetzt werden, können sie vielleicht für polizeirechtliche Maßnahmen – etwa eine Observation – Anlass sein; aber auch das nur, sofern deren Voraussetzungen vorliegen.

47   Die strafrechtliche Irrelevanz bloßer Entschlüsse gilt für die Vollendungs- und die entsprechende Versuchstat gleichermaßen. Für beide Straftaten bedarf es jeweils des Vorliegens eines tatbestandsspezifischen Verhaltensnormverstoßes, für den immer auch subjektive Elemente benötigt werden: Damit dieser Verhaltensnormverstoß objektiv(!) vorliegt, muss das Verhalten des Täters gegen eine ihm gegenüber kontext- und adressatenspezifisch legitimierbare Verhaltensnorm verstoßen.

---

[30] S. zur Bildung der einzelfallbezogenen konkreten Sanktionsnorm *Freund/Rostalski*, GA 2018, 266 ff., vgl. auch *dies.*, GA 2020, 620 f.

Aus dem Bisherigen folgt für den gutachterlichen Prüfungsaufbau: Liegt sogar   **48**
ein Verhaltensnormverstoß i. S. der Vollendungstat vor, ist insofern die entsprechende Prüfung beim Versuch identisch. Es entfallen lediglich die Prüfungspunkte,
die an den Eintritt spezifischer Fehlverhaltensfolgen anknüpfen. Liegt eine Teilverwirklichung dieses Verhaltensnormverstoßes i. S. der Vollendungstat vor, kann der
gleiche Aufbau gewählt werden. In diesen Fällen wird es regelmäßig keine Probleme bereiten, die mit dem Verhalten verbundene Schaffung oder Nichtabwendung
der Vollendungsgefahr anzunehmen und damit den erforderlichen versuchstatbestandsspezifischen Verhaltensnormverstoß zu begründen.

Ein erheblich höherer Begründungsaufwand ist notwendig, wenn es darum geht,   **49**
einen solchen versuchstatbestandsspezifischen Verhaltensnormverstoß anzunehmen, obwohl die betreffende Person nur ein Verhalten vorgenommen hat, das dem
tatbestandsverwirklichenden Verhalten der Vollendungstat unmittelbar vorgelagert
ist. In diesen Fällen ist näher darzulegen, dass bereits damit die erforderliche Verdichtung der Gefahr der Verwirklichung des Tatbestands der Vollendungstat im konkreten Einzelfall vorliegt und das Verhalten deshalb bereits einen versuchstatbestandsspezifischen Verhaltensnormverstoß darstellt.

Bei der Versuchstat ist also folgender Prüfungsablauf zu empfehlen: Zunächst   **50**
ist – ebenso wie bei der Prüfung der Vollendungstat – ein Verhalten im tatbestandsspezifisch strafrechtsrelevanten Sinne erforderlich. Weiterhin muss durch dieses
Verhalten eine *(versuchs-)tatbestandlich abstrakt-generell erfasste Schädigungsmöglichkeit geschaffen oder nicht abgewendet* worden sein.

Insofern kann es bereits an einer tatbestandsspezifischen Gefahrschaffung (bzw.   **51**
Gefahrnichtabwendung) vollständig fehlen. Dann stellt das Verhalten schon deshalb
keinen entsprechenden Verhaltensnormverstoß dar. Ein spezifisches Missbilligungs-
problem stellt sich in einem solchen Fall gar nicht. Zur Verdeutlichung kann folgendes Beispiel dienen:

Wenn sich jemand mit einem Messer bewaffnet und in den Wald geht, um einen   **52**
beliebigen ihm begegnenden Menschen zu erstechen, kann zwar gesagt werden,
dass bereits damit die Schaffung einer *bestimmten Schädigungsmöglichkeit* verbunden sein *kann*, sofern er nicht auszuschließen vermag, dass ihm jemand begegnet.
Dann handelt er immerhin im tatbestandsspezifisch strafrechtsrelevanten Sinne.[31]
Er verstößt aber bereits mangels – auf der Basis seiner Perspektive ex ante zu beur-
teilender – *tatsächlicher Schaffung* einer im Sinne der Tötungstatbestände tatbestandsspezifischen Schädigungsmöglichkeit gegen keine (grundsätzlich) legitimierbare tatbestandsrelevante Verhaltensnorm i. S. einer auch nur versuchten Tötung
(bzw. einer darin enthaltenen versuchten Körperverletzung). Das bloße mit
Zurüstungen versehene Umherlaufen im Wald beinhaltet noch keine auch nur versuchte Lebensgefahrschaffung für ein potenzielles Opfer.[32] Ein spezifisches Miss-

---

[31] Dazu, dass mit dieser empirischen Feststellung nur die Mindestbedingung eines für die Strafbarkeit erforderlichen Verhaltensnormverstoßes durch ein aktives Tun benannt ist und noch keine
Wertung i. S. einer rechtlichen Missbilligung erfolgt, s. oben § 2 Rn. 7 ff.

[32] Die traditionelle Versuchsprüfung würde in diesem Fall den Tatentschluss zu einer Tötung bejahen, und zwar obwohl dieser in concreto strafrechtlich vollkommen irrelevant ist.

billigungsproblem mit Blick auf eine versuchte Tötung oder Körperverletzung stellt sich daher schon gar nicht. In Frage kommt lediglich eine Gefahrschaffung i. S. d. *Vorbereitung* einer solchen. Jedoch gibt es für den vorbereitenden Alleintäter im geltenden Recht – aus gutem Grund[33] – keinen entsprechenden *allgemeinen* Straftatbestand.[34]

53   Die Tatbestandsspezifität der Schädigungsmöglichkeit ist – ebenso wie bei der Prüfung des tatbestandlich abstrakt-generell erfassten Erfolges beim vollendeten Erfolgsdelikt – anhand dessen zu ermitteln, was das jeweilige Strafgesetz als tatbestandsspezifische Verhaltensfolge abstrakt-generell postuliert. Die Schädigungs*möglichkeit* ist stets der *mögliche* Eintritt des durch das jeweilige Vollendungsdelikt als erforderlich vorausgesetzten Schadens. An einer *tatbestandsspezifischen* Gefahrschaffung (oder der Nichtabwendung einer solchen Gefahr) fehlt es auch dann, wenn das Verhalten in anderer Hinsicht zu missbilligen sein sollte: Wenn der mit der bösen Absicht, ihm begegnende Menschen zu töten, im Wald nicht nur mit einem Messer umherläuft, sondern ohne waffenrechtliche Berechtigung eine Schusswaffe bei sich führt, mag er zwar gegen eine in dieser speziellen Hinsicht legitimierbare Verhaltensnorm verstoßen und sich deshalb *insoweit* strafbar machen (s. § 52 WaffG). Dies ändert jedoch nichts am Ergebnis des Fehlens einer tatbestandsspezifischen Gefahrschaffung i. S. eines auch nur versuchten Tötungs- oder Körperverletzungsdelikts.

54   Liegt die Schaffung oder Nichtabwendung einer tatbestandsspezifischen Schädigungsmöglichkeit vor, stellt sich das Wertungsproblem der entsprechenden grundsätzlichen Missbilligung dieses Verhaltens (auf der Ebene des Tatbestands i. e. S.). Im Rahmen dieser Prüfung (bei der Abwägung im Rahmen des grundsätzlichen Vermeidenmüssens) sind – wie stets – alle einschlägigen Wertungsfragen unterzubringen, die sich im konkreten Fall stellen.

55   Nicht fehlen darf regelmäßig die Prüfung des Vorsatzes in Bezug auf die Tatbestandsverwirklichung i. e. S. Insofern ergibt sich beim Versuch als Besonderheit lediglich, dass sich naturgemäß die Frage der vorsätzlichen Folgenherbeiführung (als spezifisches Erfordernis der vorsätzlichen Vollendungstat[35]) nicht stellt, sondern allein die Vorsätzlichkeit des Verhaltens relevant wird. Dies ergibt sich bereits

---

[33] Derartige Verhaltensweisen lassen sich in einer freiheitlichen Rechtsordnung, in der grundsätzlich davon auszugehen ist, dass die betreffende Person die Tat, zu der sie sich zunächst entschlossen hat, letztlich – wenn es ernst wird – doch nicht begeht, regelmäßig schon gar nicht rechtlich missbilligen. Mangels Verstoßes gegen eine legitimierbare(!) Verhaltensnorm gingen entsprechende Straftatbestände ins Leere. Sie wären ebenso verfassungswidrig, wie die durch § 217 StGB vorgesehene Strafbarkeit der geschäftsmäßigen Förderung einer Selbsttötung. Zur Verfassungswidrigkeit des § 217 StGB s. BVerfG v. 26.2.2020 – 2 BvR 2347/15, NJW 2020, 905 ff.; *Freund/ Rostalski*, GA 2020, 617, 629; s. auch *Schöch*, GA 2020, 423 ff.

[34] Nur wenn mehrere Personen beteiligt sind, ist an den strafbaren Versuch der Beteiligung zu denken (vgl. § 30 StGB i. V. m. einem Verbrechenstatbestand). Gesetzlich geregelte Sonderfälle, die bereits ein solches vorbereitendes Verhalten als tatbestandsspezifischen Verhaltensnormverstoß erfassen, sind etwa die Vorbereitung der Fälschung von Geld und Wertzeichen (§ 149 StGB) und das Herstellen einer unechten Urkunde mit der Funktion späterer Täuschung im Rechtsverkehr (§ 267 I Fall 1).

[35] S. zu diesem Erfordernis der vorsätzlichen Vollendungstat oben § 1 Rn. 67, § 2 Rn. 106 ff., 135 ff.

daraus, dass sich das Vorsatzerfordernis stets auf alle Umstände (und deren Bewertungsrelevanz) beziehen muss, die die Tatbestandsverwirklichung i. e. S. begründen – aber auch nur auf diese. Etwaige Verhaltensfolgen gehören im Falle des Versuchstatbestands gerade nicht dazu.

An dieser Stelle wird nochmals deutlich, welche Vorteile die Erkenntnis mit sich bringt, dass **56** das Vorsatzerfordernis der Vollendungstat ein vorsätzliches Verhalten *und* die entsprechende vorsätzliche Erfolgsherbeiführung umfasst. Denn es wird direkt deutlich, welcher Teil dieser Voraussetzungen einer vorsätzlichen Verwirklichung des Tatbestands i. e. S. bei der Vollendungstat ebenso wie bei der Versuchstat gilt: Auch bei der Versuchstat muss die betreffende Person sich vorsätzlich im Hinblick auf die Tatbestandsverwirklichung i. e. S. *verhalten* haben. Eine vorsätzliche Folgenherbeiführung erfordert jedoch mehr. Sie ist Teil dessen, was (über die Verhaltensmissbilligung hinaus) als *zusätzlicher* Vorwurfsgegenstand bei der Vollendungstat im Vergleich zum Versuchsunrecht noch hinzukommt.

Zur Vermeidung von Missverständnissen: Auch bei einer Versuchstat gibt es spezifische Folgen des tatbestandsspezifischen Verhaltensnormverstoßes. Solche fehlen nur beim untauglichen Versuch. Beim tauglichen Versuch ist dagegen außer dem reinen Verhaltensunrecht ein mehr oder weniger gewichtiger tatsächlicher – je nach zugrundegelegter Perspektive unterschiedlicher – Gefährdungsunwert festzustellen. Dieser ist freilich nicht bereits für die Verwirklichung des Versuchstatbestands relevant, sondern erst für die konkrete Strafzumessung im Einzelfall. Insofern macht es strafzumessungsrechtlich sogar einen erheblichen Unterschied, ob jemand mit einer vermeintlich scharf geladenen Schusswaffe im Wald mit einer Platzpatrone auf einen Baumstrunk geschossen hat, den er in der Dämmerung für einen lebenden Menschen hielt, oder ob er mit einer scharfen Waffe ein Geschoss abgefeuert hat, das am Kopf eines Menschen nur um Haaresbreite vorbeigeflogen ist. Der entsprechende Gefährdungsunwert fungiert – wenn er als spezifische Fehlverhaltensfolge eingetreten ist – unter dem Gesichtspunkt der „verschuldeten Auswirkungen" der Versuchstat als Strafschärfungsgrund (vgl. § 46 II StGB). Der Tatbestand des versuchten Totschlags wird in beiden Fällen jedoch gleichermaßen erfüllt.

Liegen die versuchstatbestandsspezifischen Voraussetzungen vor, ist der Tatbe- **58** stand i. e. S. erfüllt. Im Hinblick auf die fehlende Rechtfertigung (die endgültige Verhaltensmissbilligung) und das hinreichende Gewicht des Verhaltensnormverstoßes ergeben sich bei der Versuchsprüfung keine Besonderheiten. Zu guter Letzt ist das Fehlen eines strafbefreienden Rücktritts als besondere Voraussetzung der Versuchsstrafbarkeit zu thematisieren.[36]

Die noch immer weit verbreitete Sonderbehandlung der Versuchstat im Vergleich **59** zu anderen Straftaten ist ausschließlich durch die Historie bedingt, entbehrt jedoch jeglicher sachlichen Berechtigung. Leider hat man erst spät bemerkt, dass der auch für die Tatbestandsverwirklichung bei einer Vollendungstat erforderliche tatbestandsspezifische Verhaltensnormverstoß auf der Basis der Sachlage zu begründen ist, die sich der betreffenden Person (ex ante) darbietet – dass also ohne die Berücksichtigung der entsprechenden subjektiven Elemente nicht auszukommen ist. Zu

---

[36] Zur Rücktrittsproblematik näher *Freund/Rostalski*, AT, § 9; s. zur vorzugswürdig nach der Einzelaktstheorie zu bestimmenden rücktrittsfähigen Versuchstat auch oben § 3 Rn. 9.

lange hat man gedacht, mit rein objektiven Aspekten zumindest die partielle Verwirklichung eines Straftatbestands begründen zu können. Nur aufgrund dieser Fehleinschätzung konnte sich die Aufspaltung des straftatrelevanten Stoffs – jedenfalls bei der Vorsatztat – in einen vorrangig zu prüfenden (vermeintlich) objektiven und in einen nachrangig zu prüfenden subjektiven Tatbestand etablieren.

60   Inzwischen wird jedoch auch von den Vertretern dieser Aufteilung eingeräumt, dass es einen *rein* objektiven (Unrechts-)Tatbestand gar nicht gibt, sondern dieser vielmehr mit subjektiven Elementen durchsetzt ist.[37] Dennoch wird die traditionelle Aufteilung mit ihrer in der Sache evident irreführenden Terminologie beibehalten. Leider ist ein davon abweichender Kurs in naher Zukunft nicht zu erwarten. Damit wird wissenschaftlicher Fortschritt konterkariert und auch den Studentinnen und Studenten, denen diese zwar weit verbreitete, aber sachlich falsche Terminologie vermittelt wird, ein Bärendienst erwiesen. Das Niveau universitärer Ausbildung kann so nicht erreicht werden.

61   Bei einer angemessenen Erfassung der Voraussetzungen des tatbestandsspezifischen Verhaltensnormverstoßes als Grundkriterium einer jeden Straftat wäre sofort aufgefallen, dass ein rein objektiver Tatbestand *insofern* nicht weiterführt. Dementsprechend wäre man wohl auch nicht auf die Idee gekommen, das bereits bei der Vollendungstat verfehlte Trennungskonzept bei der Versuchsprüfung auf den Kopf zu stellen und durch sein kaum besseres Gegenextrem zu ersetzen: 1. Tatentschluss als subjektiver Versuchstatbestand – 2. Unmittelbares Ansetzen als angeblich objektiver Versuchstatbestand. – Da jedoch das unmittelbare Ansetzen schon nach der gesetzlichen Formulierung („nach seiner Vorstellung von der Tat") jedenfalls auch von subjektiven Elementen durchsetzt ist, ist es insbesondere auch in diesem Zusammenhang irreführend, von einem „objektiven Tatbestand" zu sprechen.

62   Die irreführenden Begrifflichkeiten lassen sich auf der Basis der zutreffend gewonnenen Sacheinsicht in prüfungstechnisch weiterführender Weise vermeiden. Auch für die Versuchstat ist ein entsprechender tatbestandsspezifischer Verhaltensnormverstoß erforderlich. In Bezug auf diesen gilt de lege lata durchweg das Vorsatzerfordernis. Damit spricht nichts dagegen, sondern sogar alles dafür, auch die Versuchstat in der entsprechenden konkretisierten Ausprägungsform des hier vorgestellten Einheitsschemas ebenso wie die Vollendungstat zu prüfen.

---

[37] Dass der „objektive Unrechtstatbestand" mit „subjektiven" Elementen durchsetzt ist, also gerade nicht rein objektiv-äußerlich bestimmt werden kann, sagen deutlich etwa *Arzt,* GS Schlüchter, 2002, S. 163 ff.; *Roxin/Greco,* AT I, § 10 Rn. 53; *Wessels/Beulke,* AT, 37. Aufl., Rn. 134 (bei *Wessels/Beulke/Satzger,* AT, Rn. 198 ff. ist diese zutreffende Erkenntnis leider verloren gegangen). – Mit Recht krit. gegenüber der geläufigen Trennung *Schmidhäuser,* FS Schultz, 1977, S. 61 ff.; *Langer,* Sonderstraftat, S. 69 Fn. 151; vgl. a. *Mir Puig,* GS Armin Kaufmann, 1989, S. 253 ff.; *Puppe,* FS Otto, 2007, S. 389, 402: „Die Erkenntnis, dass die Unterscheidung zwischen objektivem und subjektivem Tatbestand nicht durchführbar ist, würde, wenn sie sich auch in der juristischen Didaktik einmal durchsetzt, den Studenten manche unerfreuliche Pflichtübung ersparen." … „Vor allem aber würde diese Erkenntnis dem Streit um die mangelnde Objektivität der sog. objektiven Zurechnung das verdiente Ende bereiten." Auch *Robles Planas,* GA 2016, 284, 293 beklagt mit Recht, dass sich leider viele noch immer an die sachlich verfehlte Unterscheidung zwischen einem angeblich „objektiven" und einem subjektiven Tatbestand „klammern". – Zur „objektiven Zurechnung" von Folgen personalen Fehlverhaltens als Fall objektiver Unmöglichkeit näher *Freund,* in: Estudios de Política Criminal y Derecho Penal, S. 409 ff.

§ 4 Die Prüfung von Straftaten, die einen Verstoß gegen eine monistisch legitimierte Verhaltensnorm voraussetzen

Nachdem die vorangegangenen Ausführungen hauptsächlich den praktisch am häu- 1
figsten relevanten Normtyp der dualistisch fundierten Verhaltensnorm in den Blick
genommen haben, soll dieser nunmehr auf monistisch legitimierte Verhaltensnormen gerichtet werden, bei denen Verstöße immerhin in wenigen Sonderfällen auch
strafrechtlich relevant werden. Deren Grundlagen und auch die in begrifflicher Hinsicht erforderlichen Klarstellungen finden sich bereits oben in grundsätzlichem Zusammenhang.[1]

I. Monistisch fundierte Verhaltensnormen: Der Rechtsgüterschutz als allein ausreichende Legitimationsgrundlage der Verhaltensbeschränkung

Nach dem oben (§ 1 Rn. 26 ff., 39 ff.) Dargelegten ist die leider noch immer weit 2
verbreitete Einteilung der Unterlassungsdelikte in „echte" und „unechte" unbedingt
zu vermeiden. Die bei dieser Einteilung verwendeten Begriffe sind in mehrfacher
Hinsicht sachlich falsch und irreführend. Diese Einteilung führt sich selbst ad ab-
surdum, wenn sich ergibt, dass manche Straftaten sowohl „echte" als auch „unechte" Unterlassungsdelikte sein sollen (wie etwa die durch Unterlassen begangene
Untreue oder die Aussetzung durch Imstichlassen in hilfloser Lage).

Eine sachlich sinnvolle und klar differenzierende Einteilung der Unterlassungs- 3
delikte ist demgegenüber – wie gezeigt – die in *begehungsgleiche* und *nichtbegehungsgleiche*. Begehungsgleiche Unterlassungsdelikte sind solche, die einen Verstoß gegen eine nicht nur im Rechtsgüterschutzinteresse, sondern zusätzlich kraft
Sonderverantwortlichkeit des Adressaten oder der Adressatin der Norm für das Vermeiden der konkret in Frage stehenden Schädigungsmöglichkeit (also gegen eine

---

[1] S. dazu oben § 1 Rn. 26 ff., 39 ff.

dualistisch) legitimierte Verhaltensnorm voraussetzen. Das trifft auf fast alle Straftaten des StGB zu. Nichtbegehungsgleiche Unterlassungsdelikte sind demgegenüber solche, bei denen ein Verstoß gegen eine allein im Rechtsgüterschutzinteresse – also monistisch – legitimierte Verhaltensnorm genügt. Im StGB gibt es de lege lata nur zwei Straftatbestände, die sich auf Verstöße gegen monistisch legitimierte Verhaltensnormen beziehen: §§ 138, 323c I StGB. Diese Straftatbestände können nicht nur durch nichtbegehungsgleiches Unterlassen, sondern ebenso durch nichtbegehungsgleiches (aktives) Tun verwirklicht werden. Entscheidend ist – wie stets – jeweils nicht die Verhaltens*form,* sondern die Qualität der übertretenen Verhaltens*norm.*

4   Auch für die Fallbearbeitung heißt das: Anknüpfungspunkt der Strafbarkeitsprüfung kann jede dieser beiden naturalistischen Verhaltensformen sein. Für die Tatbestandsverwirklichung kommt es allein auf die Erfüllung der sachlichen Anforderungen – insbesondere der Legitimationsbedingungen der dem Verstoß zugrunde liegenden Verhaltensnorm – an. Auch wer Gegenteiliges behaupten mag, kommt nicht darum herum, bei konkreten Strafbarkeitsprüfungen immer ein ganz bestimmtes Handeln oder Unterlassen als Anknüpfungspunkt zu benennen und in Bezug auf jedes als strafbares Verhalten in Betracht kommende Handeln *und* Unterlassen zu prüfen, ob es die Strafbarkeitsvoraussetzungen erfüllt. Methodisch und sachlich grob fehlerhaft ist es hingegen, sich nur für die Prüfung des einen *oder* anderen Verhaltens zu entscheiden oder gar das eine in das andere kontrafaktisch umzudeuten.[2]

5   Das Kriterium der Sonderverantwortlichkeit für das Vermeiden (Schaffen oder Nichtabwenden) ganz bestimmter Schädigungsmöglichkeiten (Gefahren) ist *kein unterlassungsspezifisches.* Vielmehr ist es genauso für die Verwirklichung (fast) aller Straftatbestände notwendige Voraussetzung. Fehlt bei aktivem Tun die Sonderverantwortlichkeit für die konkrete Gefahrvermeidung, liegt – wenn es etwa zum Tod des in Gefahr Geratenen kommt – dennoch kein Tötungsdelikt vor. Vielmehr wird durch dieses Tun(!) nur der Tatbestand des Verstoßes gegen die allgemeine Hilfspflicht nach § 323c I StGB verwirklicht, sofern eine entsprechende Rechtspflicht bereits allein im Rechtsgüterschutzinteresse zu legitimieren ist und gegen ebendiese verstoßen wurde.[3]

6   Insofern zeigt sich zugleich, dass der im Kontext der begehungsgleichen Unterlassungsdelikte verwendete Begriff der Garanten*stellung* das sachlich berechtigte Kriterium nicht angemessen zum Ausdruck bringt und daher zu vermeiden ist. Es geht sachlich nicht etwa um eine bestimmte *Stellung,* die eine Person (grundsätzlich) innehat. Vielmehr ist entscheidend, dass sie für die *konkrete* Gefahrvermeidung im Einzelfall(!) – im Vergleich mit anderen, die nur eine monistisch legitimierte Pflicht trifft – *in besonderer Weise* verantwortlich ist: Ihr gegenüber ist die konkretisierte Verhaltensnorm dualistisch legitimierbar. Diese Verhaltensnorm ist nicht nur spezifisch begründet, sondern kann auch je nach den Umständen sehr viel weitergehende Einschränkungen berechtigterweise auferlegen, als dies gegenüber einer bloß

---

[2] Zur stets eindeutigen Unterscheidung der beiden naturalistischen Verhaltensformen – Handlung und Unterlassung (einer Handlung) – im Hinblick auf die (mögliche) Schaffung oder Nichtabwendung einer Schädigungsmöglichkeit oben § 2 Rn. 7 ff.

[3] S. dazu das Beispiel der Nachbarin, die sich die Ohren zuhält und laute Musik anmacht, um den sonst wirkenden Rettungsimpuls zu unterdrücken, oben § 1 Rn. 44.

aus Gründen des Rechtsgüterschutzes in die Pflicht zu nehmenden Person möglich wäre.

Vor diesem Hintergrund ist es ratsam, zur korrekten Bezeichnung des für die 7
Strafbarkeit nach fast allen Straftatbeständen bedeutsamen Kriteriums den Begriff
der *Sonderverantwortlichkeit* (für das Vermeiden einer ganz konkreten Schädigungsmöglichkeit) zu verwenden. Er hat zum einen den Vorteil, sich auf eine konkrete Verhaltenspflicht zu beziehen, die es zu legitimieren gilt. Zum anderen hat er
aber auch den Vorteil, unabhängig von der Verhaltensform einsetzbar zu sein.

Derart intensive Einschränkungen der Freiheit der durch die Norm adressierten 8
Person im Interesse des Rechtsgüterschutzes, wie sie bei gegebener Sonderverantwortlichkeit legitimierbar sind, lassen sich gegenüber einer nur nach Notstandsgrundsätzen in die Pflicht zu nehmenden Person nicht rechtfertigen. Im Verhältnis
zu dieser müssen je nach Intensität der Beschränkung jedenfalls besonders gewichtige Rechtsgüterschutzinteressen auf dem Spiel stehen. Das ist insbesondere der
Fall, wenn Leib oder gar Leben eines anderen Menschen bedroht sind.

So verhält es sich im Falle von Verhaltensnormen, bei denen ein Verstoß die 9
Grundlage einer Bestrafung wegen unterlassener Hilfeleistung gem. § 323c I StGB
bildet.[4] Kommt eine zuvor vollkommen unbeteiligte Person zu einem Unfallort, an
dem sich schwer verletzte Personen befinden, die dringend der Hilfe bedürfen, lässt
sich eine Rechtspflicht begründen, die erforderliche Hilfe in den Grenzen des dieser
Person konkret Zumutbaren zu leisten.[5] Einer besonderen Verantwortlichkeit für die
Abwendung dieser Gefahr bedarf es dabei nicht.

Klarstellend sei nochmals betont: Eine solche Pflicht lässt sich nicht erst auf- 10
grund der Normierung einer Strafvorschrift – wie etwa § 323c I StGB – begründen.[6]
Vielmehr ergibt sich eine solche bereits aus dem grundlegenden Gedanken der Ordnung unseres gesellschaftlichen Zusammenlebens im Falle von Interessenkollisionen nach dem Prinzip des überwiegenden Interesses in Verbindung mit einer
Interessenabwägung im konkreten Einzelfall.[7] Verhaltensnormen sind stets straf-

---

[4] Im Gegensatz zur Strafbarkeit wegen Behinderung von Rettungspersonen gem. § 323c II StGB,
für die ein Verstoß gegen eine dualistisch fundierte Verhaltensnorm Voraussetzung ist.

[5] Ein ebenso anschauliches Beispiel für einen derartigen Verhaltensnormverstoß durch (aktives)
Tun ist das der Nachbarin oben § 1 Rn. 44.

[6] Diese Strafvorschrift als solche hat nur die Funktion der nach dem Gesetzlichkeitsgrundsatz (Art.
103 II GG) erforderlichen Ermächtigungsgrundlage für die strafrechtliche Reaktion auf einen *vorausgesetzten* tatbestandsspezifischen Verhaltensnormverstoß. Die auf dieser Grundlage vom zuständigen Strafgericht zu bildende einzelfallbezogene Sanktionsnorm (im Sinne der konkreten Anordnung von Schuldspruch und Strafe) kann nicht gebildet werden, wenn der tatbestandsspezifische
Verhaltensnormverstoß nicht vorliegt. – S. zur Bildung der einzelfallbezogenen konkreten Sanktionsnorm *Freund/Rostalski*, GA 2018, 264 ff., vgl. auch *dies.*, GA 2020, 617 ff.; ferner oben § 1
Rn. 72 ff.

[7] S. zur Verhaltensnormenordnung als Grundlage eines geordneten Zusammenlebens oben § 1
Rn. 11 ff. Dass in einem solchen Fall die körperliche Unversehrtheit, das Interesse, etwa rechtzeitig
zur Sportschau zu Hause zu sein, überwiegt, folgt aus der grundlegenden Entscheidung für eine
freiheitlich-demokratische und durch ein Mindestmaß an Verpflichtung zur Solidarität geprägten
Ordnung unserer Gesellschaft. Zur umstrittenen Frage, ob bzw. inwieweit auch zur Rettung von
Sachwerten monistische Hilfspflichten zu legitimieren sind, s. *Freund*, in: MünchKommStGB,
Band 5, § 323c Rn. 26 ff.

rechtsunabhängig auf einer vorgelagerten Regelungsebene zu begründen.[8] Ein Verstoß gegen eine solche rechtlich verbindliche Pflicht bildet dann die sachliche Grundlage dafür, dass aufgrund von § 323c I StGB ein entsprechender Schuldspruch und regelmäßig auch ein zusätzliches Strafübel als Reaktion auf den begangenen tatbestandsspezifischen Verhaltensnormverstoß folgen. Die Besonderheit des für eine Bestrafung gem. § 323c I StGB notwendigen Verhaltensnormverstoßes liegt nach allem Bisherigen allein in der *Qualität der Verhaltensnorm*, gegen die verstoßen worden sein muss.[9] § 323c I StGB bezieht sich auf den Verstoß gegen eine monistisch fundierte Verhaltensnorm als allgemeinen Verhaltensnormtyp. Deren konkrete Ausprägungsform ist freilich – wie sonst auch – von der durch die Norm speziell adressierten Person kontext- und adressatenspezifisch zu konkretisieren.

11   Neben § 323c I StGB existiert de lege lata im StGB noch eine andere Strafvorschrift, die auf Verstöße gegen monistisch fundierte Verhaltensnormen Bezug nimmt: Die Nichtanzeige geplanter Straftaten gem. § 138 StGB. Der Legitimationsgrund ist auch bei den vorausgesetzten Anzeigepflichten als Verhaltensnormen wie bei den Hilfspflichten bei Unglücksfällen der Schutz der bedrohten Rechtsgüter – etwa im Falle der Pflicht zur Anzeige eines geplanten Totschlags das Leben des potenziellen Opfers.

12   Dass gegenwärtig nur die beiden Strafvorschriften der §§ 138, 323c I im StGB normiert sind, welche für Schuldspruch und Strafe als Reaktion auf einen monistisch fundierten Verhaltensnormverstoß die gesetzliche Grundlage bieten, muss de lege ferenda keinesfalls zwingend so bleiben. Vielmehr ist es durchaus denkbar, auch für Verstöße gegen andere Verhaltensnormen, die sich allein durch den Rechtsgüterschutzaspekt legitimieren lassen, eine gesetzliche (Ermächtigungs-)Grundlage für Schuldspruch und Strafe zu schaffen.

II. Die Umsetzung dieser Grundlagen in die Fallbearbeitung – Prüfung von Straftatbeständen auf der Grundlage monistisch fundierter Verhaltensnormverstöße im Einheitsschema

13   Im Folgenden sollen die Besonderheiten des monistisch fundierten Verhaltensnormverstoßes in der Fallbearbeitung unter Zugrundelegung des Einheitsschemas dargelegt werden. Außerdem soll exemplarisch auf die Prüfung einer Strafbarkeit gem. § 323c I StGB näher eingegangen werden, weil dessen Prüfung in der Fallbearbeitung häufig relevant wird und bisherige Lösungsangebote nicht selten Verwirrung stiften.

---

[8] S. zur sachgerechten Unterscheidung von Verhaltens- und Sanktionsnormen oben § 1 Rn. 11 ff.

[9] Begehungsgleiches Unterlassen beinhaltet im Verhältnis zum Jedermannunterlassen ein *spezielles Plus* im Unwertgehalt. In der Sache ist das unbestritten; s. dazu *Freund*, in: MünchKommStGB, Band 1, Vor § 13 Rn. 171 ff.; ferner *dens.*, FS Herzberg, 2008, S. 225 ff.; *dens.*, in: Strafrecht und Gesellschaft, S. 379 ff.

1. Grundlegendes

Betrachtet man den in § 2 näher untersuchten Aufbau einer Strafbarkeit noch einmal   14
unter dem Blickwinkel der Besonderheiten des dabei vorausgesetzten Verstoßes gegen eine dualistisch legitimierte Verhaltensnorm, ergibt sich im Vergleich mit dem
Verstoß gegen eine monistisch fundierte Verhaltensnorm Folgendes: Im Rahmen
der Prüfung des tatbestandsmäßigen Verhaltens i. e. S. fehlt allein das Erfordernis
der Sonderverantwortlichkeit für die Gefahrvermeidung – genauer: für das Vermeiden der tatbestandlich abstrakt-generell erfassten Schädigungsmöglichkeit.

Da sich das hier vorgestellte Konzept an das traditionell verwendete Schema   15
anlehnt und den dreistufigen Deliktsaufbau zugrundelegt, werden die Aspekte, die
für einen endgültig festzustellenden tatbestandsspezifischen Verhaltensnormverstoß
erforderlich sind, auf den Ebenen des Tatbestands i. e. S. und der Tatbestandserweiterung (insbes. der fehlenden Rechtfertigung) bedeutsam – auf der Ebene des hinreichenden Gewichts des Fehlverhaltens (der hinreichenden Schuldhaftigkeit) nur
dann, wenn bis dahin noch nicht sämtliche individuellen Aspekte der Verhaltensmissbilligung berücksichtigt wurden.[10]

Zunächst ist im Rahmen des grundsätzlich zu missbilligenden Verhaltens auf der   16
Ebene des Tatbestands i. e. S. zu beachten, dass zwar wie auch sonst als Voraussetzung des grundsätzlichen Vermeidenmüssens eine Güter- und Interessenabwägung
vorzunehmen ist. Der wesentliche Unterschied besteht jedoch darin, dass es für
diese grundsätzliche *tatbestandsspezifische* Verhaltensmissbilligung auf eine Sonderverantwortlichkeit der betreffenden Person nicht ankommt. Sie darf daher als
solche auch nicht als Tatbestandsvoraussetzung geprüft werden. Das schließt es
freilich nicht aus, im Rahmen der Abwägung den auch der Sonderverantwortlichkeit zugrundeliegenden Sachgesichtspunkt zu berücksichtigen, sofern er gegeben
ist. Man denke etwa an den für einen Verkehrsunfall Verantwortlichen, dem im
Verhältnis zu einem durch den Unfall Verletzten mehr abzuverlangen ist als von
einem gänzlich Unbeteiligten erwartet werden kann.

Auch auf der Ebene der Tatbestandserweiterung (also der endgültigen Verhal-   17
tensmissbilligung, insbes. der fehlenden Rechtfertigung), auf der überprüft wird, ob
das Verhalten durch spezielle Rechtfertigungsgründe oder das allgemeine rechtfertigende Prinzip gerechtfertigt ist, spielen Güter- und Interessenabwägungen eine
Rolle.[11] Entsprechendes gilt für die Ebene des hinreichenden Gewichts (der hinreichenden Schuldhaftigkeit) eines Fehlverhaltens. Allein die in die jeweilige Abwägung einfließenden Gesichtspunkte sind verschieden. Auch geht es beim hinreichenden Gewicht des tatbestandsspezifischen Verhaltensnormverstoßes nach
zutreffendem Verständnis nicht mehr um die Frage des Verhaltensnormverstoßes
überhaupt, sondern nur noch um ein reines Gewichtungsproblem.[12]

---

[10] Zum angemessenen Prüfungsvorgehen, bei dem auf der sog. „Schuldstufe" tatsächlich nur noch
ein reines Gewichtungsproblem zu lösen ist, während das Gegebensein eines (tatbestandsspezifischen) Verhaltensnormverstoßes bereits endgültig feststeht, s. oben § 2 Rn. 120 ff., 149, 150 ff.

[11] S. dazu *Erb,* in MünchKommStGB, Band 1, § 34 Rn. 199 f.

[12] Näher dazu oben § 2 Rn. 120 ff., 149, 150 ff.

18 Sollte in einem konkreten Fall die Sonderverantwortlichkeit des Adressaten oder der Adressatin der Norm für das Vermeiden einer konkreten Schädigungsmöglichkeit begründbar sein, ist vor einer Prüfung der unterlassenen Hilfeleistung zu überlegen, ob eine strengere Strafbarkeit in Betracht kommt – etwa wegen eines Tötungs- oder Körperverletzungsdelikts. Diese ist dann vorrangig zu prüfen. Hat etwa eine Autofahrerin einen Passanten angefahren und lässt sie diesen ohne Hilfsmaßnahmen am Boden liegen, sodass er stirbt, kommt bei Kenntnis aller relevanten Umstände neben der unterlassenen Hilfeleistung auch ein Totschlag durch begehungsgleiches Unterlassen gemäß §§ 212 I, 13 I StGB in Betracht. Dass letzterer vorrangig zu prüfen ist, ergibt sich aus dem weitergehenden Unwertgehalt, der auch die schwerere Strafdrohung rechtfertigt: Diejenige, die die Gefahr nicht nur aus Gründen des Rechtsgüterschutzes abzuwenden hat, sondern darüber hinaus, weil sie für die Abwendung genau dieser Gefahr sonderverantwortlich ist, verstößt gegen eine dualistisch legitimierte Verhaltensnorm – also gegen eine *besondere* Rechtspflicht. Dieser zusätzliche Aspekt hat zur Folge, dass die betreffende Person im Falle eines Verstoßes gegen diese Pflicht auch einen besonders gewichtigen Pflichtverstoß begeht.

2. Zu einer Strafvorschrift, die auf Verstöße gegen monistisch legitimierte Verhaltensnormen reagiert – Zur Prüfung von § 323c I StGB

19 Das tatbestandsmäßige Verhalten der unterlassenen Hilfeleistung besteht in einem Verstoß gegen eine *monistisch* legitimierte Verhaltensnorm. Vollkommen unabhängig davon ist diese Strafvorschrift de lege lata vom Gesetzgeber nicht als „klassisches" Erfolgsdelikt ausgestaltet worden. In Österreich ist das für manche Fälle anders.[13] Es könnte auch im deutschen Recht de lege ferenda in nicht allzu ferner Zukunft als Erfolgsdelikt ausgestaltet werden – etwa für die Fälle der unterlassenen Hilfeleistung mit Todesfolge.[14]

20 Die Strafvorschrift des § 323c I StGB erfasst sachlich in abstrakt-genereller Form Verstöße gegen bestimmte monistisch legitimierbare Verhaltensnormen, die jedenfalls dieselben Voraussetzungen erfüllen müssen, die auch für eine Versuchsstrafbarkeit bei „klassischen" Erfolgsdelikten gelten. Sehr umstritten ist, ob bzw. inwieweit bei der unterlassenen Hilfeleistung zusätzlich ein „objektivierendes Korrektiv" im Hinblick auf einen mehr oder weniger „objektiv" gegebenen Unglücksfall geprüft werden muss. Sachlich geht es dabei um die Frage nach einem von der Strafvorschrift des § 323c I StGB vorausgesetzten „Erfolgssachverhalt".[15]

21 Als Erfordernis des *strafbaren* Verstoßes gegen die allgemeine Hilfeleistungspflicht des § 323c I StGB ergibt sich nach dem Wortlaut („bei einem Unglücksfall" etc.) unter Beachtung des Gesetzlichkeitsgrundsatzes (Art. 103 II GG) Folgendes: Die Annahme des Unglücksfalls darf nicht nur auf der Basis einer fehlerhaften Einschätzung der Sachlage zustande kommen; vielmehr muss sie

---

[13] § 95 I öStGB normiert den § 323c I StGB vergleichbaren Fall der einfachen unterlassenen Hilfeleistung sowie darüber hinaus im zweiten Halbsatz eine Erfolgsqualifikation, die eine erhebliche Strengerbestrafung an den Tod als Fehlverhaltensfolge knüpft.

[14] S. zur Rechtsfolgenreform des § 323c I StGB *Freund*, in: MünchKommStGB, Band 5, § 323c Rn. 131 m. w. N.

[15] Eingehend zu dieser schwierigen Problematik *Freund*, in: MünchKommStGB, Band 5, § 323c Rn. 29 ff. m. w. N.

auch einer *verständigen* Beurteilung ex ante Stand halten.[16] Das bedeutet, dass nicht auf die tatsächliche Beurteilung abgestellt wird, die von der betreffenden Person unter Einschluss möglicher Fehleinschätzungen vorgenommen worden ist. Vielmehr wird die Sachlage in den Blick genommen, die sich ihr im verhaltensrelevanten Zeitpunkt darbot. Genau diese Sachlage wird unter Zugrundelegung der Fähigkeiten und Kenntnisse einer gedachten verständigen Person beurteilt. Danach fehlt es an einem für die Sanktionierung erforderlichen tatsächlichen Unglücksfall, wenn eine verständige Beurteilung ex ante ergibt, dass keine Gefahr besteht. Unter diesen Umständen liegt zwar durchaus ein tatbestandsspezifischer Verhaltensnormverstoß des Täters vor. Denn auf der Basis seiner Fehleinschätzung der Sachlage ist die Hilfspflicht tatsächlich legitimierbar; sie existiert also nicht etwa nur in seiner Einbildung. Dieser Verstoß allein ist für eine Bestrafung wegen Vollendungstat allerdings nicht ausreichend; theoretisch denkbar wäre lediglich de lege ferenda eine Bestrafung wegen entsprechender Versuchstat. Denn das Fehlverhalten des Täters hat nicht zu der für die Vollendungstat erforderlichen Fehlverhaltens*folge* geführt, dass „bei" einem i. d. S. wirklich gegebenen Unglücksfall gegen die Hilfspflicht verstoßen wurde.[17]

Von vielen wird freilich als spezielles objektivierendes Erfordernis der Strafbarkeit weitergehend		**22**
verlangt, dass sich der Unglücksfall als spezifische Gefahrenlage nicht allein im Wege einer verständigen ex ante-Beurteilung feststellen lässt, sondern auch eine Bestätigung ex post (aus der Perspektive eines allwissenden Beobachters) erfährt.[18] Wenn sich z. B. erst nachträglich herausstellt oder auch nur nicht auszuschließen ist, dass die ex ante bei verständiger Würdigung anzunehmende Gefahrenlage nicht bestand, weil die allem Anschein nach in Lebensgefahr befindliche Person möglicherweise bereits tot war, soll die Strafbarkeit ausgeschlossen sein.

Das verbreitete täterfreundliche Konzept der notwendigen Bestätigung des Unglücksfalls ex post ist		**23**
durch den Wortlaut des § 323c I StGB nicht vorgegeben und ergibt nach der Ratio der Strafbarkeit des Verstoßes gegen die Hilfspflicht keinen guten Sinn. Nicht überzeugend ist die Argumentation mit dem Fehlen tatsächlicher Rechtsgüterschutzinteressen – etwa wenn der allem Anschein nach in Lebensgefahr Schwebende aus der Perspektive eines allwissenden Beobachters bereits tot ist.[19] Bei dieser Argumentation werden die Wirkungsbedingungen von (strafrechtsunabhängigen) Verhaltensnormen nicht beachtet: Wenn im Verhaltenszeitpunkt ex ante angesichts der sich der betreffenden Person darbietenden Sachlage die Möglichkeit besteht, dass das Opfer noch lebt und ihm noch geholfen werden kann, gibt es *tatsächlich* ein entsprechendes gewichtiges Rechtsgüterschutzinteresse. Ist diese Person zur Hilfeleistung auch in der Lage, ist eine entsprechende Pflicht als Verhaltensnorm durchaus legitimierbar. Insofern verhält es sich nicht anders als etwa im Falle eines untauglichen Versuchs einer Tötung oder im Falle zufällig folgenloser Tötungsfahrlässigkeit. Das *Verhaltensunrecht* des § 323c I StGB lässt sich nicht ernsthaft bestreiten. Fraglich ist allein, ob ein für die Strafbarkeit etwa erforderlicher „Erfolgssachverhalt" eingetreten ist.[20] Wenn aber lediglich zusätzliche Sanktionserfordernisse als Voraussetzungen einer Bestrafung fehlen, tangiert dies das Vorliegen eines strafrechtsunabhängig anzunehmenden Verhaltensnormverstoßes nicht.

---

[16] I. S. eines solchen Konzepts nachdrücklich *Freund,* in: MünchKommStGB, Band 5, § 323c Rn. 29 ff., 44 ff., 55 f.

[17] Bei einer Prüfung im Einheitsschema kommt man schon gar nicht zur Prüfung des grundsätzlich missbilligten Verhaltens, weil die Prüfung der Vollendungstat – wie stets – beendet ist, wenn der tatbestandsspezifische Erfolg nicht vorliegt. S. dazu unten § 5 Rn. 59, 61.

[18] I. S. einer derartigen ex post-Betrachtung etwa *Seelmann,* JuS 1995, 282, 284 f.; s. zur Problematik auch *Küper/Zopfs,* BT, Rn. 534 f. m. w. N.

[19] Das Argument des Fehlens eines echten Schutzbedürfnisses findet sich etwa auch bei *Küper/Zopfs,* BT, Rn. 535.

[20] S. dazu *Freund,* in: MünchKommStGB, Band 5, § 323c Rn. 29 ff., 44 ff.; zutreffend zwischen der individualisierend ex ante zu konturierenden Verhaltensnorm und den speziellen Anforderungen der Sanktionsnorm differenzierend *Stein,* FS Küper, 2007, S. 607 ff., 627 f.; *ders.,* in: SK-StGB, Band 6, § 323c Rn. 4.

24   Eine bemerkenswerte Parallele zum Charakter und zur Struktur der unterlassenen Hilfeleistung findet sich bei § 142 I StGB, wenn es um das unerlaubte Entfernen von einem „Unfallort" im tatbestandsrelevanten Sinne geht.[21] Das Rechtsgut, das durch die Verhaltensnormen geschützt wird, bei denen Verstöße von § 142 StGB in Bezug genommen werden, ist das private Interesse der Unfallbeteiligten und Geschädigten an Aufklärung zu dem Zweck, Schadensersatzansprüche zu sichern oder abzuwehren. Ein entsprechendes Interesse an beweiserheblichen Feststellungen besteht nicht, wenn gar kein Schaden entstanden ist oder dieser unter einer bestimmten Erheblichkeitsschwelle bleibt.

25   Auch der Erfolgssachverhalt des unerlaubten Entfernens vom Unfallort wird nach verständiger Würdigung ex ante im verhaltensrelevanten Zeitpunkt des „Sichentfernens" von einem „Unfallort" ermittelt. Notwendig ist ein im verhaltensrelevanten Zeitpunkt *tatsächlich* begründbares Feststellungsinteresse anderer Unfallbeteiligter oder Geschädigter.[22] Nur dann wird ein tatbestandsspezifisch verhaltensnormwidriges Sichentfernen von der Strafvorschrift des § 142 I StGB erfasst. Ist das nicht der Fall, weil sich das tatbestandsspezifisch verhaltensnormwidrige Sichentfernen nur auf der Basis einer subjektiven Fehleinschätzung der betreffenden Person begründen lässt, fehlt der erforderliche Erfolgssachverhalt eines „Sichentfernens bei Gegebensein bestimmter objektiver Tatumstände". Denn der als solcher ex ante erkennbare untaugliche Versuch des unerlaubten Entfernens von einem Unfallort ist strafrechtlich (de lege lata) nicht erfasst.

26   Ganz entsprechend verhält es sich bei § 323c I StGB: Der für die Erfüllung der Sanktionsnorm erforderliche Erfolgssachverhalt des „Nichthilfeleistens bei Gegebensein bestimmter objektiver Tatumstände" liegt nur vor, wenn das verhaltensnormwidrige Nichthilfeleisten tatsächlich zur tatbestandsspezifischen Verhaltensfolge (als bereits mit dem Verhalten einhergehenden Gefährlichkeitserfolg) geführt hat – das heißt: Bei einem *auch nach verständiger Würdigung anzunehmen Unglücksfall* wurde die (erforderliche und zumutbare) Hilfe nicht geleistet.

27   Die Straftat der unterlassenen Hilfeleistung nach § 323c I StGB kann also wie ein sonstiges Erfolgsdelikt geprüft werden. Zu beachten ist lediglich der spezielle Charakter des erforderlichen „Gefährlichkeitserfolgs" sowie die nicht erforderliche Sonderverantwortlichkeit des Adressaten oder der Adressatin der Norm für dessen Vermeidung. S. dazu das Aufbauschema unten § 5 Rn. 56 ff., 61.

---

[21] S. dazu und zum Folgenden *Freund*, GA 1987, 536 ff., 537 ff. m. w. N.

[22] *Freund*, GA 1987, 536, 543 f.

§ 5 Allgemeine Hinweise zur strafrechtlichen Gutachtentechnik

Grundregeln der Fallbegutachtung:[1] Der Sachverhalt darf nicht verändert werden. **1** Die Prüfung wird in ihrem Umfang durch die Fallfrage begrenzt. Jede Straftat ist einzeln zu prüfen. Der Umfang der Darstellung hat sich an dem jeweiligen Problemgehalt zu orientieren. Überflüssige Ausführungen sind zu vermeiden.

I. Prüf- und Obersatzbildung

Der Eingangsobersatz (die Eingangsfrage/der Prüfsatz) wirft die nachfolgend zu **2** beantwortende Frage nach der Deliktsverwirklichung durch die handelnde oder unterlassende Person auf. Das als Anknüpfungspunkt für eine strafrechtliche Verantwortlichkeit gewählte Verhalten, die gesetzliche Benennung der geprüften Straftat und der einschlägige Gesetzesparagraf (ggf. nach Absatz, Satz und Nr. bzw. Fall) sind in der Eingangsfrage exakt anzugeben. Folgende Formulierungen bieten sich an:

▶ Durch die heimliche Mitnahme des Rings aus dem Juwelierladen kann sich X **3** eines Diebstahls gemäß § 242 I StGB schuldig gemacht haben.

▶ X kann, indem er den Ring aus dem Juwelierladen heimlich mitgenommen hat, **4** einen Diebstahl gemäß § 242 I StGB begangen haben.

Bei mehreren möglichen Tatopfern ist auch anzugeben, auf welches Opfer sich **5** die Prüfung bezieht:

---

[1] S. dazu und zum Folgenden bereits *Freund/Rostalski*, AT, § 12 III sowie die „Allgemeinen Hinweise der Marburger Strafrechtslehrerinnen und Strafrechtslehrer zur Fallbearbeitung".

© Der/die Autor(en), exklusiv lizenziert an Springer-Verlag GmbH, DE, ein Teil von Springer Nature 2022
G. Freund, A. Bünzel, *Die Elemente der Straftat und ihre Konkretisierung in der Fallbearbeitung*, Tutorium Jura, https://doi.org/10.1007/978-3-662-65499-6_5

6 ▶ Durch den Schuss kann sich X wegen Totschlags gem. § 212 I StGB an O strafbar gemacht haben.

7 Beim Betrug ist anzugeben, wer getäuscht und wer geschädigt wurde:

8 ▶ Durch die Angabe, das Fahrzeug sei unfallfrei, kann sich X wegen Betruges gem.
§ 263 I StGB gegenüber A und zu Lasten des B strafbar gemacht haben.

9 Für die Beantwortung der mit dem Eingangsobersatz gestellten Frage müssen
sodann schrittweise die einzelnen gesetzlichen Merkmale geprüft werden. Dabei ist
darzulegen, ob das zu würdigende Verhalten und sonstige Geschehen – der Lebenssachverhalt – die einzelnen Voraussetzungen erfüllt, ob also darunter subsumiert
werden kann. Hierzu bedarf es regelmäßig der weiteren Untergliederung in Unter-
voraussetzungen und damit der Bildung von Definitionen, unter die subsumiert werden kann (zur Subsumtion näher unten II.).

10 Wenn die Tatbestandsverwirklichung jedenfalls an einem bestimmten einzelnen
Tatbestandsmerkmal (etwa am fehlenden Vorsatz hinsichtlich der Tatbestandsverwirklichung i. e. S.) scheitert, darf mit diesem Merkmal begonnen werden, soweit
sich dadurch das Gutachten von „Ballast" freihalten lässt, der für die Lösung des
konkreten Falles irrelevant ist. In eindeutigen Fällen genügt der Satz, dass z. B. eine
Strafbarkeit wegen Totschlags jedenfalls am nicht erfüllten Vorsatzerfordernis
scheitert. Dieses durchaus erlaubte „Springen" dient der Konzentration auf das Wesentliche und der angemessenen Gewichtung.

11 Wenn die eingangs gestellte Frage bejaht werden soll, müssen selbstverständlich
alle dafür zu erfüllenden Voraussetzungen im Gutachten erfasst werden. Dazu zählen nicht nur sämtliche gesetzlich ausdrücklich normierten Merkmale (Tatbestandsvoraussetzungen und sonstige geschriebene Merkmale). Zu beachten sind etwa
auch ungeschriebene Tatbestandsmerkmale sowie ganz allgemein durch Rechtskonkretisierung zu ermittelnde (ungeschriebene) Voraussetzungen für die infrage stehende Rechtsfolge. Dazu gehört insbesondere das Erfordernis der (grundsätzlichen)
Verhaltensmissbilligung in tatbestandsspezifischer Hinsicht, das für Vorsatz- und
Fahrlässigkeitstaten gleichermaßen bedeutsam ist.

12 Auch eindeutig erfüllte Voraussetzungen dürfen nicht vollkommen übergangen
werden, sondern sind durch eine entsprechende Aussage festzustellen. Bei Zweifeln, ob diese Aussage mit dem bereits Gesagten implizit verbunden ist, sollte si-
cherheitshalber die erforderliche Feststellung ausdrücklich getroffen werden:

13 ▶ A hat endgültig rechtlich missbilligt gehandelt und sein Verhaltensnormverstoß
war für Schuldspruch und Strafe hinreichend gewichtig (hinreichend schuldhaft).

II. Prüfung der gesetzlichen Straftatmerkmale, Subsumtion

Bei der Prüfung der Strafvorschrift wird im Einzelnen festgestellt, ob das zu würdi- **14**
gende Verhalten und sonstige Geschehen die im jeweiligen Obersatz genannten Bedingungen (Merkmale) erfüllt. Folgende vier Schritte lassen sich unterscheiden:

1. Benennung des zu prüfenden Merkmals;   **15**
2. Inhaltliche Bestimmung des Merkmals (Definition; ggf. ist die „richtige" Definition klärungsbedürftig: „Auslegungsproblem"; zu beachten: Art. 103 II
   GG/§ 1 StGB!);
3. Prüfung, ob der Lebenssachverhalt der vorgenommenen Merkmalsbestimmung
   entspricht (Subsumtion im engeren Sinne);
4. Feststellung des Ergebnisses.

Zu achten ist auf den Gutachtenstil, der eine zunächst aufgeworfene Frage nach **16**
obigem Schema schrittweise beantwortet. Dagegen ist der vom Ergebnis ausge-
hende „Urteilsstil" unbedingt zu vermeiden. (Bsp. für den zu vermeidenden Urteilsstil: *Das von X an sich gebrachte Ding ist eine fremde Sache, weil es im Eigentum
des Y steht.*)

Sollte das zu prüfende Erfordernis („Merkmal") relativ unproblematisch vorlie- **17**
gen, bietet sich eine Kurzsubsumtion an:

▶ Bei dem Geldschein handelt es sich um einen sinnlich wahrnehmbaren und da- **18**
mit körperlichen Gegenstand, also um eine Sache.

In absolut unproblematischen Fällen genügt eine lapidare Feststellung: **19**

▶ Der Ring ist eine Sache. **20**

Allerdings ist dabei Vorsicht geboten: Häufig verbergen sich hinter oberflächlich
betrachtet Unproblematischem doch Problempunkte. Jedenfalls gedanklich sollte
daher immer(!) unter die jeweilige Definition mit all ihren Merkmalen subsumiert werden.

III. Straftataufbau

Welcher Verbrechensaufbau einem Gutachten zu Grunde gelegt wird, liegt allein bei **21**
der Bearbeiterin oder dem Bearbeiter; insoweit gilt das Gebot absoluter Toleranz!
Hiervon zu unterscheiden ist die Frage nach der konsequenten Umsetzung der ge-
wählten Systematik.

1. Grundsätzliches

22   Innere Widersprüche sind insoweit stets gewichtige Fehler. Die Untergliederung in einen „objektiven" und einen „subjektiven Tatbestand" ist zwar weit verbreitet, birgt aber die große Gefahr innerer Unstimmigkeiten. Sie wurde der Sache nach von einem Straftatsystem übernommen, nach dem Unrecht tatsächlich rein objektiv (äußerlich) und Schuld rein subjektiv (innerlich) bestimmt wurden – ein „subjektiver Unrechtstatbestand" im heutigen Sinne also gar nicht existierte: Vorsatz und Fahrlässigkeit waren vielmehr reine Schuldformen. Da der sog. „objektive Unrechtstatbestand" immer mehr oder weniger mit subjektiv-individuellen Momenten durchsetzt ist, sollte man diese irreführende Bezeichnung aufgeben. Sie entspricht nicht den Anforderungen angemessener Begriffsbildung. Vorzugswürdig ist stattdessen die Bezeichnung des Gemeinten als „Tatbestand i. e. S." (oder „Tatbestandsmäßiges Verhalten und Erfolgssachverhalt"). Bei Vorsatztaten geht es zusätzlich um die „Vorsätzliche Tatbestandsverwirklichung" und u. U. auch um „*Sonstige spezielle subjektive Merkmale*" (z. B. Absichten).

23   Aufbauschemata sollen zwar die Straftatprüfung leiten. Das stereotype „Abklappern" einzelner Elemente ist aber verfehlt. Wenn etwa keine Anhaltspunkte für Rechtfertigungs- oder Entschuldigungsgründe bestehen und tatsächlich ein für eine Bestrafung erforderlicher *endgültiger* und zudem *hinreichend gewichtiger Verhaltensnormverstoß* ohne Weiteres angenommen werden kann, genügt der dieses Ergebnis zusammenfassende Satz, ohne die stereotype Untergliederung in die endgültig missbilligte (insbes. nicht gerechtfertigte) Verwirklichung des Tatbestands i. e. S. einerseits und das hinreichende Gewicht des Verhaltensnormverstoßes (die „hinreichend schuldhafte" Tatbegehung) andererseits – als den beiden Prüfungsebenen, die auf die des Tatbestands i. e. S. folgen.

24   Bei der Prüfung einer Fahrlässigkeitstat hat sich ein einstufiges Aufbaumodell bewährt.[2] Das fahrlässige Fehlverhalten wird nach diesem Konzept von vornherein individualisierend bestimmt, ohne dass in einer Vorstufe zunächst ein generalisierendes Fahrlässigkeitsurteil zu fällen ist. Für die Bewertung entscheidend ist allein die sachliche Argumentation zur Begründung oder Ablehnung eines (individuellen) Fehlverhaltens. Selbstverständlich kann auch ein zweistufiges Aufbaumodell zu Grunde gelegt werden. Dann bedarf es jedoch spätestens im Rahmen der Überlegungen zum (hinreichend) schuldhaften Fehlverhalten ebenfalls der Individualisierung des Fahrlässigkeitsurteils – also der Berücksichtigung der individuellen Verhältnisse der konkret handelnden oder unterlassenden Person. Falsch ist in diesem Zusammenhang das Gegensatzpaar „objektiver" versus „subjektiver Fahrlässigkeits*maßstab*". Der Maßstab ist stets der des Rechts. Nur der Gegenstand der rechtlichen Bewertung ist unterschiedlich.

25   „Vorprüfungen" sind in der Regel unangemessen und deshalb zu vermeiden. Das gilt auch beim Versuch einer Straftat. Denn das Fehlen der Vollendung ist keine Voraussetzung des strafbaren Versuchs. Andernfalls könnte weder wegen vollendeter noch wegen versuchter Tötung verurteilt werden, wenn keine Leiche gefunden wird

---

[2] *Freund/Rostalski*, AT, § 5 Rn. 15 ff., 23 ff.; *Rostalski*, JuS 2021, 827, 829 f.

und nicht ausgeschlossen werden kann, dass das Opfer, auf das der Täter mit Tötungs-vorsatz geschossen hat, noch lebt. Beim Vorliegen eines vollendeten Delikts geht die Versuchsstrafbarkeit in der Strafbarkeit wegen vollendeten Delikts auf. Sachlich han-delt es sich also um ein Konkurrenzproblem. Allerdings wäre es unangemessen, bei Bejahung eines vollendeten Delikts stereotyp auf einen ebenfalls vorliegenden Ver-such einzugehen. Vielmehr genügt in einem solchen Fall die Bejahung der weiterge-henden (den Versuch mit umfassenden) Vollendungstat. Wenn Vollendung ernsthaft nicht in Betracht kommt, ist dazu kein Wort zu verlieren. Kommt dagegen eine Voll-endungstat in Betracht, ist diese in einem eigenständigen Prüfungsabschnitt (und nicht etwa als „Vorspann" zur bereits begonnenen Versuchsprüfung) zu thematisieren.

Regelmäßig entbehrlich ist die verbreitete ausdrückliche Feststellung, dass der **26** Versuch eines bestimmten Delikts strafbar ist. Vielmehr muss die gesetzliche Be-stimmung, aus der sich die Versuchsstrafbarkeit ergibt (also bei Vergehen die jewei-lige Vorschrift des Besonderen Teils und bei Verbrechen §§ 23 I Fall 1, 12 I StGB), richtigerweise bereits beim Einstieg in die betreffende Prüfung – also im Eingangs-obersatz – genannt werden. Denn nur Delikte, die das geltende Recht in strafgesetz-lich normierter Form kennt, können im Hinblick auf das Vorliegen ihrer Vorausset-zungen geprüft werden (nullum crimen sine lege). Deshalb ist die Prüfung eines dem geltenden Recht unbekannten Delikts schon im Ansatz verfehlt. Die Strafbar-keit des Versuchs kann dann jedoch nicht mehr als (weitere) Voraussetzung seines Vorliegens aufgefasst werden.

Insoweit gilt für die Versuchsprüfung nichts anderes als für die Prüfung des voll- **27** endeten Delikts.[3] Bei der Prüfung eines vollendeten Delikts käme auch niemand auf die Idee, (nochmals) ausdrücklich festzustellen, dass es überhaupt als Straftat – z. B. als Totschlag nach § 212 I StGB – gesetzlich normiert ist. Eine ausnahmsweise Thematisierung dieser Frage ist lediglich in den eher seltenen Fällen angebracht, in denen Probleme in Bezug auf die grundsätzliche Extension einer bestimmten Straf-barkeitsanordnung bestehen (etwa im Bereich der erfolgsqualifizierten Delikte, bei denen die Versuchsstrafbarkeit zweifelhaft sein kann).

Der Eingangsobersatz bei der Prüfung eines strafbaren Versuchs kann z. B. lauten: **28**

▷ Mangels Vollendung kann A durch den Schuss auf B allenfalls einen nach §§ 212 **29** I, 22, 23 I, 12 I StGB strafbaren versuchten Totschlag begangen haben.

Für die Reihenfolge, in der in Betracht kommende Straftatbestände abgehandelt **30** werden, haben sich folgende Gliederungsmöglichkeiten bewährt:

1. Unterscheidung zwischen Sachverhaltsabschnitten („Geschehensabschnit- **31** ten", „Tatkomplexen"), die getrennt voneinander strafrechtlich gewürdigt werden können. Auch bei einer Orientierung an Geschehensabschnitten kann allerdings die Berücksichtigung später eingetretener Fehlverhaltensfolgen sinnvoll sein; z. B.: das im ersten Abschnitt fahrlässig verletzte Opfer erliegt im zweiten Abschnitt seinen Verletzungen.

---

[3] S. dazu näher die Ausführungen zu den Anforderungen an eine Versuchstat oben § 3 sowie unten § 5 Rn. 44 ff.

32   2. Gliederung nach Beteiligten, beginnend mit demjenigen, der sich unmittelbar güterschädigend verhalten hat (der sog. „Tatnächste").

33   3. Gliederung nach Straftatbeständen, entweder in dramatischer Folge (beginnend mit dem schwersten Delikt) oder in chronologischer Folge (beginnend mit dem zeitlich ersten Delikt). Auch bei einer Orientierung am schwersten Delikt ist freilich die Prüfung des Grunddelikts vor der Qualifikation anzuraten.

34   Bisweilen ist es sinnvoll, gleich eine spezielle Strafnorm zu prüfen, statt zuvor in getrennten Prüfungen zugleich verwirklichte allgemeinere Straftaten abzuhandeln. Das gilt etwa für einen im Ergebnis zu bejahenden Raub. Hier ist am Ende allenfalls *ein* Satz zu den zugleich verwirklichten Tatbeständen des Diebstahls und der Nötigung angebracht.

35   Bei zu bejahendem Grunddelikt und in Frage kommender Qualifikation ist es *regelmäßig sinnvoll,* zuerst das Grunddelikt (etwa § 223 I StGB) durchzuprüfen und sodann die besonderen Voraussetzungen des Qualifikationstatbestands (etwa des § 224 I StGB) in einem neuen Prüfungsabschnitt zu erörtern. Diese Vorgehensweise ist sogar zwingend, wenn z. B. zwar das Grunddelikt bejaht, die Qualifikation aber verneint wird. Bei Bejahung auch der Qualifikation ist es aber immerhin *möglich* (wenngleich in der Prüfung der Qualifikationsmerkmale schwieriger), nur *einen* entsprechenden Prüfungsabschnitt zu bilden (§§ 223 I, 224 I StGB).

36   Von den näheren Umständen hängt es ab, ob überhaupt und an welcher Stelle genau z. B. auf subsidiäre oder sonst nicht selbstständig für die Strafbarkeitsfrage bedeutsame Delikte einzugehen ist. Bei bejahter Diebstahlsstrafbarkeit genügt u. U. ein Satz zur nachfolgenden Unterschlagung. Wenn eine Verantwortlichkeit wegen Totschlags in der Form aktiven Tuns bejaht worden ist, sind *regelmäßig* Ausführungen zur entsprechenden Verantwortlichkeit wegen (anschließenden) begehungsgleichen Unterlassens oder gar zur unterlassenen Hilfeleistung gegenüber dem Totschlagsopfer entbehrlich. Entsprechendes gilt für die Teilnahme nach bejahter Täterschaft i. S. eines bestimmten Rechtsgutsangriffs oder für die Leistungserschleichung nach bejahtem Betrug.

2. Die Prüfung im anpassungsfähigen Einheitsschema

37   Das im Folgenden vorgestellte Einheitsschema beruht auf dem grundlagenorientierten Aufbaukonzept, das sich bei *Freund/Rostalski,* AT, § 12 I findet. Es handelt sich um eine Weiterentwicklung des dort (§ 12 II) ebenfalls angebotenen Kompromissmodells. Der entscheidende Fortschritt im Verhältnis zu diesem Kompromissmodell liegt in der auch aufbautechnisch umgesetzten Herauslösung der grundsätzlichen Verhaltensmissbilligung auf der Ebene des Tatbestands i. e. S. aus dem nachrangigen Fragenkreis der tatbestandsspezifischen Verhaltensfolge (der sog. „Erfolgszurechnung" auf Tatbestandsebene i. e. S.). Außerdem befreit die konsequente Verwendung dieses Einheitsschemas die Studierenden davon, für jeden Tatbestand ein eigenes Schema auswendig lernen zu müssen. Benötigt wird ein angemessenes Verständnis der im Vorangegangenen näher erläuterten Grundlagen. Dann ist es problemlos möglich, jeden nur denkbaren Tatbestand sowie jede noch so anspruchsvolle

Problematik im Einheitsschema zu prüfen und sich dadurch im juristischen Studium – sowie insbesondere in Hausarbeiten und Klausuren – endlich voll und ganz auf die sachlichen Probleme konzentrieren zu können.

a) Die Prüfung von Tatbeständen, die auf dualistisch fundierte Verhaltensnormen Bezug nehmen

Von den Sonderfällen der §§ 138, 323c I StGB abgesehen, setzen alle Straftaten des StGB die Sonderverantwortlichkeit des Adressaten oder der Adressatin der Norm für das Vermeiden der in Frage stehenden Güterschädigung voraus. Notwendig für die Tatbestandsverwirklichung ist also der Verstoß gegen eine Verhaltensnorm, die dualistisch legitimiert ist, und zwar durch den tatbestandsspezifischen Rechtsgüterschutzaspekt einerseits und durch die entsprechende Sonderverantwortlichkeit der durch die Norm adressierten Person andererseits. Für die Prüfung dieser Straftaten hilfreich ist das hier vorgestellte Einheitsschema, das die folgenden Ausprägungsformen annehmen kann:

38

aa) Das Einheitsschema in seinen Ausprägungsformen beim vollendeten Erfolgsdelikt

(1) Fahrlässiges vollendetes Begehungserfolgsdelikt (z. B. §§ 222, 229 StGB)

I. Tatbestand i. e. S.

39

1. Handlung im tatbestandsspezifisch strafrechtsrelevanten Sinne
2. (Tatbestandlich abstrakt-generell erfasster) Erfolg
3. Kausalität
   Der hier festgestellte erfolgsverursachende Verlauf mit dem tatbestandlich abstrakt-generell erfassten Erfolg als Endpunkt ist Folge der durch die Handlung *geschaffenen Schädigungsmöglichkeit* (im Hinblick auf das tatbestandlich abstrakt-generell erfasste Schutzgut/Rechtsgut einer in Betracht kommenden Verhaltensnorm) und ist als solcher ebenfalls tatbestandlich abstrakt-generell erfasst.
4. Grundsätzlich missbilligte Schaffung der tatbestandsspezifischen Schädigungsmöglichkeit bei gegebener Sonderverantwortlichkeit
   Prüfung der Kriterien der grundsätzlichen Vermeidepflicht, jeweils unter Zugrundelegung der persönlichen Fähigkeiten und Kenntnisse der betreffenden Person sowie ihrer Perspektive im verhaltensrelevanten Zeitpunkt (ex ante)
   a) Vorhersehbarkeit
   b) Vermeidbarkeit
   c) Grundsätzliches rechtliches Vermeidenmüssen – bei gegebener Sonderverantwortlichkeit
5. Tatbestandsspezifische Verhaltensfolge („Erfolgszurechnung" auf Tatbestandsebene i. e. S.): Realisierung der grundsätzlich missbilligt geschaffenen Schädigungsmöglichkeit im konkreten erfolgsverursachenden Geschehen

II. Tatbestandserweiterung: Endgültige Missbilligung (insbes. fehlende Rechtfertigung)
Prüfung der endgültigen Missbilligung im Hinblick auf die Schaffung der tatbestandsspezifischen Schädigungsmöglichkeit, die sich realisiert hat(!), unter
Berücksichtigung des Gesamtkontextes. – Begründung der endgültigen Vermeidepflicht (bei gegebener Sonderverantwortlichkeit), jeweils unter Zugrundelegung der persönlichen Fähigkeiten und Kenntnisse der betreffenden Person
sowie ihrer Perspektive im verhaltensrelevanten Zeitpunkt (ex ante).

III. Hinreichend gewichtiges Fehlverhalten (keine für eine Straftat zu geringfügige
Fahrlässigkeit)

(2) Fahrlässiges vollendetes Unterlassungserfolgsdelikt (z. B. §§ 222, 229 StGB –
durch begehungsgleiches Unterlassen unter klarstellendem Hinweis auf
§ 13 StGB)

40   I. Tatbestand i. e. S.
1. Unterlassung im tatbestandsspezifisch strafrechtsrelevanten Sinne
2. (Tatbestandlich abstrakt-generell erfasster) Erfolg
3. Quasi-Kausalität[4]
Der hier festgestellte erfolgsverursachende Verlauf ist Folge der durch die
Unterlassung *nicht abgewendeten Schädigungsmöglichkeit* (im Hinblick auf
das tatbestandlich abstrakt-generell erfasste Schutzgut/Rechtsgut einer in
Betracht kommenden Verhaltensnorm) und ist als solcher ebenfalls tatbestandlich abstrakt-generell erfasst.
4. Grundsätzlich missbilligte Nichtabwendung der tatbestandsspezifischen
Schädigungsmöglichkeit bei gegebener Sonderverantwortlichkeit
Prüfung der Kriterien der grundsätzlichen Vermeidepflicht, jeweils unter
Zugrundelegung der persönlichen Fähigkeiten und Kenntnisse der betreffenden Person sowie ihrer Perspektive im verhaltensrelevanten Zeitpunkt
(ex ante)
a) Vorhersehbarkeit
b) Vermeidbarkeit
c) Grundsätzliches rechtliches Vermeidenmüssen – bei gegebener Sonderverantwortlichkeit (sog. Garantenverantwortlichkeit)
5. Tatbestandsspezifische Verhaltensfolge („Erfolgszurechnung" auf Tatbestandsebene i. e. S.): Realisierung der grundsätzlich missbilligt nicht abgewendeten Schädigungsmöglichkeit im konkreten erfolgsverursachenden
Geschehen

---

[4] Der hier neben dem Begriff der Kausalität verwendete Begriff der (Quasi-)Kausalität orientiert
sich an der üblichen Differenzierung und dient nur der Klarstellung des Zusammenhangs, um den
es gerade geht (Kausalität der Handlung bzw. Quasi-Kausalität der Unterlassung). Ein sachlicher
Gegensatz soll dadurch nicht ausgedrückt werden. – Zur (jedenfalls annähernden) sachlichen Deckungsgleichheit von Kausalität und Quasi-Kausalität s. etwa *Arzt*, Die Strafrechtsklausur, S. 87;
Puppe, JR 1992, 30, 33.

II. Tatbestandserweiterung: Endgültige Missbilligung (insbes. fehlende Rechtfertigung)

Prüfung der endgültigen Missbilligung im Hinblick auf die Nichtabwendung der tatbestandsspezifischen Schädigungsmöglichkeit, die sich realisiert hat(!), unter Berücksichtigung des Gesamtkontextes. – Begründung der endgültigen Vermeidepflicht (bei gegebener Sonderverantwortlichkeit), jeweils unter Zugrundelegung der persönlichen Fähigkeiten und Kenntnisse der betreffenden Person sowie ihrer Perspektive im verhaltensrelevanten Zeitpunkt (ex ante).

III. Hinreichend gewichtiges Fehlverhalten (keine für eine Straftat zu geringfügige Fahrlässigkeit)

(3) Vorsätzliches vollendetes Begehungserfolgsdelikt (z. B. §§ 212 I, 223 I, 303 I StGB)

I. Tatbestand[5] i. e. S.   41

   1. Handlung im tatbestandsspezifisch strafrechtsrelevanten Sinne

   2. (Tatbestandlich abstrakt-generell erfasster) Erfolg

   3. Kausalität

   Der hier festgestellte erfolgsverursachende Verlauf ist Folge der durch die Handlung *geschaffenen Schädigungsmöglichkeit* (im Hinblick auf das tatbestandlich abstrakt-generell erfasste Schutzgut/Rechtsgut einer in Betracht kommenden Verhaltensnorm) und ist als solcher ebenfalls tatbestandlich abstrakt-generell erfasst.

   4. Grundsätzlich missbilligte Schaffung der tatbestandsspezifischen Schädigungsmöglichkeit bei gegebener Sonderverantwortlichkeit

   Prüfung der Kriterien der grundsätzlichen Vermeidepflicht, jeweils unter Zugrundelegung der persönlichen Fähigkeiten und Kenntnisse der betreffenden Person sowie ihrer Perspektive im verhaltensrelevanten Zeitpunkt (ex ante)

     a) Vorhersehbarkeit

     b) Vermeidbarkeit

     c) Grundsätzliches rechtliches Vermeidenmüssen – bei gegebener Sonderverantwortlichkeit

   5. Tatbestandsspezifische Verhaltensfolge („Erfolgszurechnung" auf Tatbestandsebene i. e. S.): Realisierung der grundsätzlich missbilligt geschaffenen Schädigungsmöglichkeit im konkreten erfolgsverursachenden Geschehen

---

[5] Beim Vorsatzdelikt kann der Tatbestand i. e. S. (unter I.) auch folgendermaßen unterteilt werden:

1. Tatbestandsmäßiges Verhalten und Erfolgssachverhalt i. e. S.
   a) Handlung im tatbestandsspezifisch strafrechtsrelevanten Sinne
   b) (Tatbestandlich abstrakt-generell erfasster) Erfolg
   c) Kausalität
   d) Grundsätzlich missbilligte Schaffung der tatbestandsspezifischen Schädigungsmöglichkeit bei gegebener Sonderverantwortlichkeit
   e) Tatbestandsspezifische Verhaltensfolge („Erfolgszurechnung" auf Tatbestandsebene i. e. S.)
2. Tatbestandsvorsatz (in Bezug auf die Tatbestandsverwirklichung i. e. S.)

6. Vorsatz in Bezug auf die Tatbestandsverwirklichung i. e. S.
Dieser erfordert bei der Vollendungstat ein in diesem Sinne vorsätzliches Verhalten sowie weitergehend eine vorsätzliche Herbeiführung oder Nichtabwendung des Erfolges.

II. Tatbestandserweiterung: Endgültige Missbilligung (insbes. fehlende Rechtfertigung) und Kenntnis der entsprechenden Tatumstände
1. Endgültige Missbilligung (insbes. fehlende Rechtfertigung)
Prüfung der endgültigen Missbilligung im Hinblick auf die Schaffung der tatbestandsspezifischen Schädigungsmöglichkeit, die sich realisiert hat(!), unter Berücksichtigung des Gesamtkontextes. – Begründung der endgültigen Vermeidepflicht (bei gegebener Sonderverantwortlichkeit), jeweils unter Zugrundelegung der persönlichen Fähigkeiten und Kenntnisse der betreffenden Person sowie ihrer Perspektive im verhaltensrelevanten Zeitpunkt (ex ante).
2. Vorsatz in Bezug auf die Tatumstände der endgültigen Missbilligung (unter Einschluss ihrer Bewertungsrelevanz)

III. Hinreichend gewichtiges Fehlverhalten (kein für eine Straftat zu geringfügiger Verhaltensnormverstoß)

(4) Vorsätzliches vollendetes Unterlassungserfolgsdelikt (z. B. §§ 212 I, 223 I, 303 I StGB – durch begehungsgleiches Unterlassen unter klarstellendem Hinweis auf § 13 StGB)

42   I. Tatbestand[6] i. e. S.
1. Unterlassung im tatbestandsspezifisch strafrechtsrelevanten Sinne
2. (Tatbestandlich abstrakt-generell erfasster) Erfolg
3. Quasi-Kausalität
Der hier festgestellte erfolgsverursachende Verlauf ist Folge der durch die Unterlassung *nicht abgewendeten Schädigungsmöglichkeit* (im Hinblick auf das tatbestandlich abstrakt-generell erfasste Schutzgut/Rechtsgut einer in Betracht kommenden Verhaltensnorm) und ist als solcher ebenfalls tatbestandlich abstrakt-generell erfasst.
4. Grundsätzlich missbilligte Nichtabwendung der tatbestandsspezifischen Schädigungsmöglichkeit bei gegebener Sonderverantwortlichkeit
Prüfung der Kriterien der grundsätzlichen Vermeidepflicht, jeweils unter Zugrundelegung der persönlichen Fähigkeiten und Kenntnisse der betreffenden Person sowie ihrer Perspektive im verhaltensrelevanten Zeitpunkt (ex ante)
a) Vorhersehbarkeit
b) Vermeidbarkeit
c) Grundsätzliches rechtliches Vermeidenmüssen – bei gegebener Sonderverantwortlichkeit (sog. Garantenverantwortlichkeit)

---

[6] Für die mögliche Unterteilung des Tatbestands gilt das für das vorsätzliche Begehungserfolgsdelikt in der vorherigen Fn. 5 Gesagte sinngemäß.

5. Tatbestandsspezifische Verhaltensfolge („Erfolgszurechnung" auf Tatbestandsebene i. e. S.): Realisierung der grundsätzlich missbilligt nicht abgewendeten Schädigungsmöglichkeit im konkreten erfolgsverursachenden
Geschehen
Realisierung der grundsätzlich missbilligterweise nicht abgewendeten Schädigungsmöglichkeit (genau diese Schädigungsmöglichkeit hätte vermieden
werden können und grundsätzlich – bei gegebener Sonderverantwortlichkeit – auch vermieden werden müssen)
6. Vorsatz in Bezug auf die Tatbestandsverwirklichung i. e. S.
II. Tatbestandserweiterung: Endgültige Missbilligung (insbes. fehlende Rechtfertigung) und Kenntnis der entsprechenden Tatumstände
1. Endgültige Missbilligung (insbes. fehlende Rechtfertigung)
Prüfung der endgültigen Missbilligung im Hinblick auf die Nichtabwendung der tatbestandsspezifischen Schädigungsmöglichkeit, die sich realisiert hat(!), unter Berücksichtigung des Gesamtkontextes. – Begründung der
endgültigen Vermeidepflicht (bei gegebener Sonderverantwortlichkeit), jeweils unter Zugrundelegung der persönlichen Fähigkeiten und Kenntnisse
der betreffenden Person sowie ihrer Perspektive im verhaltensrelevanten
Zeitpunkt (ex ante).
2. Vorsatz in Bezug auf die Tatumstände der endgültigen Missbilligung (unter
Einschluss ihrer Bewertungsrelevanz)
III. Hinreichend gewichtiges Fehlverhalten (kein für eine Straftat zu geringfügiger
Verhaltensnormverstoß)

Ein Vergleich der vier Ausprägungsformen des Einheitsschemas beim vollende-   43
ten Erfolgsdelikt ergibt nur einen einzigen sachlichen Unterschied: Bei Vorsatztaten
ist *zusätzlich* das Vorsatzerfordernis zu prüfen. Ansonsten sind die Prüfungskrite-
rien vollkommen identisch. Das gilt auch für die unterschiedlichen Verhaltensformen (Tun und Unterlassen).

bb) Die Ausprägungsformen des Einheitsschemas beim Versuchsdelikt

Wie im Vorangegangenen näher erläutert wurde, kann auch für die Prüfung des Ver-   44
suchsdelikts das vorgestellte Einheitsschema zugrunde gelegt und im Hinblick auf die
versuchstatbestandsspezifischen Besonderheiten konkretisiert werden. Grundsätzlich
denkbar sind dabei durchaus auch Fälle des fahrlässigen versuchten Erfolgsdelikts.
Allerdings erlangen diese de lege lata – von Sonderfällen abgesehen[7] – keine praktische Relevanz. Denn wegen der Ausgestaltung als Vergehen gibt es regelmäßig kein
Strafgesetz, das auf solche Verhaltensnormverstöße Bezug nimmt und als Ermächtigungsgrundlage für die Bildung entsprechender Sanktionsnormen fungieren könnte.
Mithin verbleiben als relevante Konkretisierungen des Einheitsschemas folgende:

---

[7] Sonderfälle wie etwa die fahrlässige Trunkenheit im Verkehr nach § 316 II StGB, die sachlich
einen Spezialfall des fahrlässigen Versuchs einer fahrlässigen Körperverletzung bzw. Tötung darstellt, sollen hier außer Betracht bleiben. – Zu einem weiteren Sonderfall s. *Wachter*, Das Unrecht
der versuchten Tat, S. 178.

(1) Vorsätzliches versuchtes Begehungserfolgsdelikt (Norm des jeweiligen Delikts i. V. m. §§ 22, 23 I StGB; handelt es sich um ein Verbrechen, ist außerdem § 12 I StGB zu nennen; handelt es sich dagegen um ein Vergehen, ist der jeweilige Absatz des Deliktes zu nennen, der die Versuchsstrafbarkeit normiert)

45   I. Tatbestand i. e. S.
1. Handlung im tatbestandsspezifisch strafrechtsrelevanten Sinne
2. Durch die Handlung geschaffene tatbestandlich abstrakt-generell erfasste Schädigungsmöglichkeit
   Erster Schritt der sachlichen Prüfung des nach § 22 StGB erforderlichen „unmittelbaren Ansetzens zur Tatbestandsverwirklichung" i. e. S. auf der Basis der Vorstellung der betreffenden Person (ihres Handlungsprojekts). Eine solche Schädigungsmöglichkeit muss zunächst überhaupt feststellbar sein, und zwar auf der Basis der sich der betreffenden Person (ex ante) darbietenden Sachlage. Diese Person muss eine Handlung vorgenommen haben, die nach der sich ihr (ex ante) darbietenden Sachlage zumindest unmittelbar in die Verwirklichung des Tatbestands i. e. S. des entsprechenden Vollendungsdelikts einmündet.
3. Grundsätzlich missbilligte Schaffung der tatbestandlich abstrakt-generell erfassten tatbestandsspezifischen Schädigungsmöglichkeit bei gegebener Sonderverantwortlichkeit (grundsätzlich missbilligtes „unmittelbares Ansetzen")
   a) Vorhersehbarkeit
   b) Vermeidbarkeit
   c) Grundsätzliches rechtliches Vermeidenmüssen – bei gegebener Sonderverantwortlichkeit
4. Vorsatz in Bezug auf die Tatbestandsverwirklichung i. e. S.
II. Tatbestandserweiterung: Endgültige Missbilligung (insbes. fehlende Rechtfertigung) und Kenntnis der entsprechenden Tatumstände
1. Endgültige Missbilligung (insbes. fehlende Rechtfertigung)
   Prüfung der endgültigen Missbilligung im Hinblick auf die Schaffung der tatbestandsspezifischen Schädigungsmöglichkeit, unter Berücksichtigung des Gesamtkontextes. – Begründung der endgültigen Vermeidepflicht (bei gegebener Sonderverantwortlichkeit), jeweils unter Zugrundelegung der persönlichen Fähigkeiten und Kenntnisse der betreffenden Person sowie ihrer Perspektive im verhaltensrelevanten Zeitpunkt (ex ante).
2. Vorsatz in Bezug auf die Tatumstände der endgültigen Missbilligung (unter Einschluss ihrer Bewertungsrelevanz)
III. Hinreichend gewichtiges Fehlverhalten (kein für eine Straftat zu geringfügiger Verhaltensnormverstoß)
IV. Kein strafbefreiender Rücktritt vom Versuch i. S. d. § 24 StGB

(2) Vorsätzliches versuchtes Unterlassungserfolgsdelikt

  I. Tatbestand i. e. S.   **46**
    1. Unterlassung im tatbestandsspezifisch strafrechtsrelevanten Sinne
    2. Durch die Unterlassung nicht abgewendete tatbestandlich abstrakt-generell erfasste Schädigungsmöglichkeit
       Erster Schritt der sachlichen Prüfung des nach § 22 StGB erforderlichen „unmittelbaren Ansetzens zur Tatbestandsverwirklichung" i. e. S. auf der Basis der Vorstellung der betreffenden Person. Eine solche Schädigungsmöglichkeit muss zunächst überhaupt feststellbar sein, und zwar auf der Basis der sich dem Betreffenden (ex ante) darbietenden Sachlage. Die betreffende Person muss eine Handlung unterlassen haben, wodurch nach der sich ihr (ex ante) darbietenden Sachlage zumindest unmittelbar die Verwirklichung des Tatbestands i. e. S. des entsprechenden Vollendungsdelikts droht.
    3. Grundsätzlich missbilligte Nichtabwendung der tatbestandlich abstrakt-generell erfassten tatbestandsspezifischen Schädigungsmöglichkeit bei gegebener Sonderverantwortlichkeit (grundsätzlich missbilligtes „unmittelbares Ansetzen")
       a) Vorhersehbarkeit
       b) Vermeidbarkeit
       c) Grundsätzliches rechtliches Vermeidenmüssen – bei gegebener Sonderverantwortlichkeit
    4. Vorsatz in Bezug auf die Tatbestandsverwirklichung i. e. S.
 II. Tatbestandserweiterung: Endgültige Missbilligung (insbes. fehlende Rechtfertigung) und Kenntnis der entsprechenden Tatumstände
    1. Endgültige Missbilligung (insbes. fehlende Rechtfertigung)
       Prüfung der endgültigen Missbilligung im Hinblick auf die Nichtabwendung der tatbestandsspezifischen Schädigungsmöglichkeit, unter Berücksichtigung des Gesamtkontextes. – Begründung der endgültigen Vermeidepflicht (bei gegebener Sonderverantwortlichkeit), jeweils unter Zugrundelegung der persönlichen Fähigkeiten und Kenntnisse der betreffenden Person sowie ihrer Perspektive im verhaltensrelevanten Zeitpunkt (ex ante).
    2. Vorsatz in Bezug auf die Tatumstände der endgültigen Missbilligung (unter Einschluss ihrer Bewertungsrelevanz)
III. Hinreichend gewichtiges Fehlverhalten (kein für eine Straftat zu geringfügiger Verhaltensnormverstoß)
IV. Kein strafbefreiender Rücktritt vom Versuch i. S. d. § 24 StGB

cc) Exemplarische Konkretisierungen des Einheitsschemas bei mittelbarer Täterschaft, Teilnahme (Anstiftung und Beihilfe) sowie Mittäterschaft für das vollendete Begehungserfolgsdelikt

Die im Vorstehenden dargelegten Ausprägungsformen des Einheitsschemas gelten   **47** für alle Formen der Täterschaft und auch der Teilnahme gleichermaßen.[8] Wenn etwa

---

[8] S. dazu auch bereits oben § 2 Rn. 63 ff.

eine der „besonderen" Formen der Täterschaft – mittelbare Täterschaft oder Mittäterschaft – relevant werden sollte, sind deren Besonderheiten im Rahmen der tatbestandsspezifischen Schädigungsmöglichkeit und des entsprechenden Erfolgs bzw.
der grundsätzlichen Missbilligung (auf Tatbestandsebene i. e. S.) zu thematisieren.
Ansonsten ergeben sich hinsichtlich des Aufbaus keine Besonderheiten.

48   Insbesondere bei der mittelbaren Täterschaft ist es aber dringend ratsam, das
geprüfte Verhalten (Handlung oder Unterlassung) der als mittelbarer Täter in Betracht kommenden Person – wie sonst auch – konkret zu benennen. Denn genau
dieses nicht unmittelbar, sondern nur mittelbar güterschädigende (bzw. -gefährdende)
Verhalten ist primärer Gegenstand der Strafbarkeitsprüfung – genauer: der Prüfung
des tatbestandsspezifischen Verhaltensnormverstoßes. Das Verhalten anderer Personen kann im strafrechtlichen Kontext nur als spezifische Folge des (Fehl-)Verhal-
tens des mittelbaren Täters und daher allenfalls nachrangig bedeutsam werden. Für
die Teilnahme (Anstiftung und Beihilfe) gilt das Gesagte sinngemäß.

(1) Mittelbare Täterschaft (§ 25 I Fall 2 StGB) als vollendetes Begehungserfolgsdelikt

49   I. Tatbestand i. e. S.

    1. Handlung (des Hintermannes) im tatbestandsspezifisch strafrechtsrelevan-
ten Sinne

    2. (Tatbestandlich abstrakt-generell erfasster) Erfolg
Es muss zur Vornahme des unmittelbar güterschädigenden Verhaltens durch
den Vordermann (sog. Tatmittler) gekommen sein. Schon für diesen tatbestandsspezifischen Erfolg i. S. d. mittelbaren Täterschaft bedeutsam sind
u. U. Defizite in Bezug auf die Einsichts- und Steuerungsfähigkeit des Vordermanns (beispielsweise tatbestandsrelevante Irrtümer). Denn es muss die
Sperrwirkung der Anstiftungsstrafbarkeit bei bloßer Tatveranlassung berücksichtigt werden. – Über die Grenzen der mittelbaren Täterschaft hinaus-
führend ist u. U. eine etwaige allg. Organisationskreisverantwortlichkeit.[9]

    3. Kausalität
Der hier festgestellte erfolgsverursachende Verlauf ist Folge der durch die
Handlung *geschaffenen Schädigungsmöglichkeit* (im Hinblick auf das tatbestandlich abstrakt-generell erfasste Schutzgut/Rechtsgut einer in Betracht
kommenden Verhaltensnorm) und ist als solcher ebenfalls tatbestandlich
abstrakt-generell erfasst. Schon für diese (mittelbar-täterschaftlich-)tatbe-
standsspezifische Schädigungsmöglichkeit ist die überlegene Einsichts- und
Steuerungsfähigkeit der betreffenden Person relevant.

    4. Grundsätzlich missbilligte Schaffung der spezifisch (mittelbar-)täterschaft-
lichen tatbestandsspezifischen Schädigungsmöglichkeit (im Sinne der Tatbegehung durch einen anderen) bei gegebener Sonderverantwortlichkeit

        a) Vorhersehbarkeit

        b) Vermeidbarkeit

---

[9]Vgl. dazu oben § 2 Rn. 65 ff.

c) Grundsätzliches rechtliches Vermeidenmüssen – bei gegebener Sonderverantwortlichkeit

5. Tatbestandsspezifische Verhaltensfolge („Erfolgszurechnung" auf Tatbestandsebene i. e. S.): Realisierung der grundsätzlich missbilligt geschaffenen Schädigungsmöglichkeit im konkreten erfolgsverursachenden Geschehen

6. Tatbestandsvorsatz (in Bezug auf die Tatbestandsverwirklichung i. e. S.)

II. Tatbestandserweiterung: Endgültige Missbilligung (insbes. fehlende Rechtfertigung) und Kenntnis der entsprechenden Tatumstände (unter Einschluss ihrer Bewertungsrelevanz)

III. Hinreichend gewichtiges Fehlverhalten (kein für eine Straftat zu geringfügiger Verhaltensnormverstoß)

(2) Anstiftung als vollendetes Begehungserfolgsdelikt

Auch für die Prüfung der Teilnahmestrafbarkeit des Anstifters kann das Einheitsschema verwendet werden.[10] Daraus ergibt sich (exemplarisch für das Begehungserfolgsdelikt) für die Anstiftung nach § 26 StGB: **50**

I. Tatbestand i. e. S.   **51**

1. Handlung im tatbestandsspezifisch strafrechtsrelevanten Sinne

2. (Tatbestandlich abstrakt-generell erfasster) Erfolg
   Der Erfolg der Anstiftung ist die von einem anderen begangene vorsätzliche rechtswidrige (Haupt-)Tat. Zu einer solchen muss es gekommen sein.

3. Kausalität
   Der hier festgestellte erfolgsverursachende Verlauf ist Folge der durch die Handlung *geschaffenen Schädigungsmöglichkeit* (im Hinblick auf das tatbestandlich abstrakt-generell erfasste Schutzgut/Rechtsgut einer in Betracht kommenden Verhaltensnorm) und ist als solcher ebenfalls tatbestandlich abstrakt-generell erfasst. Schon für diese tatbestandsspezifische Schädigungsmöglichkeit i. S. d. Anstiftung relevant ist – im Hinblick auf die tätergleiche Bestrafung – u. U. ein (ausdrücklicher oder zumindest konkludenter) Erklärungswert des Verhaltens dahingehend, dass die Haupttat begangen werden soll.

4. Grundsätzlich missbilligte Schaffung der (anstiftungs-)tatbestandsspezifischen Schädigungsmöglichkeit (im Sinne der Veranlassung der vorsätzlichen rechtswidrigen Haupttat) bei gegebener Sonderverantwortlichkeit
   a) Vorhersehbarkeit
   b) Vermeidbarkeit
   c) Grundsätzliches rechtliches Vermeidenmüssen – bei gegebener Sonderverantwortlichkeit

5. Tatbestandsspezifische Verhaltensfolge („Erfolgszurechnung" auf Tatbestandsebene i. e. S.): Realisierung der grundsätzlich missbilligt geschaffenen Schädigungsmöglichkeit im konkreten erfolgsverursachenden Geschehen

---

[10] S. dazu auch bereits oben § 2 Rn. 71 ff.

6. Tatbestandsvorsatz (in Bezug auf die Tatbestandsverwirklichung i. e. S.)
   Es gelten die allgemeinen Regeln vorsätzlichen Verhaltens und vorsätzlicher Folgenherbeiführung.[11]
II. Tatbestandserweiterung: Endgültige Missbilligung (insbes. fehlende Rechtfertigung) und Kenntnis der entsprechenden Tatumstände (unter Einschluss ihrer Bewertungsrelevanz)
III. Hinreichend gewichtiges Fehlverhalten (kein für eine Straftat zu geringfügiger Verhaltensnormverstoß)

(3) Beihilfe als vollendetes Begehungserfolgsdelikt

52 Für die Prüfung der Teilnahmestrafbarkeit im Falle der Beihilfe nach § 27 StGB ergibt sich auf der Grundlage des Einheitsschemas (exemplarisch für das Begehungserfolgsdelikt):[12]

I. Tatbestand i. e. S.
   1. Handlung im tatbestandsspezifisch strafrechtsrelevanten Sinne
   2. (Tatbestandlich abstrakt-generell erfasster) Erfolg
      Der Erfolg der Beihilfe ist die vorsätzliche rechtswidrige Haupttat, bei der ein eingetretener Unterstützungseffekt zu verzeichnen ist. Zu einer so beschaffenen Haupttat muss es gekommen sein.
   3. Kausalität
      Der hier festgestellte erfolgsverursachende Verlauf ist Folge der durch die Handlung *geschaffenen Schädigungsmöglichkeit* (im Hinblick auf das tatbestandlich abstrakt-generell erfasste Schutzgut/Rechtsgut einer in Betracht kommenden Verhaltensnorm) und ist als solcher ebenfalls tatbestandlich abstrakt-generell erfasst. Schon für diese tatbestandsspezifische Schädigungsmöglichkeit i. S. d. Beihilfe relevant ist ein Unterstützung*seffekt* im Hinblick auf die vorsätzliche rechtswidrige Haupttat, der *durch* das Hilfeleistungsverhalten begründet wird.
   4. Grundsätzlich missbilligte Schaffung der (beihilfe-)tatbestandsspezifischen Schädigungsmöglichkeit (im Sinne der Unterstützung der vorsätzlichen rechtswidrigen Haupttat) bei gegebener Sonderverantwortlichkeit
      a) Vorhersehbarkeit
      b) Vermeidbarkeit
      c) Grundsätzliches rechtliches Vermeidenmüssen – bei gegebener Sonderverantwortlichkeit
   5. Tatbestandsspezifische Verhaltensfolge („Erfolgszurechnung" auf Tatbestandsebene i. e. S.): Realisierung der grundsätzlich missbilligt geschaffenen Schädigungsmöglichkeit im konkreten erfolgsverursachenden Geschehen
   6. Tatbestandsvorsatz (in Bezug auf die Tatbestandsverwirklichung i. e. S.)

---

[11] Ausführlich dazu *Freund/Rostalski*, AT, § 7 Rn. 7, 37 ff., 117, 124 ff., 158, § 10 Rn. 121 f.
[12] S. dazu auch bereits oben § 2 Rn. 79 ff.

Es gelten die allgemeinen Regeln vorsätzlichen Verhaltens und vorsätzlicher Folgenherbeiführung.[13]

II. Tatbestandserweiterung: Endgültige Missbilligung (insbes. fehlende Rechtfertigung) und Kenntnis der entsprechenden Tatumstände (unter Einschluss ihrer Bewertungsrelevanz)

III. Hinreichend gewichtiges Fehlverhalten (kein für eine Straftat zu geringfügiger Verhaltensnormverstoß)

(4) Mittäterschaft (§ 25 II StGB) als vollendetes Begehungserfolgsdelikt

I. Tatbestand i. e. S.   53

1. Handlung im tatbestandsspezifisch strafrechtsrelevanten Sinne
2. (Tatbestandlich abstrakt-generell erfasster) Erfolg
3. Kausalität
   Der hier festgestellte erfolgsverursachende Verlauf ist Folge der durch die Handlung *geschaffenen Schädigungsmöglichkeit* (im Hinblick auf das tatbestandlich abstrakt-generell erfasste Schutzgut/Rechtsgut einer in Betracht kommenden Verhaltensnorm) und ist als solcher ebenfalls tatbestandlich abstrakt-generell erfasst. Das Verhalten jedes Mittäters muss die Schädigungsmöglichkeit begründen, in Verbindung mit dem Verhalten der anderen Person(en) den erfolgsverursachenden Verlauf i. S. d. entsprechenden Vollendungstat in Gang zu setzen. Schon für diese tatbestandsspezifische Schädigungsmöglichkeit i. S. d. Mittäterschaft relevant sind die entsprechenden – höchst umstrittenen – Kriterien „gemeinschaftlicher" Tatbestandsverwirklichung.
4. Grundsätzlich missbilligte Schaffung der (mittäterschafts-)tatbestandsspezifischen Schädigungsmöglichkeit (der gemeinschaftlichen Tatbegehung) bei gegebener Sonderverantwortlichkeit
   a) Vorhersehbarkeit
   b) Vermeidbarkeit
   c) Grundsätzliches rechtliches Vermeidenmüssen – bei gegebener Sonderverantwortlichkeit
5. Tatbestandsspezifische Verhaltensfolge („Erfolgszurechnung" auf Tatbestandsebene i. e. S.): Realisierung der grundsätzlich missbilligt geschaffenen Schädigungsmöglichkeit der gemeinschaftlichen Tatbegehung im konkreten erfolgsverursachenden Geschehen
6. Tatbestandsvorsatz (in Bezug auf die Tatbestandsverwirklichung i. e. S.) Erforderlich ist insbesondere auch die Kenntnis der gemeinschaftlichen Tatbegehung

II. Tatbestandserweiterung: Endgültige Missbilligung (insbes. fehlende Rechtfertigung) und Kenntnis der entsprechenden Tatumstände (unter Einschluss ihrer Bewertungsrelevanz)

III. Hinreichend gewichtiges Fehlverhalten (kein für eine Straftat zu geringfügiger Verhaltensnormverstoß)

---

[13] Ausführlich dazu *Freund/Rostalski*, AT, § 7 Rn. 7, 37 ff., 117, 124 ff., 158, § 10 Rn. 147.

b) Prüfung von Tatbeständen, die auf Verstöße gegen monistisch fundierte Verhaltensnormen Bezug nehmen

aa) Grundlegendes

54   Auch bei der Prüfung von Tatbeständen, die als tatbestandsspezifischen Verhaltensnormverstoß lediglich einen solchen gegen eine monistisch legitimierte Verhaltensnorm voraussetzen,[14] ist das hier vorgestellte Einheitsschema in seinen vier bzw. fünf Grundausprägungsformen anwendbar.[15] Entsprechendes gilt für die im Kontext der dualistisch fundierten Verhaltensnormverstöße vorgestellten Konkretisierungen – also für die verschiedenen Täterschafts- und Teilnahmeformen sowie für das Versuchsdelikt. Zu beachten ist freilich, dass diese de lege lata nur eine untergeordnete bzw. (noch) keine praktische Bedeutung haben.

55   Abgesehen von der nicht relevanten Sonderverantwortlichkeit ergeben sich bei Tatbeständen, die auf monistisch fundierte Verhaltensnormen Bezug nehmen, keine Besonderheiten. De lege lata besteht bei § 323c I StGB (bzw. auch bei § 138 StGB) eine gewisse Nähe zum Versuch als Straftat. Allerdings gibt es – anders als beim ex ante erkennbar untauglichen (und dennoch strafbaren) Versuch – bei der unterlassenen Hilfeleistung eine Sanktionsnormvoraussetzung spezifischer Gefährlichkeit des Hilfeleistungsdefizits, das es erfordert, diese Straftat den (*Gefährlichkeits*-)Erfolgsdelikten zuzuordnen. In Österreich besteht bereits de lege lata im Falle der unterlassenen Hilfeleistung mit Todesfolge sogar eine vollkommene Parallele zum vollendeten *Verletzungs*erfolgsdelikt. De lege ferenda könnte das bald auch auf die deutsche Gesetzeslage zutreffen.[16]

bb) Beispielhafte Verdeutlichung anhand der Prüfung des § 323c I StGB

56   § 323c I StGB ist ein für die Fallbearbeitung statistisch gesehen durchaus relevanter Tatbestand. Eine Sonderverantwortlichkeit ist für die Tatbestandsverwirklichung nicht erforderlich. Auch sonst weist der Tatbestand einige Besonderheiten auf. Diese sollen im Folgenden näher betrachtet und erläutert werden.

57   § 323c I StGB knüpft an Verstöße gegen Verhaltensnormen an, denen die allgemeine sog. Jedermannshilfspflicht zugrunde liegt. Erforderliche Grundlage einer

---

[14]Zur Klarstellung: Wenn jemand sogar gegen eine dualistisch legitimierte Verhaltensnorm verstößt, steht das der Verwirklichung eines Tatbestands, der den Verstoß gegen eine monistisch legitimierte Verhaltensnorm voraussetzt, nicht entgegen. Insofern geht nur regelmäßig die strengere Strafbarkeit konkurrenzrechtlich vor. Wichtig ist dies, wenn im Einzelfall der Verstoß gegen die sogar dualistisch legitimierte Verhaltensnorm nur möglich, aber prozessual nicht eindeutig nachweisbar ist. Dann ist ohne Weiteres der Rückgriff auf die geringere Strafbarkeit möglich. Beispiel: Bleibt unklar, ob jemand, der einen bei einem Unfall Verletzten sterben lässt, den Unfall verschuldet hat und deshalb für die Gefahrenabwendung sonderverantwortlich ist, kann er jedenfalls wegen unterlassener Hilfeleistung nach § 323c I StGB zur Verantwortung gezogen werden.

[15]S. zu den vier Grundausprägungsformen beim vollendeten Begehungserfolgsdelikt oben § 5 Rn. 39 ff.; zur fünften Grundausprägungsform mit ihren denkbaren Variationen beim Versuch als Straftat s. oben § 5 Rn. 44 ff.

[16]Zu dem entsprechenden Vorschlag de lege ferenda s. *Freund,* in: MünchKommStGB, Band 5, § 323c Rn. 131.

solchen Hilfspflicht ist stets eine zuvor bestehende Gefahrensituation für bestimmte Individualrechtsgüter als Ausgangslage.[17] Eine solche muss also bereits *vor* dem verhaltensrelevanten Zeitpunkt bestanden haben und durch das (Nichthilfeleistungs-)Verhalten nicht abgewendet worden sein. Dieser tatbestandsspezifische Gefährlichkeitserfolg in Form des vorhandenen *nicht abgewendeten* Risikos ist auf der Grundlage einer verständigen Würdigung der sich der betreffenden Person darbietenden Sachlage ex ante festzustellen.[18]

Vor diesem Hintergrund sind für die Tatbestandsverwirklichung phänomenologisch vor allem Tatbestandsverwirklichungen in der Form des Unterlassen bedeutsam: Durch das Verhalten wird eine vorher bereits vorhandene Schädigungsmöglichkeit nicht abgewendet. Allerdings folgt daraus keineswegs, dass § 323c I StGB ausschließlich durch ein Unterlassen verwirklicht werden kann.   **58**

Das Hilfeleistungsdefizit angesichts einer bestehenden Gefahrensituation als messbarer gefährlicher Außenwelterfolg in Form des vorhandenen *nicht abgewendeten* Risikos kann nicht nur auf einem Unterlassen (der Abwendung einer im verhaltensrelevanten Zeitpunkt vorhandenen „aktiven" Gefahrenlage), sondern auch einem aktiven Tun beruhen.[19] Praktisch bedeutsam sind insofern Fälle, in denen eine „an sich" vorhandene Gefahrenlage im verhaltensrelevanten Zeitpunkt in gewisser Weise inaktiv (paralysiert) ist. Man denke etwa an den oben (§ 1 Rn. 44) angesprochenen Fall der Nachbarin, die sich die Ohren zuhält und laute Musik anstellt, um den ansonsten wirksamen Rettungsimpuls zu unterdrücken.[20]   **59**

Das Verhalten muss für diesen (End-)Gefährlichkeitserfolg (quasi-) kausal geworden sein. Die zuvor (aktiv oder paralysiert) existente Gefahr muss durch das in Rede stehende Verhalten nicht abgewendet bzw. reaktiviert – also in diesem Sinne geschaffen – worden sein. In dem gefahrverursachenden Verlauf realisiert sich dementsprechend die zuvor bereits existente Gefahr. Damit steht zugleich fest: Dieser Verlauf ist Folge der entsprechenden – nicht abgewendeten bzw. reaktivierten (und in diesem Sinne geschaffenen) – tatbestandlich abstrakt-generell erfassten *Gefährdungs*möglichkeit. Deren Nichtabwendung bzw. Schaffung ist sodann Anknüpfungspunkt der Prüfung der grundsätzlichen tatbestandsspezifischen Verhaltensmissbilligung. Auch die übrigen Voraussetzungen des Tatbestands i. e. S. entsprechen denen des Verletzungserfolgsdelikts: Zur Klarstellung empfiehlt es sich, eine entsprechende Fehlverhaltensfolge festzustellen. Auch der Vorsatz hinsichtlich der Tatbestandsverwirklichung i. e. S. muss gegeben sein.   **60**

Aus alledem ergibt sich folgende Konkretisierung des Einheitsschemas für die Prüfung des § 323c I StGB: **61**

---

[17] S. zu den für § 323c I StGB relevanten (Verhaltensnorm-)Schutzgütern *Freund,* in: MünchKommStGB, Band 5, § 323c StGB, Rn. 2, 18, 24 ff.

[18] S. dazu näher oben § 4 Rn. 20 ff. m. w. N. zu der äußerst umstrittenen Problematik.

[19] Zur Möglichkeit eines Verstoßes gegen die allgemeine Hilfspflicht durch ein aktives Tun – also durch eine Handlung s. *Freund,* in: MünchKommStGB, Band 5, § 323c Rn. 138 m. w. N.

[20] Der im Text angesprochene Zusammenhang zwischen dem in Rede stehenden Verhalten (Unterlassung oder Handlung) und dem Gefährlichkeitserfolg ist allerdings erst im Rahmen der (Quasi-) Kausalität zu thematisieren.

I. Tatbestand i. e. S.
  1. Unterlassung bzw. Handlung im tatbestandsspezifisch strafrechtsrelevanten Sinne
  2. (Tatbestandlich abstrakt-generell erfasster) (Gefährlichkeits-)Erfolg
    Tatbestandlich abstrakt-generell erfasste Gefährlichkeit eines Hilfeleistungsdefizits für Individualrechtsgüter. Gefährliches Nichthilfeleisten in einer im Verhaltenszeitpunkt bei verständiger Würdigung anzunehmenden Gefahrensituation (bei einem „Unglücksfall" etc.).
    a) Im Verhaltenszeitpunkt bei verständiger Würdigung anzunehmender Unglücksfall etc. als für bestimmte Individualrechtsgüter tatbestandsspezifische Gefahrenlage („Gefährlichkeit")
    b) Zeitlich unmittelbar *nach* der Handlung oder Unterlassung feststellbares tatsächliches Hilfeleistungsdefizit
  3. (Quasi-)Kausalität des Verhaltens für das gefährliche Hilfeleistungsdefizit (bei dem anzunehmenden Unglücksfall etc.)
    Die Unterlassung einer Hilfeleistungshandlung war quasi-kausal für das gefährliche Hilfeleistungsdefizit, wenn bei Vornahme der Hilfeleistung der zu diesem gefährlichen Hilfeleistungsdefizit führende konkrete Verlauf entfiele. Der damit festgestellte – die Gefährlichkeit des Hilfeleistungsdefizits als Erfolg verursachende – Verlauf ist Folge der durch die Unterlassung nicht abgewendeten Gefährdungsmöglichkeit in Bezug auf die betroffenen Individualrechtsgüter und ist als solche tatbestandlich abstrakt-generell erfasst.
    Eine Handlung war kausal für das gefährliche Hilfeleistungsdefizit, wenn sie nicht hinweg gedacht werden kann, ohne dass der zu diesem gefährlichen Hilfeleistungsdefizit führende konkrete Verlauf entfiele. Der damit festgestellte – die Gefährlichkeit des Hilfeleistungsdefizits als Erfolg verursachende – Verlauf ist Folge der durch die Handlung geschaffenen Gefährdungsmöglichkeit in Bezug auf die betroffenen Individualrechtsgüter und ist als solche tatbestandlich abstrakt-generell erfasst.
  4. Grundsätzlich missbilligte Schaffung oder Nichtabwendung der tatbestandsspezifischen Schädigungsmöglichkeit
    Prüfung der Kriterien der grundsätzlichen Vermeidepflicht, jeweils unter Zugrundelegung der persönlichen Fähigkeiten und Kenntnisse der betreffenden Person sowie ihrer Perspektive im verhaltensrelevanten Zeitpunkt (ex ante)
    a) Vorhersehbarkeit
    b) Vermeidbarkeit
    c) Grundsätzliches rechtliches Vermeidenmüssen
  5. Tatbestandsspezifische Verhaltensfolge (sog. „Zurechnung" auf Tatbestandsebene i. e. S.)
  6. Tatbestandsvorsatz (in Bezug auf die Tatbestandsverwirklichung i. e. S.)
II. Tatbestandserweiterung: Endgültige Missbilligung (insbes. fehlende Rechtfertigung) und Kenntnis der entsprechenden Tatumstände (unter Einschluss ihrer Bewertungsrelevanz)
III. Hinreichend gewichtiges Fehlverhalten (kein für eine Straftat zu geringfügiger Verhaltensnormverstoß)

IV. Spezielle Hinweise zur Anfertigung von Strafrechtshausarbeiten

1. Formalia

Die Hausarbeit ist in Maschinenschrift (Schriftgröße 12 pt; 1 1/2-zeilig) auf tinten- **62** festem Papier (Format DIN A4) – einseitig beschrieben – mit ca. 1/3 Rand auf der linken Blattseite anzufertigen und mit fortlaufenden Seitenzahlen zu versehen. Am Ende der Bearbeitung ist diese persönlich zu unterschreiben. Dem Gutachten ist ein Deckblatt, der Aufgabentext, eine Gliederung sowie ein Literaturverzeichnis voran- zustellen. Das *Deckblatt* soll oben links Name, Adresse, Matrikelnummer und Se- mesterzahl der Bearbeiterin oder des Bearbeiters enthalten. Oben rechts können Ort und Datum angegeben werden. In der Mitte des Deckblatts ist die Bezeichnung der Übung, der Name der Leiterin oder des Leiters der Übung, das gegenwärtige Se- mester und die Bezeichnung der Arbeit („1. Hausarbeit") anzugeben. Soweit eine digitale Form der Abgabe bzw. eine pseudonymisierte Korrektur vorgesehen ist, sind die entsprechenden Vorgaben bei der Aufgabenstellung zu beachten.

Ein Abkürzungsverzeichnis ist nicht erforderlich. Es sind die gängigen Abkür- **63** zungen, wie sie etwa in Kommentaren und Lehrbüchern angegeben werden, zu be- nutzen. Die *Gliederung* soll kein ausführlicher Inhaltsbericht sein. Sie soll weder den Deliktsaufbau wiedergeben noch ganze Sätze oder gar das Ergebnis der jewei- ligen Prüfung beinhalten. Sie soll vielmehr den Gedankengang der Arbeit erkennbar machen. Hauptgliederungspunkte sind ggf. Geschehensabschnitte und Beteiligte und jedenfalls jeder geprüfte Straftatbestand. Jede Gliederungsebene muss mindes- tens zwei Punkte umfassen (Wer „A" sagt, muss auch „B" sagen!). Das reine Ergeb- nis erhält keinen eigenen Gliederungspunkt, sondern steht am Ende des jeweiligen Prüfungsabschnitts.

Bewährt hat sich folgendes Gliederungssystem: **64**

1. Teil

A.

    I.

        1.

            a)

                aa)

                    (1)

                        (a)

                          (aa)

Gliederungsangaben in Frageform sind zu vermeiden. Da die Gliederung zu- **65** gleich als Inhaltsverzeichnis dient, ist bei jedem Gliederungspunkt die Seitenzahl anzugeben, auf der in der Ausarbeitung die Erörterung dieser Sachfrage beginnt.

Das Gutachten selbst ist mit arabischen Seitenzahlen zu versehen; bis dahin – also bei Literaturverzeichnis und Gliederung – sind römische Zahlen zu verwenden.

66   In das *Literaturverzeichnis* sind alle zitierten Werke wie insbesondere Kommentare, Lehrbücher und Grundrisse, Monografien, Dissertationen, Beiträge in Sammelwerken und Festschriften sowie Aufsätze in Zeitschriften und Anmerkungen zu Gerichtsentscheidungen aufzunehmen. Die Werke müssen in alphabetischer Reihenfolge der Autorinnen und Autoren aufgelistet werden. Anzustreben ist die Verwendung der jeweils aktuellsten Auflage eines Werkes. Gerichtsentscheidungen, Entscheidungssammlungen, Gesetzesblätter und Gesetzesmaterialien dürfen nicht in das Literaturverzeichnis aufgenommen werden. Die Angaben zu den jeweiligen Werken und Beiträgen werden mit einem Punkt abgeschlossen.

67   Kommentare, Lehrbücher und Monografien sind grundsätzlich nach Verfasserin oder Verfasser (Herausgeberin oder Herausgeber), Titel, Auflage und Erscheinungsjahr aufzunehmen. Titel und Berufsbezeichnungen der genannten Personen werden nicht genannt. Einige Kommentare werden nicht nach sie verfassenden oder herausgebenden Personen benannt („Leipziger Kommentar", „Systematischer Kommentar zum Strafgesetzbuch" etc.). Diese Werke ordnet man alphabetisch nach diesen Begriffen ein. Bei im Buchhandel nicht erhältlichen Dissertationen tritt zum Erscheinungsjahr die Angabe „Diss. [Universität], [Promotionsjahr]". Bei Aufsätzen wird nach Verfasser und Titel die Fundstelle der Anfangsseite des Aufsatzes angegeben; bei Festschriftenbeiträgen nach einem eventuellen Titel die Angabe „Festschrift für N. N.", das Jahr und die Anfangsseite des Beitrages. Bei Anmerkungen zu Gerichtsentscheidungen und Buchbesprechungen sind die besprochene Entscheidung bzw. Verfasser und Titel des besprochenen Werkes anzugeben.

68   Am Beginn des *Fußnotentextes* ist ein Großbuchstabe zu verwenden. Am Ende steht immer (nur) *ein* Punkt (falsch: 31 f..). Bei Zeitschriftenaufsätzen und Beiträgen zu Festschriften und Sammelbänden wird der Titel der Abhandlung in der Regel weggelassen. Sowohl bei derartigen Beiträgen als auch bei Gerichtsentscheidungen wird immer die Anfangsseite und die in Bezug genommene Seite zitiert. Bearbeiten mehrere Personen einen bestimmten Abschnitt, sind alle anzugeben (*Eser/Bosch*, in: Schönke/Schröder, § 242 Rn. 4). Wird in den Fußnoten nicht der volle Titel eines Werkes wiederholt, ist im Literaturverzeichnis der verwendete Kurztitel anzugeben. Der Hinweis „a. a. O." sollte vermieden werden. Bei Zeitschriften und Entscheidungssammlungen folgt die Seitenzahl unmittelbar hinter dem Komma, ohne dass S. vor die Seitenzahl gestellt wird.

69   Bei der Auswahl der zitierten Beiträge und Werke ist auf qualitativ hochwertige Nachweise zu achten. Primärquellen sind vorrangig heranzuziehen. Nicht alles, was man in irgendwelchen Skripten oder im Internet findet, ist zitierfähig!

70   Werden im Gutachten fremde Gedanken wiedergegeben oder sonst verwertet, so sind diese mit einem Beleg zu versehen. „Blindzitate" und mittelbare Zitate sind zu unterlassen. Es muss nachgewiesen werden, von wem der Gedanke stammt und wo dieser veröffentlicht ist. Die Herkunft der fremden Gedanken ist durch eine Fußnote auf der jeweiligen Seite genau anzugeben. Wörtliche Zitate sollten jedoch die Ausnahme bilden. Sie sollten – bei größtmöglicher Kürze – nur dann verwendet werden, wenn sonst spezifische Aussagegehalte verlorengehen. Auf den zu prüfenden

Sachverhalt bezogene Zitate sind verfehlt. Hat man etwa festgestellt, dass X sich strafbar gemacht habe, darf dieses Ergebnis nicht mit einer Fußnote belegt werden, weil sich die zitierte Person zu diesem Sachverhalt nicht geäußert hat. Die Nachweise in den Fußnoten sind in eine sinnvolle Ordnung zu bringen: In der Regel sind Gerichte vor Autoren und Bundesgerichte vor anderen Gerichten zu nennen.

2. Fallbearbeitung, Art der Darstellung und Bewertungskriterien

Die Lösung des Falles sollte bei der Einleitungsfrage abwechseln. Hierzu bieten sich folgende Formulierungen an: 71

▶ X kann sich durch [Benennung des geprüften Verhaltens] des Betruges gem. § 263 I StGB schuldig gemacht haben; X kann einen Betrug gem. § 263 I StGB begangen haben, indem er [Benennung des geprüften Verhaltens]; X kann sich durch [Benennung des geprüften Verhaltens] wegen versuchten Betruges gem. § 263 I StGB strafbar gemacht haben.

In der sprachlichen Formulierung verfehlt ist die weit verbreitete Kombination von „des" und „strafbar" in der Einleitungsfrage. Richtige Formulierungen lauten etwa: 72

▶ X kann sich ... *wegen* Betruges *strafbar* gemacht haben bzw. X kann sich ... **des** Betruges *schuldig* gemacht haben.

Die Verwendung des Konjunktivs ist zwar weit verbreitet, aber zumindest missverständlich. Dass etwas als möglicherweise gegeben geprüft werden soll, kommt durch die Formulierung „kann" bereits hinreichend zum Ausdruck.   73

Bei der Erstellung eines Gutachtens geht es nicht zuletzt darum, Rechtsprobleme eines Sachverhalts zu erfassen und diese einer vertretbaren Lösung zuzuführen. Bei der Bearbeitung des Falles sind die einschlägige Literatur und Rechtsprechung zu berücksichtigen. Das Gutachten soll sich jedoch nicht in der Wiedergabe vorgefundener Auffassungen erschöpfen. Die Fallrelevanz ist stets im Auge zu behalten und durch konkrete Subsumtion deutlich zu machen. Zu Streitfragen, die für die Entscheidung des Falles erheblich sind (und nur zu diesen!), soll in kritischer Auseinandersetzung mit den in Rechtsprechung und Literatur vorgetragenen Erwägungen *selbstständig* Stellung genommen werden. Die Beantwortung einer Rechtsfrage erfolgt nicht in der Auseinandersetzung mit Gerichten, Autoren oder Theorien, sondern mit deren *Argumenten*. Darstellungen nach dem Schema: a) Auffassung des BGH, b) Auffassung des OLG Stuttgart, c) Auffassung Schmidhäuser, d) Auffassung Otto, e) Streitentscheidung – sind zwar bequemer, aber im Rahmen rechtsgutachterlicher Fallbearbeitung kein Ausweis überdurchschnittlicher Qualifikation.   74

Führen konkurrierende Auffassungen im konkreten Fall zum selben Ergebnis, gewährleistet dieser Gleichlauf im Ergebnis allein noch keine Ergebnisrichtigkeit. Vielmehr muss die Richtigkeit des Ergebnisses stets sachlich begründet werden. Ist   75 das geschehen, erübrigt sich eine Stellungnahme zu Konzepten, die mit abweichender Begründung zum identischen Ergebnis gelangen. Beispiel: Hat man dargelegt, dass im Falle eines Erlaubnistatbestandsirrtums eine Vorsatzbestrafung ausscheidet, bedarf es keiner – gar ablehnenden – Stellungnahme zur Vorsatztheorie, die in derartigen Fällen ebenfalls zum Ausschluss der Vorsatzstrafe gelangt. Überflüssiges im Gutachten begründet einen sachlichen Fehler.

76   Die Lösung ist auf die für den jeweiligen Fall relevanten (d. h. entscheidungserheblichen!) Probleme zu beschränken. Unproblematisches ist kurz und knapp abzuhandeln oder in absolut unproblematischen Fällen einfach festzustellen. Problematisches bedarf hingegen ausführlicher Erörterung. Verweise nach oben sind zulässig, solche nach unten unzulässig. Die Darstellung muss verständlich sein. Formulierungen wie „ich halte diese Auffassung für nicht überzeugend" oder „meines Erachtens" sind fehl am Platz – alles, was der Bearbeiter oder die Bearbeiterin schreibt, ist sein bzw. ihr Erachten. Formulierungen wie „zweifellos", „offensichtlich", „eindeutig", „keinesfalls" indizieren das Fehlen von Argumenten. Ein lapidarer Hinweis auf die „herrschende Meinung" oder „herrschende Lehre" stellt eine bloße Behauptung dar und ersetzt nicht die im gegebenen Fall erforderliche Begründung.

77   Wesentliche Kriterien für die Bewertung der Arbeit sind das Erfassen der Probleme des Sachverhalts, eine richtige Gewichtung, Methodensicherheit, die Art der Darstellung, das Argumentationsniveau sowie die Reichhaltigkeit und Überzeugungskraft der Argumente.

78   Der Gesetzeswortlaut ist als bekannt vorauszusetzen und daher nicht abzuschreiben. Es ist ausreichend, aber auch erforderlich, die relevanten Gesetzesvorschriften im Gutachten genau anzugeben.

79   Hausarbeiten werden zur selbstständigen Bearbeitung ausgegeben. Das Gebot, die Lösung der gestellten Aufgabe ohne fremde Hilfe anzufertigen, findet seine Erklärung auch darin, dass die Anfertigung von Aufsichts- und Hausarbeiten als Möglichkeit studienbegleitender Selbstkontrolle gedacht ist. Die Arbeit muss sorgfältig auf Schreib- und Satzzeichenfehler durchgesehen werden. Der Abgabetermin ist einzuhalten. Spezielle Hinweise bei der Aufgabenstellung sind strikt zu befolgen.

3. Literatur (Auswahl)

80   *Arzt,* Die Strafrechtsklausur, 7. Aufl. 2006; *Freund,* Der Aufbau der Straftat in der Fallbearbeitung, JuS 1997, 235 ff., 331 ff.; *ders.,* Der praktische Fall – Strafrecht: „Spritztour mit dem ultra krassen 3er BMW", JuS 2001, 475 ff.; *Freund/Schaumann,* Der praktische Fall – Verhängnisvolle Schläge, JuS 1995, 801 ff.; *Freund/ Telöken,* Der praktische Fall – Strafrecht: „Von Höllen-Engeln und Banditen", ZJS 2012, 796 ff.; *Hardtung,* Gegen die Vorprüfung beim Versuch, Jura 1996, 293 ff.; *ders.,* Das Springen im strafrechtlichen Gutachten, JuS 1996, 610 ff., 706 ff., 807 ff.; *Kern/Langer,* Anleitung zur Bearbeitung von Strafrechtsfällen, 8. Aufl. 1985; *Lagodny,* Gesetzestexte suchen, verstehen und in der Klausur anwenden – Eine praxisorientierte Anleitung für rechtswissenschaftliches Arbeiten im Strafrecht, Öffentlichen Recht, Zivilrecht, 2. Aufl. 2012; *Putzke,* Juristische Arbeiten erfolgreich

schreiben, 6. Aufl. 2018; *Rostalski,* Theorie und Praxis der Fallbearbeitung beim Fahrlässigkeitsdelikt, JuS 2021, 827 ff.; *Seier/Waßmer,* Die Anfängerklausur im Strafrecht – Zentrale Probleme des Allgemeinen Teils in der Fallbearbeitung, 2. Aufl. 2019; *Valerius,* Einführung in den Gutachtenstil – 15 Klausuren zum Bürgerlichen Recht, Strafrecht und Öffentlichen Recht, 4. Aufl. 2017.

Zum Literaturverzeichnis und zur Zitierweise: Scheffler, Hinweise zur Bearbeitung von Strafrechtshausarbeiten, Jura 1994, 549, 550 f.; *zu „Sprachfehlern, Formfehlern und Denkfehlern": Horn,* Jura 1984, 499 ff.; s. ferner *Wolf,* JuS 1996, 30 ff.

§ 6 Exemplarische Verdeutlichung der Straftatelemente und ihrer Konkretisierung anhand eines einfachen Falles

Die Lösung des folgenden Falles soll zeigen, dass die im Vorangegangenen erläuterten theoretischen Grundlagen tatsächlich zum Gelingen einer Fallbearbeitung beitragen können:

Sachverhalt

Grundfall: A geht in den Wald, um mit einem Jagdgewehr ein Wildschwein zu erlegen, obwohl er weder jagdausübungsberechtigt ist noch Schusswaffen bei sich führen darf. Durch einen von ihm auf ein Wildschwein abgegebenen Schuss wird der Spaziergänger B getroffen und stirbt. A hatte bei seiner Schussabgabe B nicht gesehen. Das Gewehr hatte er zuvor aus dem Waffenschrank des C entnommen, den dieser aus Unachtsamkeit vorschriftswidrig nicht verschlossen hatte. Von C blieb diese Entwendung unbemerkt. A hatte vor, das Gewehr nach Gebrauch wieder zurückzubringen. Auf Munition des C war er nicht angewiesen. Denn er besaß noch selbst welche.

Strafbarkeit von A und C nach §§ 212 I, 222 StGB?

Variante 1: Es lässt sich nicht eindeutig klären, ob A bei der Schussabgabe damit gerechnet hat, dass B durch den Schuss tödlich getroffen werden könnte. Diese Möglichkeit besteht aber durchaus; denkbar ist sogar, dass A gar nicht auf das Wildschwein, sondern gezielt auf B geschossen hat, um ihn zu töten.

Strafbarkeit von A nach §§ 212 I, 222 StGB?

G. Freund, A. Bünzel, *Die Elemente der Straftat und ihre Konkretisierung in der Fallbearbeitung*, Tutorium Jura, https://doi.org/10.1007/978-3-662-65499-6_6

Variante 2: Der Spaziergänger B wird durch den Schuss zwar getroffen und schwer verletzt, überlebt allerdings wie durch ein Wunder. B hatte mit der Möglichkeit eines tödlichen Treffers zumindest gerechnet.
Strafbarkeit des A nach §§ 212 I, 22, 23 I, 12 I StGB?

Gutachten

Grundfall

Strafbarkeit des A
Hinweis: Der Grundfall gibt keinen Anlass, auf ein vorsätzliches Tötungsdelikt einzugehen und etwa die Problematik des (beachtlichen) error in persona vel obiecto zu thematisieren. Denn für die Annahme eines Tötungsvorsatzes in Bezug auf einen Menschen fehlt jeglicher Ansatzpunkt. Daher ist gleich mit der Prüfung der Strafbarkeit wegen fahrlässiger Tötung zu beginnen, die allein ernsthaft in Betracht kommt.

A kann[1] sich durch die Abgabe des Schusses wegen fahrlässiger Tötung gem. § 222 StGB strafbar gemacht haben.
I. Der Tatbestand i. e. S. muss[2] erfüllt sein.

1. A muss im tatbestandsspezifisch strafrechtsrelevanten Sinne gehandelt haben. Eine Handlung in diesem Sinne ist das vom Willen zumindest beherrschbare Verhalten, mit dem die Schaffung einer tatbestandlich abstrakt-generell erfassten Schädigungsmöglichkeit für fremde Rechtsgüter verbunden sein kann. Die Abgabe des Schusses durch A stellt ein vom Willen beherrschtes Verhalten dar, welches mit der Schaffung einer Schädigungsmöglichkeit für das Leben eines anderen verbunden sein kann. Eine Handlung im tatbestandsspezifisch strafrechtsrelevanten Sinne liegt vor.[3]

---

[1] Im Eingangsobersatz bringt die einfache Möglichkeitsform „kann" die Fragestellung präzise zum Ausdruck. Es besteht kein Grund für die nur Unsicherheit vermittelnde Formulierung des „könnte" (vielleicht). Dass das Ergebnis noch nicht feststeht und mithin unsicher ist, macht die Formulierung „kann" hinreichend deutlich.

[2] Im Gutachten ist bei der Benennung der zu prüfenden Voraussetzungen im Grundsatz der Indikativ anstelle des weit verbreiteten Konjunktivs irrealis zu verwenden. Letzterer ist allenfalls dann korrekt, wenn die Prüfung negativ endet.

[3] Die ausführliche Darstellung im Text orientiert sich an der notwendigen Vermittlung der Gutachtentechnik, die einwandfrei beherrscht werden muss, *bevor* man sich Gedanken über angemessene Abkürzungsmöglichkeiten machen kann. In einer ansonsten problembeladenen Fallbearbeitung – noch dazu unter Zeitdruck – darf man selbstverständlich (im „Behauptungsstil") schreiben: „A hat gehandelt." Das gilt aber nur, wenn man die zu erfüllenden Kriterien gedanklich geprüft und *zutreffend(!)* erkannt hat, dass diese unproblematisch erfüllt sind. Entsprechend ist auch bei den im Folgenden ausführlich thematisierten Straftatvoraussetzungen zu verfahren („B ist tot." „Die Handlung des A ist kausal für den Tod des B." etc.). Keinesfalls fehlen darf jedoch zumindest die Feststellung, dass die für eine bestimmte Strafbarkeit erforderlichen Kriterien erfüllt sind. – Zur „gestrafften" Lösung des bekannten Erbonkelfalls mit Abwandlung s. *Freund*, JuS 1997, 331, 333 f.

2. Der Tod muss – als tatbestandlich abstrakt-generell erfasster Erfolg – eingetreten sein. Darunter ist das endgültige Erloschensein sämtlicher Hirnfunktionen zu verstehen. B weist irreversibel keinerlei Hirnfunktionen mehr auf. Der Tod ist eingetreten.

3. Die Handlung des A muss kausal für den Tod des B geworden sein. Eine Handlung ist kausal für den Erfolg, wenn sie nicht hinweggedacht werden kann, ohne dass der zu diesem Erfolg führende konkrete Verlauf entfiele. Hätte A nicht geschossen, wäre B nicht durch diesen Schuss getroffen worden und an der Schussverletzung gestorben. Der Schuss war kausal für den zum Tod als Erfolg führenden Verlauf. Mit diesem Verlauf steht zugleich fest, dass der Schuss eine entsprechende tatbestandlich abstrakt-generell erfasste Schädigungsmöglichkeit (im Hinblick auf das Leben des B) geschaffen hat.[4]

4. A muss durch seine Handlung genau diese tatbestandlich abstrakt-generell erfasste Schädigungsmöglichkeit im Hinblick auf das Leben des B – bei gegebener Sonderverantwortlichkeit – in grundsätzlich zu missbilligender Weise geschaffen haben. Anders formuliert: Er muss sich insofern grundsätzlich fahrlässig i. S. einer fahrlässigen Tötung verhalten haben. Dies ist der Fall, wenn die Schaffung genau dieser Schädigungsmöglichkeit, die sich realisiert hat, für A vorhersehbar und vermeidbar war und von ihm – bei gegebener Sonderverantwortlichkeit – von Rechts wegen grundsätzlich vermieden werden musste.

a) Die Schaffung der tatbestandlich abstrakt-generell erfassten Schädigungsmöglichkeit muss für A vorhersehbar (erkennbar) gewesen sein. Vorhersehbarkeit erfordert, dass die betreffende Person individuell in der Lage ist, die vom Tatbestand abstrakt-generell erfasste Schädigungsmöglichkeit zu erkennen – bei Erfolgsdelikten insbesondere den drohenden erfolgsverursachenden Verlauf. A konnte nach den Umständen, unter denen die Schussabgabe erfolgte, eine Lebensgefahr für andere Menschen nicht ausschließen. Für ihn war daher jedenfalls bei etwas Überlegung erkennbar, dass durch seinen Schuss das Leben eines anderen gefährdet werden kann. Diese Schädigungsmöglichkeit war mithin für A vorhersehbar.

b) Die Schaffung der Schädigungsmöglichkeit muss für A vermeidbar gewesen sein. Vermeidbarkeit erfordert, dass es der betreffenden Person durch ihre individuellen Fähigkeiten und Kenntnisse möglich ist, die vom Tatbestand abstrakt-generell erfasste Schädigungsmöglichkeit nicht zu schaffen oder abzuwenden. Jedenfalls durch Unterlassen des Schusses wäre es A möglich gewesen, die Gefahr nicht zu schaffen. Die Schaffung der Schädigungsmöglichkeit konnte folglich von A vermieden werden.

---

[4] Durch diese der Prüfung der grundsätzlichen Verhaltensmissbilligung *vorgelagerte* Zwischenfeststellung wird die anschließende Missbilligungsprüfung beim Vollendungsdelikt sachgerecht auf die Schaffung oder Nichtabwendung genau der Schädigungsmöglichkeit bezogen, die sich im konkreten erfolgsverursachenden Geschehen tatsächlich *realisiert hat*. Andere Schädigungsmöglichkeiten sind demgegenüber nur für die Versuchsprüfung relevant. Näher zur Prüfung des Versuchs als Straftat oben § 3, § 5 Rn. 44 ff.

c) Auch muss die Schaffung dieser Schädigungsmöglichkeit von A – bei gegebener Sonderverantwortlichkeit – von Rechts wegen grundsätzlich zu vermeiden gewesen sein. Grundsätzlich von Rechts wegen zu vermeiden ist eine Schädigungsmöglichkeit i. d. S. dann, wenn – bei gegebener Sonderverantwortlichkeit – im Rahmen einer Abwägung das in Frage stehende Schutzinteresse das Interesse der handelnden oder unterlassenden Person im Grundsatz überwiegt. Bei Abwägung der widerstreitenden Güter und Interessen überwiegt jedenfalls im Grundsatz das zu schützende Leben des sich seinerseits im Rahmen der allgemeinen Handlungsfreiheit im Wald aufhaltenden Spaziergängers B die allgemeine Handlungsfreiheit des A, im Wald ohne Einhaltung bestimmter Sicherheitsbedingungen mit einem Gewehr zu schießen.[5] Auch ist A durch das Betätigen des Abzugs der Waffe mit seinem eigenen Körper die Quelle der hier in Frage stehenden Schädigungsmöglichkeit und dementsprechend für deren Nichtschaffung sonderverantwortlich. Daher musste A die Schädigungsmöglichkeit – bei gegebener Sonderverantwortlichkeit – von Rechts wegen grundsätzlich vermeiden.

Das tatbestandsspezifische Verhalten des A ist grundsätzlich zu missbilligen und stellt ein grundsätzlich fahrlässiges Verhalten i. S. einer fahrlässigen Tötung dar.

5. Bei dem tatbestandlich abstrakt-generell erfassten Erfolg muss es sich um eine tatbestandsspezifische Verhaltensfolge handeln. Man kann auch sagen: Der Tod des B – als Erfolg – muss A auf Tatbestandsebene i. e. S. „zurechenbar" sein. Eine tatbestandsspezifische Verhaltensfolge (bzw. auf Tatbestandsebene i. e. S. „zurechenbar") ist ein konkreter erfolgsverursachender Verlauf, in dem sich genau die tatbestandlich abstrakt-generell erfasste Schädigungsmöglichkeit realisiert hat, die durch die Handlung oder die Unterlassung in grundsätzlich rechtlich missbilligter Weise geschaffen oder nicht abgewendet wurde. Im Tod des B realisiert sich gerade das Risiko, welches A im Hinblick auf das zu schützende Leben des B grundsätzlich hätte vermeiden müssen. Daher ist die tatbestandsspezifische Verhaltensfolge eingetreten (und der Tod des B dem A auf der Ebene des Tatbestands i. e. S. „zurechenbar").[6]

Der Tatbestand i. e. S. ist erfüllt.

---

[5] Im Rahmen dieser Abwägung sollten möglichst starke Argumente angeführt werden. An dieser Stelle findet ein bedeutender Teil der für die richtige Entscheidung des Falles unverzichtbaren normativen Wertung statt. Auch wenn das Ergebnis unproblematisch erscheint, sollte hier dennoch wenigstens kurz argumentiert werden. – Zur Bedeutung der Argumentation bzw. der Güter- und Interessenabwägung für die angemessene Problembearbeitung s. auch *Arzt, Die Strafrechtsklausur*, S. 5 f., 39 ff.

[6] Wird – wie oben 4. – die Prüfung der grundsätzlichen Verhaltensmissbilligung sachgerecht genau auf die (Schaffung oder Nichtabwendung der) Schädigungsmöglichkeit bezogen, die sich realisiert hat, erledigen sich sämtliche „Zurechnungsprobleme", weil die Kriterien der tatbestandsspezifischen Verhaltensfolge gleichsam automatisch erfüllt sind. Dementsprechend geht es unter 5. nur noch um eine Klarstellung. Einer weiteren Prüfung bedarf es nicht.

II. Die Kriterien der Tatbestandserweiterung – also der endgültigen Missbilligung (insbes. der fehlenden Rechtfertigung) – müssen erfüllt sein. Es sind im Hinblick auf die Schaffung der Schädigungsmöglichkeit für das Leben des B, die sich realisiert hat, unter Berücksichtigung sämtlicher wertungsrelevanter Aspekte und des Gesamtkontextes keine Gründe (insbes. keine speziellen Rechtfertigungsgründe) ersichtlich, die einer endgültigen Verhaltensmissbilligung entgegenstehen. A handelte also im endgültigen Sinne missbilligt.

III. Sein Verhaltensnormverstoß war für eine Bestrafung – also einen Schuldspruch und ein etwaiges zusätzliches Strafübel – hinreichend gewichtig. Insbesondere sind spezielle Entschuldigungsgründe nicht ersichtlich.[7]

A hat sich der fahrlässigen Tötung gem. § 222 StGB schuldig gemacht.

Strafbarkeit des C
C kann sich durch Nichtverschließen des Waffenschranks wegen fahrlässiger Tötung durch begehungsgleiches Unterlassen gem. §§ 222, 13 I StGB strafbar gemacht haben.
I. Der Tatbestand i. e. S. muss erfüllt sein.

1. C muss im tatbestandsspezifisch strafrechtsrelevanten Sinne unterlassen haben. Das Unterlassen einer Handlung im tatbestandsspezifisch strafrechtsrelevanten Sinne ist das vom Willen zumindest beherrschbare Verhalten, mit dem die Nichtabwendung einer tatbestandlich abstrakt-generell erfassten Schädigungsmöglichkeit für fremde Rechtsgüter verbunden sein kann. Das Nichtverschließen (als Nichtvornahme der Handlung des Verschließens) stellt ein vom Willen beherrschbares Verhalten dar, welches mit der Nichtabwendung einer Schädigungsmöglichkeit für fremdes Menschenleben verbunden sein kann. Eine Unterlassung i. d. S. liegt vor.

2. Der Tod des B (als tatbestandlich abstrakt-generell erfasster Erfolg) ist – wie bereits festgestellt – eingetreten.[8]

---

[7] Traditionell finden sich an dieser Stelle auch Überlegungen zu etwaigen Schuld*ausschließungs*gründen. Diese sind hier jedoch nur dann noch nötig, wenn nicht bereits bei der Frage der grundsätzlichen Verhaltensmissbilligung bzw. spätestens im Kontext der Tatbestandserweiterung dem Umstand Rechnung getragen wurde, dass unter den Bedingungen des Schuld*ausschlusses* schon grundsätzlich kein Verhaltensnormverstoß der konkreten Person vorliegt. Eine solche Nachholung des zuvor Versäumten erübrigt sich bei Zugrundelegung des hier als vorzugswürdig angesehenen Konzepts, bei dem nach Abschluss der Prüfung der Tatbestandserweiterung der tatbestandsspezifische Verhaltensnormverstoß endgültig feststeht und im Rahmen der „Schuldprüfung" nur noch zu klären ist, ob dieser Verhaltensnormverstoß für eine Bestrafung auch hinreichend gewichtig ist; s. dazu näher oben § 2 Rn. 150 ff.

[8] Der reine Erfolg ist vollkommen unabhängig von dem Verhalten der betreffenden Person festzustellen. Mithin kann, sofern dieser im Rahmen einer anderen Prüfung bereits thematisiert wurde, nach oben verwiesen werden. In Bezug auf alle Voraussetzungen, die das konkrete Verhalten der Person miteinbeziehen, ist ein solcher Verweis hingegen nicht möglich.

3. Das Unterlassen des C muss quasi-kausal für den Tod des B geworden sein. Das Unterlassen einer bestimmten Handlung ist quasi-kausal für einen (tatbestandlich abstrakt-generell erfassten) Erfolg, wenn diese Handlung nicht hinzugedacht werden kann, ohne dass der konkrete zum Erfolg führende Verlauf (mit an Sicherheit grenzender Wahrscheinlichkeit) entfiele. Hätte C den Waffenschrank verschlossen, hätte A den B (ganz sicher) nicht mit dem aus dem unverschlossenen Schrank entwendeten Gewehr erschossen. Das Verhalten des C ist für den konkreten zum Erfolg führenden Verlauf quasi-kausal.[9] Mit diesem Verlauf steht zugleich fest, dass C durch das Nichtverschließen eine entsprechende tatbestandlich abstrakt-generell erfasste Schädigungsmöglichkeit (im Hinblick auf das Leben des B) nicht abgewendet hat.[10]

4. Das Unterlassen des C muss als Nichtabwendung genau dieser Schädigungsmöglichkeit in Bezug auf das Leben des B, die sich realisiert hat, ein grundsätzlich rechtlich missbilligtes – und damit ein grundsätzlich fahrlässiges – Verhalten i. S. einer fahrlässigen Tötung darstellen. Ein Unterlassen ist i. d. S. grundsätzlich rechtlich zu missbilligen, wenn dadurch eine (bereits bestehende) tatbestandlich abstrakt-generell erfasste Schädigungsmöglichkeit für fremde Rechtsgüter nicht abgewendet wurde, welche für die betreffende Person vorhersehbar und vermeidbar war und – bei gegebener Sonder-verantwortlichkeit – von dieser von Rechts wegen grundsätzlich vermieden werden musste.

a) Die Schädigungsmöglichkeit muss für C vorhersehbar gewesen sein. [...].

b) [...]

c) Die Schädigungsmöglichkeit muss von C auch von Rechts wegen – bei gegebener Sonderverantwortlichkeit – grundsätzlich zu vermeiden gewesen sein.[11] Im Rahmen der erforderlichen Abwägung ist zu berücksichtigen, dass C

---

[9]An dieser Stelle zeigt sich die Überlegenheit der hier vorgeschlagenen verbesserten Formel zur Feststellung der (Quasi-)Kausalität: Überlegungen, ob der Enderfolg auch bei verschlossenem Schrank eingetreten wäre, sind jedenfalls im Rahmen der Kausalitätsprüfung fehl am Platze. Da durch die Annahme eines solchen hypothetischen Verlaufs die spezifische Verhaltensmissbilligung nicht beeinträchtigt wird, wird davon letztlich auch die Verantwortlichkeit für spezifische Fehlver-haltensfolgen nicht berührt.

[10]Zur Funktion dieser Zwischenfeststellung für die sachgerechte Eingrenzung der Missbilligungs-prüfung auf die (Schaffung bzw. Nichtabwendung genau der) Schädigungsmöglichkeit, *die sich realisiert hat*, s. oben § 6 Fn. 4; s. dazu, dass sich damit auch die „Zurechnungsprobleme" erledi-gen, oben § 6 Fn. 6.

[11]Zu beachten ist: Eine normative Verhaltensbewertung muss stets neu, und zwar unter Beachtung des jeweiligen Kontexts vorgenommen werden. Ein Verweis auf eine vorangegangene Prüfung in anderem Zusammenhang ist nicht möglich. Vgl. dazu *Murmann*, JA 2012, 728, 732, der auf die grundsätzliche Gefährlichkeit des Verweisens auf Subsumtionen hinweist, weil dadurch das Risiko besteht, Sachverhaltsunterschiede zu übersehen. Bei Umständen, die untrennbar mit der Person verbunden sind, ist dies gänzlich ausgeschlossen. Das gilt etwa für *deren* Vorsatz und insbesondere auch für die Missbilligung *ihres* Verhaltens, die stets einer spezifischen Güter- und Interessenab-wägung im konkreten Kontext bedarf.

als verantwortlicher Inhaber der Schusswaffe Vorkehrungen zu treffen hat, um diese als sondergefährlichen Gegenstand auch und gerade vor dem mit Fehl- und Missbrauchsgefahren verbundenen Zugriff durch verantwortlich handelnde Dritte zu sichern.[12] Genau diese Funktion – diesen legitimen Schutzzweck – haben die entsprechenden waffenrechtlichen Vorschriften, gegen die C verstoßen hat.[13] Vor diesem Hintergrund ist festzuhalten: Das zu schützende Leben des B überwiegt grundsätzlich die (waffenrechtlich beschränkte) allgemeine Handlungsfreiheit des C. Aufgrund seiner besonderen Sicherungspflicht als Waffeninhaber ist C für die Abwendung der durch *seine* Waffe entstehenden Gefahren außerdem sonderverantwortlich („garantenverantwortlich"). C hätte die Schädigungsmöglichkeit mithin auch von Rechts wegen – bei gegebener Sonderverantwortlichkeit – grundsätzlich vermeiden müssen.

Das tatbestandsspezifische Unterlassen des C ist grundsätzlich zu missbilligen und stellt ein grundsätzlich fahrlässiges Verhalten i. S. einer fahrlässigen Tötung dar.

5. Die tatbestandsspezifische Verhaltensfolge muss eingetreten sein. Oder anders formuliert: Der Tod des B – als Erfolg – muss C auf Tatbestandsebene i. e. S. „zurechenbar" sein. Im Tod des B hat sich gerade die Schädigungsmöglichkeit realisiert, die C grundsätzlich hätte vermeiden müssen. Die tatbestandsspezifische Verhaltensfolge ist eingetreten (und der Tod des B dem C insofern „zurechenbar").[14]

Der Tatbestand i. e. S. ist erfüllt.

II. Die Kriterien der Tatbestandserweiterung – also der endgültigen Missbilligung (insbes. der fehlenden Rechtfertigung) – müssen erfüllt und sein Verhaltensnormverstoß muss für eine strafrechtliche Reaktion von hinreichendem Gewicht sein. Gründe, die dem entgegenstehen, sind nicht ersichtlich. Vielmehr unterließ C im Hinblick auf die Nichtabwendung der Schädigungsmöglichkeit, die sich realisiert hat, im endgültigen Sinne missbilligt und sein Verhaltensnormverstoß war für eine Bestrafung von hinreichendem Gewicht (hinreichend schuldhaft).

Er hat sich einer fahrlässigen Tötung durch begehungsgleiches Unterlassen gem. §§ 222, 13 I StGB schuldig gemacht.

---

[12] Hier könnte man – kurz – auf die Problematik des „Regressverbots" eingehen; näher dazu etwa *Freund*, in: MünchKommStGB, Band 1, Vor § 13 Rn. 345, 410, 500 f.

[13] Sehr häufig findet sich in studentischen Fallbearbeitungen die Formulierung „Laut Sachverhalt [...]" oder „Im vorliegenden Fall [...]". Derartige Floskeln sind überflüssig. Denn der Sachverhalt ist als einzige Informationsquelle über den zu beurteilenden Fall als bekannt vorauszusetzen (s. dazu etwa auch *Murmann*, JA 2012, 728, 731).

[14] Dazu, dass es sich unter 5. nur noch um eine Klarstellung handelt und keine „Zurechnungsprobleme" mehr existieren, wenn man die Missbilligungsprüfung (unter 4.) zutreffend auf die (Schaffung oder Nichtabwendung der) Schädigungsmöglichkeit bezieht, die sich realisiert hat, vgl. oben § 6 Fn. 6.

Variante 1

Strafbarkeit des A

A kann sich durch die Schussabgabe wegen Totschlags gem. § 212 I StGB strafbar gemacht haben.
Der Tatbestand i. e. S. muss erfüllt sein.

1. Wie bereits bei der Lösung des Grundfalls festgestellt, hat A eine Handlung im tatbestandsspezifisch strafrechtsrelevanten Sinne vorgenommen, aus welcher eine – bei gegebener Sonderverantwortlichkeit – grundsätzlich rechtlich missbilligte Schädigungsmöglichkeit in Bezug auf das Leben des B resultierte. Diese realisierte sich – wie gesehen – im konkreten zum Tod des B führenden Geschehen.[15]

2. A muss vorsätzlich in Bezug auf die Tatbestandsverwirklichung i. e. S. gehandelt und den Erfolg insofern vorsätzlich herbeigeführt haben. Insofern handelt oder unterlässt vorsätzlich und führt den Erfolg vorsätzlich herbei, wer die Umstände kennt, die die grundsätzlich zu missbilligende Schaffung oder Nichtabwendung der tatbestandlich abstrakt-generell erfassten Schädigungsmöglichkeit begründen, die sich realisiert hat. Ob A tatsächlich die aus seinem Verhalten resultierende Schädigungsmöglichkeit im Hinblick auf das Leben des B erkannt hat, lässt sich nicht eindeutig feststellen. A hat nicht sicher, sondern nur möglicherweise vorsätzlich gehandelt. Das genügt nicht für die Verurteilung wegen Vorsatztat.

Der Tatbestand i. e. S. ist nicht erfüllt. A hat sich nicht wegen Totschlags gem. § 212 I StGB strafbar gemacht.

A kann sich aber durch die Schussabgabe der fahrlässigen Tötung gem. § 222 StGB schuldig gemacht haben.
I. Der Tatbestand i. e. S. muss erfüllt sein.

Wie bereits festgestellt, hat A eine Handlung im tatbestandsspezifisch strafrechtsrelevanten Sinne vorgenommen, aus welcher eine – bei gegebener Sonderverantwortlichkeit – grundsätzlich rechtlich missbilligte Schädigungsmöglichkeit in Bezug auf das Leben des B resultierte. Damit war die Handlung

---

[15] In einem – wie hier – eindeutigen Fall des nicht erfüllten Vorsatzerfordernisses wäre es gut vertretbar, gleich zu diesem Punkt zu springen (vgl. zum „Springen" im strafrechtlichen Gutachten *Hardtung*, JuS 1996, 610 ff., 807 ff.; *Murmann*, JA 2012, 728, 731 f.; zum Offenlassen von Unrechtsmerkmalen bei „jedenfalls" fehlender Schuld vgl. *Hillenkamp*, FS Rengier, 2018, S. 553 ff.). Methodisch und sachlich verfehlt wäre es, lang und breit Tatbestandsprobleme im Kontext der letztlich ohnehin abzulehnenden Vorsatztat zu thematisieren. Diese gehören in die Prüfung der Straftat, die allein ernsthaft in Betracht kommt und letztlich auch zu bejahen ist. Die Sachlage ist hier deshalb eine andere, weil man mit zwei Sätzen bereits zur Vorsatzprüfung kommen kann.

zugleich grundsätzlich fahrlässig i. S. einer fahrlässigen Tötung.[16] Die
grundsätzlich fahrlässig geschaffene Schädigungsmöglichkeit realisierte sich –
wie gesehen – im konkreten zum Tod des B führenden Geschehen.

Der Tatbestand i. e. S. ist erfüllt.

II. A handelte im Hinblick auf die Schaffung der Schädigungsmöglichkeit, die
sich realisiert hat, im endgültigen Sinne missbilligt – insbes. nicht gerechtfertigt –
und sein Verhaltensnormverstoß war für eine Bestrafung von hinreichendem
Gewicht (hinreichend schuldhaft).

Er hat sich der fahrlässigen Tötung gem. § 222 StGB schuldig gemacht.

Variante 2

Strafbarkeit des A
**A kann sich durch die Abgabe des Schusses wegen versuchten Totschlags
gem. §§ 212 I, 22, 23 I, 12 I StGB strafbar gemacht haben.**
I. Der Tatbestand i. e. S. muss erfüllt sein.

1. A muss im tatbestandsspezifisch strafrechtsrelevanten Sinne gehandelt haben.
[S. die Prüfung der tatbestandsspezifisch strafrechtsrelevanten Handlung im
Grundfall].

2. A muss durch seinen Schuss eine (versuchs-)tatbestandlich abstrakt-generell
erfasste Schädigungsmöglichkeit geschaffen haben.[17] Eine solche wurde
geschaffen, wenn die betreffende Person angesichts der sich ihr (ex ante)
darbietenden Sachlage eine Handlung vorgenommen hat, mit der die Möglichkeit
verbunden war, dass es – durch den weiteren Verhaltens- und Geschehensverlauf –
im unmittelbaren Fortgang zum erfolgsverursachenden Geschehen der
entsprechenden Vollendungstat kommt. Durch den Schuss hat A nicht nur die
Möglichkeit geschaffen, dass im unmittelbaren Fortgang des Geschehens auf B

---

[16]Bei zutreffender Annahme eines Plus-Minus-Verhältnisses zwischen Vorsatz- und Fahrlässigkeitstat ist es auch in einem Fall mit offenem Sachverhalt unproblematisch möglich, die betreffende Person jedenfalls für ihren zumindest eindeutig feststellbaren fahrlässigen Verhaltensnormverstoß zu bestrafen. Schwieriger wird der Umgang mit einer solchen Konstellation für diejenigen,
die zwischen Vorsatz und Fahrlässigkeit ein Exklusivitäts- bzw. ein Aliud-Verhältnis erblicken. Im
Ergebnis soll trotz der Sachverhaltsunsicherheit eine Verurteilung nach dem Fahrlässigkeitsdelikt
erfolgen. Nach diesem Konzept wäre es jedoch allein konsequent, die betreffende Person freizusprechen: Wenn man nicht weiß, ob der Angeklagte Täter einer vorsätzlichen oder aber einer fahrlässigen Tötung ist, liegen nach der Exklusivitäts- bzw. Aliudthese weder die gesetzlichen Voraussetzungen des § 212 I StGB noch die des § 222 StGB (eindeutig) vor. Auf dieser Basis entbehrt
eine Verurteilung nach § 222 StGB der gesetzlichen Grundlage. Sie verstößt gegen den Gesetzlichkeitsgrundsatz des Art. 103 II GG. Daran ändert auch der Gedanke eines angeblich „normativen
Stufenverhältnisses" (was immer das genau heißen mag) nichts. Näher zum Verhältnis von Vor-
satz- und Fahrlässigkeitstat oben § 1 Rn. 51 ff.
[17]S. zu den Anforderungen an eine Versuchstat sowie deren Prüfung im Einheitsschema § 3
Rn. 5 ff., § 5 Rn. 44 ff.

ein tödlicher Schuss abgegeben wird. Vielmehr wurde der möglicherweise tödlich endende Schuss bereits abgefeuert. A hatte daher also auch schon das Verhalten vollständig vorgenommen, das die Schädigungsmöglichkeit im Sinne des Vollendungsdelikts begründet. Der (ex ante) bei der Vornahme dieses Verhaltens zu erwartende Eintritt des entsprechenden erfolgsverursachenden Verlaufs hing nur noch vom Zufall ab. Damit liegt sogar die für einen *beendeten Versuch* ausreichende Schaffung der (versuchs- *und* vollendungs-)tatbestandsspezifischen Schädigungsmöglichkeit vor.

3. Die Schaffung dieser versuchstatbestandlich abstrakt-generell erfassten Schädigungsmöglichkeit muss bei gegebener Sonderverantwortlichkeit grundsätzlich missbilligt sein. In Bezug auf die festgestellte Schaffung einer tatbestandsspezifischen Schädigungsmöglichkeit ist die Handlung grundsätzlich missbilligt, wenn die Schaffung genau dieser Schädigungsmöglichkeit für die betreffende Person angesichts der von ihr vorgefundenen Sachlage vorhersehbar und vermeidbar war und von ihr – bei gegebener Sonderverantwortlichkeit – von Rechts wegen grundsätzlich vermieden werden musste.

a) Die Möglichkeit, dass B durch den Schuss sterben konnte, lag innerhalb dessen, was A nach seiner Lebenserfahrung erwarten konnte. Sie war daher für A erkennbar.

b) Auch muss die Schaffung dieser Schädigungsmöglichkeit für A vermeidbar gewesen sein. Dies wäre ihm durch bloßes Unterlassen der Abgabe des Schusses möglich gewesen.

c) Die Schaffung der Schädigungsmöglichkeit muss für A auch von Rechts wegen – bei gegebener Sonderverantwortlichkeit – grundsätzlich zu vermeiden gewesen sein. Im Rahmen einer Güter- und Interessenabwägung überwiegt das in Frage stehende Schutzinteresse in Bezug auf das Leben des B im Grundsatz die allgemeine Handlungsfreiheit des A. Die Möglichkeit, dass B durch den Schuss des A sterben könnte, ging vom Körper des A aus, für welchen dieser sonderverantwortlich ist. Folglich musste A die Schaffung der versuchstatbestandsspezifischen Schädigungsmöglichkeit, dass B durch den Schuss tödlich getroffen wird, von Rechts wegen – bei gegebener Sonderverantwortlichkeit – grundsätzlich vermeiden.[18]

---

[18] Der hier geprüfte versuchstatbestandsspezifische Verhaltensnormverstoß entspricht dem, was traditionell in suboptimaler Weise vorgelagert und mit den Vorsatzanforderungen vermischt bei der Tatentschlussprüfung anzutreffen ist. Im Tatentschluss „steckt" zum einen das *Vorhaben* i. S. e. *Handlungs- oder Unterlassungsprojekts,* welches im Falle seiner Ausführung ein tatbestandsspezifisch grundsätzlich zu missbilligendes Verhalten i. S. d. entsprechenden Vollendungsdelikts darstellt. Zum anderen ist darin das Kriterium des *vorsätzlichen* Vorhabens enthalten, das die Kenntnis der Umstände erfordert, welche diese Tatbestandsverwirklichung i. e. S. begründen (und zwar bezogen auf den Zeitpunkt des geprüften Verhaltens – also des Verhaltens, das ein unmittelbares Ansetzen darstellen soll. Vgl. dazu – unter Einbeziehung der möglichen Rechtfertigungsaspekte – das (noch traditionell ausgerichtete) Prüfungsschema bei *Freund/Rostalski,* AT, § 8 Rn. 71. – Die „Doppelfunktion" des Tatentschlusses erfasst zutreffend *Wachter,* Das Unrecht der versuchten Tat, S. 190 m. Fn. 342.

4. A muss vorsätzlich hinsichtlich der Tatbestandsverwirklichung i. e. S. gehandelt haben. Vorsätzlich in Bezug auf die Tatbestandsverwirklichung i. e. S. handelt, wer (unter Einschluss ihrer Bewertungsrelevanz) die Umstände kennt, die die grundsätzlich zu missbilligende Schaffung der tatbestandlich abstrakt-generell erfassten Schädigungsmöglichkeit begründen. A wusste insbesondere um die aus seinem Verhalten resultierende Schädigungsmöglichkeit für das Leben des B und kannte alle relevanten sonstigen Umstände – auch deren Bewertungsrelevanz. Er handelte daher vorsätzlich in Bezug auf die Tatbestandsverwirklichung i. e. S.[19]

Der Tatbestand i. e. S. ist erfüllt.

II. Die Kriterien der Tatbestandserweiterung – also der endgültigen Missbilligung (insbes. der fehlenden Rechtfertigung) und der Kenntnis der entsprechenden Tatumstände – müssen erfüllt sein.

1. Die Schaffung der versuchstatbestandlich abstrakt-generell erfassten Schädigungsmöglichkeit muss bei gegebener Sonderverantwortlichkeit endgültig missbilligt sein. Gründe, die dem entgegenstehen könnten – insbesondere spezielle Rechtfertigungsgründe – sind nicht ersichtlich. A handelte im Hinblick auf die Schaffung dieser Schädigungsmöglichkeit unter Berücksichtigung sämtlicher wertungsrelevanter Aspekte und des Gesamtkontextes rechtswidrig und damit im endgültigen Sinne missbilligt.

2. A muss vorsätzlich in Bezug auf die Umstände der endgültigen Missbilligung gehandelt haben. Er kannte (unter Einschluss ihrer Bewertungsrelevanz) die dafür maßgeblichen Tatumstände und handelte damit auch insofern vorsätzlich.

Die Kriterien der Tatbestandserweiterung sind erfüllt.

III. Der Verhaltensnormverstoß des A ist für eine Bestrafung von hinreichendem Gewicht (hinreichend schuldhaft).

IV. Anhaltspunkte für ein strafbefreiendes Rücktrittsverhalten sind nicht ersichtlich.

Er hat sich eines versuchten Totschlags gem. §§ 212 I, 22, 23 I, 12 I StGB schuldig gemacht.

---

[19] Prüft man das Versuchsdelikt im Einheitsschema, wird deutlich, worin sich die Vorsatzanforderungen der Vollendungstat von denen der Versuchstat unterscheiden: Die Kenntnis der das Verhalten betreffenden Umstände, also das vorsätzliche Verhalten hinsichtlich der Tatbestandsverwirklichung i. e. S., ist in beiden Fällen gleichermaßen erforderlich. Nur bei der Vollendungstat muss sich weitergehend eine *erkannte* Schädigungsmöglichkeit tatsächlich im erfolgsverursachenden Verlauf realisieren – muss die betreffende Person den tatsächlich eingetretenen Erfolg auch vorsätzlich verursacht haben. Bei der vorsätzlichen Vollendungstat muss die betreffende Person also vorsätzlich speziell in Bezug auf die Schaffung genau der Schädigungsmöglichkeit handeln oder unterlassen, *die sich letztlich realisiert hat.* S. dazu oben § 2 Rn. 106. Wird insofern genau gearbeitet, erledigen sich auch spezielle Probleme einer „Zurechnung" des eingetretenen Erfolgs zum vorsätzlichen Täterverhalten; zur auf diese Weise einfachen Lösung etwa der „aberratio ictus-Fälle" vgl. oben § 2 Rn. 110 (m. Fn. 88).

§ 7 Musterklausur „Außer Kontrolle – Von Viren und Menschen"

Der folgende Fall entspricht im Niveau einer anspruchsvollen Examensklausur. Gestellt wurde er als Hausarbeit im Rahmen einer Anfängerübung an der Philipps-Universität Marburg.

Sachverhalt

P hat sich nach der Verbüßung einer Haftstrafe fest vorgenommen, in Zukunft stets nach Kräften um Rechtstreue bemüht zu sein. Als P zum Genuss seiner wiedergewonnenen Freiheit im Wald spazieren geht, trifft er auf die ihm bis dahin unbekannten Blogger Tom (T) und Jerry (J). Die beiden möchten mit einem heimlich gedrehten Video auf die abnehmende Hilfsbereitschaft in Corona-Zeiten aufmerksam machen. Die versteckte Kamera läuft bereits, als sich der nichtsahnende P den beiden nähert, die in etwa 5 m Abstand zueinander stehen. Als P nahe genug ist, reißt sich T – wie zuvor mit J vereinbart – plötzlich die Corona-Maske vom Gesicht und geht mit den Worten: „Ich habe Corona und stecke Dich jetzt an!" raschen Schrittes auf J zu. Anders als von T und J erwartet, nimmt die versteckte Kamera jedoch nicht etwa den teilnahmslos der „Attacke" des T zusehenden P auf. Eingedenk seines guten Vorsatzes und in berechtigter Sorge um eine andernfalls drohende Strafbarkeit wegen unterlassener Hilfeleistung ergreift P geistesgegenwärtig die Initiative und stellt T ein Bein, um in letzter Sekunde zu verhindern, dass es zu einer Ansteckung des J kommt. Bei dem Sturz zieht sich T eine schmerzhafte Prellung zu, mit der P gerechnet hat. Bei ihrer Vereinbarung sind T und J zutreffend davon ausgegangen, dass beide keine Corona-Infektion aufweisen und daher auch nicht ansteckend sind.

Während der Haftzeit von P hat sich W nach dem abrupten Ende seiner Schlager-Karriere umschulen lassen. Inzwischen hat er es bis zum Werkstattleiter im Betrieb einer kleinen Transportfirma gebracht. Der Firma geht es jedoch finanziell nicht gut.

G. Freund, A. Bünzel, *Die Elemente der Straftat und ihre Konkretisierung in der Fallbearbeitung*, Tutorium Jura, https://doi.org/10.1007/978-3-662-65499-6_7

Sogar für die dringend notwendige Reparatur mancher Fahrzeuge fehlt das Geld. Als eines Tages der Lkw-Fahrer F das von ihm geführte Firmenfahrzeug in die von W geleitete Werkstatt bringt, weil er Probleme beim Bremsen bemerkt hat, stellt W zusammen mit F bei einer Untersuchung des Fahrzeugs gravierende Mängel der Vorderradbremsen fest. Eine Untersuchung der Hinterradbremsen unterbleibt. Eine nach Sachlage gebotene Kontrolle hätte auch bei diesen erhebliche Mängel ergeben. Aufgrund der unvollständigen Untersuchung informiert W bei der üblichen Besprechung mit dem Firmenchef C nur über die Mängel der Vorderradbremsen. Da kein Geld für deren Reparatur vorhanden ist, beschließt der Chef, das Fahrzeug vorerst dennoch am Straßenverkehr teilnehmen zu lassen und trifft die entsprechende Anordnung. Bei der ersten Fahrt am nächsten Tag kommt es wegen der defekten Bremsen zu einem für F tödlichen Verkehrsunfall. Dass er mit dem Fahrzeug ohne eine vorherige Reparatur der Bremsen unterwegs sein würde, war F durchaus bewusst. Er fuhr dennoch los, weil er in Sorge um seinen Arbeitsplatz war. Im gegen W eingeleiteten Strafverfahren wegen fahrlässiger Tötung kann nicht geklärt werden, ob C das Fahrzeug bei vollständiger Information über alle Mängel des Fahrzeugs tatsächlich nicht mehr hätte am Straßenverkehr teilnehmen lassen. Dafür spricht nur eine überwiegende Wahrscheinlichkeit.

L hat – entgegen unlängst verbreiteten Fake-News – ihre schwere Corona-Infektion überlebt und erfreut sich wieder bester Gesundheit. Nach ihrer Trennung von dem Corona-Leugner W hat auch sie sich umschulen lassen. Auf ihrem neuen Erfolgskurs hat sie es bis zur Compliance- und Sicherheitsbeauftragten bei dem kleinen Pharma-Unternehmen CoronEx-AG geschafft, das intensiv an der Entwicklung eines optimalen Impfstoffs gegen das Corona-Virus arbeitet. Kurz nach der Zulassung des neuen Impfstoffs und der Auslieferung einer Charge von 10.000 Einheiten erlangt L Kenntnis davon, dass diese Charge aufgrund eines Fehlers bei der Produktion zwar harmlos, aber auch vollkommen wirkungslos ist. Weil L den Verlust des guten Rufs der Firma und auch den ihres neuen Arbeitsplatzes befürchtet, sieht sie von einer Information der Geschäftsleitung ab. Daher unterbleibt die gebotene Rückrufaktion. Von den 10.000 mit dem Impfstoff der mangelhaften Charge geimpften Personen erkranken nach der Impfung 1000 an Covid-19. Von den Erkrankten sterben 100. Bei ordnungsgemäßem Impfstoff wären maximal 100 Personen erkrankt und von diesen höchstens 10 gestorben. Bezogen auf jeweils eine ganz bestimmte erkrankte oder verstorbene Person lässt sich im Nachhinein nicht mehr klären, ob die Erkrankung oder der Tod gerade auf dem wirkungslosen Impfstoff beruhen. Dafür spricht jeweils immer nur eine stark überwiegende Wahrscheinlichkeit. Über die positive Wirkung des einwandfreien Impfstoffs war L ebenso bestens informiert wie über die zu erwartenden zusätzlichen Kranken und Toten bei dessen Wirkungslosigkeit. Diese taten ihr zwar leid (sie „wollte das eigentlich nicht"), sie sah aber keine andere Möglichkeit, um ihren Arbeitsplatz zu retten.

Strafbarkeit von P, C, W und L nach dem StGB? – Nicht zu prüfen sind §§ 211, 221, 240, 263 StGB sowie Straßenverkehrsdelikte und Versuchsstrafbarkeiten.

Gutachten

1. Geschehensabschnitt: Die Videoaufnahme

Strafbarkeit des P

P kann sich durch das Beinstellen wegen Körperverletzung gem. § 223 I StGB[1]an T strafbar gemacht haben.

I. Der Tatbestand i. e. S. muss erfüllt sein.

1. P muss im tatbestandsspezifisch strafrechtsrelevanten Sinne gehandelt haben. Eine Handlung in diesem Sinne ist das vom Willen zumindest beherrschbare Verhalten, mit dem die Schaffung einer tatbestandlich abstrakt-generell erfassten Schädigungsmöglichkeit für fremde Rechtsgüter verbunden sein kann. Das Beinstellen stellt eine gewillkürte Körperbewegung dar, welche mit einer Schädigungsmöglichkeit für die körperliche Unversehrtheit eines anderen verbunden sein kann. Eine Handlung im hier interessierenden Sinne liegt vor.

2. Eine körperliche Misshandlung oder eine Gesundheitsschädigung muss – als tatbestandlich abstrakt-generell erfasster Erfolg – eingetreten sein.

a) Eine körperliche Misshandlung ist gegeben, wenn das körperliche Wohlbefinden mehr als nur unerheblich beeinträchtigt ist. T zieht sich eine Prellung zu, welche eine geschlossene Verletzung darstellt, bei der es zu Schwellungen im Gewebe kommt und die dadurch mit Schmerzen verbunden ist. Darin liegt eine mehr als nur unerhebliche Beeinträchtigung des körperlichen Wohlbefindens. Eine körperliche Misshandlung als Erfolg liegt vor.

b) T kann auch eine Gesundheitsschädigung erlitten haben. Eine solche ist gegeben, wenn ein mehr als nur unerheblicher pathologischer Zustand eingetreten ist oder ein bereits vorhandener mehr als nur unerheblich gesteigert wird. Die Prellung stellt eine nicht nur unerhebliche Abweichung vom Normalzustand der körperlichen Funktionen des T dar. Eine Gesundheitsschädigung als Erfolg ist gegeben.

Eine körperliche Misshandlung und eine Gesundheitsschädigung liegen vor.

3. Das Verhalten des P muss kausal für die körperliche Misshandlung und die Gesundheitsschädigung geworden sein, die T erlitten hat. Eine Handlung ist kausal für einen (tatbestandlich abstrakt-generell erfassten) Erfolg, wenn sie nicht hinweggedacht werden kann, ohne dass der zu diesem Erfolg führende konkrete Verlauf entfiele. Hätte P dem T nicht ein Bein gestellt, wäre dieser nicht gestürzt und hätte sich keine schmerzhafte Prellung zugezogen. Das Verhalten ist also kausal für den zum Erfolg führenden Verlauf geworden. Mit diesem Verlauf steht zugleich fest, dass das Beinstellen eine entsprechende tatbestandlich abstrakt-generell erfasste Schädigungsmöglichkeit (im Hinblick auf die Körperintegrität des T) geschaffen hat.[2]

---

[1] Alle folgenden §§ ohne Gesetzesangabe sind solche des StGB.

[2] Zur Funktion dieser Zwischenfeststellung, die anschließende Missbilligungsprüfung beim Vollendungsdelikt zu kanalisieren, s. oben § 6 Fn. 4.

4. Die Handlung des P muss im Hinblick auf genau diese von ihm geschaffene tatbestandsspezifische Schädigungsmöglichkeit, die sich realisiert hat, bei gegebener Sonderverantwortlichkeit grundsätzlich zu missbilligen sein. Sie ist im Hinblick auf die Schaffung einer solchen Schädigungsmöglichkeit grundsätzlich zu missbilligen, wenn die handelnde Person sie vorhersehen und vermeiden konnte sowie auch – bei gegebener Sonderverantwortlichkeit – grundsätzlich von Rechts wegen hätte vermeiden müssen.

a) Diese Schädigungsmöglichkeit muss für P vorhersehbar gewesen sein. Dies ist der Fall, wenn P individuell in der Lage war, die vom Tatbestand abstrakt-generell erfasste Schädigungsmöglichkeit zu erkennen – bei Erfolgsdelikten insbesondere den drohenden erfolgsverursachenden Verlauf. Es war P (nach der bei ihm anzunehmenden Lebenserfahrung) möglich, das Risiko zu erkennen, dass T durch das Beinstellen zu Boden stürzen und sich eine schmerzhafte Prellung zuziehen könnte. Dieses Erfordernis ist mithin erfüllt.

Hinweis: An dieser Stelle ist es für die Bewertung unspezifisch, dass P um diese Möglichkeit nicht nur hätte wissen können, sondern diese auch tatsächlich erkannt und ihre Schaffung in Kauf genommen hat. Dies ist erst im Rahmen des Vorsatzes zu thematisieren.

b) Die Schädigungsmöglichkeit muss vermeidbar gewesen sein. Dies ist der Fall, wenn der Täter individuell in der Lage ist, die Gefahr nicht zu schaffen. Durch bloßes Unterlassen der hier in Frage stehenden Handlung wäre dies P möglich gewesen. Die Risikoschaffung war vermeidbar.

c) Die Schädigungsmöglichkeit muss für P auch von Rechts wegen – bei gegebener Sonderverantwortlichkeit – grundsätzlich zu vermeiden gewesen sein. Dafür muss im Rahmen einer Güter- und Interessenabwägung das zu schützende Interesse des potenziellen Opfers das Täterinteresse grundsätzlich überwiegen. Das in Frage stehende Interesse des T an seiner körperlichen Unversehrtheit muss im Grundsatz (also unter Abstraktion von etwaigen Rechtfertigungsgründen) das Interesse des P in Bezug auf seine allgemeine Handlungsfreiheit überwiegen. Dabei findet die allgemeine Handlungsfreiheit grundsätzlich dort ihre Grenzen, wo sie in die Rechte eines anderen eingreift. Demnach überwiegt das Recht des T auf körperliche Unversehrtheit im Grundsatz die allgemeine Handlungsfreiheit des P. Auch ist P für die Vermeidung der durch seinen eigenen Körper als Gefahrenursprung geschaffenen Risiken sonderverantwortlich. P hatte die Schädigungsmöglichkeit auch von Rechts wegen – bei gegebener Sonderverantwortlichkeit – grundsätzlich zu vermeiden.

Hinweis: Dieses Ergebnis mag prima vista verwundern. Steht auf Seiten des Täterinteresses neben dessen allgemeiner Handlungsfreiheit doch auch das Interesse, die körperliche Unversehrtheit des J zu bewahren. Dies ist allerdings erst im Rahmen der Tatbestandserweiterung – also der endgültigen Verhaltensmissbilligung (insbes. der fehlenden Rechtfertigung) unter II. zu thematisieren. Dass dies in die hier vorgenommene Abwägung noch nicht miteinfließt, sondern erst auf einer späteren Ebene der Prüfung verortet wird, hat freilich keinen überzeugenden sachlichen Grund. Dies ergibt sich allein aus der Tradition der dreistufigen Unterteilung in Tatbestand, Tatbestandserweiterung (insbes. fehlende Rechtfertigung) und Schuld, welche weitgehend auch dem Einheitsschema zugrunde liegt, das sich nicht allzusehr von dem entfernen möchte, was vielen vertraut ist.

An dieser Stelle festgestellt wird also noch kein endgültiges, sondern lediglich ein vorläufiges Missbilligungsurteil i. S. einer grundsätzlichen rechtlichen Verhaltensmissbilligung, welches im Rahmen der nachfolgenden Prüfung noch unter verschiedenen Gesichtspunkten überprüft wird.

P hat genau die Schädigungsmöglichkeit, die sich realisiert hat, bei gegebener Sonderverantwortlichkeit grundsätzlich rechtlich missbilligt geschaffen.

5. Bei dem tatbestandlich abstrakt-generell erfassten Erfolg muss es sich um eine tatbestandsspezifische Verhaltensfolge handeln. Man kann auch sagen: Der Erfolg muss P auf Tatbestandsebene i. e. S. „zurechenbar" sein. Eine tatbestandsspezifische Verhaltensfolge (bzw. auf Tatbestandsebene i. e. S. „zurechenbar") ist ein konkreter erfolgsverursachender Verlauf, in dem sich genau die tatbestandlich abstrakt-generell erfasste Schädigungsmöglichkeit realisiert hat, die durch die Handlung oder die Unterlassung in grundsätzlich rechtlich missbilligter Weise geschaffen oder nicht abgewendet wurde. In der Prellung des T hat sich – wie bereits unter 4. geklärt – gerade die von P in grundsätzlich rechtlich zu missbilligender Weise geschaffene Schädigungsmöglichkeit realisiert. Die Prellung des T als tatbestandlich abstrakt-generell erfasster Erfolg in Form einer körperlichen Misshandlung und Gesundheitsschädigung stellt eine entsprechende tatbestandsspezifische Verhaltensfolge dar und ist P daher auch auf Tatbestandsebene i. e. S. „zuzurechnen".[3]

6. P muss vorsätzlich im Hinblick auf die Tatbestandsverwirklichung i. e. S. gehandelt und den Erfolg insofern vorsätzlich herbeigeführt haben. In der Sache unbestritten gilt Folgendes: Insofern handelt oder unterlässt vorsätzlich und führt den Erfolg vorsätzlich herbei, wer (unter Einschluss ihrer Bewertungsrelevanz) die Umstände kennt, die die grundsätzlich zu missbilligende Schaffung oder Nichtabwendung der tatbestandlich abstrakt-generell erfassten Schädigungsmöglichkeit begründen, *die sich realisiert hat.* P kannte die tatbestandsrelevanten Umstände. Er hatte damit gerechnet, dass T durch das Beinstellen zu Fall gebracht werden und sich dadurch eine Prellung zuziehen könnte. P kannte (unter Einschluss ihrer Bewertungsrelevanz) die für die Tatbestandsverwirklichung relevanten Umstände. Er handelte also im Hinblick auf die Tatbestandsverwirklichung i. e. S. vorsätzlich und führte den Erfolg insofern vorsätzlich herbei.

---

[3] Wird – wie oben 4. – die Prüfung der grundsätzlichen Verhaltensmissbilligung sachgerecht genau auf die (Schaffung oder Nichtabwendung der) Schädigungsmöglichkeit bezogen, die sich realisiert hat, geht es unter 5. nur noch um eine Klarstellung. Einer weiteren Prüfung bedarf es nicht. Denn die Kriterien der tatbestandsspezifischen Verhaltensfolge sind gleichsam automatisch erfüllt. Damit erledigen sich sämtliche „Zurechnungsprobleme".

Wenn oft betont wird, für die vorsätzliche Tatbestandsverwirklichung sei über die kognitiven Anforderungen hinaus ein „voluntatives Vorsatzelement" nötig, liegt darin bei näherem Hinsehen gar kein engeres Vorsatzverständnis. Vielmehr geht es den Vertretern dieser Auffassung nur darum, die Vorsatzbestrafung auf die Fälle zu begrenzen, in denen die betreffende Person die möglichen Konsequenzen ihres Verhaltens im verhaltensrelevanten Bewusstsein tatsächlich richtig erfasst hat. Ist das der Fall, kommt es anerkanntermaßen etwa auf ein emotionales Gutheißen des Erfolgs nicht an. Es genügt ein „Billigen im Rechtssinne", das bei zutreffender Situationseinschätzung durch die betreffende Person stets angenommen wird – mag dieser der Erfolgseintritt auch unerwünscht sein.

Hinweis: Die vorstehenden knappen Ausführungen zum sog. „voluntativen Vorsatzelement" sind sachlich eigentlich entbehrlich und könnten ohne Substanzverlust weggelassen werden. Im Einzelfall kann es dennoch ratsam sein, sie klarstellend bei der ersten vorgenommenen Vorsatzprüfung anzubringen, wenn die Sorge besteht, an einen Korrektor oder eine Korrektorin zu geraten, der oder die nur die bisher traditionell verwendete Definition kennt.

Der Tatbestand i. e. S. ist erfüllt.

II. Die Kriterien der Tatbestandserweiterung – also der endgültigen Missbilligung (insbes. der fehlenden Rechtfertigung) und der Kenntnis der entsprechenden Tatumstände – müssen erfüllt sein.

Die Handlung des P muss im Hinblick auf genau die von ihm geschaffene tatbestandsspezifische Schädigungsmöglichkeit, die sich realisiert hat, bei gegebener Sonderverantwortlichkeit *endgültig* zu missbilligen sein, und zwar auch unter Berücksichtigung des – bislang ausgeblendeten – Gesamtkontextes.

Das Verhalten des P kann bei einer Einbeziehung des bewertungsrelevanten Gesamtkontextes jedoch durch Notwehr in Form der Nothilfe gem. § 32 I gerechtfertigt sein. Dafür ist das Vorliegen einer Nothilfelage und einer entsprechenden Nothilfehandlung erforderlich.

1. Es muss eine Nothilfelage vorliegen. Eine solche erfordert einen gegenwärtigen rechtswidrigen Angriff, welcher sich im Falle der Nothilfe gegen fremde Rechte oder Rechtsgüter richtet.

a) Ein Angriff muss vorliegen. Ein Angriff erfordert eine durch menschliches Verhalten drohende Verletzung rechtlich geschützter Güter oder Interessen. Umstritten ist, auf der Grundlage welcher Perspektive dies zu beurteilen ist.

Oft wird für die Beurteilung, ob ein Angriff vorliegt, auf die Perspektive eines allwissenden Beobachters abgestellt (der ex ante selbstverständlich auch schon das weiß, was wir erst ex post erfahren). Für einen allwissenden Beobachter war klar, dass keine Rechtsgutsgefährdung bestand, sondern nur vorgetäuscht wurde – also ein harmloser Scheinangriff vorlag. Auf der Basis dieses Konzepts ist deshalb eine Bedrohung der Körperintegrität des J und damit ein Angriff i. S. des Notwehrrechts zu verneinen.

Nach der Gegenauffassung kommt es für die Annahme eines Angriffs darauf an, ob derjenige, dessen Verhalten beurteilt wird, in der konkreten Situation von einer durch menschliches Verhalten drohenden Verletzung ausgehen durfte. Nach der Sachlage, die sich aus der Perspektive des P darbot, war es zwar nicht völlig ausgeschlossen, dass eine Inszenierung mit versteckter Kamera stattfindet, jedoch sprachen gewichtige Gründe für die ernsthafte Bedrohung jedenfalls der Körperintegrität des J. Konkrete Anhaltspunkte für einen Scheinangriff bestanden nicht. Vielmehr riss sich T die Maske vom Gesicht und brachte durch seine Worte eindeutig zum Ausdruck, dass er infiziert sei und diese Virusinfektion auf J übertragen wolle. Angesichts dessen musste P die entfernte Möglichkeit der bloßen Inszenierung nicht in Rechnung stellen, sondern durfte von Rechts wegen davon ausgehen, dass eine Infektion des J droht. Dementsprechend existiert ein Angriff nicht nur in der bloßen Einbildung des P. Vielmehr liegt ein solcher in der für die Notwehrrechtfertigung erforderlichen Form tatsächlich vor.

Die unterschiedlichen perspektivischen Konzepte kommen mithin zu verschiedenen Ergebnissen, was eine nähere Thematisierung der Problematik erforderlich macht:

Seitens der Anhänger der Perspektive des allwissenden Beobachters wird geltend gemacht, es sei mit der Schärfe des Notwehrrechts unvereinbar, demjenigen ein Eingriffsrecht zuzugestehen und mit einer Duldungspflicht zu versehen, der im Widerspruch zu den „objektiven Gegebenheiten" nur von einer rechtfertigenden Sachlage *ausgehen darf.* Diese Argumentation enthält zwei Fehler: Zum einen missachtet sie die unhintergehbaren Wirkungsbedingungen von Verhaltensnormen. Wenn die betreffende Person angesichts der konkreten Situation, in der sie sich befindet, von einem Angriff ausgehen darf, kann ihr daran orientiertes Verhalten nicht im Hinblick auf die davon abweichende Beurteilung eines hypothetischen allwissenden Beobachters beanstandet werden. Außerdem versteht es sich keineswegs von selbst, dass mit einer nach der ex ante-Perspektive anzunehmenden Notwehrrechtfertigung tatsächlich ein Eingriffsrecht bzw. eine Duldungspflicht der von der Notwehr betroffenen Person verbunden ist. Das steht auf einem ganz anderen Blatt.

Speziell unter dem Blickwinkel der Legitimation sogar eines Eingriffsrechts bzw. einer Duldungspflicht muss allerdings berücksichtigt werden, ob die von dem Verhalten des Notwehr Übenden betroffene Person, in von ihr zu verantwortender Weise den entsprechenden Anschein des Angriffs geschaffen hat, der als tatsächlich gefährlich angesehen werden durfte: Da allein T aufgrund der „echt" wirkenden Inszenierung für die Kollisionssituation die Verantwortung trägt, wäre es z. B. unangemessen, T zu rechtfertigen, wenn er seine von P bedrohte Körperintegrität durch dessen Verletzung schützen wollte (etwa durch einen Stockhieb auf das gestellte Bein). Vor diesem Hintergrund ist die Argumentation mit der für den Scheinangreifer angeblich zu harten Duldungspflicht für eine Versagung des Notwehrrechts gegenüber dem, der von einem Angriff ausgehen darf, gleich in mehrfacher Hinsicht nicht tragfähig.

Hinzu kommt ein Weiteres: Wenn jemand einer Situation ansichtig wird, in der er nicht nur davon ausgehen darf, sondern – wie im Fall des P – sogar davon ausgehen muss, dass ein erheblicher Angriff auf die Körperintegrität eines anderen Menschen vorliegt, und er die Möglichkeit hat, diesen in ihm zumutbarer Weise abzuwehren, besteht nicht nur eine entsprechende Verhaltens*erlaubnis*. Vielmehr ist er sogar von Rechts wegen zum Einschreiten *verpflichtet*. Unterlässt er das, verstößt er gegen die entsprechende i. S. d. § 323c I tatbestandsrelevante Verhaltensnorm und sieht sich mit Recht der Gefahr der Bestrafung wegen unterlassener Hilfeleistung ausgesetzt. Auch unter diesem Aspekt kann ohne Wertungswiderspruch die Rechtfertigung des Einschreitens nicht versagt und die betreffende Person als „arme Irrende" abqualifiziert werden, der rechtswidriges Verhalten zu attestieren sei und die lediglich Nachsicht verdiene, wenn es um einen strafrechtlichen Schuldvorwurf geht.

Wenn ein Verhalten durch einen Rechtfertigungsgrund gedeckt ist, stellt dieses keinen Verhaltensnormverstoß dar. Bei der Rechtfertigungsfrage geht es folglich um ein Problem der Verhaltensbewertung – genauer: um einen weiteren Schritt bei der Begründung eines kontext- und adressatenspezifischen Verhaltensnorm-*verstoßes*. Deshalb müssen selbstverständlich die Wirkungsbedingungen von Verhaltensnormen beachtet werden. Um jemandem einen Verhaltensvorwurf machen zu können, muss die betreffende Person im verhaltensrelevanten Zeitpunkt (ex ante) in der Lage gewesen sein, mithilfe ihrer Fähigkeiten und Kenntnisse erkennen zu können, dass sie sich von Rechts wegen anders verhalten muss. Wenn sie von Rechts wegen davon ausgehen darf, dass ein Angriff vorliegt, kann ihr unter dem Aspekt der Missbilligung *ihres Verhaltens* ohne Wertungswiderspruch nicht entgegengehalten werden, dass ein allwissender Beobachter das anders gesehen hätte.

Festzuhalten bleibt nach alledem: Für die Verhaltensbewertung sind sinnvollerweise nur Gesichtspunkte einzubeziehen, welche der betreffenden Person im verhaltensrelevanten Zeitpunkt auch tatsächlich zur Verfügung standen. Ausschließlich auf dieser Grundlage kann sie im maßgeblichen Zeitpunkt eine Entscheidung hinsichtlich ihres vorzunehmenden bzw. zu unterlassenden Verhaltens treffen. Im Sinne eines optimalen Rechtsgüterschutzes sind subjektive Fehleinschätzungen dabei auszuklammern. Maßgeblich ist deshalb nicht schon, wie die betreffende Person die Sachlage beurteilt *hat,* sondern ob sie sie in der geschehenen Weise beurteilen *durfte* oder ob ein anderes Urteil von ihr verlangt werden konnte.

Wie bereits festgestellt durfte P auf der Grundlage der Informationen, die ihm im verhaltensrelevanten Zeitpunkt vor Augen standen, zu dem Urteil gelangen, dass es sich um einen tatsächlichen Angriff auf die körperliche Unversehrtheit des J handelte. Seine Einschätzung ist mithin angesichts der ihm zur Verfügung stehenden Informationen keine *Fehl*einschätzung. Insofern sind also die Kriterien des Angriffs erfüllt.

Umstritten ist freilich noch, ob nur der Angriff eines vollverantwortlich handelnden Angreifers erfasst wird. Indessen durfte P davon ausgehen, dass es sich bei T um einen solchen vollverantwortlichen Angreifer handelt. Folglich kann die Entscheidung dieses Streits dahinstehen.

Ein Angriff liegt vor.

Hinweis: Ausführungen in diesem Umfang sind von den Studierenden nicht zu erwarten. Die Problematik sollte allerdings erkannt und in der gebotenen Kürze unter Darstellung der verschiedenen Ansichten nachvollziehbar gelöst werden. Wird das Vorliegen eines Angriffs verneint, muss eine Rechtfertigung durch Notwehr konsequenterweise an dieser Stelle abgelehnt werden. Dann ist allerdings die Problematik des Erlaubnistatbestandsirrtums nicht schon der nächste Prüfungspunkt. Vielmehr ist vorrangig darauf einzugehen, ob andere Rechtfertigungsgründe in Frage kommen. Zu denken ist etwa an den rechtfertigenden Notstand nach § 34. Außerdem ist zu überlegen, ob ein Verhalten, das (wie das des P) die erforderliche Sorgfalt wahrt, nicht vielleicht nach allgemeinen Regeln nicht als rechtswidrig aufzufassen ist. Auf diesen Umstand – und die Inkonsequenz der Schuldtheorien – wird im Schrifttum schon lange hingewiesen (Sternberg-Lieben, in: Schönke/Schröder, Vor § 32 Rn. 21; Roxin/Greco, AT I, § 14 Rn. 112; s. ergänzend Arzt, Die Strafrechtsklausur, S. 181 f.).

Erst nach Ablehnung der Rechtfertigung unter allen denkbaren Gesichtspunkten stellt sich die Problematik des Erlaubnistatbestandsirrtums. Allerdings gehört diese Prüfung des vorsätzlichen Verhaltens in Bezug auf eine nicht gerechtfertigte, sondern endgültig missbilligte Schaffung oder Nichtabwendung der Schädigungsmöglichkeit, die sich in einem bestimmten Kontext realisiert hat, noch in den Sachzusammenhang der erkanntermaßen endgültigen Verhaltensmissbilligung und damit der entsprechenden Tatbestandserweiterung. Die Defizite der Vorsatzprüfung im Rahmen des Tatbestands i. e. S. bei traditionellem dreistufigem Aufbau sind also jedenfalls vor der Prüfung des hinreichend gewichtigen Verhaltensnormverstoßes ("hinreichender Schuldhaftigkeit" des Verhaltens) zu thematisieren.

Im Hinblick auf die rechtliche Behandlung des ETBI kann der leidige Theorienstreit allerdings dahinstehen, denn alle Theorien kommen zu dem Ergebnis, dass P letztlich straflos ist. Das gilt wegen der Unvermeidbarkeit des Irrtums auch für die strenge Schuldtheorie, die als einzige in Fällen der Vermeidbarkeit die Strafbarkeit wegen Vorsatztat bejaht. Eine seitenlange Thematisierung der zahlreichen Theorien ist an dieser Stelle also verfehlt.

Auch in Fällen, in denen der Irrtum vermeidbar ist, wird der Theorienstreit bei Weitem überschätzt: Sachlich kann es nur darum gehen, entweder der strengen Schuldtheorie zu folgen (was selten vorkommt) oder aber diese als verfehlt abzulehnen. Ist das mit Argumenten(!) geschehen, kann (von Sonderfällen, in denen eine Teilnehmerstrafbarkeit relevant wird) der Streit unter den übrigen Konzepten dahinstehen, weil ohnehin alle zum selben Endergebnis (der Ablehnung der Vorsatzstrafbarkeit) gelangen.

b) Der Angriff muss gegenwärtig gewesen sein. Gegenwärtig ist ein Angriff jedenfalls dann, wenn er gerade stattfindet. T riss sich im maßgeblichen Zeitpunkt gerade die Maske vom Gesicht und ging auf J zu, sodass die Beeinträchtigung von dessen Körperintegrität unmittelbar bevorstand. Der Angriff auf die Körperintegrität des J fand mithin gerade statt und war damit gegenwärtig.

c) Der Angriff muss rechtswidrig gewesen sein. Der Angriff ist rechtswidrig, wenn er im Widerspruch zu den Normen des Rechts steht. Anhaltspunkte dafür, dass das Verhalten des T seinerseits von einem Rechtfertigungsgrund gedeckt war, existieren bei Zugrundelegung der für die Verhaltensbewertung maßgeblichen Perspektive des P nicht. Der Angriff war rechtswidrig.

Eine Nothilfelage liegt vor.

2. Es muss auch eine Nothilfehandlung vorliegen. Eine solche erfordert eine Verteidigung, welche erforderlich und geboten war.

a) Eine Verteidigung ist jedes menschliche Verhalten, welches sich gegen die Rechtsgüter des Angreifers richtet und zur Abwehr des Angriffs ex ante geeignet ist. Das Beinstellen des P richtet sich gegen den Angriff des T. Auch beendete es durch den Fall des T nicht nur dessen Angriff, sondern war zu dessen Abwehr auch schon ex ante geeignet.

b) Das Mittel der Verteidigung ist erforderlich, wenn es von gleichermaßen geeigneten Mitteln das mildeste darstellt. Insofern ist zu berücksichtigen, dass angesichts der Kürze der verfügbaren Zeit rasches Handeln notwendig war und gerade keine Möglichkeit weiterer Aufklärung der Situation bestand. Ein milderes, gleichermaßen zur Erfolgsabwendung geeignetes Mittel ist nicht ersichtlich. Das Beinstellen war als Verteidigung auch erforderlich.

c) Das Mittel der Verteidigung ist geboten, wenn es keinen sozialethischen Einschränkungen unterliegt. Dahingehende Einschränkungen sind nicht ersichtlich. Das Beinstellen war auch ein gebotenes Mittel zur Verteidigung.

Hinweis: Auf dieses Erfordernis sollte ausführlicher nur eingegangen werden, wenn dahingehende Einschränkungen in Betracht kommen. Ansonsten ist es – wie hier geschehen – nur kurz anzusprechen. Insbesondere ist im Rahmen der Gebotenheit keine Abwägung wie bei der Angemessenheit als Erfordernis im Rahmen der Prüfung des § 34 vorzunehmen! Das schneidige Notwehrrecht unterliegt gerade nur den Erfordernissen der Geeignetheit, Erforderlichkeit und Gebotenheit; ein Überwiegen des Interesses wird in der Sache nach dem hier zugrunde gelegten Konzept bereits durch das Erfordernis eines – vollverantwortlich ausgeführten – Angriffs gewährleistet (von dem ausgegangen werden darf). Wenn es sich um einen vollverantwortlichen Angreifer handelt, wird – von Sonderfällen (etwa der Provokation) abgesehen – stets das überwiegende Interesse gewahrt!

Eine Nothilfehandlung liegt vor.

Mithin liegen alle anzuerkennenden Voraussetzungen für die Rechtfertigung des Verhaltens des P vor. Dieses ist durch Nothilfe gem. § 32 I gerechtfertigt, also nicht endgültig missbilligt.

Ob weitergehend ein spezielles subjektives Rechtfertigungselement in Form der Kenntnis der rechtfertigenden Sachlage gegeben sein muss oder gar ein spezieller Verteidigungs*wille* (i. S. eines voluntativen Rechtfertigungselements), ist mehr als zweifelhaft. Der bestehende Streit kann jedoch im Hinblick darauf dahinstehen, dass der um Rechtstreue bemühte P nicht nur die recht-fertigungsrelevanten Umstände kannte, sondern auch handelte, *um* J vor Schaden zu bewahren.

Die Kriterien der Tatbestandserweiterung sind in Bezug auf die endgültige Verhaltensmissbilligung nicht erfüllt.

P hat sich nicht wegen Körperverletzung gem. § 223 I strafbar gemacht.

Ergebnis des 1. Geschehensabschnitts: P ist straflos.

2. Geschehensabschnitt: Das defekte Fahrzeug

1. Unterabschnitt: Strafbarkeit des C
Mangels Anhaltspunkten für ein tötungsvorsätzliches Handeln kann sich C nur der fahrlässigen Tötung an F gem. § 222 schuldig gemacht haben, indem er die weitere Teilnahme des defekten Fahrzeugs am Straßenverkehr anordnete.
I. Der Tatbestand i. e. S. muss erfüllt sein.

1. C muss im tatbestandsspezifisch strafrechtsrelevanten Sinne gehandelt haben. Die Anordnung des C stellt ein vom Willen jedenfalls beherrschbares Verhalten dar, welches mit einer Schädigungsmöglichkeit für das Leben eines anderen verbunden sein kann. Eine Handlung im hier interessierenden Sinne liegt vor.

2. Der Tod des F muss – als tatbestandlich abstrakt-generell erfasster Erfolg – eingetreten sein. Tod ist das irreversible Erloschensein sämtlicher Hirnfunktionen. F weist endgültig keinerlei Hirnfunktionen mehr auf. Der Tod des F ist eingetreten.

3. Die Handlung des C muss für diesen Tod kausal geworden sein. Ohne die Anordnung des C, hätte F die Fahrt mit dem Wagen nicht angetreten und der für F tödliche Unfall hätte sich nicht ereignet. Die Handlung ist kausal für den zum Tod des F führenden konkreten Verlauf geworden. Mit diesem Verlauf steht zugleich fest, dass die Anordnung des C eine entsprechende tatbestandlich abstrakt-generell erfasste Schädigungsmöglichkeit (im Hinblick auf das Leben des F) geschaffen hat.[4]

---

[4]Zur Funktion dieser Zwischenfeststellung, die anschließende Missbilligungsprüfung beim Voll-endungsdelikt zu kanalisieren, s. oben § 6 Fn. 4.

4. C muss sich in Bezug auf die Schaffung genau der tatbestandsspezifischen Schädigungsmöglichkeit, die sich realisiert hat, grundsätzlich missbilligt und damit zugleich grundsätzlich fahrlässig im Sinne einer fahrlässigen Tötung verhalten haben. I. d. S. verhält sich grundsätzlich missbilligt und damit zugleich grundsätzlich fahrlässig, wer angesichts der vorgefundenen Sachlage die nach seinen individuellen Verhältnissen vorhersehbare, vermeidbare und von Rechts wegen – bei gegebener Sonderverantwortlichkeit – grundsätzlich zu vermeidende (tatbestandlich abstrakt-generell erfasste) Möglichkeit der Erfolgsherbeiführung (Schädigungsmöglichkeit) schafft oder nicht abwendet.

a) Die Schädigungsmöglichkeit – also die Todesgefahr für F – muss für C vorhersehbar gewesen sein. Dass das Fahrzeug aufgrund der defekten Vorderradbremsen einen Unfall verursachen könnte, war für C erkennbar und somit vorhersehbar.

b) Die Gefahr muss auch vermeidbar gewesen sein. Durch bloßes Unterlassen der Anordnung wäre die Gefahrschaffung vermeidbar gewesen.

c) Auch muss sie von Rechts wegen – bei gegebener Sonderverantwortlichkeit – grundsätzlich zu vermeiden gewesen sein. Das Lebensschutzinteresse des F überwiegt im Grundsatz die allgemeine Handlungsfreiheit des C. Allerdings hatte F, als er mit dem Fahrzeug die Fahrt antrat, Kenntnis von den defekten Vorderradbremsen. Es könnte mithin eine eigenverantwortliche Selbstgefährdung vorliegen. Jedoch fuhr F mit dem defekten Fahrzeug nur aus Sorge davor, bei einer Verweigerung seinen Arbeitsplatz zu verlieren. Von einer wirklich freien Entscheidung für eine Selbstgefährdung kann also keine Rede sein. Und selbst wenn er nicht nur wegen des „Drucks" mit dem Fahrzeug gefahren wäre, hat er als Arbeitnehmer ein legitimes Schutzinteresse, davor bewahrt zu werden, mit einem derart defekten Fahrzeug unterwegs zu sein. Schließlich trifft C nicht nur als Verantwortlicher für die Anordnung der Teilnahme am Straßenverkehr für durch das Fahrzeug entstehende Gefahren eine Sonderverantwortlichkeit, sondern er hat auch als Firmenchef eine besondere Verantwortung für die Vermeidung entsprechender Gefahren für seine Arbeitnehmer. Die u. U. auch existierende (Mit-)Verantwortlichkeit des W für die hier interessierenden Gefahren hindert die Verantwortlichkeit des C nicht.

C hatte die durch seine Anordnung geschaffene Schädigungsmöglichkeit mithin von Rechts wegen – bei gegebener Sonderverantwortlichkeit – grundsätzlich zu vermeiden.

Er hat sich in Bezug auf die Schaffung genau der tatbestandsspezifischen Schädigungsmöglichkeit, die sich realisiert hat, grundsätzlich fahrlässig verhalten und erfüllt damit zugleich die Anforderungen an eine – bei gegebener Sonderverantwortlichkeit – grundsätzlich missbilligte Schaffung dieser Schädigungsmöglichkeit.

Hinweis: Im Rahmen der Prüfung von Fahrlässigkeitsdelikten ist auf die Verwendung eines einheitlichen und in sich stimmigen Prüfungsaufbaus zu achten. Insbesondere passt es nicht zusammen, bei der Fahrlässigkeitsprüfung die Verhaltensmissbilligung auf Tatbestandsebene i.e. S. vollständig individualisierend vorzunehmen, aber bei der entsprechenden Vorsatztat mit einem „objektiven Tatbestand" zu arbeiten und dabei die grundsätzliche rechtliche Verhaltens-missbilligung anhand einer generalisierend bestimmten Maßstabsperson vor-zunehmen.

5. Die tatbestandsspezifische Verhaltensfolge muss eingetreten sein. Man kann auch sagen: Der Erfolg muss C auf Tatbestandsebene i. e. S. „zurechenbar" sein. Im Tod des F als Folge des Verkehrsunfalls mit dem defekten Fahrzeug hat sich genau die Schädigungsmöglichkeit realisiert, die C – bei gegebener Sonderverantwortlichkeit – hätte vermeiden können und grundsätzlich auch müssen.

Die tatbestandsspezifische Verhaltensfolge ist eingetreten (der Erfolg ist C auf Tatbestandsebene i. e. S. „zurechenbar").[5]

Der Tatbestand i. e. S. ist erfüllt.

II. Die Kriterien der Tatbestandserweiterung – also der endgültigen Missbilligung (insbes. der fehlenden Rechtfertigung) – müssen erfüllt sein.

Die Schaffung der tatbestandlich abstrakt-generell erfassten Schädigungsmög-lichkeit, die sich realisiert hat, muss bei gegebener Sonderverantwortlich-keit endgültig missbilligt sein. Gründe, die dem entgegenstehen könnten – insbesondere spezielle Rechtfertigungsgründe – sind nicht ersichtlich. C handelte im Hinblick auf die Schaffung dieser Schädigungsmöglichkeit unter Berück-sichtigung sämtlicher wertungsrelevanter Aspekte und des Gesamtkontextes im endgültigen Sinne missbilligt.

Die Kriterien der Tatbestandserweiterung – also der endgültigen Missbilligung – sind erfüllt.

III. Der Verhaltensnormverstoß des C war für eine Bestrafung hinreichend gewichtig (hinreichend schuldhaft). Insbesondere sind spezielle Entschul-digungsgründe nicht ersichtlich.

Er hat sich einer fahrlässigen Tötung an F gem. § 222 schuldig gemacht, indem er die weitere Teilnahme des defekten Fahrzeugs am Straßenverkehr anordnete.

Die als Durchgangsstadium mitverwirklichte fahrlässige Körperverletzung gem. § 229 tritt dahinter zurück.

Ergebnis des 1. Unterabschnitts (des 2. Geschehensabschnitts): C hat sich durch seine Anordnung der weiteren Teilnahme des defekten Fahrzeugs am Straßenverkehr wegen fahrlässiger Tötung an F gem. § 222 strafbar gemacht.

---

[5] Unter 5. bedarf es nur noch einer Klarstellung, sofern – wie oben 4. – die Prüfung der grundsätz-lichen Verhaltensmissbilligung sachgerecht genau auf die (Schaffung oder Nichtabwendung der) Schädigungsmöglichkeit bezogen wird, die sich realisiert hat. Dann gibt es keine „Zurechnungs-probleme" mehr.

2. Unterabschnitt: Strafbarkeit des W

W kann sich der fahrlässigen Tötung gem. § 222 an F schuldig gemacht haben, indem er C unvollständig über die existenten Bremsendefekte informierte.

I. Der Tatbestand i. e. S. muss erfüllt sein.

1. W muss im tatbestandsspezifisch strafrechtsrelevanten Sinne gehandelt haben. Die (unvollständige) Information stellt ein vom Willen jedenfalls beherrschbares Verhalten dar, das mit einer Schädigungsmöglichkeit für das Leben eines anderen Menschen verbunden sein kann. Eine Handlung im hier interessierenden Sinne liegt vor.

Hinweis: An dieser Stelle ist es ebenso möglich, die Verwirklichung des § 222 durch begehungsgleiches Unterlassen zu prüfen. Dann ist daran anzuknüpfen, dass W es unterlassen hat, das Fahrzeug vollständig zu überprüfen und auf dieser Basis vollständige Informationen über die Defekte des Fahrzeugs an C zu geben.

Eine nähere Diskussion hinsichtlich des anzuknüpfenden Verhaltens ist indes überflüssig. Die zu prüfenden Kriterien sind der Sache nach letztlich identisch. Allerdings ist im Falle der Anknüpfung an ein Unterlassen Folgendes zu beachten: Zwischen Unterlassen und Erfolg ist dann ein Quasikausalzusammenhang zu prüfen. Im Rahmen der grundsätzlichen Fahrlässigkeit ist an eine Nichtabwendung der Schädigungsmöglichkeit anzuknüpfen. Die für die Tatbestandsverwirklichung durch Tun und Unterlassen erforderliche Sonderverantwortlichkeit des W kann dann nicht einfach auf seine Gefahrenquellenverantwortlichkeit gestützt werden; vielmehr ist auf die Übernahme der entsprechenden Gefahrenabwendungsaufgabe abzustellen.

Mithin sind beide Verhaltensformen hier als Grundlage der Bewertung gleichermaßen möglich. Allerdings gilt jedenfalls im Grundsatz, dass die vorrangige Prüfung aktiven Tuns – also einer Handlung – sinnvoll ist.

2. Der Tod muss – als tatbestandlich abstrakt-generell erfasster Erfolg – eingetreten sein. Der Tod des F ist – wie bereits festgestellt – eingetreten.

3. Die Handlung des W muss für diesen Tod kausal geworden sein. Problematisch könnte an dieser Stelle sein, dass sich im Nachhinein nicht mehr klären lässt, ob C das Fahrzeug auch bei vollständiger Information über *alle* Mängel weiter am Straßenverkehr hätte teilnehmen lassen.

Bestimmt man die Kausalität anhand der gängigen conditio-Formel, nach der maßgeblich sein soll, ob bei einem Wegdenken der Handlung der (End-)Erfolg (in seiner konkreten Gestalt) entfiele, könnte man leicht geneigt sein, die Kausalität der defizitären Information für den Unfalltod des F zu verneinen. Das gilt allerdings nur dann, wenn man nicht lediglich die relevante Handlung der defizitären Information wegdenkt, sondern diese bereits durch eine andere Handlung ersetzt – nämlich die der korrekten Information. Prima facie scheint sich dann die unvollständige Information (im Verhältnis zur vollständigen) *im Endergebnis* nicht ausgewirkt zu haben. Dabei stellt sich allerdings die Frage, ob es sinnvoll ist, schon im Rahmen der Kausalitätsprüfung – also auf rein empirischer Ebene – das nur im Wege einer Wertung bestimmbare hypothetische rechtmäßige Alternativverhalten ins Spiel zu bringen. Diese Wertung gehört thematisch zur Frage der (grundsätzlichen) tatbestandspezifischen Verhaltensmissbilligung, denn sie betrifft die durch richtiges Verhalten (grundsätzlich) zu vermeidenden Schädigungsmöglichkeiten. Diese wird oft erst im Kontext der sog. „Erfolgszurechnung" angesprochen, wenn es um das Problem der Realisierung einer solchen Schädigungsmöglichkeit im konkreten erfolgsverursachenden Geschehen geht. Auf die reine Kausalität hat ein hypothetisches rechtmäßiges Alternativverhalten jedoch keinen Einfluss. Lässt man dieses also unberücksichtigt, entfällt mit der defizitären Information auch die *darauf gegründete* Anordnung des C und mit dieser der Tod des F.

Genau zu diesem Ergebnis führt auch die verbesserte conditio-Formel, nach der eine Handlung für einen Erfolg kausal ist, wenn sie nicht hinweggedacht werden kann, ohne dass der zu diesem Erfolg führende konkrete Verlauf entfiele. Für die Annahme eines Kausalzusammenhangs ist allein maßgeblich, dass C als Zwischenglied der Ereigniskette seine Entscheidung tatsächlich auf der Grundlage der unvollständigen Informationen getroffen hat und dass es auf dieser Basis zum Tod des F gekommen ist. Die Frage, wie dieser bei vollständiger Information entschieden *hätte*, bleibt als hypothetische Reserveursache – wie stets – außer Betracht. Maßgeblich ist allein, dass die verhängnisvolle Entscheidung des C *tatsächlich* auf der Basis der unvollständigen Information getroffen wurde. Die Handlung war mithin als Element des zum Tod des F führenden Verlaufs für diesen Erfolg kausal. Mit diesem Verlauf steht zugleich fest, dass die (unvollständige) Information des W eine entsprechende tatbestandlich abstrakt-generell erfasste Schädigungsmöglichkeit – vermittelt über die Anordnung des C – (im Hinblick auf das Leben des F) geschaffen hat.[6]

Hinweis: Eine andere Ansicht ist unter Berufung auf BGHSt 52, 159 ff. („Fuhrunternehmerfall") immerhin gerade noch vertretbar. Zur Kritik an der Entscheidung des BGH s. Freund, in: MünchKommStGB, Band 1, § 13 Rn. 224; Schales, Spezifische Fehlverhaltensfolgen und hypothetische Kausalverläufe, S. 12, 32 ff., 51 f., 55. – Zur verbesserten conditio-Formel s. oben § 2 Rn. 32 ff.; ferner bereits Freund, in: MünchKommStGB, Band 1, Vor § 13 Rn. 333 ff.; Freund/Rostalski, AT, § 2 Rn. 72 ff.

Keine sachliche Änderung ergibt sich auf der Ebene der Kausalität bzw. der Quasi-Kausalität, wenn „verhaltenstechnisch" an das Unterlassen der weiteren Untersuchung des Fahrzeugs und der vollständigen Information des C angeknüpft wird: Auch dann spielen entgegen dem ersten Anschein hypothetische Verläufe –

---

[6] Zur wichtigen Funktion dieser Zwischenfeststellung, die anschließende Missbilligungsprüfung beim Vollendungsdelikt zu kanalisieren, s. nochmals oben § 6 Fn. 4.

insbes. wie C bei korrekter Information entschieden hätte – keine Rolle. Für die anzunehmende Quasi-Kausalität genügt es, wenn im Tatsächlichen feststeht, dass die auf die defizitäre Information gegründete(!) Anordnung des C mit der Konsequenz der Todesfahrt des F entfiele. Dieses Erfordernis ist erfüllt. Denn die verhängnisvolle Entscheidung des C wurde auf der Basis der unvollständigen Information getroffen. Anders wäre es nur, wenn es Anhaltspunkte dafür gäbe, dass C bei den defizitären Schilderungen des W überhaupt nicht hingehört und diese gar nicht zu seiner Entscheidungsgrundlage gemacht hätte.

4. W muss sich in Bezug auf die Schaffung der tatbestandsspezifischen Schädigungsmöglichkeit, die sich realisiert hat, grundsätzlich fahrlässig verhalten haben.

a) Dann muss diese Schädigungsmöglichkeit – also die durch die unvollständige Information vermittelte Todesgefahr für F – für W vorhersehbar gewesen sein. Dass das Fahrzeug aufgrund der defekten Bremsen einen Unfall verursachen könnte, war für W erkennbar und somit vorhersehbar.

b) Sie muss auch vermeidbar gewesen sein. Durch Unterlassen der unvollständigen Information wäre die durch diese vermittelte Schädigungsmöglichkeit (dass das spätere Unfallfahrzeug aufgrund der unvollständigen Information wieder in den Verkehr geschickt wird) vermeidbar gewesen.

c) Auch muss sie von Rechts wegen – bei gegebener Sonderverantwortlichkeit – grundsätzlich zu vermeiden gewesen sein. Bei der erforderlichen Güter- und Interessenabwägung ist zu berücksichtigen, welche spezifische Schutzfunktion eine etwaige Pflicht zum Unterlassen der unvollständigen Information hat und welches Gewicht ihr im Verhältnis zur allgemeinen Handlungsfreiheit des W zukommt: Wenn W überhaupt nicht informiert hätte, gäbe es auch keine auf der unvollständigen Information basierende Anordnung des C. Ein Verbot der unvollständigen Information kann insofern verhindern, dass C seine Entscheidung trifft, ohne alle dafür relevanten Gefahrenaspekte zu kennen. Insofern dient dieses Verbot dem legitimen Lebensschutzinteresse des F. W seinerseits hat sich mit der von ihm übernommenen Aufgabe bereit erklärt, genau das zu gewährleisten. Dementsprechend muss seine allgemeine Handlungsfreiheit zurückstehen. Das Lebensschutzinteresse des F überwiegt also im Grundsatz die allgemeine Handlungsfreiheit des W. Als Leiter der Werkstatt ist letzterer außerdem für Gefahren sonderverantwortlich, die von seiner defizitären Tätigkeit ausgehen. Hypothetische alternative Schädigungsmöglichkeiten ändern an diesem Befund nichts. Auch wenn die Herbeiführung desselben Enderfolgs auf andere Art und Weise möglich erscheint – etwa im Hinblick darauf, dass C seine Anordnung (vielleicht) auch bei korrekter (vollständiger) Information treffen *könnte*, wird ein mit Blick auf eine ganz bestimmte Schädigungsmöglichkeit rechtlich grundsätzlich missbilligtes Verhalten nicht dadurch erlaubt. Bei der im Raum stehenden alternativen Schädigungsmöglichkeit wäre die (Fahrlässigkeits-) Verantwortlichkeit des C für den Tod des F eine ausschließliche und uneingeschränkte. Unter den Umständen der unvollständigen Information ist C weder ausschließlich noch uneingeschränkt verantwortlich. Für das

Verantwortlichkeitsdefizit bei C infolge der falschen (weil unvollständigen) Information trägt W die Verantwortung. Folglich musste W den drohenden Verlauf, der möglicherweise mit dem Tod des F enden konnte, jedenfalls als Mitverantwortlicher grundsätzlich vermeiden.

W hatte die konkrete von ihm in Gang gesetzte Schädigungsmöglichkeit, die sich realisiert hat, mithin von Rechts wegen – bei gegebener Sonderverantwortlichkeit – grundsätzlich zu vermeiden.

Er hat sich insofern grundsätzlich fahrlässig verhalten und erfüllt damit zugleich die Anforderungen an eine – bei gegebener Sonderverantwortlichkeit – grundsätzlich missbilligte Schaffung einer entsprechenden Schädigungsmöglichkeit.

5. Die tatbestandsspezifische Verhaltensfolge muss eingetreten sein. Man kann auch sagen: Der Erfolg muss W auf Tatbestandsebene i. e. S. „zurechenbar" sein. In dem Tod des F hat sich genau die Schädigungsmöglichkeit realisiert, die W – bei gegebener Sonderverantwortlichkeit – hätte erkennen und vermeiden können und auch grundsätzlich vermeiden müssen. Wie bereits (unter 4. c) dargelegt, spielt es für diese Feststellung keine Rolle, ob C seine Anordnung auch bei korrekter (vollständiger) Information getroffen *hätte* und deshalb derselbe Enderfolg eingetreten wäre. Die verhängnisvolle Anordnung des C wäre dann nicht mehr die gewesen, für die W die Mitverantwortung trägt.

Die tatbestandsspezifische Verhaltensfolge ist eingetreten (der Erfolg ist W auf Tatbestandsebene i. e. S. „zurechenbar").[7]

Der Tatbestand i. e. S. ist erfüllt.

II. Die Kriterien der Tatbestandserweiterung – also der endgültigen Missbilligung (insbes. der fehlenden Rechtfertigung) – müssen erfüllt sein.

Dagegen bestehen keine Bedenken. W handelte im endgültigen Sinne missbilligt und erfüllt daher die Kriterien der Tatbestandserweiterung.

III. Der Verhaltensnormverstoß des W war für eine Bestrafung hinreichend gewichtig (hinreichend schuldhaft).

Er hat sich einer fahrlässigen Tötung an F gem. § 222 schuldig gemacht, indem er C unvollständig und daher falsch informierte.

Die als Durchgangsstadium mitverwirklichte fahrlässige Körperverletzung gem. § 229 tritt dahinter zurück.

Ergebnis des 2. Unterabschnitts (des 2. Geschehensabschnitts): W hat sich durch seine unvollständige und daher falsche Information wegen fahrlässiger Tötung gem. § 222 StGB strafbar gemacht.

---

[7] Wird – wie oben 4. – die Prüfung der grundsätzlichen Verhaltensmissbilligung sachgerecht genau auf die (Schaffung oder Nichtabwendung der) Schädigungsmöglichkeit bezogen, die sich realisiert hat, gibt es unter 5. keine „Zurechnungsprobleme" mehr. Eine klarstellende schlichte Feststellung der tatbestandsspezifischen Verhaltensfolge genügt.

3. Geschehensabschnitt: Wirkungsloser Impfstoff

Strafbarkeit der L

A. L kann sich wegen Totschlags durch begehungsgleiches Unterlassen gem. §§ 212 I, 13 I in Bezug auf jede einzelne der 100 verstorbenen Personen strafbar gemacht haben, indem sie die Geschäftsleitung nicht informierte.
Der Tatbestand i. e. S. muss erfüllt sein.

1. L muss im tatbestandsspezifisch strafrechtsrelevanten Sinne unterlassen haben. Das Unterlassen einer Handlung i. d. S. ist das vom Willen zumindest beherrschbare Verhalten, mit dem die Nichtabwendung einer tatbestandlich abstrakt-generell erfassten Schädigungsmöglichkeit für fremde Rechtsgüter verbunden sein kann. Das Unterlassen der Informationsweitergabe stellt ein vom Willen jedenfalls beherrschbares Verhalten dar, welches mit der Nichtabwendung einer Schädigungsmöglichkeit für das Leben eines anderen Menschen verbunden sein kann. Ein Unterlassen i. d. S. liegt vor.

2. Der Tod muss – als tatbestandlich abstrakt-generell erfasster Erfolg – eingetreten sein. Die 100 Personen weisen irreversibel keinerlei Hirnfunktionen mehr auf. Der Tod ist eingetreten.

3. Das Unterlassen der L muss (abgesehen von den Anhängern der Lehre von der unterlassenen Gefahrminderung) nach einhelliger Auffassung (quasi-)kausal für den Tod der 100 Personen gewesen sein. Das Unterlassen einer bestimmten Handlung ist (quasi-)kausal für einen Erfolg, wenn diese Handlung nicht hinzugedacht werden kann, ohne dass der konkrete zum Erfolg führende Verlauf (mit an Sicherheit grenzender Wahrscheinlichkeit) entfiele.

Auf der Grundlage der gegebenen statistischen Zusammenhänge lässt sich in Bezug auf jede einzelne der 100 verstorbenen Personen nicht mit an Sicherheit grenzender Wahrscheinlichkeit sagen, dass der zu ihrem Tod führende konkrete Verlauf nicht ganz genauso auch bei Hinzudenken der Informationsweitergabe eingetreten wäre. Dahingehend ist (einzelfallbezogen) lediglich eine gewisse statistische Wahrscheinlichkeit feststellbar.

Allerdings möchten die Anhänger der Lehre von der unterlassenen Gefahrminderung in solchen Fällen die fehlende (Quasi-)Kausalität durch „Zurechnungsüberlegungen" ersetzen und für die „Zurechenbarkeit" eine auch noch ex post festzustellende unterlassene Gefahrminderung ausreichen lassen. Das tragende Argument besagt, dass ansonsten die im Interesse angemessenen Rechtsgüterschutzes bestehende Verhaltenspflicht konterkariert werde, die auf genau diese Gefahrminderung abziele. Indessen ist diese Argumentation, die an das durchaus aufweisbare Verhaltensunrecht anknüpft, unspezifisch, wenn es um die Begründung einer Strafbarkeit wegen vollendeten Verletzungs-Erfolgsdelikts geht. Bei diesem Delikttyp ist Voraussetzung einer Reaktion mit Schuldspruch und Strafe nicht nur ein tatbestandsspezifischer Verhaltensnormverstoß, vielmehr müssen auch spezifische Verletzungs-Folgen des Fehlverhaltens erwiesenermaßen gegeben sein. Der mit der Verurteilung wegen eines solchen Delikts erhobene

Vorwurf muss sachlich zutreffen. Insofern erfordern die vollendeten Tötungsdelikte nach ihrem gesetzlichen Zuschnitt, dass durch das Verhalten der betreffenden Person tatsächlich – und nicht nur möglicherweise – ein Mensch zu Tode gekommen ist. Wird bei einer bloß feststellbaren Wahrscheinlichkeit wegen Vollendungsdelikts bestraft, wird das gesetzlich normierte Verletzungsdelikt unter Missachtung des Wortlauts der Strafvorschrift zu einem bloßen Gefährdungsdelikt umfunktioniert. Darin liegt ein Verstoß gegen den verfassungsrechtlichen Gesetzlichkeitsgrundsatz des Art. 103 II GG.

Auf den (Quasi-)Kausalzusammenhang zwischen dem Unterlassen der L und dem Todeseintritt der 100 verstorbenen Personen kann nach dem Gesagten nicht verzichtet werden. Er lässt sich – jedenfalls für diese Anzahl – aber nicht eindeutig feststellen.

Der Tatbestand i. e. S. ist nicht erfüllt.

L hat sich nicht wegen Totschlags durch begehungsgleiches Unterlassen gem. §§ 212 I, 13 I in Bezug auf jede einzelne der 100 verstorbenen Personen schuldig gemacht.

Hinweis: S. zur Ablehnung der Risikoerhöhungslehren Freund/Rostalski, AT, 3. Aufl., § 2 Rn. 59, sowie speziell zur Lehre von der unterlassenen Gefahrminderung § 6 Rn. 148.

B. L kann sich aber wegen Totschlags durch begehungsgleiches Unterlassen gem. §§ 212 I, 13 I in 90 von den 100 eingetretenen Todesfällen strafbar gemacht haben, indem sie die Geschäftsleitung nicht informierte.
I. Der Tatbestand i. e. S. muss erfüllt sein.

1. Ein Unterlassen im tatbestandsspezifisch strafrechtsrelevanten Sinne liegt vor.

2. Der Tod ist sogar bei 100 Personen eingetreten.

3. Das Unterlassen der L muss (quasi-)kausal für den Tod von 90 der 100 verstorbenen Personen gewesen sein.

Hätte L die Geschäftsleitung über ihre Kenntnisse informiert und wäre deshalb ein ordnungsgemäßer Impfstoff eingesetzt worden, wären maximal 10 Personen gestorben. Durch das Unterlassen der Informationen waren es 100 Personen, die verstorben sind.

Daher ist aufgrund der genannten Statistiken jedenfalls eine *Mindest*anzahl von 90 Personen eindeutig feststellbar, welche bei der Injektion eines ordnungsgemäßen Impfstoffes (mit an Sicherheit grenzender Wahrscheinlichkeit) nicht gestorben wären. Hinsichtlich dieser Mindestanzahl von 90 der 100 Personen lässt sich mithin im Hinblick auf die Anforderungen eines (Quasi-)Kausalzusammenhangs sagen: Hätte L die Informationen weitergegeben, wären jedenfalls 90 von den 100 Personen mit an Sicherheit grenzender Wahrscheinlichkeit nicht gestorben.

Als problematisch könnte erscheinen, dass zwar die *Anzahl* dieser 90 (aus dem Kollektiv der 100) Personen eindeutig bestimmbar ist, die Identität der einzelnen betroffenen Personen aber nicht. Diese fehlende *konkretisierte* Täter-Opfer-Beziehung veranlasst einige dazu, einen (Quasi-)Kausalzusammenhang letztlich doch zu verneinen. Allerdings gilt für die Feststellung einer strafrechtlichen Folgenverantwortlichkeit ganz allgemein, dass es vollkommen ausreichend ist, im Strafprozess den Nachweis führen zu können, dass die Rechte bzw. Rechtsgüter *irgendeines* Menschen durch das entsprechende Verhalten zu Schaden gekommen sind. Die alternative Tatsachengrundlage (dass betroffener Rechtsgutsträger dabei der eine oder der andere Mensch gewesen sein kann) ist unschädlich, sofern jedenfalls eindeutig feststeht, dass überhaupt *ein anderer Mensch* durch das Verhalten einen Schaden erlitten hat. Diese Unsicherheit ist im Hinblick auf die Feststellung eines Ursachenzusammenhangs mithin unerheblich. Auch der Wortlaut des § 212 I spricht für dieses Verständnis, wenn es dort heißt: „Wer einen Menschen tötet". Dessen Individualisierung als ganz bestimmten Menschen ist danach gerade nicht unbedingt erforderlich.

Das Unterlassen der Informationsweitergabe ist mithin (quasi-)kausal für den Tod von 90 (aus dem Kollektiv von 100) Menschen. Mit diesem Verlauf steht zudem fest, dass das Verhalten der L eine entsprechende tatbestandlich abstrakt-generell erfasste Schädigungsmöglichkeit im Hinblick auf das Leben der 90 Personen nicht abgewendet hat.

Hinweis: Auch die Ausführungen zu dieser Problematik können nicht in der hier geschehenen Breite von den Studierenden erwartet werden. Es sollte allerdings erkannt werden, dass hinsichtlich der Verantwortlichkeit für den Tod von 90 Personen ein Rückgriff auf eine nur feststellbare Wahrscheinlichkeit überhaupt nicht notwendig ist. Eine Sachverhaltsunsicherheit besteht allein hinsichtlich der konkreten Opferidentität, die aber für den legitimierbaren Schuldspruch irrelevant ist (s. zu dieser Problematik etwa Rostalski, GA 2018, 700, 703).

In Bezug auf alle 100 Personen kann so aber nicht argumentiert werden. Deshalb verstoßen die Vertreter der Lehre von der unterlassenen Gefahrminderung gegen den Gesetzlichkeitsgrundsatz, wenn sie zu einer Folgenverantwortlichkeit in Bezug auf 100 Personen gelangen. Im Hinblick auf 90 Personen ist ein (Quasi-) Kausalzusammenhang demgegenüber durch Subsumtion unter die allgemeinen Anforderungen der conditio-Formel eindeutig und unproblematisch feststellbar.

4. Die Schädigungsmöglichkeit im Hinblick auf das Leben von 90 der später verstorbenen 100 Personen muss von L – bei gegebener Sonderverantwortlichkeit – in grundsätzlich rechtlich zu missbilligender Weise nicht abgewendet worden sein.

a) Dass 90 von den 100 Personen aufgrund der Fehlerhaftigkeit der Impfcharge den Tod finden könnten, war für L erkennbar und somit vorhersehbar. Auch war es durch die Information der Geschäftsleitung vermeidbar.

Hinweis: Im Vorstehenden werden die unproblematischen Ergebnisse der Prüfungspunkte der Vorhersehbarkeit und der Vermeidbarkeit zusammengefasst, um Zeit und Raum zu sparen.

b) Die Schädigungsmöglichkeit muss auch von Rechts wegen – bei gegebener Sonderverantwortlichkeit – grundsätzlich zu vermeiden gewesen sein. Bei der erforderlichen Güter- und Interessenabwägung ist zu berücksichtigen, dass L klare Kenntnis von der Fehlerhaftigkeit der Impfcharge hatte. Angesichts dessen überwiegt das zu schützende Leben der 90 Personen im Grundsatz die allgemeine Handlungsfreiheit der L. Auch ist L aufgrund ihrer besonderen Stellung als Compliance- und Sicherheitsbeauftragte, die sie (freiwillig) übernommen hat, sonderverantwortlich für die Abwendung dieser Gefahr. Sie musste diese Schädigungsmöglichkeit mithin auch – bei gegebener Sonderverantwortlichkeit – von Rechts wegen grundsätzlich vermeiden.

L hat die Schädigungsmöglichkeit in Bezug auf 90 von den später verstorbenen 100 Personen – bei gegebener Sonderverantwortlichkeit – in grundsätzlich rechtlich zu missbilligender Weise nicht abgewendet.

5. Die tatbestandsspezifische Verhaltensfolge muss eingetreten sein. Man kann auch sagen: Der Tod von 90 der verstorbenen 100 Personen – als Erfolg – muss L auf Tatbestandsebene i. e. S. „zurechenbar" sein. Im Tod von 90 der 100 Personen hat sich genau die Gefahr realisiert, welche L bei gegebener Sonderverantwortlichkeit vermeiden konnte und von Rechts wegen grundsätzlich vermeiden musste.

Der Tod von 90 der 100 Personen ist L auf Tatbestandsebene i. e. S. zurechenbar.

6. L muss vorsätzlich in Bezug auf die Tatbestandsverwirklichung i. e. S. unterlassen und den Erfolg insofern vorsätzlich nicht abgewendet haben. L wusste um die positive Wirkung des einwandfreien Impfstoffes sowie die zu erwartenden zusätzlichen Kranken und Toten bei dessen Wirkungslosigkeit, zu denen es gekommen ist. Auch war sie sich (unter Einschluss ihrer Bewertungsrelevanz) über die Umstände im Klaren, die ihre Sonder-verantwortlichkeit begründeten. Sie kannte mithin alle relevanten Umstände. L unterließ vorsätzlich in Bezug auf die Tatbestandsverwirklichung i. e. S. und wendete den Erfolg insofern vorsätzlich nicht ab.

Zu diesem Ergebnis gelangen ohne Weiteres auch die Anhänger eines sog. „voluntativen Vorsatzelements". Wie schon oben bei der Prüfung der Strafbarkeit des P dargelegt, spielt es nach diesem Konzept letztlich ebenfalls keine Rolle, ob es dem Täter „leid tut", das Opfer zu schädigen bzw. ob er das „eigentlich nicht will". Ein ausreichendes „Billigen im Rechtssinne" wird stets schon dann angenommen, wenn der Täter die möglichen Konsequenzen seines Verhaltens im verhaltensrelevanten Bewusstsein vollkommen zutreffend erfasst hat. Daher besteht mit Blick auf ein voluntatives Vorsatzelement schon gar kein diskussionswürdiger ergebnisrelevanter Streit.

Der Tatbestand i. e. S. ist erfüllt.

II. Die Kriterien der Tatbestandserweiterung – also der endgültigen Missbilligung (insbes. der fehlenden Rechtfertigung) und der Kenntnis der entsprechenden Tatumstände – müssen erfüllt sein.

1. L unterließ endgültig missbilligt.

2. L muss vorsätzlich in Bezug auf die Tatumstünde der endgültigen Verhaltensmissbilligung unterlassen haben. Sie kannte (unter Einschluss ihrer Bewertungsrelevanz) die dafür maßgeblichen Tatumstände und unterließ damit vorsätzlich in Bezug auf die Umstände der endgültigen Verhaltensmissbilligung.

Die Kriterien der Tatbestandserweiterung sind erfüllt.

III. Ihr Verhaltensnormverstoß war für Schuldspruch und Strafe hinreichend gewichtig (hinreichend schuldhaft.)

Sie hat sich des Totschlags durch begehungsgleiches Unterlassen gem. §§ 212 I, 13 I in 90 von den 100 eingetretenen Todesfällen schuldig gemacht.

C. L kann sich mit Blick auf die eingetretene Infektion wegen Körperverletzung durch begehungsgleiches Unterlassen gem. §§ 223 I, 13 I in 900 von den 1000 eingetretenen Krankheitsfällen strafbar gemacht haben, indem sie die Informationen nicht weitergab.
I. Der Tatbestand i. e. S. muss erfüllt sein.

1. Ein Unterlassen im tatbestandsspezifisch strafrechtsrelevanten Sinne liegt vor.

2. Eine körperliche Misshandlung oder eine Gesundheitsschädigung muss – als tatbestandlich abstrakt-generell erfasster Erfolg –eingetreten sein.

a) Eine körperliche Misshandlung kann eingetreten sein. Ob eine Beeinträchtigung des körperlichen Wohlbefindens – im Sinne von Schmerzen oder Krankheitssymptomen – aufgrund der Infektion als solcher vorliegt, ist nicht bekannt. Eine körperliche Misshandlung liegt insoweit nicht vor.

b) Es kann aber eine Gesundheitsschädigung eingetreten sein. Eine Infektion der 1000 Personen mit dem Corona-Virus ist feststellbar. Auch wenn die Erkrankungen möglicherweise keine Krankheitssymptome nach sich ziehen, liegt allein in der Infektion, bei der die Viren in den Organismus gelangen, ein hinreichend gewichtiger pathologischer Zustand.

Eine Gesundheitsschädigung liegt vor.

Hinweis: Vgl. In diesem Zusammenhang die Entscheidung des BGH zur Körperverletzung durch Ansteckung mit dem HI-Virus: BGHSt 36, 1 ff.; mit Blick auf eine asymptomatische Ansteckung mit dem Corona-Virus krit. Makepeace, ZJS 2020, 189 ff.

3. Das Unterlassen der L muss (quasi-) kausal für diesen Erfolg gewesen sein. An dieser Stelle gilt das im Vorangegangenen hinsichtlich der Statistik als Grundlage Gesagte entsprechend. Im Hinblick auf die Infektion von 900 der erkrankten 1000 Personen lässt sich eindeutig feststellen, dass diese unterblieben wäre, hätte L die Informationen weitergegeben. Dass die Identitäten der Personen,

deren Körperverletzung tatsächlich auf das Verhalten der L zurückführbar ist, nicht feststellbar sind, ist dafür unerheblich.

Das Verhalten der L war mithin für die Gesundheitsschädigung von 900 der 1000 erkrankten Personen (quasi-)kausal. Damit steht zugleich fest, dass die unterlassene Informationsweitergabe der L eine entsprechende tatbestandlich abstrakt-generell erfasste Schädigungsmöglichkeit (im Hinblick auf die körperliche Unversehrtheit der 900 von den 1000 infizierten Personen) nicht abgewendet hat.

4. L muss die Schädigungsmöglichkeit im Hinblick auf die körperliche Unversehrtheit von 900 der später erkrankten 10000 Personen – bei gegebener Sonderverantwortlichkeit – in grundsätzlich rechtlich zu missbilligender Weise nicht abgewendet haben.

a) Die Schädigungsmöglichkeit, dass sich 900 der später erkrankten 1000 Personen aufgrund der unwirksamen Impfcharge mit dem COVID-19-Virus infizieren könnten, war für L erkennbar und damit vorhersehbar. Durch Weitergabe der Informationen war diese für L vermeidbar.

b) Die Gefahr muss für L auch – bei gegebener Sonderverantwortlichkeit – von Rechts wegen grundsätzlich zu vermeiden gewesen sein. Die zu schützende Körperintegrität der potenziellen Opfer überwiegt im Grundsatz die allgemeine Handlungsfreiheit der L. Auch ist L für die Abwendung dieser Schädigungsmöglichkeit aufgrund ihrer übernommenen besonderen Position sonderverantwortlich. L musste die Schädigungsmöglichkeit – bei gegebener Sonderverantwortlichkeit – von Rechts wegen grundsätzlich vermeiden.

5. Bei der Gesundheitsschädigung muss es sich um eine tatbestandsspezifische Verhaltensfolge handeln (sie muss L auf Tatbestandsebene i. e. S. „zurechenbar" sein). In der Infektion von 900 der erkrankten 1000 Personen mit dem Virus hat sich auch gerade die Schädigungsmöglichkeit realisiert, welche Legitimationsgrund für die Verhaltensnorm war, die sich gegenüber L im Grundsatz (unter Vorbehalt) legitimieren ließ.

Die Gesundheitsschädigung von 900 der erkrankten 1000 Personen als tatbestandlich abstrakt-generell erfasster Erfolg einer Körperverletzung i. S. d. § 223 I stellt eine entsprechende tatbestandsspezifische Verhaltensfolge dar und ist L daher auch auf Tatbestandsebene (i. e. S.) „zuzurechnen".

6. L muss vorsätzlich in Bezug auf die Tatbestandsverwirklichung i. e. S. unterlassen und den Erfolg insofern vorsätzlich nicht abgewendet haben. L wusste um die relevanten Umstände und hatte die Schädigungsmöglichkeit erkannt, die sich realisiert hat. Das Vorsatzerfordernis ist in Bezug auf die Tatbestandsverwirklichung i. e. S. mithin in jeder Hinsicht erfüllt.

Der Tatbestand i. e. S. ist erfüllt.

II. Die Kriterien der Tatbestandserweiterung – also der endgültigen Missbilligung (insbes. der fehlenden Rechtfertigung) und der Kenntnis der entsprechenden Tatumstände – müssen erfüllt sein.

1. L unterließ endgültig missbilligt.

2. L muss vorsätzlich in Bezug auf die Umstände der endgültigen Verhaltensmissbilligung unterlassen haben. Sie kannte (unter Einschluss ihrer Bewertungsrelevanz) die dafür maßgeblichen Tatumstände und unterließ damit insofern vorsätzlich.

Die Kriterien der Tatbestandserweiterung sind erfüllt.

III. Ihr Verhaltensnormverstoß war hinreichend gewichtig (hinreichend schuldhaft).

Sie hat sich mit Blick auf die eingetretene Infektion wegen Körperverletzung durch begehungsgleiches Unterlassen gem. §§ 223 I, 13 I in 900 von den 1000 eingetretenen Krankheitsfällen strafbar gemacht.

Hinweis: Auf § 230 ist nur einzugehen, wenn die Qualifikation abgelehnt wird.

D. L kann sich mit Blick auf die eingetretene Infektion wegen gefährlicher Körperverletzung durch begehungsgleiches Unterlassen gem. §§ 223 I, 224 I Nr. 5, 13 I in 900 von den 1000 eingetretenen Krankheitsfällen strafbar gemacht haben, indem sie die Informationen nicht weitergab.
I. Der Tatbestand i. e. S. muss erfüllt sein.

1. Der Grundtatbestand des § 223 I ist – wie bereits festgestellt – erfüllt.

2. Außerdem muss ein Qualifikationsmerkmal des § 224 I vorliegen. In Betracht kommt eine das Leben gefährdende Behandlung gem. § 224 I Nr. 5. Umstritten ist, ob dafür eine abstrakte Lebensgefahr ausreicht oder eine konkrete Lebensgefahr erforderlich ist. Allerdings wird dieser Streit oft zu undifferenziert geführt. In der Lebenswirklichkeit gibt es regelmäßig fließende Übergänge zwischen mehr oder weniger abstrakten oder konkreten Gefahren. Maßgeblich für die Lösung des sachlichen Problems kann letztlich nur sein, ob Wertungsgesichtspunkte vorhanden sind, die den für den Qualifikationstatbestand notwendigen erhöhten Unwertgehalt begründen – ob also eine hinreichend gewichtige (Lebens-)gefährlichkeit begründet werden kann. Für die weitere Konkretisierung hilfreich ist ein Vergleich mit anderen Qualifikationsgründen des § 224 I – man denke etwa an das verwendete gefährliche Werkzeug (Nr. 2) oder an die mit einem anderen Beteiligten gemeinschaftlich begangene Körperverletzung (Nr. 4). Der Unwertgehalt dieser für Schuldspruch und Strafe des § 224 I StGB ausreichenden Qualifikationen ist bereits einigermaßen klar konturiert und wurde auch von der Rechtsprechung durch Fallgruppen konkretisiert. Durch die Impfung mit dem wirkungslosen Impfstoff wurde die erhöhte Gefahr begründet, dass sich die betreffenden Personen mit dem Virus infizieren. Dies beinhaltete auch die erhöhte Gefährlichkeit, dass eine ausgebrochene Virusinfektion tödlich endet, weshalb der Wortlaut der Qualifikation die Erfassung als lebensgefährdende Behandlung zulässt. Auch

liegt diese erhebliche Gefahrerhöhung in ihrem Unwertgehalt sogar deutlich über dem der Körperverletzung mittels eines gefährlichen Werkzeugs oder der Körperverletzung bei gemeinschaftlicher Begehung. Daher liegt nach Wortlaut und Ratio (für die die Systematik fruchtbar gemacht wird) eine (hinreichend gewichtige) lebensgefährdende Behandlung vor.

Hinweis: Auch eine Ablehnung dieses Qualifikationsmerkmals ist angesichts des bestehenden Streits selbstverständlich vertretbar; vgl. zu dieser Problematik etwa Kühl, in: Lackner/Kühl, § 224 Rn. 8 m. w. N.

3. L muss vorsätzlich im Hinblick auf die Verwirklichung des Qualifikationsmerkmals unterlassen haben. Sie kannte insofern alle relevanten Umstände und wusste insbesondere auch um die aus einer Infektion mit dem COVID-19-Virus resultierende Lebensgefahr.

Das Vorsatzerfordernis ist mithin erfüllt.

Der Tatbestand i. e. S. ist erfüllt.

II. L unterließ endgültig missbilligt (insbes. nicht gerechtfertigt) und insofern auch endgültig vorsätzlich. Zudem war ihr Verhaltensnormverstoß hinreichend gewichtig (hinreichend schuldhaft).

Hinweis: Im Vorstehenden werden die unproblematischen Ergebnisse der Prüfungspunkte der Tatbestandserweiterung (in Bezug auf die endgültige Verhaltensmissbilligung den entsprechenden Vorsatz) und des hinreichend gewichtigen Verhaltensnormverstoßes zusammengefasst. Das ist in einfachen Fällen gut möglich; es spart Zeit und Raum.

Sie hat sich wegen gefährlicher Körperverletzung durch begehungsgleiches Unterlassen gem. §§ 223 I, 224 I Nr. 5, 13 I in 900 von den 1000 eingetretenen Krankheitsfällen strafbar gemacht.

E. L kann sich mit Blick auf die Scheinimpfung als solche wegen Körperverletzung durch begehungsgleiches Unterlassen gem. §§ 223 I, 13 I an allen (10.000) „Geimpften" strafbar gemacht haben, indem sie die Informationen nicht weitergab.
I. Der Tatbestand i. e. S. muss erfüllt sein.

1. Das Unterlassen der Informationsweitergabe stellt ein Unterlassen im tatbestandsspezifisch strafrechtsrelevanten Sinne dar.

2. Eine körperliche Misshandlung oder eine Gesundheitsschädigung muss – als tatbestandlich abstrakt-generell erfasster Erfolg – vorliegen.

a) Das Erleiden des Einstichs ist – abstrahiert man von der ihm zugedachten Funktion – eine üble und unangemessene Behandlung, die mit mehr als nur unerheblichen Schmerzen verbunden ist. Daher liegen bei den betroffenen Personen körperliche Misshandlungen (als Erfolg) vor.

b) Durch das Einstechen mit der Impfnadel wird jedenfalls die Haut an dieser Stelle beschädigt und damit ein mehr als nur unerheblich nachteiliger pathologischer Zustand hervorgerufen.

Der wirkungslose Impfstoff im Körper der betreffenden Personen ist als solcher harmlos und kann daher keinen pathologischen Zustand begründen.

Anders verhält es sich aber mit Blick auf den Soll-Zustand des Körpers, der eigentlich geimpft sein sollte. Im Verhältnis dazu lässt sich der ungeimpfte Körper durchaus als gesteigert infektionsanfällig und i. d. S. als vom vorausgesetzten Normalzustand mehr als nur unerheblich nachteilig abweichend und mithin als entsprechend pathologisch qualifizieren.

Gesundheitsschädigungen liegen vor.

3. Hätte L die Informationen weitergegeben, wären die Betreffenden nicht mit dieser, sondern mit einer fehlerfreien Impfcharge geimpft worden. Insofern hat die Nichtinformation zum Abbruch eines rettenden Kausalverlaufs und zu einem medizinisch unsinnigen Einstich geführt. Das Verhalten der L war dafür (quasi-) kausal. Mit diesem Verlauf steht zugleich fest, dass die unterlassene Weitergabe der Informationen der L eine entsprechende tatbestandlich abstrakt-generell erfasste Schädigungsmöglichkeit (im Hinblick auf die körperliche Unversehrtheit der 10.000 Geimpften) nicht abgewendet hat.

4. Die möglichen Beeinträchtigungen der Körperintegrität (unsinniger Einstich, ungeschützter Zustand des Körpers), zu denen es später tatsächlich gekommen ist, waren für L vorhersehbar und vermeidbar. In Bezug auf das grundsätzliche rechtliche Vermeidenmüssen – bei gegebener Sonderverantwortlichkeit – gilt das (oben) zur Vermeidung der Erkrankungen und der Todesfälle Gesagte sinngemäß.

5. Bei dem – bereits oben festgestellten – tatbestandlich abstrakt-generell erfassten Erfolg muss es sich um eine tatbestandsspezifische Verhaltensfolge handeln. Anders formuliert: Der konkrete erfolgsverursachende Verlauf (und damit auch dessen Enderfolg, die Beeinträchtigungen der Körperintegrität) muss L auf Tatbestandsebene i. e. S. „zurechenbar" sein. In den Beeinträchtigungen der Geimpften hat sich gerade die Schädigungsmöglichkeit realisiert, die L hätte vermeiden können sowie im Grundsatz hätte vermeiden müssen.

Der zum Erfolg führende Verlauf ist also tatbestandsspezifische Folge des festgestellten grundsätzlich missbilligten Verhaltens und L damit auf Tatbestandsebene i. e. S. „zurechenbar".

6. L kannte alle relevanten Umstände und rechnete insbesondere mit den Schädigungsmöglichkeiten, die mit den wirkungslosen Impfungen verbunden waren und die sich realisiert haben. Sie unterließ vorsätzlich in Bezug auf die Tatbestandsverwirklichung i. e. S. und hat den Erfolg i. d. S. vorsätzlich nicht abgewendet.

Der Tatbestand i. e. S. ist erfüllt.

II. Die Kriterien der Tatbestandserweiterung – also der endgültigen Missbilligung (insbes. der fehlenden Rechtfertigung) und der Kenntnis der entsprechenden Tatumstände – müssen erfüllt sein.

1. L muss sich endgültig missbilligt verhalten haben. Das Verhalten kann durch Einwilligung gerechtfertigt sein. Im Rahmen der Impfung willigten die betreffenden Impfwilligen in die Verletzung durch die Spritze sowie die Injektion eines wirksamen Impfstoffs ein. Diese Einwilligungserklärung konnte sich dabei nur auf die Aspekte beziehen, in Bezug auf die die Betreffenden auch aufgeklärt wurden. Im Hinblick auf die Unwirksamkeit der Impfung war dies nicht der Fall. Auf eine Impfung mit einem wirkungslosen Impfstoff bezog sich die Einwilligung mithin nicht. Das Verhalten der L war nicht durch Einwilligung gerechtfertigt. Es war endgültig missbilligt.

2. L unterließ vorsätzlich in Bezug auf die Umstände der endgültigen Missbilligung.

Die Kriterien der Tatbestandserweiterung sind erfüllt.

III. Der Verhaltensnormverstoß der L war hinreichend gewichtig. Insbesondere sind spezielle Entschuldigungsgründe nicht ersichtlich.

Sie hat sich wegen Körperverletzung durch begehungsgleiches Unterlassen gem. §§ 223 I, 13 I an allen Geimpften und damit in 10.000 Fällen strafbar gemacht.

Konkurrenzen und Ergebnis des 3. Geschehensabschnitts (in Bezug auf die Strafbarkeit der L): Von den 10.000 Fällen der einfachen Körperverletzung sind die spezieller als gefährliche Körperverletzung erfassten 900 Fälle abzuziehen, sodass nur noch 9100 Fälle der einfachen Körperverletzung zu berücksichtigen sind. Die von L durch das Unterlassen der Informationsweitergabe verwirklichte gefährliche Körperverletzung durch begehungsgleiches Unterlassen gem. §§ 223 I, 224 I Nr. 5, 13 I tritt in 90 Fällen als Durchgangsstadium hinter dem Totschlag zurück. Sämtliche von L durch Unterlassen begangene Straftaten stehen in Tateinheit gem. § 52 zueinander: §§ 212 I, 13 I (in 90 Fällen), 223 I, 224 I Nr. 5, 13 I (in 810 Fällen), 223 I, 13 I (in 9100 Fällen), 52.

Gesamtergebnis

P ist straflos.

C hat sich durch die Anordnung der weiteren Teilnahme am Straßenverkehr einer fahrlässigen Tötung gem. § 222 an F schuldig gemacht.

W hat sich durch die Weitergabe der unvollständigen und deshalb fehlerhaften Information wegen fahrlässiger Tötung (ggf. durch begehungsgleiches Unterlassen) gem. § 222 (ggf. i. V. m. § 13 I) an F strafbar gemacht.

L ist strafbar gemäß §§ 212 I, 13 I (in 90 Fällen), 223 I, 224 I Nr. 5, 13 I (in 810 Fällen), 223 I, 13 I (in 9100 Fällen), 52.

§ 8 Wichtige Begriffe, Definitionen und Stichwörter

Definitionen wichtiger Begriffe mit Erläuterungen zum *Besonderen Teil des Strafrechts* finden sich im *Küper/Zopfs,* Strafrecht Besonderer Teil – Definitionen mit Erläuterungen, 10. Aufl. 2018. Für den Allgemeinen Teil gibt es bislang nichts Vergleichbares. Im Folgenden werden immerhin einige für die Fallbearbeitung besonders wichtige Definitionen zu den allgemeinen Straftatkriterien und wichtigen Grundbegriffen des Allgemeinen Teils geboten, und zwar in Kombination mit einem Stichwortverzeichnis. Hauptfundstellen sind *kursiv* hervorgehoben.

A

aberratio ictus Eine „aberratio ictus" (auch: „aberratio ictus vel impetus") ist ein 1
Fehlgehen der Tat bzw. ein Abirren des Stoßes.

Ein solches Fehlgehen wird insbesondere dann angenommen, wenn der Täter mit seiner (meist Tötungs- oder Körperverletzungs-)Handlung (bzw. Unterlassung) das ursprünglich in den Blick genommene Zielobjekt verfehlt und stattdessen ein Zweitobjekt trifft, in Bezug auf das die mit dem Verhalten verbundene Schädigungsmöglichkeit nicht erkannt wurde. Allgemein kann formuliert werden: Bei der „aberratio ictus" tritt der Verletzungserfolg an einem Objekt ein, in Bezug auf das im maßgeblichen Verhaltenszeitpunkt die Voraussetzungen bereits des vorsätzlichen Verletzungsverhaltens in Bezug auf die Tatbestandsverwirklichung i. e. S. nicht vorlagen. Der betreffenden Person fehlte die Kenntnis der Umstände, die die Tatbestandsverwirklichung i. e. S. hinsichtlich des tatsächlich getroffenen Objekts begründen würde. In diesen Fällen fehlt es bereits an der für vorsätzliches Verhalten in Bezug auf die Tatbestandsverwirklichung i. e. S. erforderlichen Kenntnis der Umstände, die die Schaffung (oder Nichtabwendung) der sich realisierenden Schädigungsmöglichkeit begründen.

S. oben § 2 Rn. 110 (Fn. 88); ferner *Freund/Rostalski,* AT, § 7 Rn. 92.
→ error in persona vel objecto, Irrtum über den Kausalverlauf.

G. Freund, A. Bünzel, *Die Elemente der Straftat und ihre Konkretisierung in der Fallbearbeitung*, Tutorium Jura, https://doi.org/10.1007/978-3-662-65499-6_8

2 Absicht (dolus directus 1. Grades als spezielle Vorsatzform): Unter Absicht ist der auf ein bestimmtes Ziel gerichtete Wille zu verstehen.

Bei der Absicht kommt es dem Täter gerade darauf an, einen bestimmten Erfolg oder Umstand zu verwirklichen. Dabei muss es sich nicht um das Endziel des Täters handeln. Vielmehr genügt es, dass er den Erfolg als Zwischenziel anstrebt. Absicht verlangt kein gegenüber dem dolus eventualis gesteigertes Wissen um die Möglichkeit des Vorliegens der Umstände, welche die Tatbestandsverwirklichung begründen. Es ist also gleichgültig, ob der Täter sich die Tatbestandsverwirklichung als sicher oder nur als möglich vorstellt.

S. oben § 1 Rn. 21, § 3 Rn. 40, 53; ferner *Freund/Rostalski*, AT, § 7 Rn. 66.

→ dolus/Vorsatz, Vorsatz in Bezug auf die Tatbestandsverwirklichung i. e. S. bei der vorsätzlichen Vollendungstat, Vorsatz bei der Versuchstat (auf Tatbestandsebene i. e. S.), vorsätzliches Verhalten (endgültiges); überschießende Innentendenz.

3 Absicht als überschießende Innentendenz → überschießende Innentendenz.

4 actio illicita in causa (a.i.i.c.) Eine actio illicita in causa (im Ursprung verbotene Handlung/Tat) liegt vor, wenn der Täter durch eine actio praecedens in rechtlich zu missbilligender Weise eine Sachlage herbeiführt, bei der eine Tatbestandsverwirklichung in actu gerechtfertigt ist.

Hier kann die strafrechtliche Verantwortlichkeit an das Vorverhalten anknüpfen, wenn es bereits einen tatbestandsspezifischen Verhaltensnormverstoß darstellt. Der bloße Umstand einer Rechtfertigung in actu (im späteren Verhaltenszeitpunkt der unmittelbaren Güterschädigung) schließt diese Verantwortlichkeit nicht aus.

Freund, GA 2006, 267 ff.; *Freund/Rostalski*, AT, § 4 Rn. 43 f.; *Freund*, in: MünchKommStGB, Band 1, Vor § 13 Rn. 283 ff.

5 actio libera in causa (a.l.i.c.) Die actio libera in causa (in ihrer Ursache freie Handlung) bezeichnet eine Folgehandlung, für die der Täter in schuldfähigem Zustand durch eine Vorhandlung eine Ursache setzt, die erst in schuldunfähigem Zustand die (vollständige) Verwirklichung des Tatbestandes zur Folge hat.

Auch hier kann die strafrechtliche Verantwortlichkeit an das Vorverhalten anknüpfen, wenn es bereits einen tatbestandsspezifischen Verhaltensnormverstoß darstellt.

S. oben § 2 Rn. 25 (Fn. 26); ferner *Freund/Rostalski*, AT, § 4 Rn. 34 ff.; *Freund*, in: MünchKommStGB, Band 1, Vor § 13 Rn. 275 ff.; *Freund*, GA 2014, 137 ff.

6 Adäquanztheorie Die Adäquanztheorie ist eine Lehre zur Bestimmung der rechtlich beachtlichen Kausalität eines Verhaltens für einen Erfolg. Sie ist eine normativierende (wertende) Kausalitätslehre und schränkt die Bedingungstheorie ein. Nach der Adäquanztheorie ist Ursache im Rechtssinne nur die tatbestandsadäquate Bedingung.

Im Zivilrecht wird die Formulierung verwendet, dass adäquat (kausal) nur ein (kausales) Ereignis ist, das generell – also nicht nur unter ganz eigenartigen ungewöhnlichen („atypischen") Verhältnissen – geeignet ist, den entsprechenden Erfolg herbeizuführen. Im Strafrecht konnte sich das Konzept nicht behaupten. Die sachlichen Probleme werden angemessener unter dem Aspekt der (grundsätzlichen) tatbestandsspezifischen Verhaltensmissbilligung thematisiert. Insofern ergibt sich: Die „Atypizität" eines Geschehensverlaufs schließt eine rechtliche Verantwortlichkeit dafür nicht immer aus.

Freund/Rostalski, AT, § 2 Rn. 75, 77; *Freund,* in: MünchKommStGB, Band 1, Vor § 13 Rn. 348.

Analogieverbot   Das Analogieverbot ist ein aus der Garantiefunktion des Strafge-   7 setzes folgendes Verbot der analogen Anwendung strafbegründender und strafschärfender Gesetze.

Freund/Rostalski, AT, § 1 Rn. 70 ff.
→ nullum crimen-Satz.

Angriff (§ 32 StGB)   Ein Angriff i. S. d. § 32 StGB erfordert jedenfalls eine durch   8 menschliches Verhalten drohende Verletzung rechtlich geschützter Güter und Interessen.

Umstritten ist, ob bzw. inwieweit schon im Begriff des „Angriffs" (i. S. d. § 32 StGB) ein Erfordernis vorsätzlichen bzw. schuldhaften Verhaltens enthalten ist.

Heftig umstritten ist die bei der Bestimmung des Angriffs zugrundezulegende Perspektive: Die eines allwissenden Beobachters („ex post") oder die sich der betreffenden Person (ex ante) darbietende Sachlage?

S. oben § 7 (1. Geschehensabschnitt II. 1.); ferner *Freund/Rostalski,* AT, § 3 Rn. 96, 99, 102 ff., 116 ff.; *Freund/Telöken,* ZJS 2012, 796, 804 f.
→ Gegenwärtigkeit des Angriffs, Rechtswidrigkeit des Angriffs, Verteidigung.

Anstiftungsverhalten, grundsätzlich missbilligtes (§ 26 StGB)   Ein grundsätz-   9 lich missbilligtes Anstiftungsverhalten erfordert die Schaffung oder Nichtabwendung einer tatbestandlich abstrakt-generell erfassten Schädigungsmöglichkeit im Sinne der Veranlassung der vorsätzlichen rechtswidrigen Haupttat, die für die betreffende Person erkennbar und vermeidbar ist und die sie von Rechts wegen – bei gegebener Sonderverantwortlichkeit –grundsätzlich vermeiden muss.

Eine tätergleiche Bestrafung als Anstifter erfordert einen (ausdrücklichen oder zumindest konkludenten) Erklärungswert des Verhaltens dahingehend, dass die Haupttat begangen werden soll.

S. oben § 2 Rn. 64, 67, *71 ff.,* 85, § 5 Rn. 47 f., *50 f.*
→ Teilnehmer, Anstifter als.

10 **Äquivalenztheorie/Bedingungstheorie** →Kausalität einer Handlung.

11 **Aufgeben der weiteren Tatausführung beim Versuch (§ 24 I 1 Fall 1 StGB)** Die
    weitere Ausführung einer Tat wird aufgegeben, wenn der Täter von der weiteren
    Vornahme des Verhaltens, das als tatbestandsmäßig-missbilligt im Sinne des ent-
    sprechenden Erfolgsdelikts aufzufassen ist, Abstand nimmt.

    Freund/Rostalski, AT, § 9 Rn. 50 ff.

12 **Auslegung/Auslegungsmethoden** verfassungskonforme ~ § 2 Rn. 114, 115.

    → Subsumtion.

B

13 **Bedingungstheorie** → Kausalität einer Handlung.

14 **beendeter Versuch** Ein beendeter Versuch liegt vor, wenn der Täter das tatbe-
    standsmäßige Verhalten i. S. d. Vollendungstat bereits vollständig vorgenommen
    (und dadurch als Durchgangsstadium auch die versuchstatbestandlich abstrakt-
    generell erfasste Schädigungsmöglichkeit geschaffen oder nicht abgewendet) hat.

    S. oben § 3 Rn. 5 ff., 8 ff.; ferner *Freund/Rostalski*, AT, § 8 Rn. 32 ff.; *Freund*, in:
    MünchKommStGB, Band 1, Vor § 13 Rn. 435 ff., 452 ff.

15 **Begehen durch Tun und Unterlassen** → Unterlassen und aktives Tun, nichtbege-
    hungsgleiches (§§ 138, 323c I StGB); Unterlassen und aktives Tun, begehungsglei-
    ches; Unterlassen einer Handlung (im tatbestandsspezifisch strafrechtlich relevan-
    ten Sinne).

16 **Begehungsdelikt/Handlung/Tun (aktives)** → Unterlassen und aktives Tun, nicht-
    begehungsgleiches; Unterlassen und aktives Tun, begehungsgleiches; Handlung
    (im tatbestandsspezifisch strafrechtlich relevanten Sinne).

17 **begehungsgleiches Unterlassen** → Unterlassen und aktives Tun, begehungsglei-
    ches; Unterlassen einer Handlung (im tatbestandsspezifisch strafrechtlich relevan-
    ten Sinne).

18 **Begriffsbestimmungen** § 8 – Funktion von ~ § 1 Rn. 1 ff.

19 **Beihilfeverhalten (Hilfe leisten), grundsätzlich missbilligtes (§ 27 StGB)** Ein
    grundsätzlich missbilligtes Beihilfeverhalten erfordert die Schaffung oder Nichtab-
    wendung einer tatbestandlich abstrakt-generell erfassten Schädigungsmöglichkeit
    im Sinne der Unterstützung der vorsätzlichen rechtswidrigen Haupttat, die für die

betreffende Person erkennbar und vermeidbar ist und die sie von Rechts wegen –
bei gegebener Sonderverantwortlichkeit –grundsätzlich vermeiden muss.

S. oben § 2 Rn. 63 f., *79 ff.,* 85, § 5 Rn. 47 f., *52*; ferner *Freund/Rostalski,* AT,
§ 10 Rn. 138 ff.
→ Teilnehmer, Gehilfe als.

Beschützerverantwortlichkeit → Sonderverantwortlichkeit; Unterlassen und **20**
aktives Tun, begehungsgleiches; Verhaltensnorm, dualistisch legitimierte.

Bestimmen (i. S. d. § 26 StGB) → Anstiftungsverhalten, grundsätzlich missbillig- **21**
tes (§ 26 StGB).

Bestimmungsnorm § 1 Rn. 11 → Verhaltensnorm. **22**

Beteiligte/Beteiligter Beteiligte sind Täter und Teilnehmer (§ 28 II StGB). **23**

→ Anstiftungsverhalten, grundsätzlich missbilligtes (§ 26 StGB); Beihilfeverhalten (Hilfe leisten), grundsätzlich missbilligtes (§ 27 StGB); Täter/Täterschaft;
grundsätzlich missbilligtes täterschaftliches Verhalten, grundsätzlich missbilligtes
(mittelbar-)täterschaftliches Verhalten, grundsätzlich missbilligtes mittäterschaftliches Verhalten.

bewusste Fahrlässigkeit → grundsätzlich missbilligte Schaffung oder Nichtab- **24**
wendung einer tatbestandsspezifischen Schädigungsmöglichkeit – grundsätzlich
bewusst fahrlässiges Verhalten (bezogen auf einen möglichen Verstoß gegen eine
dualistisch legitimierte Verhaltensnorm).

D

Definitionen → Begriffsbestimmungen **25**

dolus/Vorsatz § 1 Rn. 2 f., 51 ff., 57 ff., 67, § 2 Rn. 78, 83, 94, *106 ff.,* 120, *145 ff.,* **26**
§ 3 Rn. 17, 26, *28 ff.,* 39 ff., 55 f., 62, § 5 Rn. 10, 22, *43,* 75.

→ Vorsatz in Bezug auf die Tatbestandsverwirklichung i. e. S. bei der vorsätzlichen Vollendungstat, Vorsatz bei der Versuchstat (auf Tatbestandsebene i. e. S.), vorsätzliches Verhalten (endgültiges).

dolus direktus 2. Grades → Vorsatz in Bezug auf die Tatbestandsverwirklichung **27**
i. e. S. bei der vorsätzlichen Vollendungstat.

Freund/Rostalski, AT, § 7 Rn. 68.

28 **dolus eventualis** § 1 Rn. 2 f., 51 ff., 57 ff., 67, § 2 Rn. 78, 83, 94, *106 ff.,* 120, *145 ff.,* § 3 Rn. 17, 26, *28 ff.,* 39 ff., 55 f., 62, § 5 Rn. 10, 22, *43,* 75.

Freund/Rostalski, AT, § 7 Rn. 69.

29 **dualistisch legitimierte Verhaltensnorm** § 1 Rn. 26 ff., 100 ff., § 2 Rn. 53, 55 ff., § 5 Rn. 38 ff.

Freund/Rostalski, AT, § 2 Rn. 19 ff., § 6 Rn. 17 ff., 30 ff.
→ monistisch legitimierte Verhaltensnorm; Sonderverantwortlichkeit; Verhaltensnorm, rechtliche.

E

30 **„echte" Unterlassungsdelikte** → Unterlassen und aktives Tun, nichtbegehungsgleiches (§§ 138, 323c I StGB).

31 **Einverständnis, tatbestandsausschließendes** Als (tatbestandsausschließendes) Einverständnis wird die Zustimmung des Berechtigten in den Fällen bezeichnet, in denen diese nicht erst das grundsätzlich missbilligte Verhalten (auf der Ebene der Tatbestandserweiterung) rechtfertigt und damit die endgültige Missbilligung ausschließt, sondern bereits zum Ausschluss der grundsätzlichen Verhaltensmissbilligung auf Tatbestandsebene i. e. S. führt.

Freund/Rostalski, AT, § 3 Rn. 6 ff.; *Freund,* in: MünchKommStGB, Band 1, Vor § 13 Rn. 226.
→ Einwilligung, rechtfertigende.

32 **Einwilligung, rechtfertigende** Rechtfertigende Einwilligung ist die Zustimmung des Berechtigten, die vor der Vornahme des grundsätzlich missbilligten Verhaltens ausdrücklich oder konkludent erteilt wird. Sie kompensiert die ansonsten bestehende grundsätzliche Missbilligung des Verhaltens, die unter dem Vorbehalt auch der endgültigen Missbilligung (insbes. der fehlenden Rechtfertigung) steht.

Im Ergebnis ist das Verhalten genauso erlaubt/unverboten wie im Falle des tatbestandsausschließenden Einverständnisses. Fehlt ein Kriterium der (grundsätzlichen oder endgültigen) Verhaltensmissbilligung, ist das Verhalten *nicht* zu missbilligen. Eine wirksame Einwilligung setzt Folgendes voraus: Disponibles Rechtsgut, Dispositionsbefugnis, Einwilligungsfähigkeit, Einwilligungserklärung (frei von relevanten Willensmängeln).

S. oben § 7 (3. Geschehensabschnitt E. II.); ferner *Freund,* in: MünchKommStGB, Band 1, Vor § 13 Rn. 229.
→ Einverständnis, tatbestandsausschließendes.

Einwilligung, rechtfertigende mutmaßliche Die rechtfertigende mutmaßliche   33
Einwilligung ist ein möglicher Ersatz (ein Surrogat) für eine nicht einholbare ausdrückliche Einwilligung. Sie liegt vor, wenn angesichts der vorgefundenen Sachlage anzunehmen ist, dass das grundsätzlich rechtlich missbilligte Verhalten dem
Willen der davon betroffenen Person (als Rechtsgutsträger oder Rechtsgutsträgerin)
entspricht. In der Konsequenz ist das Verhalten nicht rechtswidrig. Praktisch relevantes Beispiel ist die erlaubte Notoperation des bewusstlosen Unfallopfers, dessen
ausdrückliche Einwilligung nicht eingeholt werden kann.

> *Murmann,* GK, § 25 Rn. 143 ff.; ferner *Freund,* in: MünchKommStGB, Band 1,
> Vor § 13 Rn. 219.

endgültig zu missbilligendes (endgültig fahrlässiges) tatbestandsspezifisches   34
Verhalten (bezogen auf einen Verstoß gegen eine dualistisch legitimierte Verhaltensnorm): Endgültig missbilligt (fahrlässig) verhält sich, wer angesichts der vorgefundenen Sachlage die nach seinen individuellen Verhältnissen vorhersehbare, vermeidbare und von Rechts wegen – bei gegebener Sonderverantwortlichkeit – zu
vermeidende tatbestandlich abstrakt-generell erfasste Schädigungsmöglichkeit
schafft oder nicht abwendet.

Dies ist der Fall, wenn im Rahmen einer Güter- und Interessenabwägung unter Einbeziehung
aller Aspekte des Gesamtkontextes das Verhalten zu missbilligen ist. Das ist insbesondere
dann nicht der Fall, wenn ein (spezieller oder allgemeiner) Rechtfertigungsgrund eingreift.

> → grundsätzlich missbillige Schaffung oder Nichtabwendung einer tatbestands-
> spezifischen Schädigungsmöglichkeit – grundsätzlich fahrlässiges Verhalten
> (bezogen auf einen möglichen Verstoß gegen eine dualistisch legitimierte
> Verhaltensnorm); Verhaltensnorm, rechtliche; Vorhersehbarkeit (Erkennbarkeit) einer
> Schädigungsmöglichkeit; Vermeidbarkeit; Vermeidenmüssen, grundsätzliches
> rechtliches.

Entscheidungsnorm § 1 Rn. 16, 35 (m. Fn. 41).   35

> → Norm; Verhaltensnorm, rechtliche; Sanktionsnorm.

Entschuldigungsgründe Entschuldigungsgründe tragen dem Umstand Rech-   36
nung, dass die Fähigkeit zur Normbildung und/oder Normbefolgung so stark ein-
geschränkt sein kann, dass der mit Schuldspruch und Strafe erhobene gewichtige
Vorwurf nicht mehr zu legitimieren ist. Beispiele im geschriebenen Recht sind die
Fälle des entschuldigenden Notstands nach § 35 StGB (sofern nicht sogar ein Fall
des schuld*ausschließenden* Notstands vorliegt). Je nach Bestimmung der einschlägigen Ratio gehören auch Fälle des (entschuldigenden) Notwehrexzesses nach
§ 33 StGB dazu.

S. oben § 1 Rn. 7 Fn. 13, § 2 Rn. 150 ff.; ferner *Freund/Rostalski*, AT, § 4 Rn. 6 f.; *Freund*, in: MünchKommStGB, Band 1, Vor § 13 Rn. 247 f.

→ Schuldausschluss/Schuldausschließungsgründe.

37 **Erfolg/Erfolgsdelikt/Erfolgsunrecht** § 1 Rn. 3, 56, *62 ff.*, 67, *104 ff.*, § 2 Rn. 1 ff., 5, *25 ff.*, 32 ff., 99 ff. – Erfolg der Anstiftung § 2 Rn. 73 – Erfolg der Beihilfe § 2 Rn. 80 – Erfolg der Mittäterschaft § 2 Rn. 91 – Gefährdungserfolg § 2 Rn. 26 – Gefährlichkeitserfolg § 2 Rn. 27 f., § 4 Rn. 20 ff. – kein Erfolgsunrecht bei Unkenntnis der rechtfertigenden Sachlage § 2 Rn. 135 ff.

Freund/Rostalski, AT, § 2 Rn. 54 ff.; *Freund*, in: MünchKommStGB, Band 1, Vor § 13 Rn. 310 ff., 325 ff.

→ tatbestandlich abstrakt-generell erfasster Erfolg/erfolgsverursachender Verlauf; tatbestandsspezifische Verhaltensfolge (bei einer Handlung und einer Unterlassung); subjektives Rechtfertigungselement; „Zurechenbarkeit"/„Zurechnung" eines Erfolgs, endgültige (tatbestandsspezifische Fehlverhaltensfolge).

38 **erfolgsqualifiziertes Delikt** § 2 Rn. 115 ff., § 4 Rn. 19 (Fn. 13), § 5 Rn. 27.

39 **Erforderlichkeit der Verteidigung (§ 32 StGB)** Das Mittel der Verteidigung muss geeignet sein, um den Angriff zu beenden und von gleichwirksamen Mitteln das relativ mildeste darstellen.

Freund/Rostalski, AT, § 3 Rn. 86, 110.

→ Verteidigung, Gebotenheit der Verteidigung.

40 **Erlaubnisirrtum** (indirekter Ver- oder Gebotsirrtum): Die betreffende Person erfasst im Falle eines Erlaubnisirrtums bei ihrem grundsätzlich missbilligten Verhalten dessen bedingt vorhandene Unwertdimension und handelt auch in Anbetracht einer Sachlage, die gerade keine ausnahmsweise Nichtmissbilligung ergibt, geht aber dennoch von der ausnahmsweisen Erlaubtheit ihres Verhaltens aus (etwa weil sie die Grenzen eines anerkannten Rechtfertigungsgrundes verkennt oder sich einen nicht existierenden Rechtfertigungsgrund vorstellt).

Die irrende Person stellt sich damit keine *tatsächlichen* Umstände vor, die vom jeweiligen strafgesetzlichen Tatbestand i. w. S. (= Tatbestand i. e. S. + Tatbestandserweiterung: Endgültige Missbilligung und entsprechende Tatumstandskenntnis) als nicht vorliegend vorausgesetzt werden und daher für die Erfüllung der Anforderungen an einen vorsätzlichen tatbestandsspezifischen Verhaltensnormverstoß (und ggf. dessen spezifische Folgen) auch nicht vorgestellt sein dürfen. Allerdings gelangt sie insofern zu einem falschen *Wertungsergebnis*, als sie meint, ihr Verhalten sei dennoch erlaubt. Ihr fehlt daher jedenfalls das Unrechtsbewusstsein. Hat sie bei der Verhaltensnormbildung gar keinen Fehler gemacht (sog. unvermeidbarer – nicht auf Fahrlässigkeit beruhender – Erlaubnisirrtum), ist ihr Verhalten unter Berücksichtigung der Ebene der Tatbestandserweiterung nicht endgültig (und damit letztlich überhaupt nicht) zu missbilligen.

Ist es immerhin nicht nur grundsätzlich zu missbilligen (und deshalb tatbestandsverwirklichend i. e. S.), sondern ist es auch auf der Ebene der Tatbestandserweiterung letztlich zu beanstanden (sog. vermeidbarer – auf Fahrlässigkeit beruhender – Erlaubnisirrtum – § 17 Satz 2 StGB), ist heftig umstritten, ob sie in Bezug auf die endgültig missbilligte Tatbestandsverwirklichung vorsätzlich handelt oder unterlässt. Richtigerweise ist das zu verneinen. Denn eine unterschiedliche Behandlung der fehlerhaften Sachverhaltserfassung (der sog. Tatfahrlässigkeit) einerseits und der fehlerhaften rechtlichen Bewertung (der sog. Rechtsfahrlässigkeit) andererseits lässt sich sachlich nicht begründen. In beiden Fällen bleibt der betreffenden Person die entscheidende Unwertdimension ihres Verhaltens gleichermaßen verborgen. Ein vorsätzlicher Verhaltensnormverstoß scheidet daher in beiden Fällen aus.

Freund/Rostalski, AT, § 4 Rn. 68 ff., § 7 Rn. 17, 107.

Erlaubnistatbestand → Rechtfertigungstatbestand/Erlaubnistatbestand.   **41**

Erlaubnistatbestandsirrtum (ETBI) Die betreffende Person stellt sich Umstände   **42**
vor, bei deren tatsächlichem Gegebensein die Voraussetzungen eines Rechtfertigungsgrundes für ihr Verhalten vorlägen, und geht daher von der Erlaubtheit ihres Verhaltens aus.

Diese Person irrt damit über tatsächliche Umstände, die für die Annahme des endgültig missbilligten vorsätzlichen Verhaltens (und daher für die Erfüllung der Anforderungen an einen vorsätzlichen tatbestandsspezifischen Verhaltensnormverstoß und ggf. dessen spezifische Folgen) *nicht* vorliegen dürfen. Ihr fehlt mithin – bei richtigem Verständnis – die erforderliche Kenntnis der tatsächlichen Umstände, die für ein endgültig missbilligtes vorsätzliches Verhalten (auf der Ebene der Tatbestandserweiterung) erforderlich ist. Man kann den Erlaubnistatbestandsirrtum daher auch als *Tatumstandsirrtum („Tatbestandsirrtum") auf der Ebene der Tatbestandserweiterung* bezeichnen.

S. oben § 1 Rn. 59, § 2 Rn. 112, 120, 128 ff., *146 ff.,* § 5 Rn. 75, § 7 (1. Geschehensabschnitt II. a); ferner *Freund/Rostalski,* AT, § 7 Rn. 110 ff.; *Freund,* in: MünchKommStGB, Band 1, Vor § 13 Rn. 206, 301 ff., 488.
→ Erlaubnisirrtum (indirekter Ver- oder Gebotsirrtum), Tatumstandsirrtum (§ 16 StGB).

error in persona vel objecto Die Fehlvorstellung der handelnden oder unterlas-   **43**
senden Person bezieht sich auf die Identität oder eine sonstige Eigenschaft des Tatobjekts oder der von dem Verhalten betroffenen Person. Der Irrtum ist irrelevant, wenn dieser Umstand vom jeweiligen strafgesetzlichen Tatbestand i. e. S. nicht in Bezug genommen wird und er daher für die Erfüllung der Anforderungen an einen tatbestandsspezifischen Verhaltensnormverstoß (und ggf. dessen spezifische Folgen) nicht erforderlich ist.

Freund/Rostalski, AT, § 7 Rn. 84.
→ aberratio ictus.

F

44 **fahrlässiges Verhalten/Fahrlässigkeit** § 1 Rn. 26 ff., 51 ff., § 2 Rn. 45 ff., 156.

→ grundsätzlich missbilligte Schaffung oder Nichtabwendung einer tatbestands-spezifischen Schädigungsmöglichkeit – grundsätzlich fahrlässiges Verhalten (bezogen auf einen möglichen Verstoß gegen eine dualistisch legitimierte Verhaltensnorm); Vorhersehbarkeit (Erkennbarkeit) einer Schädigungsmöglichkeit; Vermeidbarkeit; Vermeidenmüssen, grundsätzliches rechtliches.

45 **Fehlverhaltensfolge** → Erfolg/Erfolgsdelikt/Erfolgsunrecht; „Zurechenbarkeit"/ „Zurechnung" eines Erfolgs, endgültige (tatbestandsspezifische Fehlverhaltensfolge).

46 **fragmentarischer Charakter des Strafrechts** → nullum crimen-Satz.

47 **Freiwilligkeit des Rücktritts (§ 24 StGB)** Der Rücktritt ist freiwillig, wenn der Zurücktretende durch autonome Motive bzw. durch solche, die eine Rückkehr in die Legalität signalisieren, zum Rücktritt bewegt wird.

Freund/Rostalski, AT, § 9 Rn. 57 ff.

G

48 **Garantenpflicht** → Rechtspflicht, qualifizierte.

49 **Garantenverantwortlichkeit/„Garantenstellung"** → Sonderverantwortlichkeit.

50 **Gebot** → Verhaltensnorm, rechtliche.

51 **Gebotenheit der Verteidigung (§ 32 StGB)** Das Mittel der Verteidigung ist geboten, wenn es keinen normativen Einschränkungen des schneidigen Notwehrrechts unterliegt – d. h., wenn der Angreifer vollumfänglich verantwortlich und der Angegriffene nicht mitverantwortlich für die Kollisionssituation ist bzw. kein krasses Missverhältnis vorliegt.

Freund/Rostalski, AT, § 3 Rn. 115 ff., 131.
→ Verteidigung, Erforderlichkeit der Verteidigung.

52 **Gebotsirrtum** s. Verbotsirrtum/Gebotsirrtum

53 **Gefahr im allgemeinsten Sinne** Im allgemeinsten Sinne ist eine Gefahr die (schlichte) denkbare/nicht auszuschließende Möglichkeit einer Schädigung.

Diese Schädigungsmöglichkeit kann mehr oder weniger abstrakt oder konkret sein.

> S. oben § 1 Rn. 70 a. E., 105 ff., § 2 Rn. 13 ff.; ferner *Freund,* GA 2010, 193 ff.
> → Gefahr i. S. des rechtfertigenden Notstands (§ 34 StGB), Schädigungsmöglichkeit; Schädigungsmöglichkeit, tatbestandlich abstrakt-generell erfasste.

Gefahr i. S. d. rechtfertigenden Notstands (§ 34 StGB) Eine Gefahr i. S. d. § 34 **54** StGB ist ein Zustand dessen Weiterentwicklung den Eintritt oder die Intensivierung eines Schadens ernstlich befürchten lässt, sofern nicht alsbald Abwehrmaßnahmen ergriffen werden.

Die Gefahr kann von einem Menschen, einem Tier, einer Sache oder einer Naturgewalt ausgehen.

> *Freund/Rostalski,* AT, § 3 Rn. 55.
> → Gefahr im allgemeinsten Sinne; Gegenwärtigkeit der Gefahr (§ 34 StGB), Schädigungsmöglichkeit; Schädigungsmöglichkeit, tatbestandlich abstrakt-generell erfasste.

Gefährdungsdelikt/Gefahrerfolgsdelikt Ein Gefährdungsdelikt ist eine Straftat, **55** deren Tatbestand als Erfolg abstrakt-generell an die Gefährdung eines bestimmten Rechtsgutsobjekts (Rechtsguts an einem bestimmten Tatobjekt) anknüpft. Diese Gefährdung bzw. dieser Gefahrerfolg ist daher als tatbestandsspezifische Verhaltensfolge spezifische Voraussetzung der entsprechenden Vollendungstat.

> S. oben § 2 Rn. 26 ff., 44, § 3 Rn. 6, 57, § 5 Rn. 60 f.; ferner *Freund,* in: Münch-KommStGB, Band 1, Vor § 13 Rn. 54.
> → Gefährlichkeitsdelikt/Gefährlichkeitserfolgsdelikt.

Gefahrenquellenverantwortlichkeit → Sonderverantwortlichkeit; Unterlassen **56** und aktives Tun, begehungsgleiches; Verhaltensnorm, dualistisch legitimierte.

Gefährlichkeitsdelikt/Gefährlichkeitserfolgsdelikt § 2 Rn. 27 ff., 44, § 4 **57** Rn. 20 ff.

Gegenwärtigkeit des Angriffs (§ 32 StGB) Der Angriff ist gegenwärtig i. S. d. **58** § 32 StGB, wenn er gerade begonnen hat oder noch andauert. Manche lassen auch das unmittelbare Bevorstehen genügen.

> *Freund/Rostalski,* AT, § 3 Rn. 105.
> → Angriff, Rechtswidrigkeit des Angriffs.

Gegenwärtigkeit der Gefahr (§ 34 StGB) Eine Gefahr ist i. S. d. § 34 StGB ge- **59** genwärtig, wenn sie unmittelbar in einen Schaden umzuschlagen droht oder sonst nur noch durch unverzügliches Handeln abwendbar ist.

Die Gefahr kann auch eine sog. Dauergefahr darstellen (Bsp.: „Spannerfall" BGH NJW 1979, 2053 f.).

Freund/Rostalski, AT, § 3 Rn. 56 f.
→ Gefahr im allgemeinsten Sinne, Gefahr i. S. d. rechtfertigenden Notstands (§ 34 StGB), Gegenwärtigkeit des Angriffs (§ 32 StGB).

60 Gesamtunrechtstatbestand (i. S. d. Lehre von den Rechtfertigungsgründen als negativen Tatbestandsmerkmalen): Der Tatbestandsbegriff der Lehre von den Rechtfertigungsgründen als negativen Tatbestandsmerkmalen umfasst alle (geschriebenen und ungeschriebenen) abstrakt-generell (positiv) unrechtsbegründenden und (negativ) unrechtsausschließenden Merkmale (Gesamtunrechtstatbestand).

S. oben § 1 Rn. 7 (Fn. 11), § 2 Rn. 121 (m. Fn. 96).
→ Tatbestand i. e. S., Tatbestand im weitesten Sinne.

61 Gesetzlichkeitsgrundsatz → nullum crimen-Satz.

62 gesetzmäßige Bedingung → Lehre von der gesetzmäßigen Bedingung.

63 grundsätzlich missbilligte Schaffung oder Nichtabwendung einer tatbestandsspezifischen Schädigungsmöglichkeit – grundsätzlich fahrlässiges Verhalten (bezogen auf einen möglichen Verstoß gegen eine dualistisch legitimierte Verhaltensnorm): Insofern verhält sich (handelt oder unterlässt) grundsätzlich missbilligt bzw. grundsätzlich fahrlässig, wer angesichts der vorgefundenen Sachlage die nach seinen individuellen Verhältnissen vorhersehbare, vermeidbare und von Rechts wegen – bei gegebener Sonderverantwortlichkeit – grundsätzlich zu vermeidende tatbestandlich abstrakt-generell erfasste Schädigungsmöglichkeit schafft oder nicht abwendet.

S. oben § 2 Rn. 45 ff., § 3 Rn. 2, 5 ff., 10 ff., 48 ff., § 4 Rn. 16 ff., § 5 Rn. 39 ff., 57 ff.; ferner *Freund/Rostalski*, AT, § 5 Rn. 93.
→ endgültig zu missbilligendes (endgültig fahrlässiges) tatbestandsspezifisches Verhalten (bezogen auf einen Verstoß gegen eine dualistisch legitimierte Verhaltensnorm); Vorhersehbarkeit (Erkennbarkeit) einer Schädigungsmöglichkeit; Vermeidbarkeit; Vermeidenmüssen, grundsätzliches rechtliches.

64 grundsätzlich missbilligte Schaffung oder Nichtabwendung einer tatbestandsspezifischen Schädigungsmöglichkeit – grundsätzlich *bewusst fahrlässiges* Verhalten (bezogen auf einen möglichen Verstoß gegen eine dualistisch legitimierte Verhaltensnorm): Grundsätzlich *bewusst* fahrlässig (in Bezug auf die Tatbestandsverwirklichung i. e. S.) verhält sich, wer unmittelbar vor dem verhaltensrelevanten Zeitpunkt seines grundsätzlich fahrlässigen (grundsätzlich missbilligten) Verhaltens die Umstände vor Augen hatte (also kannte), die die grundsätzlich missbilligte Schaffung oder Nichtabwendung der tatbestandlich abstrakt-generell erfassten Schädigungsmöglichkeit begründen, diese aber bagatellisiert und wieder aus dem

Bewusstsein verdrängt hat und deshalb im verhaltensrelevanten Zeitpunkt auf einen guten Ausgang des Geschehensablaufs vertraut.

Freund/Rostalski, AT, § 5 Rn. 9, § 7 Rn. 7, 35 ff., 77 ff.; *Rostalski,* JuS 2021, 827.
→ endgültig zu missbilligendes (endgültig fahrlässiges) Verhalten (bezogen auf einen möglichen Verstoß gegen eine dualistisch legitimierte Verhaltensnorm), vorsätzliches Verhalten (endgültiges), Vorsatz in Bezug auf die Tatbestandsverwirklichung i. e. S. bei der vorsätzlichen Vollendungstat.

grundsätzlich missbilligtes täterschaftliches Verhalten Ein grundsätzlich miss-   65
billigtes (täterschaftliches) Verhalten erfordert die Schaffung oder Nichtabwendung einer tatbestandsspezifischen Schädigungsmöglichkeit, die für die betreffende Person erkennbar und vermeidbar ist und die sie von Rechts wegen – bei gegebener Sonderverantwortlichkeit – grundsätzlich vermeiden muss.

S. oben § 1 Rn. 26 ff., § 2 Rn. 1 ff., 45 ff., 63 ff., 84 ff.
→ Anstiftungsverhalten, Beihilfeverhalten, grundsätzlich missbilligte Schaffung oder Nichtabwendung einer tatbestandsspezifischen Schädigungsmöglichkeit – grundsätzlich fahrlässiges Verhalten (bezogen auf einen möglichen Verstoß gegen eine dualistisch legitimierte Verhaltensnorm), grundsätzlich missbilligtes (mittelbar-) täterschaftliches Verhalten, grundsätzlich missbilligtes mittäterschaftliches Verhalten.

grundsätzlich missbilligtes mittäterschaftliches Verhalten (§ 25 II StGB): Ein   66
grundsätzlich missbilligtes Mittäterverhalten erfordert die Schaffung oder Nichtabwendung einer Schädigungsmöglichkeit im Sinne der gemeinschaftlichen Tatbegehung, die für die betreffende Person erkennbar und vermeidbar ist und die sie von Rechts wegen – bei gegebener Sonderverantwortlichkeit – grundsätzlich vermeiden muss.

S. oben § 2 Rn. 84 ff., § 5 Rn. 53.
→ Täter, Mittäter als.

grundsätzlich missbilligtes (mittelbar-)täterschaftliches Verhalten (§ 25 I Fall   67
2 StGB): Ein grundsätzlich missbilligtes (mittelbar-)täterschaftliches Verhalten erfordert die Schaffung oder Nichtabwendung einer Schädigungsmöglichkeit im Sinne der Tatbegehung durch einen anderen, die für die betreffende Person erkennbar und vermeidbar ist und die sie von Rechts wegen – bei gegebener Sonderverantwortlichkeit – grundsätzlich vermeiden muss.

Um der Sperrwirkung der Anstiftung bei bloßer Tatveranlassung gerecht zu werden, bedarf es eines besonderen Sachgrundes zur Bejahung der (mittelbaren) Täterschaft – etwa im Sinne einer überlegenen Einsichts- und Steuerungsfähigkeit des „Hintermannes". Über die Grenzen der mittelbaren Täterschaft führt u. U. eine allg. Organisationskreisverantwortlichkeit hinaus.

S. oben § 2 Rn. 65 ff., § 5 Rn. 49.
→ Täter, mittelbarer.

68 Güter- und Interessenabwägung § 1 Rn. 20, 26 (m. Fn. 27), 30, 87, 101, 106, § 2 Rn. 53 ff., 108, *124 ff.,* § 3 Rn. 54, § 4 Rn. 10, 16 f., § 6 (Grundfall, Strafbarkeit des A I. 4. c, Strafbarkeit des C I. 4. c), § 7 (1. Geschehensabschnitt I. 4. c; 2. Geschehensabschnitt 1. Unterabschnitt I. 4. c; 2. Unterabschnitt I. 4. c; 3. Geschehensabschnitt B. 4. b, C I. 4. b).

Freund/Rostalski, AT, § 1 Rn. 51 ff., § 3 Rn. 68 ff.
→ Verhältnismäßigkeitsgrundsatz, verfassungsrechtlicher.

H

69 Handlung (im tatbestandsspezifisch strafrechtlich relevanten Sinne): Eine Handlung in diesem Sinne ist das vom Willen zumindest beherrschbare Verhalten, mit dem die Schaffung einer tatbestandlich abstrakt-generell erfassten Schädigungsmöglichkeit für fremde Rechtsgüter verbunden sein kann.

S. dazu oben § 2 Rn. 7 ff., 18; zu diesem präzisierten Verständnis der strafrechtlich relevanten Handlung s. auch *Freund,* in: Handbuch, Band 3, § 59 Rn. 38 ff.
→ Unterlassen einer Handlung (im tatbestandsspezifisch strafrechtlich relevanten Sinne).

70 „Handlungslehre(n)"/Lehren vom strafrechtlich relevanten Verhalten § 2 Rn. 7 ff.

Freund, in: MünchKommStGB, Band 1, Vor § 13 Rn. 6, 8, 11, 139 ff.; *Freund/ Rostalski,* AT, § 1 Rn. 115 ff.
→ Handlung (im tatbestandsspezifisch strafrechtlich relevanten Sinne), Unterlassen einer Handlung (im tatbestandsspezifisch strafrechtlich relevanten Sinne).

71 Hilfeleisten i. S. d. § 27 StGB → Beihilfeverhalten (Hilfe leisten), grundsätzlich missbilligtes (§ 27 StGB).

72 hinreichend schuldhafter tatbestandsspezifischer Verhaltensnormverstoß → Verhaltensnormverstoß.

I

73 Irrtum → Erlaubnisirrtum (indirekter Ver- oder Gebotsirrtum), Erlaubnistatbestandsirrtum (ETBI), error in persona vel objecto, Irrtum über den Kausalverlauf, Tatumstandsirrtum (§ 16 StGB), Verbotsirrtum/Gebotsirrtum.

74 Irrtum über den Kausalverlauf Der Erfolg tritt auf eine andere Art und Weise ein als von der handelnden oder unterlassenden Person vorgesehen. Die Abweichung des Kausalverlaufs (der Wirklichkeit) von der Vorstellung kann wesentlich oder unwesentlich sein. Zu behandeln ist auch dieser Irrtum nach den allgemeinen Regeln über die Verantwortlichkeit wegen vorsätzlichen Fehlverhaltens und daraus resultierender spezifischer Folgen.

S. oben § 1 Rn. 67, § 2 Rn. 109 f., 133 ff.; ferner *Freund/Rostalski*, AT, § 7 Rn. 118, 124 ff.; *Freund*, in: MünchKommStGB, Band 1, Vor § 13 Rn. 374.
→ aberratio ictus, Tatumstandsirrtum (§ 16 StGB), Vorsatz in Bezug auf die Tatbestandsverwirklichung i. e. S. bei der vorsätzlichen Vollendungstat.

K

Kausalität einer Handlung Eine Handlung ist kausal für einen Erfolg, wenn sie   **75** nicht hinweggedacht werden kann, ohne dass der zu diesem Erfolg führende konkrete Verlauf entfiele (conditio sine qua non-Formel/sog. Äquivalenztheorie). In stärkerer Orientierung an der Lehre von der gesetzmäßigen Bedingung kann man – ohne inhaltliche Änderung – auch kürzer und treffender sagen: Eine Handlung ist kausal für einen (tatbestandlich abstrakt-generell erfassten) Erfolg, wenn sie den zu diesem Erfolg führenden konkreten Verlauf ausgelöst hat. Ist das der Fall, steht zugleich fest, dass die Handlung eine entsprechende (tatbestandlich abstrakt-generell erfasste) Schädigungsmöglichkeit für fremde Rechtsgüter geschaffen hat, zu deren Realisierung es im erfolgsverursachenden Geschehen mit dem Erfolg als Endpunkt gekommen ist.

S. oben § 1 Rn. 60 ff., § 2 Rn. 32 ff., ferner *Freund*, in: MünchKommStGB, Band 1, Vor § 13 Rn. 332 ff.; *Freund/Rostalski*, AT, § 2 Rn. 72 ff.
→ Quasi-Kausalität einer Unterlassung.

Kausalität/Kausalverläufe, hypothetische § 2 Rn. 33, 74.   **76**

Freund/Rostalski, AT, § 2 Rn. 75, § 7 Rn. 144 ff.; *Schales*, Spezifische Fehlverhaltensfolgen und hypothetische Kausalverläufe, 2014.

Koinzidenzprinzip (Simultaneitätsprinzip) – vgl etwa §§ 16, 17, 20 StGB: Das   **77** Koinzidenz- oder Simultaneitätsprinzip besagt, dass alle tatbestandsspezifischen Voraussetzungen personalen Verhaltensunrechts (unter Einschluss der Schuldaspekte) zumindest zu einem bestimmten Zeitpunkt gleichzeitig erfüllt sein müssen.

Als Ausdruck des Koinzidenz- oder Simultaneitätsprinzip enthält z. B. § 20 StGB das insofern klarstellende Erfordernis des zeitlichen Zusammentreffens von Tatbegehung und Schuldfähigkeit. Es gilt aber etwa auch für das Erfordernis vorsätzlichen Handelns oder Unterlassens. – Beispiele: Die nachträgliche Billigung eigenen vorsatzlosen oder schuldlosen Tötungsverhaltens genügt nicht für die Annahme einer vorsätzlich-schuldhaften Tötung. Sachlich hat das Koinzidenzprinzip neben den präzise bestimmten tatbestandsspezifischen Voraussetzungen der jeweiligen Straftat keine eigenständige Bedeutung.

Freund/Rostalski, AT, § 4 Rn. 34 ff., 37 f.

L

78 **Lehre von der gesetzmäßigen Bedingung** Nach der Lehre von der gesetzmäßigen Bedingung ist eine Handlung oder Unterlassung ursächlich für einen bestimmten Erfolg, wenn dieser mit ihr naturgesetzlich verbunden ist.

Dabei genügt es, wenn die Handlung oder Unterlassung notwendiger Teil eines den Erfolg naturgesetzlich erklärenden hinreichenden Bedingungskomplexes ist. Sachlich stellt sie eine Präzisierung der Äquivalenztheorie dar.

S. oben § 2 Rn. 32 ff., ferner *Freund/Rostalski*, AT, § 2 Rn. 72 ff.; *Freund,* in: MünchKommStGB, Band 1, Vor § 13 Rn. 334, 340.
→ Kausalität einer Handlung bzw. Quasi-Kausalität einer Unterlassung.

79 **Leichtfertigkeit** Leichtfertigkeit ist eine gesteigerte Form der (nicht notwendig bewussten) endgültigen Fahrlässigkeit. Leichtfertig handelt, wer bei seinem fahrlässigen Verhalten die Umstände, welche die endgültig missbilligte (insbes. nicht gerechtfertigte) Tatbestandsverwirklichung begründen, nicht erkennt, obwohl sie sich ihm aufgedrängt haben und er sie ohne Weiteres hätte erkennen können.

Freund/Rostalski, AT, § 5 Rn. 12; *Freund/Rostalski*, JZ 2020, 241 ff.
→ grundsätzlich missbilligte Schaffung oder Nichtabwendung einer tatbestandsspezifischen Schädigungsmöglichkeit – grundsätzlich fahrlässiges Verhalten (bezogen auf einen möglichen Verstoß gegen eine dualistisch legitimierte Verhaltensnorm); endgültig zu missbilligendes (endgültig fahrlässiges) tatbestandsspezifisches Verhalten (bezogen auf einen Verstoß gegen eine dualistisch legitimierte Verhaltensnorm); Vorhersehbarkeit (Erkennbarkeit) einer Schädigungsmöglichkeit; Vermeidbarkeit; Vermeidenmüssen, grundsätzliches rechtliches.

80 **lex specialis** Die lex specialis ist das gegenüber der lex generalis besondere – spezielle(re) – Gesetz. Es gilt: Lex specialis derogat legi generali, d. h. das besondere – speziellere – Gesetz geht dem allgemeineren vor.

Freund/Rostalski, AT, § 11 Rn. 21.

M

81 **Maßnahmen i. S. d. StGB** Maßnahmen sind nach der Legaldefinition des § 11 I Nr. 8 StGB alle Maßregeln der Besserung und Sicherung, die Einziehung und die Unbrauchbarmachung.

→ Maßregeln der Besserung und Sicherung (§ 61 ff. StGB).

Maßregeln der Besserung und Sicherung (§§ 61 ff. StGB) Maßregeln der Bes- **82** serung und Sicherung sind – als freiheitsentziehende Maßregeln – die Unterbringung in einem psychiatrischen Krankenhaus (§ 63 StGB), in einer Entziehungsanstalt (§ 64 StGB) und in der Sicherungsverwahrung (§§ 66 ff. StGB); außerdem gibt es – als freiheitsbeschränkende Maßregeln – die Führungsaufsicht (§§ 68 ff. StGB), die Entziehung der Fahrerlaubnis (§§ 69 ff. StGB) und das Berufsverbot (§§ 70 ff. StGB).

Maßregeln der Besserung und Sicherung stehen selbstständig neben der Strafe (mit ihrem zugrundeliegenden Schulspruch). Sie knüpfen nicht wie die Strafe an die Verantwortlichkeit des Täters, sondern an dessen Sozial*gefährlichkeit*. Sachlich sind sie dem Rechtsgebiet polizeilicher Gefahrenabwehr zuzuordnen. Im StGB sind sie nur wegen des Sachzusammenhangs bzw. aus historischen Gründen geregelt.

Freund/Rostalski, AT, § 1 Rn. 65 ff.; *Freund*, in: MünchKommStGB, Band 1, Vor § 13 Rn. 98 ff., 138.
→ rechtswidrige Tat (§ 11 I Nr. 5 StGB, vgl. etwa auch §§ 26, 27, 63 f., 258 I, 323a StGB).

Missbilligungsurteil grundsätzliches ~ § 1 Rn. 34 ff., 53 ff., 112, § 2 Rn. 45 ff. – **83** endgültiges ~ § 1 Rn. 35, § 2 Rn. 120 ff., 149, 153, § 4 Rn. 15.

→ Anstiftungsverhalten, grundsätzlich missbilligtes (§ 26 StGB); Beihilfeverhalten (Hilfe leisten), grundsätzlich missbilligtes (§ 27 StGB); grundsätzlich missbilligtes mittäterschaftliches Verhalten (§ 25 II StGB); grundsätzlich missbilligtes (mittelbar-)täterschaftliches Verhalten (§ 25 I Fall 2 StGB); täterschaftlich grundsätzlich missbilligtes Verhalten.

monistisch legitimierte Verhaltensnorm § 1 Rn. 26 f., § 4 Rn. 1 ff. **84**

→ dualistisch legitimierte Verhaltensnorm; Verhaltensnorm, rechtliche.

mutmaßliche Einwilligung → Einwilligung, rechtfertigende mutmaßliche. **85**

N

Nebentäterschaft Nebentäterschaft liegt vor, wenn mehrere Personen unabhängig **86** voneinander für dieselbe Rechtsgutsbeeinträchtigung (also nebeneinander) als Täter verantwortlich sind. Nebentäterschaft ist das zufällige Zusammentreffen mehrerer Einzeltäter.

Der Begriff der Nebentäterschaft hat normativ keine selbstständige Bedeutung, sondern dient nur der Kennzeichnung einer konkreten naturalistischen Konstellation zufälligen Zusammentreffens mehrerer Täterschaften.

Freund/Rostalski, AT, § 10 Rn. 5; *Murmann,* Die Nebentäterschaft im Strafrecht, 1993.
→ täterschaftlich grundsätzlich missbilligtes Verhalten.

87 **negative Tatbestandsmerkmale, Rechtfertigungsgründe als** Die Lehre von den Rechtfertigungsgründen als negativen Tatbestandsmerkmalen modifiziert den traditionellen dreistufigen Deliktsaufbau mit seinem Tatbestand i. e. S., der Tatbestandserweiterung mit der endgültigen Verhaltensmissbilligung (insbes. der fehlenden Rechtfertigung) und dem endgültigen Vorsatz sowie der (hinreichend) schuldhaften Tatbegehung. Sie fasst den Tatbestand i. e. S. und die Tatbestandserweiterung zu einem Gesamtunrechtstatbestand zusammen, der abstrakt-generell unrechtsbegründende (positive) und unrechtsausschließende (negative) Tatbestandsmerkmale enthält.

S. oben § 1 Rn. 7 (Fn. 11), § 2 Rn. 121 (m. Fn. 96); ferner *Freund/Rostalski,* AT, § 3 Rn. 25, § 7 Rn. 17; *Freund,* in: MünchKommStGB, Band 1, Vor § 13 Rn. 215 f.
→ Gesamtunrechtstatbestand, Tatbestand i. e. S., Tatbestand i. w. S., Tatbestand im weitesten Sinne.

88 **nichtbegehungsgleiche Unterlassungsdelikte** → Unterlassen und aktives Tun, nichtbegehungsgleiches (§§ 138, 323c I StGB).

89 **nichtbegehungsgleiches Unterlassen und nichtbegehungsgleiches aktives Tun** → Unterlassen und aktives Tun, nichtbegehungsgleiches (§§ 138, 323c I StGB).

90 **Norm** Eine Norm ordnet eine bestimmte (Rechts-)Folge an, die bei Erfüllung bestimmter Tatbestandsvoraussetzungen im Einzelfall eintreten soll. Sie muss sich daher auf einen konkreten Sachverhalt beziehen und – auf der Grundlage allgemeiner Vorwertungen – einzelfallbezogen konkretisiert sein, um diesen als Norm regeln zu können. In diesem Sinne ist etwa ein Strafgesetz (noch) keine Norm, sondern lediglich die Rechtsgrundlage für die einzelfallbezogene Bildung einer Sanktions*norm* durch das zuständige Strafgericht als Normadressat.

S. oben § 1 Rn. 11 ff., 16 ff., 69 ff., § 2 Rn. 45 ff., 120 ff.
→ Rechtsfolge einer (Rechts-)Norm; Sanktionsnorm; Strafgesetz (abstrakt-generelles); Tatbestand i. e. S.; Tatbestand im weitesten Sinne; Verhaltensnorm, rechtliche; Entscheidungsnorm.

100 **Nothilfe (§ 32 StGB)** Nothilfe ist die zugunsten eines Dritten geübte Notwehr.

S. oben § 2 Rn. 131, § 7 (1. Geschehensabschnitt II.); ferner *Freund/Rostalski,* AT, § 3 Rn. 86.

Notstandshandlung i. S. d. § 34 StGB (Notwendigkeit/Erforderlichkeit und Wah-   **101**
rung des [wesentlich] überwiegenden Interesses bzw. „Angemessenheit"): Erforderlich (notwendig) i. S. d § 34 StGB ist ein zur Abwendung der Gefahr geeignetes
Mittel, wenn es keine gleich geeigneten milderen Mittel gibt. Gerechtfertigt (und
daher auch angemessen) ist die erforderliche Notstandshandlung, wenn durch sie
das in der konkreten Kollisionssituation (wesentlich) überwiegende Interesse gewahrt wird.

Die Erforderlichkeit ist auf der Basis der ex ante in der konkreten Situation erkennbaren
Umstände zu ermitteln. Dabei sind die konkreten individuellen Verhältnisse des in einer Notstandslage Handelnden zu berücksichtigen.

Freund/Rostalski, AT, § 3 Rn. 64 ff.
→ Güter- und Interessenabwägung.

notstandsfähiges Rechtsgut Notstandsfähig sind alle Güter, die durch die Rechts-   **102**
ordnung geschützt werden.

Freund/Rostalski, AT, § 3 Rn. 52 f.
→ Gefahr i. S. d. rechtfertigenden Notstands (§ 34 StGB), Rechtsgut/Rechtsgüter.

Notstandslage (§ 34 StGB) Eine Notstandslage i. S. d. § 34 StGB ist eine gegen-   **103**
wärtige Gefahr für ein Rechtsgut, die nicht auf andere Weise (als durch die zu rechtfertigende Notstandstat) abgewendet werden kann.

Freund/Rostalski, AT, § 3 Rn. 52.
→ Gefahr i. S. d. rechtfertigenden Notstands (§ 34 StGB), Notstandshandlung
i. S. d. § 34 StGB.

Notwehr (§ 32 StGB): Notwehr ist die Verteidigung, die erforderlich ist, um einen   **104**
gegenwärtigen rechtswidrigen Angriff von sich oder einem anderen abzuwenden
(§ 32 II StGB). Wer eine Tat begeht, die durch Notwehr geboten ist, handelt nicht
rechtswidrig (§ 32 I StGB).

Freund/Rostalski, AT, § 3 Rn. 86 ff., 110 ff.
→ Gebotenheit der Verteidigung.

Notwehrlage (§ 32 StGB): Eine Notwehrlage erfordert gem. dem Wortlaut des   **105**
§ 32 StGB einen gegenwärtigen rechtswidrigen Angriff.

Freund/Rostalski, AT, § 3 Rn 99 ff.

nullum crimen-Satz – nullum crimen, nulla poena sine lege scripta, praevia et   **106**
certa, Gesetzlichkeitsgrundsatz (Art. 103 II GG, § 1 StGB, Art. 7 I MRK): Keine
Straftat, keine Strafe ohne (geschriebenes, vorheriges und die Strafbarkeit genau

bestimmendes) Gesetz. Eine Tat kann nur bestraft werden, wenn die Strafbarkeit gesetzlich bestimmt war, bevor die Tat begangen wurde.

Als Konsequenz des nullum crimen-Satzes ergibt sich der fragmentarische Charakter des Strafrechts: Nicht alles, was an sich bestraft werden sollte, kann mit den geltenden Strafgesetzen auch strafrechtlich erfasst werden.

S. oben § 1 Rn. 1, 5, 16 f., § 2 Rn. 39, § 4 Rn. 21, § 7 (3. Geschehensabschnitt A); ferner *Freund/Rostalski*, AT, § 1 Rn. 63 f., 70 ff., 87 ff.; *Freund*, in: MünchKommStGB, Band 1, Vor § 13 Rn. 31 f.

O

107 **Omissio libera in causa/omissio libera in omitendo** Ein Fall der omissio libera in causa liegt vor, wenn sich ein Handlungspflichtiger vorwerfbar (rechtlich missbilligt) durch aktives Tun in den Zustand der Schuldunfähigkeit versetzt, so dass er in diesem (unfreien) Zustand schuldlos unterlässt.

Freund/Rostalski, AT, § 4 Rn. 41 ff.; *Freund*, in: MünchKommStGB, Band 1, Vor § 13 Rn. 281.

Um einen Fall der omissio libera in causa soll es sich nach verbreiteter Auffassung auch dann handeln, wenn sich ein Handlungspflichtiger durch aktives Tun vorwerfbar (rechtlich missbilligt) in den Zustand der Handlungsunfähigkeit versetzt, also in einen Zustand gerät, in dem er seine Handlungspflicht gar nicht erfüllen kann – mithin noch nicht einmal mehr unterlässt.

Eine omissio libera in omitendo liegt vor, wenn sich ein Handlungspflichtiger vorwerfbar (rechtlich missbilligt) durch Unterlassen in den Zustand der Schuldunfähigkeit geraten lässt, so dass er in diesem (unfreien) Zustand schuldlos unterlässt.

Auch für die omissio libera in causa soll es nach verbreiteter Auffassung genügen, wenn sich ein Handlungspflichtiger durch Unterlassen vorwerfbar (rechtlich missbilligt) in den Zustand der Handlungsunfähigkeit geraten lässt, so dass in diesem Zustand noch nicht einmal mehr ein Unterlassen vorliegt (str.).

→ actio libera in causa (a.l.i.c.).

108 **Omnimodo facturus** (vgl. § 26 StGB): Ein omnimodo facturus ist eine zur konkreten Tat bereits fest entschlossene Person. Diese Person kann zu dieser Tat nicht mehr „bestimmt" werden.

Freund/Rostalski, AT, § 10 Rn. 115.
→ Anstiftungsverhalten, grundsätzlich missbilligtes (§ 26 StGB).

P

Personale Straftatlehre/personales Verhaltensunrecht/personale Unrechtslehre Per- 109
sonales Verhaltensunrecht setzt den Verstoß gegen eine kontext- und adressatenspezifisch legitimierte Verhaltensnorm voraus und damit die entsprechende
Verantwortlichkeit der konkreten – zur Normbildung und Normbefolgung fähigen –
Person für ihr vorgenommenes normwidriges Verhalten und dessen spezifische Folgen. Die personale Straftatlehre knüpft bei der Bestimmung der Kriterien einer
Straftat an dieses personale Verhaltensunrecht an und reagiert auf einen solchen
Verstoß mit Schuldspruch und ggf. einem zusätzlichen Strafübel angemessen missbilligend. Dafür muss der Verhaltensnormverstoß nicht nur die tatbestandsspezifi-
schen Eigenschaften aufweisen, sondern auch hinreichend gewichtig sein.

S. oben § 1 Rn. 6, 8 ff., 11 ff., 26 ff., § 2 Rn. 45 ff., 150 ff.; ferner *Freund/Rost-
alski*, AT, § 4 Rn. 92.
→ Verhaltensnorm, rechtliche; Verhaltensnormverstoß; Verhaltensunrecht (personales); restitutive Straftheorie.

Q

Qualifizierung/Qualifikation Qualifizierungen/Qualifikationen sind Abwandlun- 110
gen eines Straftatbestands, die zu einer strengeren Bestrafung des Täters nach Maß-
gabe des qualifizierenden Tatbestands (Qualifikationstatbestands) führen.

Freund/Rostalski, AT, § 11 Rn. 20; *Freund*, in: MünchKommStGB, Band 1, Vor
§ 13 Rn. 79.
→ erfolgsqualifiziertes Delikt.

Quasi-Kausalität einer Unterlassung Das Unterlassen einer bestimmten Hand- 111
lung ist quasi-kausal für einen (tatbestandlich abstrakt-generell erfassten) Erfolg,
wenn diese Handlung nicht hinzugedacht werden kann, ohne dass der zu diesem
Erfolg führende konkrete Verlauf (mit an Sicherheit grenzender Wahrscheinlichkeit) entfiele (conditio sine qua non-Formel/sog. Äquivalenztheorie).

Kürzer und treffender kann es auch heißen: Das Unterlassen einer bestimmten
Handlung ist quasi-kausal für einen (tatbestandlich abstrakt-generell erfassten) Erfolg, wenn dies zur Folge hatte, dass der zu diesem Erfolg führende konkrete Verlauf nicht abgebrochen wurde.

Ist dies der Fall, steht zugleich fest, dass durch die Unterlassung eine entsprechende (bereits bestehende) tatbestandlich abstrakt-generell erfasste Schädigungsmöglichkeit nicht abgewendet wurde, zu deren Realisierung im Erfolg es gekommen ist.

S. oben § 1 Rn. 60 ff., § 2 Rn. 32 ff., ferner *Freund/Rostalski*, AT, § 6 Rn. 140;
Freund, in: MünchKommStGB, Band 1, § 13 Rn. 210 ff.

R

112 **ratio legis** Vernünftiger Grund bzw. Sinn und Zweck des Gesetzes.

S. oben § *1 Rn. 1,* 32, § 2 Rn. 80, 85, § 4 Rn. 23.

113 **Rechtfertigender Notstand (§ 34 StGB)**
Freund/Rostalski, AT, § 3 Rn. 49 ff.

→ Gefahr, Güter- und Interessenabwägung, notstandsfähiges Rechtsgut.

114 **Rechtfertigung/Rechtfertigungsgründe** → Missbilligungsurteil; Notwehr; Notstand; subjektives Rechtfertigungselement; negative Tatbestandsmerkmale, Rechtfertigungsgründe als; Verhaltensnorm, rechtliche.

115 **Rechtfertigungstatbestand/Erlaubnistatbestand** Ein Rechtfertigungstatbestand (Erlaubnistatbestand) ist der Inbegriff der Merkmale, bei deren Verwirklichung ein grundsätzlich missbilligtes Verhalten (ausnahmsweise) gerechtfertigt, d. h. nicht endgültig missbilligt (erlaubt/unverboten) und damit das Gegebensein einer Straftat – genauer: eines (tatbestandsspezifischen) Verhaltensnormverstoßes – ausgeschlossen ist.

S. oben § 2 Rn. 120 ff.; ferner *Freund/Rostalski,* AT, § 3 Rn. 2 f., 43.
→ Erlaubnistatbestandsirrtum (ETBI), Missbilligungsurteil, Notwehr, Notstand, subjektives Rechtfertigungselement.

116 **Rechtsfahrlässigkeit** → fahrlässiges Verhalten/Fahrlässigkeit; Missbilligungsurteil; Verhaltensnorm, rechtliche; Verhaltensunrecht (personales); Erlaubnisirrtum; Verbotsirrtum/Gebotsirrtum.

117 **Rechtsfolge** einer (Rechts-)Norm: Ist der Tatbestand einer (Rechts-)Norm erfüllt, so tritt die von ihr angeordnete Rechtsfolge ein. Genauer formuliert: Die Rechtsfolgeanordnung der Norm erlangt Rechtsgeltung in concreto, also bezogen auf den konkreten Einzelfall. Primäre Rechtsfolge einer strafrechtlichen Sanktionsnorm ist der Schuldspruch (etwa wegen Totschlags, fahrlässiger Köperverletzung, Diebstahls etc.). Deren sekundäre Rechtsfolge ist regelmäßig eine entsprechende Freiheits- oder Geldstrafe. Rechtsfolge einer Verhaltensnorm ist die Verpflichtung der konkret adressierten Person zu einem bestimmten Verhalten (in Form einer bestimmten Handlung oder dem Unterlassen einer solchen).

S. oben § 1 Rn. 7, 16 ff., 25, 35, 38, 75, 82, 93 ff., § 2 Rn. 150, § 5 Rn. 11; ferner *Freund/Rostalski,* AT, § 1 Rn. 68 f.
→ Norm; Sanktionsnorm; Strafgesetz (abstrakt-generelles); Tatbestand i. e. S.; Tatbestand im weitesten Sinne; Verhaltensnorm, rechtliche.

Rechtsgut/Rechtsgüter Als Rechtsgüter bezeichnet man die Lebensgüter, Sozial- 118
werte und rechtlich anerkannten Interessen einzelner Personen oder der Allgemeinheit, die wegen ihrer Bedeutung für die einzelne Person bzw. die Gesellschaft rechtlichen Schutz genießen.

Rechtsgüter der einzelnen Person sind z. B. das Leben, die körperliche Unversehrtheit, die
persönliche Freiheit, die Ehre, das Eigentum und das Vermögen (Individualrechtsgüter).
Rechtsgüter der Allgemeinheit sind z. B. der Bestand des Staates und seiner freiheitlich-de-
mokratischen Grundordnung, die Wahrung von Staatsgeheimnissen, die Rechtspflege, die
Unbestechlichkeit von Amtsträgern, die Sicherheit des Straßenverkehrs sowie die Zuverläs-
sigkeit gewisser Urkunden im Rechtsverkehr (Universalrechtsgüter – gleichbedeutend: Ge-
meinschaftsrechtsgüter, Kollektivrechtsgüter und Allgemeinheitsrechtsgüter). Rechtsgüter
werden in erster Linie relevant unter dem Gesichtspunkt des legitimen Zwecks von Verhaltensnormen. Auch die verhaltenswirksame Geltung des Rechts ist ein (Rechts-)Gut, dessen
Schutz als legitimer Zweck zu fungieren vermag.

Freund/Rostalski, AT, § 1 Rn. 45 ff.
→ Verhaltensnorm, rechtliche; Verhältnismäßigkeitsgrundsatz, verfassungsrechtlicher; restitutive Straftheorie.

Rechtsgüterschutz ~ als Legitimationsgrund von Verhaltensnormen § 1 Rn. 12, 119
27 ff., 39, 43, 45, 50, *98 ff.*, § 2 Rn. 127, § 3 Rn. 6, § 4 Rn. 2 ff., § 5 Rn. 38.

→ Rechtsgut/Rechtsgüter; Sanktionsnorm; Verhaltensnorm, rechtliche; Verhältnismäßigkeitsgrundsatz, verfassungsrechtlicher.

Rechtspflicht → Verhaltensnorm, rechtliche. 120

Rechtspflicht, qualifizierte → Sonderverantwortlichkeit; Verhaltensnorm, dualis- 121
tisch legitimierte; Unterlassen und aktives Tun, begehungsgleiches.

Rechtsverständnis Freiheitliches ~ § 1 Rn. 12 f. – Obrigkeitsstaaliches ~ 122
§ 1 Rn. 14.

rechtswidrige Tat (§ 11 I Nr. 5 StGB, vgl. etwa auch §§ 26, 27, 63 f., 258 I, 323a 123
StGB): Eine rechtswidrige Tat (i. S. d. Teilnahme- und Maßregelrechts) ist nur eine
solche, die den Tatbestand eines Strafgesetzes verwirklicht (§ 11 I Nr. 5 StGB). Sie
muss tatbestandsmäßig i. e. S. (und dafür grundsätzlich missbilligt) sowie in einem
spezifischen (teilnahme- und maßregelrechtlichen) Sinne „endgültig" missbilligt
(darf also insbesondere nicht gerechtfertigt) sein. Hinreichend schuldhaftes oder
überhaupt schuldhaftes Verhalten ist dagegen für die „rechtswidrige Haupttat" bei
der Teilnahme und die „rechtswidrige Tat" i. S. d. Maßregelrechts nicht notwendig.

Die „rechtswidrige Tat" ist ein spezieller Funktionsbegriff. Dieser ist kontextspezifisch mit
Inhalt zu füllen und hat nichts mit dem ganz anderen Problem zu tun, ob es strafrechtlich
relevantes schuldloses personales Verhaltensunrecht gibt (was zu verneinen ist).

Freund/Rostalski, AT, § 3 Rn. 34 ff., § 10 Rn. 15 ff.; zur im Rauschzustand begangenen rechtswidrigen Tat i. S. d. § 323a StGB näher *Freund,* in: Handbuch, Band 5, § 46 Rn. 33 ff.; *Walther,* „Vollrausch" als Straftat, S. 46 ff.

124 **Rechtswidrigkeit/rechtswidrig/fehlende Rechtfertigung** § 2 Rn. 120 ff.

→ Missbilligungsurteil, Notwehr, Notstand.

125 **Rechtswidrigkeit des Angriffs (§ 32 StGB)** Der Angriff ist rechtswidrig, wenn er im Widerspruch zu den (Verhaltens-)Normen des Rechts steht.

Das schneidige Notwehrrecht setzt voraus, dass der Angreifer rechtswidrig handelt oder unterlässt.

Freund/Rostalski, AT, § 3 Rn. 106.
→ Angriff, Gegenwärtigkeit des Angriffs.

126 **restitutive Straftheorie** § 1 Rn. 5 f. (m. Fn. 9), 87 ff.

Freund/Rostalski, AT, § 1 Rn. 24 ff., 28 ff., 49.
→ Straftheorien, Verhältnismäßigkeitsgrundsatz, Täterstrafrecht, Tatstrafrecht.

127 **Risiko** Begriff des relevanten ~ § 1 Rn. 55

→ Gefahr, Schädigungsmöglichkeit.

128 **Risikoerhöhungslehren/Risikominderungslehren** § 2 Rn. 39, § 7 (3. Geschehensabschnitt A. 3.).

Roxin/Greco, AT I, § 11 Rn. 88 ff.; krit. zu diesen Lehren *Freund/Rostalski,* AT, § 2 Rn. 58 ff., § 6 Rn. 148.

129 **Rücktritt** → Aufgeben der weiteren Ausführung der Tat; Freiwilligkeit des Rücktritts (§ 24 StGB); Verhindern der Vollendung beim Versuch (§ 24 I 1 Fall 2 StGB); Versuch, rücktrittsfähiger (kein fehlgeschlagener Versuch).

→ *Freund/Rostalski,* AT, § 9 Rn. 1 ff.

130 **Rückwirkungsverbot** Das Rückwirkungsverbot ist ein aus der Garantiefunktion des Strafgesetzes folgendes Verbot der rückwirkenden Strafbegründung und Strafschärfung.

Freund/Rostalski, AT, § 1 Rn. 63.
→ nullum crimen-Satz.

S

Sanktionsnorm Bildung der ~ § 1 Rn. 20 ff., 72 ff. (76), 95 – Beispiel des   **131**
§ 217 a.F. § 1 Rn. 21 – Tatbestandsvoraussetzungen der ~ § 1 Rn. 18, 96 f. – Verhältnis der ~ zur Verhaltensnorm § 1 Rn. 18.

→ Sanktionsnorm, strafrechtliche (konkret-individuelle).

Sanktionsnorm, strafrechtliche (konkret-individuelle) Eine Sanktionsnorm ist   **132**
eine konkretisierte (einzelfallbezogene) Norm, die das zuständige Strafgericht bilden und sodann umsetzen (befolgen) muss. Der Tatbestand dieser Sanktionsnorm
umfasst *sämtliche* Rechtsfolgevoraussetzungen. Diese Voraussetzungen sind die
spezifischen Bedingungen, die erfüllt sein müssen, damit die konkrete Sanktionierung als Rechtseingriff der betreffenden Person gegenüber zu legitimieren ist.

Dafür bedarf es zunächst eines für die Sanktionierung zuständigen Strafgerichts als zur
Normbildung befähigten Adressaten. Das Strafgericht hat einen konkreten Sachverhalt vor
Augen und hat angesichts dessen zu überprüfen, ob sich eine konkrete Person durch ein be-
stimmtes Verhalten i. S. e. bestimmten Straftatbestandes schuldig gemacht hat. Dafür ist
Grundvoraussetzung, dass sich gegenüber der in Rede stehenden Person im fraglichen
Verhaltenszeitpunkt tatsächlich eine Verhaltensnorm begründen ließ, zu deren Bildung und
Befolgung diese Person auch tatsächlich in der Lage war. Sodann muss es ein Strafgesetz
finden, das als Sanktionsnormermächtigungsgrundlage abstrakt-generell denkbare Verhaltensnormverstöße mit solchen tatbestandsspezifischen Eigenschaften in Bezug nimmt, die
auch der zuvor geprüfte Verhaltensnormverstoß aufweist. Ist eine solche Sanktionsnormermächtigungsgrundlage gefunden, muss das Strafgericht auf dieser Grundlage die konkrete
(einzelfallbezogene) Sanktionsnorm vollständig bilden. Das Vorliegen eines von diesem
Strafgesetz abstrakt-generell in Bezug genommenen – und damit tatbestandsspezifischen –
Verhaltensnormverstoßes ist dabei in zweifacher Hinsicht sorgfältig zu begründen: Einerseits
ist die Legitimierbarkeit der Verhaltensnorm zu begründen, gegen die verstoßen worden sein
soll. Andererseits muss näher begründet werden, dass die in Rede stehende Person genau
gegen diese Verhaltensnorm verstoßen hat, die sie jedenfalls hätte bilden und befolgen können und von Rechts wegen auch (i. d. R. bei gegebener Sonderverantwortlichkeit) befolgen
musste, und dass dieser Verstoß für die in Frage stehenden Rechtsfolgen (Schuldspruch und
Strafe) hinreichend gewichtig war. Sind neben dem Erfordernis des (hinreichend gewichtigen) tatbestandsspezifischen Verhaltensnormverstoßes auch alle übrigen Sanktionsnormvoraussetzungen gegeben – etwa der Eintritt spezifischer Fehlverhaltensfolgen, aber auch
prozessuale Erfordernisse – ergibt sich als Rechtsfolge ein entsprechender Schuldspruch sowie ein etwaiges entsprechendes zusätzliches Strafübel. Die Sanktionsnormen bilden eine
sekundäre Normenordnung Sie reagieren angemessen missbilligend auf begangene Verstöße
gegen Verhaltensnormen (als primäre Normen). Schutzgut einer Sanktionsnorm ist die Gel-
tungskraft der von ihr vorausgesetzten und mittelbar in Bezug genommenen Verhaltensnorm;
ihre Adressaten sind jedenfalls primär die Strafverfolgungsorgane.

S. oben § 1 Rn. *16 ff.,* 69, *72 ff.,* 80 ff., 93 ff., § 3 Rn. *19 ff.,* 37, *43 f.,* § 4 Rn. 26;
§ 5 Rn. 44; ferner *Freund/Rostalski,* AT, § 1 Rn. 45 ff.; *Freund,* in: Münch-
KommStGB, Band 1, Vor § 13 Rn. 69 f., 261.

→ Norm; Strafgesetz (abstrakt-generelles); Verhaltensnorm, rechtliche.

133 **Schädigungsmöglichkeit** Eine Schädigungsmöglichkeit ist die nach den Umständen der sich darbietenden Situation nicht auszuschließende Möglichkeit der Beeinträchtigung eines (konkreten) Rechtsguts einer (oder mehrerer) anderer Person(en).

S. oben § 1 Rn. 3, 18, 24, 28, 45, 62, 67, 70 a. E., 99 ff., *105 ff.*, § 2 Rn. *13 ff.*, *45 ff.*, 65, 67, 74, 77 f., 82, *97, 100 ff., 106 ff., 120 ff., 133 ff.*, 148, § 3 Rn. 6 ff., *11 ff.*, § 4 Rn. 3 ff., § 5 Rn. 39 ff.; ferner *Freund*, GA 2010, 193 ff.
→ Rechtsgüterschutz; Schädigungsmöglichkeit, tatbestandlich abstrakt-generell erfasste.

134 **Schädigungsmöglichkeit, tatbestandlich abstrakt-generell erfasste** Eine Schädigungsmöglichkeit ist tatbestandlich abstrakt-generell erfasst, wenn der Tatbestand eines Strafgesetzes einen derartigen (möglicherweise) schädigenden Verlauf in Bezug nimmt. Dies geschieht durch die ausdrückliche oder konkludente Benennung der Eigenschaften, die der Verlauf aufweisen muss, um als legitimer (Vermeide-) Zweck einer Verhaltensnorm in Betracht zu kommen, gegen die zur Erfüllung des Straftatbestandes verstoßen worden sein muss. Insofern geht es um den ersten Schritt zur Legitimation einer kontext-und adressatenspezifischen Verhaltensnorm als der Grundvoraussetzung jeder Straftat.

S. oben S. oben § 1 Rn. 3, 18, 24, 28, 45, 62, 67, 70 a. E., 99 ff., *105 ff.*, § 2 Rn. *13 ff., 45 ff.*, 65, 67, 74, 77 f., 82, *97, 100 ff., 106 ff.*, § 3 Rn. 6 ff., *11 ff.*, § 4 Rn. 3 ff., § 5 Rn. 39 ff.
→ versuchstatbestandlich abstrakt-generell erfasste Schädigungsmöglichkeit, Rechtsgüterschutz.

135 **Schuld** → personales Verhaltensunrecht/personale Unrechtslehre, Verhaltensnormverstoß, Schuldprinzip, Verhaltensunrecht (personales).

Freund/Rostalski, AT, § 4 Rn. 1 ff.

136 **Schuldausschluss/Schuldausschließungsgründe** Schuldausschließungsgründe tragen dem Umstand Rechnung, dass in bestimmten Fällen die Fähigkeit ausgeschlossen sein kann, Verhaltensnormen zu bilden und/oder zu befolgen. Beispiele sind die Kernfälle der Schuldunfähigkeit nach §§ 19, 20 StGB. Anzuerkennen sind aber etwa auch Fälle des schuldausschließenden Notstands, die trotz der Überschrift: „Entschuldigender Notstand" von § 35 StGB erfasst werden.

S. oben § 1 Rn. 7, 56, 58 (Fn. 72), § 2 Rn. 143, *152 ff.;* ferner *Freund/Rostalski*, AT, § 4 Rn. 7, 13 ff.; *Freund*, in: MünchKommStGB, Band 1, Vor § 13 Rn. 247 f.
→ Entschuldigungsgründe.

137 **Schuldfähigkeit/Schuldunfähigkeit (§§ 19, 20 StGB)** Schuldfähigkeit erfordert die Fähigkeit zur Verhaltensnormbildung und Verhaltensnormbefolgung. Diese Normbildungs- und Normbefolgungsfähigkeit kann aufgrund bestimmter Störungen ausgeschlossen sein (vgl. § 20 StGB). Kinder bis zum vollendeten 14. Lebens-

jahr sind aufgrund der unwiderleglichen gesetzlichen Vermutung bzw. Fiktion des § 19 StGB stets nicht (hinreichend/im für eine Straftat erforderlichen Sinne) schuldfähig.

Freund/Rostalski, AT, § 4 Rn. 47 ff.

Schuldprinzip Das mit Verfassungsrang ausgestattete Schuldprinzip besagt, dass   **138**
Schulspruch und Strafe nach Inhalt und Ausmaß nicht über das hinausgehen dürfen, was die betreffende Person als ihr personales Fehlverhalten und dessen spezifische Folgen von Rechts wegen zu verantworten hat.

S. oben § 1 Rn. 53, § 2 Rn. 141 (Fn. 106); ferner *Freund/Rostalski*, AT, § 1 Rn. 59 ff.; *Freund*, in: MünchKommStGB, Band 1, Vor § 13 Rn. 238 ff.
→ personales Verhaltensunrecht/personale Unrechtslehre, Verhaltensunrecht (personales).

Schuldspruch Der Schuldspruch bringt als primäre strafrechtliche Rechtsfolge die   **139**
rechtliche Missbilligung des personalen Verhaltensunrechts – also des (hinreichend gewichtigen) tatbestandsspezifischen Verhaltensnormverstoßes – des Täters zum Ausdruck. Sehr oft bilden auch spezifische Folgen dieses Fehlverhaltens einen zusätzlichen Vorwurfsgegenstand. Regelmäßig bildet der Schuldspruch die Grundlage für die Verhängung eines zusätzlichen Strafübels in Form einer Freiheits- oder Geldstrafe. Ausgeglichen wird dadurch die Freiheit, die sich der Täter unberechtigt angemaßt hat, und zwar nach dem Maß der Verantwortlichkeit dafür.

S. oben § 1 Rn. *5 ff.*, 9, 16 ff., 26 ff., 72 ff., 87 ff., 93, § 2 Rn. 142, 150 ff.; ferner *Freund/Rostalski*, AT, § 1 Rn. 68, 77, § 11 Rn. 17; *Freund*, in: MünchKommStGB, Band 1, Vor § 13 Rn. 65 ff., 74 ff.
→ Wahlfeststellung, gesetzesalternative („echte").

Schuldtheorie(n) § 2 Rn. 112 (Fn. 90), 114, 128, § 7 (1. Geschehensabschnitt   **140**
II. 1. a).

Freund/Rostalski, AT, § 7 Rn. 18.

Schuldtheorie, strenge Nach der sog. strengen Schuldtheorie ist das Unrechtsbe-   **141**
wusstsein für die Bestrafung wegen Vorsatztat irrelevant. Als vorsatzausschließend wird nur der Tatumstandsirrtum i. e. S. anerkannt. Die irrige Annahme einer rechtfertigenden Sachlage (der Erlaubnistatbestandsirrtum) kann auf dieser Basis nur im Rahmen des § 17 StGB als Erlaubnisirrtum (also als Unterfall des Verbotsirrtums) berücksichtigt werden.

S. oben § 7 (1. Geschehensabschnitt II. 1. a); ferner *Freund/Rostalski*, AT, § 7 Rn. 17.
→ Erlaubnisirrtum (indirekter Ver- oder Gebotsirrtum), Erlaubnistatbestandsirrtum (ETBI).

142 **sekundärer/akzessorischer Charakter des Strafrechts** → Sanktionsnorm; Verhaltensnorm; Verhältnismäßigkeitsgrundsatz, verfassungsrechtlicher.

143 **Sonderverantwortlichkeit** § 1 Rn. *27 ff.*, 39, 43, 45 f., 48 ff., *100 ff.*, § 2 Rn. 23, *48, 53, 55 ff.*, 61 f., 82, 107, 131, § 3 Rn. 11, 14, § 4 Rn. 3, 5 ff., 14, 16, 18, § 5 Rn. *38 ff.*, 45 ff., 47 ff. – verhaltensnormfundierte Kraft der ~ § 1 Rn. 28 f.

   Freund/Rostalski, AT, § 2 Rn. 19 ff., § 6 Rn. 17 ff., 30 ff.
   → Unterlassen und aktives Tun, begehungsgleiches; Verhaltensnorm, dualistisch legitimierte.

144 **Sorgfaltspflicht/Sorgfaltspflichtverletzung** (**Sorgfaltswidrigkeit**) Sorgfaltspflichten dienen der Konkretisierung von Verhaltensnormen. Eine Sorgfaltspflichtverletzung ist gegeben, wenn eine bestimmte Person gegen eine ihr gegenüber kontext- und adressatenspezifisch legitimierte rechtliche Verhaltensnorm verstoßen hat. Dann kann man auch sagen: Die betreffende Person hat sich mindestens fahrlässig verhalten.

   Freund/Rostalski, AT, § 2 Rn. 9 ff., § 5 Rn. 15 ff.
   → grundsätzlich missbilligte Schaffung oder Nichtabwendung einer tatbestandsspezifischen Schädigungsmöglichkeit – grundsätzlich fahrlässiges Verhalten (bezogen auf einen möglichen Verstoß gegen eine dualistisch legitimierte Verhaltensnorm); endgültig zu missbilligendes (endgültig fahrlässiges) tatbestandsspezifisches Verhalten (bezogen auf einen möglichen Verstoß gegen eine dualistisch legitimierte Verhaltensnorm); Verhaltensnorm, rechtliche; ferner: Vorhersehbarkeit (Erkennbarkeit) einer Schädigungsmöglichkeit; Vermeidbarkeit; Vermeidenmüssen, grundsätzliches rechtliches.

145 **Sperrwirkung, privilegierende** Manche Tatbestände entfalten eine privilegierende Sperrwirkung für eine ansonsten mögliche strengere Strafbarkeit.

   Beispiele sind die Tötung auf Verlangen nach § 216 StGB, die eine Strafbarkeit wegen Mordes sperrt, falls z. B. ein gemeingefährliches Mittel eingesetzt wird. Die Strafbarkeit wegen unbefugten Gebrauchs eines Fahrzeugs nach § 248b StGB sperrt die strengere Strafbarkeit wegen eines damit als regelmäßige Begleittat einhergehenden Diebstahls am verbrauchten Benzin.

   Freund/Rostalski, AT, § 11 Rn. 29.
   → lex specialis.

146 **Strafbarkeitsirrtum** → Subsumtionsirrtum.

147 **Strafe** Strafe ist (neben und auf der Grundlage des Schuldspruchs) die für eine Straftat sekundär vorgesehene Rechtsfolge. Sie besteht in der angemessen missbilligenden Reaktion auf die Straftat des Täters als dessen personales Fehlverhalten (nebst spezifischen Folgen) zur Restitution des durch die Straftat verletzten Rechts.

Ausgeglichen wird – in Verbindung mit dem richtigen Schuldspruch – die Freiheit, die sich der Täter unberechtigt angemaßt hat, und zwar nach dem Maß der Verantwortlichkeit dafür.

S. oben § 1 Rn. 5 f. (m. Fn. 9), 87 ff.; ferner *Freund/Rostalski*, AT, § Rn. 5, 12 ff., 24 ff., 49.
→ restitutive Straftheorie, Schuldspruch, Straftheorien, Strafzweck.

Strafgesetz (abstrakt-generelles) Ein abstrakt-generelles Strafgesetz ist ein ge-   **148** schriebenes Gesetz, das inhaltlich auf denkbare Verstöße gegen Verhaltensnormen mit bestimmten spezifischen Eigenschaften Bezug nimmt und damit die Ermächtigungsgrundlage dafür bietet, um auf einen konkret vorliegenden Verhaltensnormverstoß mit der Anordnung einer konkreten Sanktion (in Form von Schuldspruch und Strafe) mittels der gebildeten konkret-individuellen Sanktionsnorm zu reagieren.

S. oben § 1 Rn. 4 f., *16 f.*, 21, 24 f., 35, *73 ff.*, 79, 82, 84, *93 ff.*, § 2 Rn. 14, *25 ff.*, § 3 Rn. 19, 25, 43 f., 53, § 5 Rn. 26, 44.
→ Norm; Sanktionsnorm; Sanktionsnorm, strafrechtliche (konkret-individuelle).

Straftat Eine Straftat erfordert *materiell* den für einen entsprechenden Schuld-   **149** spruch (und ggf. ein entsprechendes zusätzliches Strafübel) hinreichend gewichtigen Verstoß gegen eine kontext- und adressatenspezifisch legitimierte Verhaltensnorm. *Formell* muss unter der Geltung des Gesetzlichkeitsgrundsatzes dieser Verstoß von einem Strafgesetz in abstrakt-genereller Form in Bezug genommen werden. Sofern das Strafgesetz zusätzliche Voraussetzungen der Strafbarkeit enthält, müssen auch diese erfüllt sein. Besonders bedeutsam sind insofern spezifische Folgen des Fehlverhaltens, die (als möglicherweise eintretende Folgen) von Rechts wegen vermieden werden mussten. Diese bilden im Kontext der Verhaltensmissbilligung einen zusätzlichen berechtigten Vorwurfgegenstand.

S. oben § 1 Rn. 1 ff., 5 ff., 26 ff., § 2 Rn. 1 ff., 45 ff., 120 ff., 150 ff.; ferner *Freund/Rostalski*, AT, § 1 Rn. 24 ff., § 2 Rn. 1 ff., 9 ff., 52 ff.
→ Strafe, Strafzweck.

Straftheorien Straftheorien sind Lehren vom Sinn und Zweck der Strafe.   **150**

Absolute Straftheorien sind dem Gedanken gerechter Vergeltung verpflichtet. Strafe ist in solcher Sicht von jeglicher Zweckverfolgung losgelöst (absolut). Sie hat keinen Zweck, sondern ist Selbstzweck.

Krit. dazu etwa *Freund/Rostalski*, AT, § 1 Rn. 4, 9 ff.

Relative Straftheorien betonen die Zweckhaftigkeit staatlichen Strafens. Sie werden als reine Theorien in spezialpräventive und generalpräventive Konzepte eingeteilt. Verfeinerte Konzepte verknüpfen den berechtigten Grundgedanken absoluter

Straftheorien mit dem Erfordernis der Verfolgung eines legitimen Zwecks, das sich verfassungsrechtlich zwingend aus dem Verhältnismäßigkeitsgrundsatz ergibt: Nach der restitutiven Straftheorie hat die angemessen missbilligende strafrechtliche Reaktion auf die begangene Straftat den legitimen Zweck der Restitution des verletzten Rechts in seiner Bedeutung als verhaltenswirksame Ordnung des gesellschaftlichen Zusammenlebens.

S. oben § 1 Rn. 5 f. (m. Fn. 9), 87 ff.; ferner *Freund/Rostalski*, AT, § 1 Rn. 5, 12 ff., 24 ff., 49.
→ restitutive Straftheorie, Strafzweck.

151 **Strafzweck** Staatliche Strafe (in Form des richtigen Schuldspruchs und regelmäßig eines entsprechenden zusätzlichen Strafübels) als angemessen missbilligende Reaktion auf die begangene Straftat hat den legitimen Zweck der Restitution des verletzten Rechts in seiner Funktion als verhaltenswirksame Ordnung des gesellschaftlichen Zusammenlebens.

S. oben § 1 Rn. 5 f.; ferner *Freund/Rostalski*, AT, § 1 Rn. 24 ff., 49.
→ restitutive Straftheorie; Straftheorien; Sanktionsnorm, strafrechtliche (konkret-individuelle); Verhältnismäßigkeitsgrundsatz, verfassungsrechtlicher.

152 **strenge Schuldtheorie** → Schuldtheorie, strenge.

153 **subjektives Rechtfertigungselement** Eines speziellen *voluntativen* Rechtfertigungselements – etwa in Form eines Verteidigungswillens bei der Notwehr – bedarf es nach zutreffender Auffassung nicht. Auch im Übrigen erweist sich die oft verlangte Kenntnis der Umstände, welche die rechtfertigende (die nicht zur endgültigen Verhaltensmissbilligung führende) Sachlage begründen, als überflüssig und sogar sachlich falsch: Wenn der durch das Verhalten ausgelöste oder nicht abgebrochene Verlauf unter Berücksichtigung des Gesamtkontextes und sämtlicher wertungsrelevanter Umstände von Rechts wegen nicht endgültig vermieden werden musste, kann die Unkenntnis dessen keine entsprechende Missbilligung begründen.

Vielmehr ist nach festgestellter Nichterfüllung dieses notwendigen Erfordernisses der endgültigen Missbilligung – wie auch sonst – die gutachterliche Prüfung dieses Straftatbestands beendet.

S. oben § 1 Rn. 63 ff., § 2 Rn. 135 ff.; vgl. auch *Freund/Rostalski*, AT, § 3 Rn. 17 ff.
→ Missbilligungsurteil; Notwehr; Notstand; Rechtfertigung/Rechtfertigungsgründe; negative Tatbestandsmerkmale, Rechtfertigungsgründe als; Verhaltensnorm, rechtliche.

154 **Subsidiarität (materielle und formelle)** Subsidiarität ist ein Fall der Gesetzeskonkurrenz, bei dem ein Tatbestand nur hilfsweise für den Fall zur Anwendung kommen soll, dass nicht schon ein anderer Tatbestand eingreift.

Steht diese Anordnung ausdrücklich im Gesetz, spricht man von *formeller* Subsidiarität. Beispiele dafür sind die formellen Subsidiaritätsklauseln in §§ 246 I, 248b I, 265 I StGB. Ergibt sich diese Anordnung erst im Wege der Strafrechtskonkretisierung, spricht man von *materieller* Subsidiarität.

Ein Beispiel für materielle Subsidiarität ist das Sichbereiterklären zur Begehung eines Mordes nach §§ 30 II Fall 1, 211 StGB. Dieses ist im Verhältnis zur späteren Ausführung der zugesagten Tat materiell subsidiär: Die betreffende Person wird nur wegen der ausgeführten Tat schuldig gesprochen und bestraft. Dabei ist freilich deren Zusage strafzumessungsrechtlich durchaus nachteilig berücksichtigungsfähig.

Freund/Rostalski, AT, § 11 Rn. 24 ff.; *Freund/Putz*, NStZ 2003, 242 ff.

Subsumtion Subsumtion ist die schrittweise Unterordnung eines konkreten Sach-   **155** verhalts unter die abstrakten Tatbestandsmerkmale einer Vorschrift.

Dabei kann es sich um geschriebene oder ungeschriebene Merkmale handeln. Die Subsumtion unter ein Tatbestandsmerkmal – eine Tatbestandsvoraussetzung – einer Vorschrift erfordert regelmäßig deren Konkretisierung zum Fall hin. Man spricht insofern meist von der notwendigen Auslegung. Die entsprechende Rechtskonkretisierung sollte jedenfalls sachgerechte Definitionen hervorbringen.

S. oben § 1 Rn. 1, 11, § 5 Rn. 14 ff., 74, § 7 (3. Geschehensabschnitt B I. 3.).
→ Auslegung/Auslegungsmethoden, Subsumtionsirrtum, Tatbestand im weitesten Sinne, Tatbestand i. e. S.; Rechtsfolge einer (Rechts-)Norm.

Subsumtionsirrtum Ein Subsumtionsirrtum ist ein Irrtum über die Subsumierbar-   **156** keit eines Sachverhalts unter die Vorschrift. Zwei Formen des Subsumtionsirrtums sind zu unterscheiden:

1. Der Täter kann sein Verhalten zu Unrecht nicht unter die Strafvorschrift fassen.

Beispiel: Der Täter, der durch Tötung des Hundes seines Nachbarn eine Sachbeschädigung (§ 303 StGB) begangen hat, meint, Tiere seien keine Sachen i. S. d. § 303 StGB. Dieser Subsumtionsirrtum ist (straf-)rechtlich irrelevant. Denn er berührt den Sachbeschädigungsvorsatz nicht. Nach § 16 I 1 StGB läge nur dann ein vorsatzausschließender Tatumstandsirrtum vor, wenn der Täter einen für die rechtliche Bewertung als Sachbeschädigung relevanten Tatumstand nicht gekannt hätte. Hier kennt der Täter aber (unter Einschluss ihrer Bewertungsrelevanz) alle Umstände des Sachverhalts, welche bei korrekter rechtlicher Bewertung das Urteil „Sachbeschädigung" ergeben. Für die Bestrafung wegen Vorsatztat muss der Täter nicht selbst die Subsumtion unter die abstrakten Voraussetzungen leisten. Vielmehr genügt es, dass er die tatbestandsspezifische Unwertdimension erkannt und dennoch gehandelt hat. Daran kann hier kein Zweifel bestehen: Der Täter weiß genau, dass mit seinem Verhalten eine Schädigungsmöglichkeit für das Eigentum seines Nachbarn an dem Hund verbunden sein kann. Sein Subsumtionsfehler mit der Konsequenz eines Strafbarkeitsirrtums hat bei lebensnaher Würdigung gerade nicht zu einem Verbotsirrtum und erst recht nicht zu einem

Tatumstandsirrtum (hinsichtlich der Tatbestandsverwirklichung i. e. S.) geführt. Vielmehr ist entsprechendes Unrechtsbewusstsein anzunehmen. Seine irrige Annahme mangelnder Strafbarkeit als Sachbeschädigung schützt ihn – zu Recht – nicht vor dem erhebbaren Vorwurf der Sachbeschädigung und entsprechender Strafe.

Freund/Rostalski, AT, § 4 Rn. 76; *Freund,* in: MünchKommStGB, Band 1, Vor § 13 Rn. 273.

2. Wenn jemand ein Verhalten zu Unrecht unter eine Strafvorschrift fasst, begründet dieser umgekehrte Subsumtionsirrtum (als Strafbarkeitsirrtum) keinen strafbaren Versuch.

Beispiel: Ein „Wilderer" geht irrig davon aus, Mäuse seien fremdem Jagdrecht unterliegende Tiere – also Wild i. S. d. § 292 StGB. Geht er in dieser Vorstellung auf Mäusejagd, stellt er dennoch nicht dem Wild i. S. d. Wildereitatbestandes nach. Es liegt nur ein strafloses Wahndelikt vor. Das fehlende Strafgesetz ist durch die falsche Subsumtion nicht zu ersetzen (nullum crimen sine lege!).

S. oben § 3 Rn. 19 ff.; ferner *Freund/Rostalski,* AT, § 8 Rn. 36 ff.

→ Tatumstandsirrtum (§ 16 StGB), Verbotsirrtum/Gebotsirrtum, Wahndelikt (straflos).

T

157 **Tat** → rechtswidrige Tat, Straftat.

158 **Tatbestand i. e. S.** Der Tatbestand i. e. S. enthält die (geschriebenen und ungeschriebenen) Kriterien des jeweiligen tatbestandsspezifischen Verhaltensnormverstoßes sowie entsprechender Verhaltensfolgen, allerdings unter Ausklammerung der Kriterien endgültiger Verhaltensmissbilligung und des entsprechenden Vorsatzes. Die Verhaltensmissbilligung beschränkt sich damit im Rahmen des Tatbestands i. e. S. auf ein Vorbehaltsurteil.

Wenn die Tatbestandsmäßigkeit i. e. S. zu bejahen ist, sind Schuldspruch und Strafe wegen dieser Tat immer noch von zusätzlichen Bedingungen abhängig: Notwendig ist weiterhin (als Tatbestandserweiterung) eine *endgültige* Verhaltensmissbilligung sowie ein entsprechender Vorsatz. Außerdem muss ein für Schuldspruch und Strafe *hinreichend gewichtiger Verhaltensnormverstoß* vorliegen. Schließlich müssen weitere materiellrechtliche und prozessuale Sanktionsvoraussetzungen (wie insbesondere der gelungene Tatnachweis im Prozess) erfüllt sein.

S. oben § 1 Rn. 7 ff., 54 (Zwischenurteil unter Vorbehalt), 104 ff., § 2 Rn. 5 ff., § 3 Rn. 58; ferner *Freund,* in: MünchKommStGB, Band 1, Vor § 13 Rn. 29.

→ Gesamtunrechtstatbestand; negative Tatbestandsmerkmale, Rechtfertigungsgründe als; Rechtsfolge einer (Rechts-)Norm; Tatbestand im weiteren Sinne
(i. w. S.); Tatbestand im weitesten Sinne.

Tatbestand im weiteren Sinne (i. w. S.) Der Tatbestand i. w. S. umfasst den Tat-   **159**
bestand i. e. S. sowie – als Tatbestandserweiterung – alle weiteren positiven und
negativen Tatumstände, die für einen Verstoß gegen eine kontext- und adressatenspezifisch legitimierte Verhaltensnorm und damit für eine endgültige Verhaltensmissbilligung (für endgültiges personales Verhaltensunrecht) benötigt werden. Bei
der Vorsatztat gehört dazu auch die Kenntnis der die endgültige Verhaltensmissbilligung begründenden Tatumstände.

S. oben § 1 Rn. 7 f., § 2 Rn. 120 ff.
→ Gesamtunrechtstatbestand; negative Tatbestandsmerkmale, Rechtfertigungsgründe als; Rechtsfolge einer (Rechts-)Norm; Tatbestand i. e. S.; Tatbestand im
weitesten Sinne.

Tatbestand im weitesten Sinne Der Tatbestand im weitesten Sinne (i. S. d. der   **160**
allgemeinen Rechtstheorie) ist der Inbegriff *sämtlicher* Rechtsfolgevoraussetzungen.

Eine ganz bestimmte Rechtsfolge wird erst dann tatsächlich ausgelöst, wenn in concreto *alle*
dafür erforderlichen Voraussetzungen vorliegen.

S. oben § 1 Rn. 7, 94 ff.; ferner *Freund,* in: MünchKommStGB, Band 1, Vor
§ 13 Rn. 29.
→ Rechtsfolge einer (Rechts-)Norm; Tatbestand i. e. S.; Tatbestand im weiteren
Sinne (i. w. S.).

tatbestandlich abstrakt-generell erfasster Erfolg/erfolgsverursachender Ver-   **161**
lauf § 1 Rn. 58, 60 ff., 104 ff., § 2 Rn. 25 ff., 32 ff.

→ tatbestandsspezifische Merkmale oder Umstände.

Tatbestandsirrtum → Tatumstandsirrtum (§ 16 StGB).   **162**

tatbestandsmäßiges Verhalten → grundsätzlich missbilligte Schaffung oder   **163**
Nichtabwendung einer tatbestandsspezifischen Schädigungsmöglichkeit – grundsätzlich fahrlässiges Verhalten (bezogen auf einen möglichen Verstoß gegen eine
dualistisch legitimierte Verhaltensnorm); endgültig zu missbilligendes (endgültig
fahrlässiges) tatbestandsspezifisches Verhalten (bezogen auf einen Verstoß gegen
eine dualistisch legitimierte Verhaltensnorm); Vorhersehbarkeit (Erkennbarkeit) einer Schädigungsmöglichkeit; Vermeidbarkeit; Vermeidenmüssen, grundsätzliches
rechtliches.

164 Tatbestandsmerkmale (deskriptive/normative, objektive/subjektive, positive/ negative) Tatbestandsmerkmale sind die einzelnen Kriterien, die für die Tatbestandsverwirklichung erfüllt sein müssen.

Versuche, Tatbestandsmerkmale in bestimmter Weise zu klassifizieren, gelingen jedenfalls nicht immer. Mischformen sind weit verbreitet. Als *objektive Tatbestandsmerkmale* werden solche Merkmale aufgefasst, die das äußere Bild der Tat bestimmen (Gegenbegriff: subjektive Tatbestandsmerkmale). Man denke etwa bei den vollendeten Tötungsdelikten an den eingetretenen Tod eines Menschen. *Subjektive Tatbestandsmerkmale* sind Umstände aus der Vorstellungswelt (der Psyche) des Täters, die das Verhaltensunrecht der jeweiligen Straftat kennzeichnen. Bei Vorsatzdelikten ist der Vorsatz ein *spezielles* subjektives Tatbestandsmerkmal. Als *deskriptive (beschreibende) Tatbestandsmerkmale* werden meist Merkmale bezeichnet, die sich auf empirisch feststellbare („natürliche") Eigenschaften von Personen, Objekten oder Verhältnissen beziehen. Geläufiges Beispiel ist die „Beweglichkeit" der fremden Sache i. S. d. § 242 StGB. Als *normative (wertende) Tatbestandsmerkmale* werden meist Merkmale bezeichnet, die sich auf nur durch eine Wertung zu ermittelnde Eigenschaften von Personen, Objekten oder Verhältnissen beziehen. Gängiges Beispiel ist die „Fremdheit" der Sache i. S. d. §§ 242, 246, 303 StGB.

Freund, in: MünchKommStGB, Band 1, Vor § 13 Rn. 15 f.
→ negative Tatbestandsmerkmale, Rechtfertigungsgründe als; Rechtsfolge einer (Rechts-)Norm; Subsumtion; Tatbestand i. e. S.; Tatbestand im weitesten Sinne.

165 tatbestandsspezifische Merkmale oder Umstände Tatbestandsspezifisch sind Merkmale oder Umstände, die vorliegen müssen, damit ein bestimmter Tatbestand erfüllt ist, weil sie von diesem abstrakt-generell in Bezug genommen werden.

Beispiele sind der tatbestandlich abstrakt-generell erfasste Erfolg, der dahin führende (Quasi-)Kausalverlauf und der diesen auslösende oder nicht unterbrechende (vorsätzliche oder zumindest fahrlässige) Verhaltensnormverstoß.

S. oben § 1 Rn. 26 ff., 60 ff., 73 f., § 2 Rn. 7 ff., 25 ff., 45 ff., 99 ff.
→ Tatbestandsmerkmale (deskriptive/normative, objektive/subjektive, positive/ negative).

166 tatbestandsspezifische Verhaltensfolge (bei einer Handlung und einer Unterlassung): Eine tatbestandsspezifische Verhaltensfolge (bzw. auf Tatbestandsebene i. e. S. „zurechenbar") ist ein konkreter erfolgsverursachender Verlauf, in dem sich genau die tatbestandlich abstrakt-generell erfasste Schädigungsmöglichkeit realisiert hat, die durch die Handlung oder die Unterlassung in grundsätzlich rechtlich missbilligter Weise geschaffen oder nicht abgewendet wurde.

S. oben § 1 Rn. 62 ff., 67, 104 ff., § 2 Rn. 45 ff., *99 ff.,* § 3 Rn. 53, § 5 Rn. 39 ff., 49 ff., 61.
→ Erfolg/Erfolgsdelikt/Erfolgsunrecht; „Zurechenbarkeit"/„Zurechnung" eines Erfolgs, endgültige (tatbestandsspezifische Fehlverhaltensfolge).

tatbestandsspezifisch strafrechtlich relevantes Verhalten (Handlung oder Un- 167
terlassung) Eine *Handlung* im tatbestandsspezifisch strafrechtsrelevanten Sinne
ist das vom Willen zumindest beherrschbare Verhalten, mit dem die Schaffung einer
tatbestandlich abstrakt-generell erfassten Schädigungsmöglichkeit für fremde
Rechtsgüter verbunden sein kann. Das *Unterlassen* einer Handlung im tatbestandsspezifisch strafrechtsrelevanten Sinne ist das vom Willen zumindest beherrschbare
Verhalten, mit dem die Nichtabwendung einer tatbestandlich abstrakt-generell erfassten Schädigungsmöglichkeit für fremde Rechtsgüter verbunden sein kann.

   S. oben § 2 Rn. 7 ff., 13 ff.
   → Handlung (im tatbestandsspezifisch strafrechtlich relevanten Sinne); Unterlassen einer Handlung (im tatbestandsspezifisch strafrechtlich relevanten Sinne).

Tatentschluss (beim Versuch in Bezug auf die Tatbestandsverwirklichung i. e. S.): 168
Der Tatentschluss erfordert ein tatbestandsmäßiges Vorhaben (Handlungs- oder Un-
terlassungsprojekt) in Kenntnis der Umstände (unter Einschluss ihrer Bewertungsrelevanz), welche die Tatbestandsverwirklichung i. e. S. begründen. Außerdem
müssen u. U. sonstige spezielle subjektive Merkmale (wie z. B. beim versuchten
Diebstahl die Absicht rechtswidriger Zueignung) erfüllt sein.

   S. oben § 2 Rn. 75, § 3 Rn. 26 ff., 61; ferner *Freund/Rostalski*, AT, § 8 Rn. 15, 71;
Freund, in: MünchKommStGB, Band 1, Vor § 13 Rn. 450 f., 461.
   → Versuch; Versuch, untauglicher; Wahndelikt.

Täter/Täterschaft Täter ist, wer die Tat selbst begeht (§ 25 I Fall 1 StGB). Täter 169
ist auch, wer die Tat durch einen anderen begeht (§ 25 I Fall 2 StGB). Mittäter ist,
wer die Tat mit einem anderen gemeinschaftlich begeht (§ 25 II StGB).

   Freund/Rostalski, AT, § 10 Rn. 1 ff., 23 ff., 29 ff.
   → grundsätzlich missbilligtes täterschaftliches Verhalten, grundsätzlich missbilligtes (mittelbar-)täterschaftliches Verhalten, grundsätzlich missbilligtes mittäterschaftliches Verhalten.

Täter, mittelbarer Auch der mittelbare Täter begeht die Straftat als Täter selbst, 170
weshalb *sein* Verhalten alle Voraussetzungen aufweisen muss, die eine entsprechende täterschaftliche Verantwortlichkeit begründen. Spezifikum der mittelbaren
Täterschaft ist, dass der jeweils tatbestandsspezifische Erfolg durch das Verhalten
einer anderen Person (des sog. Tatmittlers/Vordermanns) unmittelbar herbeigeführt
wird. Dieser spezielle erfolgsverursachende Verlauf muss durch das Verhalten des
mittelbaren Täters (des sog. Hintermanns) in Gang gesetzt oder nicht abgewendet
worden sein. Eine täterschaftliche Verantwortlichkeit ist im Rahmen der grundsätzlichen Vermeidepflicht zu diskutieren und gründet häufig auf einer überlegenen Ein-
sichts- und Steuerungsfähigkeit gegenüber dem Vordermann.

   S. oben § 2 Rn. 65 ff., § 5 Rn. 49.

→ grundsätzlich missbilligtes (mittelbar-)täterschaftliches Verhalten; grundsätzlich missbilligtes täterschaftliches Verhalten; grundsätzlich missbilligtes mittäterschaftliches Verhalten; Täter, Mittäter als; Täter/Täterschaft.

171   Täter, Mittäter als Auch der Mittäter begeht seine Straftat als Täter in vollständiger Form selbst, weshalb *sein* Verhalten alle Voraussetzungen aufweisen muss, die eine entsprechende täterschaftliche Verantwortlichkeit begründen. Spezifikum dieser Täterschaftsform ist, dass der jeweils tatbestandsspezifische Erfolg durch das Verhalten (Tun oder Unterlassen) mindestens zweier Personen gemeinsam verursacht bzw. nicht abgewendet wird. Ansonsten ergeben sich normativ im Vergleich zur (Allein-)Täterschaft keine Besonderheiten.

S. oben § 2 Rn. 84 ff., § 5 Rn. 53.

→ grundsätzlich missbilligtes mittäterschaftliches Verhalten; grundsätzlich missbilligtes (mittelbar-)täterschaftliches Verhalten; Täter, mittelbarer; grundsätzlich missbilligtes täterschaftliches Verhalten; Täter/Täterschaft.

172   Täterstrafrecht Nach dem Gedanken des *Täter*strafrechts (Gegenbegriff: *Tat*strafrecht) wird ein Täter nicht wegen seiner Verantwortlichkeit für ein vorgenommenes missbilligtes Verhalten und eventuell dessen Folgen – also einer bestimmten begangenen Tat – bestraft, sondern als bestimmter – gefährlicher(!) – Tätertyp (Mörder, Totschläger, Dieb etc.). Auf der Linie eines Täterstrafrechts liegt auch ein Strafzweckkonzept, nach dem sich die Intensität der Strafe an Bedürfnissen der Spezialprävention orientiert – insbesondere solchen der Sicherung vor einer gefährlichen Person.

Freund/Rostalski, AT, § 1 Rn. 13 ff., § 11 Rn. 64; *Freund*, in: MünchKommStGB, Band 1, Vor § 13 Rn. 2 ff.
→ Tatstrafrecht.

173   Tatfahrlässigkeit → fahrlässiges Verhalten/Fahrlässigkeit.

174   Tatherrschaft/Tatherrschaftslehre Die Tatherrschaftslehre geht davon aus, Kriterium der Täterschaft sei die Tatherrschaft mit ihren Ausprägungsformen der (unmittelbaren) Handlungsherrschaft, der (mittelbaren) Herrschaft kraft Wissens- oder Willensüberlegenheit und der funktionalen Tatherrschaft bei der Mittäterschaft.

Mit Tatherrschaft ist das vom Vorsatz umfasste In-den-Händen-Halten des tatbestandsmäßigen Geschehensablaufs gemeint. Täter ist danach, wer als „Zentralgestalt" (Schlüsselfigur) des Geschehens die planvoll-lenkende oder mitgestaltende Tatherrschaft besitzt, also die Tatbestandsverwirklichung nach seinem Willen hemmen oder ablaufen lassen kann. Teilnehmer ist demnach, wer ohne eigene Tatherrschaft als „Randfigur" des Geschehens die Begehung der Tat veranlasst oder fördert. Die Tatherrschaftslehre vermag freilich nicht zu überzeugen. Denn sie vernachlässigt die Konkretisierung dessen, was als Tat i. S. eines bestimmten Tatbestands anzusehen ist. Insofern muss auch der Teilnehmer (Anstifter oder Gehilfe) in Bezug auf *seine* Tat die entsprechenden Tatbestandsvoraussetzungen erfüllen. Bei den Unterlassungsdelikten wird die Tatherrschaft auch von denen nicht als Täterkriterium akzeptiert, die ansonsten mit diesem Begriff arbeiten.

Zur Kritik der Tatherrschaftslehre s. etwa *Freund/Rostalski,* AT, § 10 Rn. 43 ff., 61 ff.; *Freund,* in: MünchKommStGB, Band 1, Vor § 13 Rn. 469 ff.
→ grundsätzlich missbilligtes täterschaftliches Verhalten; Anstiftungsverhalten, grundsätzlich missbilligtes (§ 26 StGB); Beihilfeverhalten (Hilfe leisten), grundsätzlich missbilligtes (§ 27 StGB).

Tatmittler → grundsätzlich missbilligtes (mittelbar-)täterschaftliches Verhalten   **175**
(§ 25 I Fall 2 StGB).

Tatstrafrecht Ein *Tat*strafrecht (Gegenbegriff: *Täter*strafrecht) reagiert auf Verhal-   **176**
tensnormverstöße sowie etwaige Folgen – also auf begangene Straf*taten* – angemessen missbilligend, um das durch die Tat verletzte Recht als verhaltenswirksame Ordnung des gesellschaftlichen Zusammenlebens wiederherzustellen (restitutive Straftheorie).

Freund/Rostalski, AT, § 1 Rn. 24 ff., § 2 Rn. 1 ff., 9 ff.; *Freund,* in: MünchKommStGB, Band 1, Vor § 13 Rn. 3 f., 82.
→ Täterstrafrecht.

Tatumstandsirrtum (§ 16 StGB) Die betreffende Person irrt über einen Umstand,   **177**
der vom jeweiligen strafgesetzlichen Tatbestand in abstrakt-genereller Form in Bezug genommen wird (und der Voraussetzung des auf dieser Grundlage gebildeten Sanktionsnormtatbestands ist) und der daher für die Erfüllung der tatbestandsspezifischen Anforderungen an einen vorsätzlichen Verhaltensnorm*verstoß* (und ggf. dessen spezifische Folgen) notwendig ist.

Der irrenden Person fehlt letztlich jedenfalls das Unrechtsbewusstsein. Hat sie bei der Verhaltensnormbildung gar keinen Fehler gemacht, ist ihr Verhalten entweder bereits im Grundsatz oder jedenfalls endgültig und damit *überhaupt nicht zu missbilligen.* Sachlich und prüfungstechnisch scheitert in einem solchen Fall die Strafbarkeit bereits vor der Vorsatzprüfung. Ist es immerhin im Hinblick auf die mit ihrem Verhalten verbundene Schaffung oder Nichtabwendung tatbestandsspezifischer Schädigungsmöglichkeiten zumindest *im Grundsatz* oder sogar – unter Berücksichtigung des Gesamtkontextes – *endgültig* zu missbilligen, handelt oder unterlässt sie jedenfalls *nicht vorsätzlich* (in Bezug auf die Tatbestandsverwirklichung i. e. S. oder aber in Bezug auf die Tatbestandserweiterung).

Der „klassische" Tatumstandsirrtum – also das, was herkömmlich unter diesem Begriff diskutiert wird – sollte treffender als Tatumstandsirrtum hinsichtlich der Tatbestandsverwirklichung i. e. S. bezeichnet werden. Denn auch im Hinblick auf die Tatbestandserweiterung (endgültige Missbilligung und endgültiger Vorsatz) kann es einen Tatumstandsirrtum geben, wenn das Vorsatzerfordernis im endgültigen Sinne aufgrund fehlender Kenntnis der dafür erforderlichen tatsächlichen Umstände (unter Einschluss ihrer Bewertungsrelevanz) nicht erfüllt ist (Erlaubnistatbestandsirrtum).

Freund/Rostalski, AT, § 7 Rn. 82 ff.
→ Erlaubnistatbestandsirrtum (ETBI), Subsumtionsirrtum, Verbotsirrtum/Gebotsirrtum.

178 **Teilnehmer/Teilnahme** Teilnehmer sind Anstifter und Gehilfen (§ 28 I StGB).

Freund/Rostalski, AT, § 10 Rn. 12, 109 ff., 137 ff.
→ Teilnehmer, Anstifter als; Teilnehmer, Gehilfe als; Anstiftungsverhalten, grundsätzlich missbilligtes (§ 26 StGB); Beihilfeverhalten (Hilfe leisten), grundsätzlich missbilligtes (§ 27 StGB).

179 **Teilnehmer, Anstifter als** Der Anstifter muss durch sein Verhalten die vorsätzliche rechtswidrige Haupttat (einer anderen Person) als erfolgsverursachendes Geschehen in Gang gesetzt (oder nicht abgewendet) haben. Erforderlich ist dafür, dass sein Verhalten nicht nur eine tatanreizende Situation begründet, sondern (als Kennzeichen der *anstiftungs*tatbestandsspezifischen Schädigungsmöglichkeit) einen bestimmten Erklärungswert dahingehend aufweist, dass die Haupttat begangen werden soll.

S. oben § 2 Rn. 64, 67, *71 ff.,* 85, § 5 Rn. 47 f., *50 f.*
→ Anstiftungsverhalten, grundsätzlich missbilligtes (§ 26 StGB); Teilnehmer, Gehilfe als; Beihilfeverhalten (Hilfe leisten), grundsätzlich missbilligtes (§ 27 StGB).

180 **Teilnehmer, Gehilfe als** Der Gehilfe muss durch sein (Hilfeleistungs-)Verhalten die vorsätzliche rechtswidrige Haupttat (einer anderen Person) in dem Sinne gefördert haben, dass dadurch ein Unterstützungseffekt hinsichtlich der Haupttat zu verzeichnen ist. Ein (Quasi-)Kausalitätsproblem stellt sich nicht. Der Gehilfenbeitrag, der die Haupttat tatsächlich gefördert hat, war stets auch (quasi-)kausal für den Erfolg der Haupttat.

S. oben § 2 Rn. 63 f., *79 ff.,* 85, § 5 Rn. 47 f., *52;* ferner *Freund/Rostalski,* AT, § 10 Rn. 138 ff.
→ Beihilfeverhalten (Hilfe leisten), grundsätzlich missbilligtes (§ 27 StGB); Kausalität einer Handlung; Kausalität/Kausalverläufe, hypothetische; Quasi-Kausalität einer Unterlassung; Teilnehmer, Anstifter als; Anstiftungsverhalten, grundsätzlich missbilligtes (§ 26 StGB).

181 **Teleologische Auslegung/teleologische Reduktion** → Analogieverbot, Auslegung/Auslegungsmethoden, ratio legis.

182 **Tun (aktives)/Handlung/Begehungsdelikt** → Handlung (im tatbestandsspezifisch strafrechtlich relevanten Sinne), tatbestandsspezifisch strafrechtlich relevantes Verhalten (Handlung oder Unterlassung), Unterlassen einer Handlung (im tatbestandsspezifisch strafrechtlich relevanten Sinne).

U

Übermaßverbot → Verhältnismäßigkeitsgrundsatz, verfassungsrechtlicher.   **183**

überschießende Innentendenz Bei unvollkommen zweiaktigen Delikten und bei   **184**
erfolgskupierten Delikten wird die Absicht des Täters auch als überschießende Innentendenz bezeichnet. Denn sie muss für die formelle Vollendung der Straftat nicht
realisiert werden. Daraus folgt auch die Bezeichnung als Absichtsdelikte.

Ein Beispiel ist die Absicht rechtswidriger Zueignung beim Diebstahl (§ 242 I StGB), durch
welche die Wegnahme der fremden beweglichen Sache überhaupt erst zu einer diebstahlsspe-
zifischen wird.

   S. oben § 1 Rn. 21, § 2 Rn. 86, § 3 Rn. 26, 40, 53, § 5 Rn. 22.
   → Absicht (dolus directus 1. Grades als spezielle Vorsatzform), vorsätzliches
Verhalten in Bezug auf die Tatbestandsverwirklichung i. e. S., vorsätzliches Verhal-
ten (endgültiges).

ultima ratio-Prinzip → Verhältnismäßigkeitsgrundsatz, verfassungsrechtlicher.   **185**

unbewusste Fahrlässigkeit (negligentia) → fahrlässiges Verhalten/Fahrlässigkeit.   **186**

„unechte" Unterlassungsdelikte § 1 Rn. 41 ff.   **187**

   → Unterlassen und aktives Tun, nichtbegehungsgleiches (§§ 138, 323c I StGB).

Universalrechtsgüter → Rechtsgut/Rechtsgüter, Rechtsgüterschutz.   **188**

unmittelbares Ansetzen zur Tatbestandsverwirklichung beim Versuch (§ 22   **189**
StGB): Unmittelbares Ansetzen erfordert die Schaffung oder Nichtabwendung einer (versuchs-)tatbestandsspezifischen Schädigungsmöglichkeit. Es muss also ein
Verhalten vorliegen, mit dem angesichts der sich der handelnden oder unterlassenden Person darbietenden Sachlage im Verhaltenszeitpunkt (ex ante) die Möglichkeit
verbunden war, dass es – durch den weiteren Verhaltens- und Geschehensverlauf –
im unmittelbaren Fortgang zum erfolgsverursachenden Geschehen der entsprechenden Vollendungstat kommt.

Es muss – angesichts der sich der handelnden oder unterlassenden Person (ex ante) darbietenden Sachlage – zu einer vollendungsnahen Gefährdung des betroffenen Rechtsgutsobjekts
gekommen sein. Die Untauglichkeit des Täterverhaltens (Handelns oder Unterlassens) berührt die Unmittelbarkeit des Ansetzens nicht. Denn dafür kommt es ausschließlich auf die
sich der handelnden oder unterlassenden Person darbietende Sachlage an.

   S. oben § 3 Rn. 2 ff., *10 ff.*, 33, 36, 42, *48 ff.*, 61; ferner *Freund/Rostalski*, AT, § 8
Rn. 41 ff., 47 ff., 69 ff.

→ versuchstatbestandlich abstrakt-generell erfasste Schädigungsmöglichkeit; grundsätzlich missbilligte Schaffung oder Nichtabwendung einer tatbestandsspezifischen Schädigungsmöglichkeit – grundsätzlich fahrlässiges Verhalten (bezogen auf einen möglichen Verstoß gegen eine dualistisch legitimierte Verhaltensnorm); Verhaltensnormverstoß; Versuch, untauglicher.

190   Unrecht/Strafunrecht → Verhaltensnorm, rechtliche; Verhaltensunrecht (personales); Erfolg/Erfolgsdelikt/Erfolgsunrecht.

191   Unrechtsbewusstsein/Unrechtsirrtum (§ 17 StGB): Das Unrechtsbewusstsein ist die gewonnene Einsicht, sich in bestimmter Hinsicht unrechtmäßig zu verhalten.

Unrechtsbewusstsein ist immer auf einen konkreten Verhaltensnormverstoß bezogen und damit spezifisch. Demgemäß ist das Unrechtsbewusstsein (auch) bei gleichzeitig vorliegenden verschiedenen Verhaltensnormverstößen differenziert zu betrachten.

S. oben § 2 Rn. 114; ferner *Freund/Rostalski*, AT, § 4 Rn. 80 ff., § 7 Rn. 14 f., 97 ff.; *Freund*, in: MünchKommStGB, Band 1, § 13 Rn. 239 f.
→ Erlaubnisirrtum (indirekter Ver- oder Gebotsirrtum); Verbotsirrtum/Gebotsirrtum; Schuldtheorie, strenge; Vorsatztheorie(n).

192   Unrechtslehre, personale → personales Verhaltensunrecht/personale Unrechtslehre.

193   untauglicher Versuch → Versuch, untauglicher.

194   Unterlassen/Unterlassungsdelikt → Unterlassen und aktives Tun, nichtbegehungsgleiches (§§ 138, 323c I StGB); Unterlassen und aktives Tun, begehungsgleiches; Unterlassen einer Handlung (im tatbestandsspezifisch strafrechtlich relevanten Sinne), tatbestandsspezifisch strafrechtlich relevantes Verhalten (Handlung oder Unterlassung).

195   Unterlassen und aktives Tun, nichtbegehungsgleiches (§§ 138, 323c I StGB) § 1 Rn. 27, 39, 43 ff., 49 f., 98 ff.; § 2 Rn. 55, § 4 Rn. *1 ff.,* § 5 Rn. *54 ff.*

Freund/Rostalski, AT, § 2 Rn. 11 ff., 20; *Freund*, in: MünchKommStGB, Band 1, Vor § 13 Rn. 174, 176.
→ Verhaltensnorm, monistisch legitimierte.

196   Unterlassen und aktives Tun, begehungsgleiches § 1 Rn. 26 ff., 39 ff., 98 ff., § 2 Rn. 1, 6, 46 ff., § 5 Rn. 38 ff. – zur Klarstellungsfunktion des § 13 siehe § 1 Rn. 33, 46.

Freund/Rostalski, AT, § 2 Rn. 11 ff., 20 ff., § 6; *Freund*, in: MünchKommStGB, Band 1, Vor § 13 Rn. 171 ff., 306 f., § 13 Rn. 22 ff., 76 ff.
→ Sonderverantwortlichkeit; Verhaltensnorm, dualistisch legitimierte.

Unterlassen einer Handlung (im tatbestandsspezifisch strafrechtlich relevanten   **197**
Sinne): Das Unterlassen einer Handlung ist das vom Willen zumindest beherrschbare Verhalten, mit dem die Nichtabwendung einer tatbestandlich abstrakt-generell
erfassten Schädigungsmöglichkeit für fremde Rechtsgüter verbunden sein kann.

S. oben § 2 Rn. 7 ff. 19; ferner *Freund*, in: Handbuch, Band 3, § 59 Rn. 38 ff.

Unternehmen/Unternehmensdelikt Das „Unternehmen einer Tat" umfasst deren   **198**
Versuch und deren Vollendung (§ 11 I Nr. 6 StGB).

Freund/Rostalski, AT, § 9 Rn. 5.

V

Verbot → Verhaltensnorm, rechtliche.   **199**

Verbotsirrtum/Gebotsirrtum Die betreffende Person kennt bei einem solchen Irr-   **200**
tum zwar die *tatsächlichen Umstände*, die vom jeweiligen strafgesetzlichen Tatbestand in abstrakt-genereller Form in Bezug genommen werden (und Voraussetzung
des auf dieser Grundlage gebildeten Sanktionsnormtatbestands sind) und die daher
für die Erfüllung der Anforderungen an einen vorsätzlichen tatbestandsspezifischen
Verhaltensnorm*verstoß* (und ggf. dessen spezifische Folgen) notwendig sind. Allerdings erfasst sie die Bewertungsrelevanz der Umstände jedenfalls nicht vollständig.
Daher gelangt sie zu dem falschen *Wertungsergebnis,* ihr Verhalten sei erlaubt.

Der irrenden Person fehlt letztlich jedenfalls das Unrechtsbewusstsein. Hat sie bei der Verhaltensnormbildung gar keinen Fehler gemacht (sog. unvermeidbarer – nicht auf Fahrlässigkeit
beruhender – Ver- oder Gebotsirrtum, vgl. § 17 Satz 1 StGB), ist ihr Verhalten entweder bereits
im Grundsatz oder jedenfalls endgültig und damit *überhaupt nicht zu missbilligen.* Sachlich
und prüfungstechnisch scheitert in einem solchen Fall die Strafbarkeit nach zutreffender Auffassung bereits *vor* der Vorsatzprüfung und erst recht *vor der Schuldstufe.* Ist es immerhin im
Hinblick auf die mit ihrem Verhalten verbundenen Schaffung oder Nichtabwendung tatbestandsspezifischer Schädigungsmöglichkeiten zumindest *im Grundsatz* oder sogar – unter Berücksichtigung des Gesamtkontextes – *endgültig* zu missbilligen (sog. vermeidbarer – auf Fahrlässigkeit beruhender – Ver- oder Gebotsirrtum, vgl. § 17 Satz 2 StGB), handelt oder unterlässt
sie jedenfalls *nicht vorsätzlich* (in Bezug auf die Tatbestandsverwirklichung i. e. S. oder aber in
Bezug auf die Tatbestandserweiterung). Denn eine unterschiedliche Behandlung der fehlerhaften Sachverhaltserfassung (der sog. Tatfahrlässigkeit) einerseits und der fehlerhaften rechtlichen Bewertung (der sog. Rechtsfahrlässigkeit) andererseits lässt sich sachlich nicht begründen. In beiden Fällen bleibt der betreffenden Person die entscheidende Unwertdimension ihres
Verhaltens gleichermaßen verborgen. Mithin ist auch der Verbotsirrtum/Gebotsirrtum eigentlich ebenfalls ein Tatumstandsirrtum (hinsichtlich der Tatbestandsverwirklichung i. w. S.), der
sich auf den leider oft vergessenen zweiten Aspekt des Vorsatzerfordernisses bezieht: die
Bewertungsrelevanz der die Tatbestandsverwirklichung i. w. S. begründenden Umstände.

Der „klassische" Verbotsirrtum/Gebotsirrtum – also das, was herkömmlich unter diesen Begriffen diskutiert wird – sollte treffender als Verbotsirrtum/Gebotsirrtum hinsichtlich der Tatbestandsverwirklichung i. e. S. bezeichnet werden. Denn auch im Hinblick auf die Tatbestandserweiterung (endgültige Missbilligung und endgültiger Vorsatz) kann es einen Verbotsirrtum/Gebotsirrtum geben, wenn das Vorsatzerfordernis im endgültigen Sinne aufgrund fehlender Kenntnis der Bewertungsrelevanz der dafür erforderlichen Umstände nicht erfüllt ist (Erlaubnisirrtum).

Freund/Rostalski, AT, § 4 Rn. 64 ff., § 7 Rn. 11 ff., 97 ff.; *Freund*, in: Münch-KommStGB, Band 1, Vor § 13 Rn. 262 ff.

→ Erlaubnisirrtum (indirekter Ver- oder Gebotsirrtum), Tatumstandsirrtum (§ 16 StGB).

201 Verbrechen und Vergehen Verbrechen sind rechtswidrige Taten, die im Mindestmaß mit Freiheitsstrafe von einem Jahr oder darüber bedroht sind (§ 12 I StGB). Vergehen sind rechtswidrige Taten, die im Mindestmaß mit Freiheitsstrafe von weniger als einem Jahr oder mit Geldstrafe bedroht sind (§ 12 II StGB).

Schärfungen oder Milderungen, die nach den Vorschriften des Allgemeinen Teils oder für besonders schwere oder minder schwere Fälle vorgesehen sind, bleiben für die Einteilung außer Betracht (§ 12 III StGB). Nach § 11 I Nr. 5 StGB ist eine „rechtswidrige Tat" nur eine solche, die den Tatbestand eines Strafgesetzes verwirklicht.

Freund/Rostalski, AT, § 8 Rn. 1, § 10 Rn. 129.

202 Verfolgungsvoraussetzung § 1 Rn. 7 a. E., § 2 Rn. 160.

203 Verhalten Verhalten ist die zusammenfassende Bezeichnung für Handlung (aktives Tun) und Unterlassen einer Handlung als den beiden empirisch feststellbaren möglichen Verhaltensformen.

Die Unterscheidung der Verhaltensformen ist rein naturalistisch und nicht normativ! In Bezug auf die Verhaltensbewertung ist die Verhaltens*form* stets unerheblich, entscheidend ist allein die zugrundeliegende Verhaltens*norm*, gegen die durch das in Rede stehende Verhalten verstoßen wurde.

→ Handlung (im tatbestandsspezifisch strafrechtlich relevanten Sinne), Unterlassen einer Handlung (im tatbestandsspezifisch strafrechtlich relevanten Sinne).

204 Verhaltensform (Handlung und Unterlassung/Tun und Unterlassen): Irrelevanz der ~ § 1 Rn. 31 ff., 40, 45, f., 102 f., § 2 Rn. 9, 59, § 4 Rn. 3 f., 7, § 5 Rn. 43.

→ Handlung (im tatbestandsspezifisch strafrechtlich relevanten Sinne), Unterlassen einer Handlung (im tatbestandsspezifisch strafrechtlich relevanten Sinne).

205 Verhaltenskreise § 1 Rn. 77 ff.

Verhaltensleitlinie/verhaltensrelevante Vorwertung § 1 Rn. 15, 20, 34, 70 ff.   206

Verhaltensnorm, rechtliche Eine rechtliche Verhaltensnorm ist eine kontext- und   207
adressatenspezifische (konkret-individuelle) Norm, die ihr Adressat oder ihre Adressatin (als Rechtsperson) im verhaltensrelevanten Zeitpunkt (vorstrafrechtlich!)
selbst bilden und sodann befolgen muss.

Basis für deren Bildung sind die Grundentscheidungen des angemessen geordneten Zusammenlebens als abstrakt-generelle Vorwertungen. Der Tatbestand dieser Verhaltensnorm umfasst *sämtliche* Rechtsfolgevoraussetzungen. Diese Voraussetzungen sind die spezifischen
Eigenschaften, die ein konkretes Verhalten in einem konkreten Kontext aufweisen muss, damit die Verhaltensnorm (als Freiheitsbeschränkung) der Person gegenüber zu legitimieren ist
und daher Geltung beanspruchen kann. Zu diesen Geltungsvoraussetzungen gehört insbesondere, dass sie einen legitimen (Rechtsgüterschutz-)Zweck verfolgt, zu dessen Erreichung sie
geeignet, erforderlich und angemessen ist. Angemessen kann die Verhaltensnorm nur sein,
wenn ein Verhalten, das ihr widerspricht, im Wege einer Güter- und Interessenabwägung
rechtlich zu missbilligen ist. Als Rechtsfolge einer legitimierbaren Verhaltensnorm ergibt
sich die konkret-individuelle Pflicht der konkreten Person, sie zu befolgen – also entweder
(im Falle eines legitimierbaren Verbots) die normwidrige Handlung zu unterlassen oder aber
(im Falle eines Gebots) das normwidrige Unterlassen – durch Vornahme der gebotenen
Handlung – zu vermeiden. Nur wenn der Adressat oder die Adressatin diese kontext- und
adressatenspezifische Verhaltensnorm selbst bilden und (im Anschluss) befolgen kann, vermag diese überhaupt verhaltenswirksame Geltung zu erlangen. Andernfalls bleibt sie sinnlo-
ses Postulat.

S. oben § 1 Rn. 11 (Begriff und Funktion), 12 ff., 70 ff., 99 ff. (monistisch legitimierte), 101 ff. (dualistisch legitimierte), § 2 Rn. 45 ff., 120 ff., § 3 Rn. 3 ff.,
§ 4 Rn. 1 ff.; *Freund/Rostalski,* GA 2018, 264 ff.
→ Norm; Sanktionsnorm, strafrechtliche (konkret-individuelle); Strafgesetz
(abstrakt-generelles).

Verhaltensnorm, dualistisch legitimierte Eine dualistisch legitimierte Verhal-   208
tensnorm lässt sich nicht allein mit den berechtigten Belangen des Rechtsgüterschutzes legitimieren, sondern stützt sich darüber hinaus auch auf die Sonderverantwortlichkeit des Adressaten oder der Adressatin der Norm für das Vermeiden der
konkret in Frage stehenden Schädigungsmöglichkeit.

Im strafrechtlichen Kontext sind – von seltenen Ausnahmen (§§ 138, 323c I StGB) abgesehen – nur Verstöße gegen diesen Verhaltensnormtyp bedeutsam. Totschlag, fahrlässige Körperverletzung, Sachbeschädigung, Betrug etc. erfordern – unabhängig von der tatbestandsverwirklichenden Verhaltensform (Tun oder Unterlassen) – alle den Verstoß gegen eine
dualistisch legitimierte Verhaltensnorm.

S. oben § 1 Rn. *27 ff.,* 39, 43, 45 f., 48 ff., 98 ff., *100 ff.,* § 2 Rn. 23, *48, 53, 55 ff.,*
61 f., 82, 107, 131; § 3 Rn. 11, 14, § 4 Rn. 3, 5 ff., 14, 16, 18, § 5 Rn. *38 ff.,* 45 ff.,

47 ff.; ferner *Freund/Rostalski*, AT, § 2 Rn. 11 ff., 20 ff.; *Freund*, in: Münch-
KommStGB, Band 1, Vor § 13 Rn. 171 ff., 306 f., § 13 Rn. 22 ff., 76 ff.
→ Unterlassen und aktives Tun, begehungsgleiches.

209 **Verhaltensnorm, monistisch legitimierte** Eine monistisch legitimierte Verhaltensnorm lässt sich bereits allein auf der Grundlage der berechtigten Belange des
Rechtsgüterschutzes legitimieren.

Im strafrechtlichen Kontext werden monistisch legitimierte Verhaltensnormen nur selten relevant; im StGB nehmen nur die §§ 138, 323c I Bezug auf Verstöße gegen diesen Verhaltensnormtyp.

S. oben § 1 Rn. 27, 39, 43 ff., 49 f., 98 ff.; § 2 Rn. 55, § 4 Rn. *1 ff.,* § 5 Rn. *54 ff.*;
ferner *Freund/Rostalski*, AT, § 2 Rn. 11 ff., 20; *Freund*, in: MünchKommStGB,
Band 1, Vor § 13 Rn. 174, 176.

210 **Verhaltensnormverstoß** tatbestandsspezifischer ~ § 1 Rn. 5 ff., 26 ff., 73 f. – ~
unter Vorbehalt § 1 Rn. 18, 53 f. – ~ einer juristischen Person? § 1 Rn. 6 Fn. 10 –
vorsätzlicher ~ § 1 Rn. 57 f., § 2 Rn. 106 ff., § 3 Rn. 55.

211 **Verhaltenspyramide** § 1 Rn. 85 f.

212 **Verhaltensunrecht (personales)** (Personales) Verhaltensunrecht ist der Unwertgehalt eines Verhaltens, das gegen eine kontext- und adressatenspezifisch legitimierte Verhaltensnorm verstößt. Dieser Unwertgehalt wird durch die Miss- oder
Nichtbeachtung der Legitimationsgründe der übertretenen Verhaltensnorm konstituiert. Sein Gewicht bestimmt sich nach dem – mehr oder weniger großen – Maß
der Verantwortlichkeit für die durch das Verhalten der konkreten Person unberechtigt angemaßte Freiheit.

Oft wird dem Verhaltensunrecht ein sog. Erfolgsunrecht gegenübergestellt. Dabei handelt es
sich freilich nicht um originäres Unrecht, sondern die um aus dem Verhaltensunrecht abge-
leitete spezifische Fehlverhaltensfolge, die ihrerseits einen weiteren Vorwurfsgegenstand
darstellt.

S. oben § 1 Rn. 6, 8 ff., 11 ff., *26 ff., 87 ff.,* § 2 Rn. 45 ff., 120 ff., 150 ff.; ferner
Freund/Rostalski, AT, § 1 Rn. 50 ff., 77 ff., § 2 Rn. 9 ff., § 4 Rn. 92 f.; *Freund*, in:
MünchKommStGB, Band 1, Vor § 13 Rn. 27 ff., 133 ff, 152 ff.
→ Verhaltensnorm, rechtliche; Verhaltensnormverstoß.

213 **Verhältnismäßigkeitsgrundsatz, verfassungsrechtlicher** Der verfassungsrechtliche Verhältnismäßigkeitsgrundsatz erfordert, dass ein Eingriff in Rechte der Bürgerinnen und Bürger einen legitimen Zweck verfolgt, zu dessen Erreichung er geeignet, erforderlich und angemessen ist.

Das Strafrecht ist Teil des öffentlichen Rechts. Es unterliegt mit seinen hoheitlichen Eingriffen den Legitimationsbedingungen, die ganz allgemein bei staatlichen Rechtseingriffen zu beachten sind. Dazu zählt nicht zuletzt der verfassungsrechtliche Verhältnismäßigkeitsgrundsatz. Dieser wird aus dem Rechtsstaatsprinzip (Art. 20 III GG) i. V. m. den Grundrechten abgeleitet.

Er hat primär Bedeutung für die Legitimation von Verhaltensnormen. Denn nur bei einem Verstoß gegen eine legitimierte Verhaltensnorm kann sich überhaupt die spezifisch strafrechtliche Frage stellen, ob und ggf. wie auf einen Verhaltensnormverstoß – als der Grundvoraussetzung von Schuldspruch und zusätzlichem Strafübel – zu reagieren ist. Auch bei der Klärung dieser sekundären – spezifisch strafrechtlichen – Fragestellung hat der Verhältnismäßigkeitsgrundsatz einen hohen Stellenwert. Im StGB findet sich eine punktuelle Regelung zum Erfordernis der „Verhältnismäßigkeit" eines hoheitlichen Eingriffs in § 62: Eine Maßregel der Besserung und Sicherung darf nicht angeordnet werden, wenn sie zur Bedeutung der vom Täter begangenen und zu erwartenden Taten sowie zu dem Grad der von ihm ausgehenden Gefahr außer Verhältnis steht.

Das ultima ratio-Prinzip im Strafrecht ist sachlich aus dem verfassungsrechtlichen Verhältnismäßigkeitsgrundsatz abzuleiten. Selbstständige Bedeutung kommt diesem Prinzip daneben nicht zu.

S. oben § 1 Rn. 6, 10, 20 ff., 36, 74, § 2 Rn. 151; ferner *Freund/Rostalski,* AT, § 1 Rn. 28, 55 ff.; *Freund,* in: MünchKommStGB, Band 1, Vor § 13 Rn. 27 f.

Verhindern der Vollendung beim Versuch (§ 24 I 1 Fall 2 StGB) Der Täter setzt 214 eine neue Kausalkette in Gang, welche für das Ausbleiben des Erfolges wenigstens mitursächlich wird.

Freund/Rostalski, AT, § 9 Rn. 65 ff.

Verletzungsdelikt Ein Verletzungsdelikt ist eine Straftat, bei der zur Vollendung 215 die Verletzung eines bestimmten Rechtsgutsobjekts (Rechtsguts an einem bestimmten Tatobjekt) gehört.

→ Gefährdungsdelikt/Gefahrerfolgsdelikt, Gefährlichkeitsdelikt/Gefährlichkeitserfolgsdelikt.

Vermeidbarkeit (einer tatbestandsspezifischen Schädigungsmöglichkeit): Ver- 216 meidbarkeit erfordert, dass es der betreffenden Person durch ihre individuellen Fähigkeiten und Kenntnisse möglich ist, die vom Tatbestand abstrakt-generell erfasste Schädigungsmöglichkeit nicht zu schaffen oder abzuwenden.

Dabei geht es allein um eine empirische Feststellung des Vermeiden*könnens*, nicht bereits um eine normative Wertung i. S. d. Begründung einer (grundsätzlichen) Vermeide*pflicht* (also des Vermeiden*müssens*).

S. oben § 2 Rn. 48 f., 51 f., § 5 Rn. 39 ff., 61; ferner *Freund/Rostalski*, AT, § 2 Rn. 28 ff., § 5 Rn. 43 ff., 93 f.

→ Vorhersehbarkeit (Erkennbarkeit) einer Schädigungsmöglichkeit; Vermeiden-müssen, grundsätzliches rechtliches.

217 **Vermeidenmüssen, grundsätzliches rechtliches** (einer Schädigungsmöglichkeit aufgrund einer dualistisch legitimierten Verhaltensnorm): Grundsätzlich von Rechts wegen zu vermeiden ist eine Schädigungsmöglichkeit dann, wenn – bei gegebener Sonderverantwortlichkeit – im Rahmen einer Güter- und Interessenabwägung das in Frage stehende Schutzinteresse das Interesse der handelnden oder unterlassenden Person im Grundsatz überwiegt.

S. oben § 2 Rn. 45 ff., 53 ff., 96, § 3 Rn. 54, § 4 Rn. 16 f., 39 ff., 61; ferner *Freund/Rostalski*, AT, § 2 Rn. 9 ff., § 5 Rn. 37 ff., 45 ff. 93 f.

→ Verhaltensnorm, rechtliche; grundsätzlich missbilligte Schaffung oder Nicht-abwendung einer tatbestandsspezifischen Schädigungsmöglichkeit – grundsätzlich fahrlässiges Verhalten (bezogen auf einen möglichen Verstoß gegen eine dualistisch legitimierte Verhaltensnorm).

218 **Versuch** Eine Straftat versucht, wer nach seiner Vorstellung von der Tat zur Tatbestandsverwirklichung unmittelbar ansetzt (§ 22 StGB).

S. oben § 3; ferner *Freund/Rostalski*, AT, § 8 Rn. 1 ff., 8 ff.

219 **Versuch, Aufgeben der weiteren Tatausführung beim** → Aufgeben der weiteren Tatausführung beim Versuch.

220 **Versuch, beendeter** § 3 Rn. 8 f.

221 **Versuch, fehlgeschlagener** § 3 Rn. 8 f.

→ Versuch, rücktrittsfähiger.

222 **Versuch, rücktrittsfähiger** (kein fehlgeschlagener Versuch): Nach der (vorzugs-würdigen) Einzelaktstheorie ist der Versuch nicht mehr rücktrittsfähig (sondern fehlgeschlagen), wenn die zur Herbeiführung des tatbestandsspezifischen Erfolgs aus ex ante Sicht des Täters geeignete Handlung oder Unterlassung diesen erwartungswidrig nicht herbeigeführt bzw. nicht vermieden hat.

Abzulehnen ist demgegenüber die Gesamtbetrachtungslehre, die einen fehlgeschlagenen Versuch erst dann annimmt, wenn der Täter glaubt, den Erfolg mit den ihm zur Verfügung stehenden Mitteln nicht mehr ohne zeitliche Zäsur herbeiführen zu können.

S. oben § 3 Rn. 8 f.; ferner *Freund/Rostalski*, AT, § 9 Rn. 1 ff., 19 ff.

Versuch, unbeendeter Ein unbeendeter Versuch liegt vor, wenn die betreffende **223** Person entweder das tatbestandsmäßige Verhalten i. S. d. Vollendungstat teilweise vorgenommen hat oder aber zumindest ein Verhalten vorgenommen hat, das in dieses unmittelbar einzumünden droht, und dadurch die versuchstatbestandlich abstrakt-generell erfasste Schädigungsmöglichkeit – aus der Perspektive der betreffenden Person betrachtet – geschaffen oder nicht abgewendet hat.

S. oben § 3 Rn. 8, 10 ff.; ferner *Freund/Rostalski*, AT, § 8 Rn. 47 ff.; *Freund*, in: MünchKommStGB, Band 1, Vor § 13 Rn. 445 f.

Versuch, untauglicher Ein untauglicher Versuch erfordert – wie jeder strafbare **224** Versuch – den Verstoß gegen eine versuchstatbestandsspezifische Verhaltensnorm. Charakteristisch für einen solchen ist, dass die betreffende Person einem Irrtum unterliegt und daher von einer aus ihrem Verhalten resultierenden Rechtsgutsgefährdung ausgeht, welche tatsächlich – aus der Perspektive eines allwissenden Beobachters – nicht besteht.

Dieser irrenden Person gegenüber lässt sich dann aber trotzdem eine Verhaltensnorm im Hinblick auf den Schutz des Rechtsgutes legitimieren – und zwar im Hinblick darauf, dass ihre Fehleinschätzung aus der für die Bildung von Verhaltensnormen maßgeblichen Adressatenperspektive möglicherweise doch keine ist und das Rechtsgut tatsächlich in Gefahr gebracht wird. – Zur Verdeutlichung: Taugliches Unterscheidungskriterium zwischen straflosem Wahndelikt und strafbarem untauglichen Versuch ist das Vorliegen eines (tatbestandsspezifischen) Verhaltensnormverstoßes, welcher beim Wahndelikt fehlt und beim untauglichen Versuch bei Vorliegen aller relevanten Voraussetzungen zu verzeichnen ist.

S. oben § 1 Rn. 63, § 2 Rn. 29, 78, 131, 137, 140, § 3 Rn. *19 ff.,* 57, § 4 Rn. 23, 25, § 5 Rn. 55; ferner *Freund/Rostalski,* AT, § 8 Rn. 7, § 10 Rn. 125.
→ versuchstatbestandlich abstrakt-generell erfasste Schädigungsmöglichkeit.

versuchstatbestandlich abstrakt-generell erfasste Schädigungsmöglichkeit Eine **225** versuchstatbestandlich abstrakt-generell erfasste Schädigungsmöglichkeit wurde geschaffen oder nicht abgewendet, wenn mit dem Handeln oder Unterlassen der betreffenden Person angesichts der sich ihr darbietenden Sachlage im Verhaltenszeitpunkt (ex ante) die Möglichkeit verbunden war, dass es – durch den weiteren Verhaltens- und Geschehensverlauf – im unmittelbaren Fortgang zum erfolgsverursachenden Geschehen der entsprechenden Vollendungstat kommt.

Man kann auch sagen: Für eine solche bedarf es der Schaffung oder Nichtabwendung der Möglichkeit der vollendungstatbestandsspezifischen Schädigungsmöglichkeit durch den unmittelbar zu erwartenden weiteren Verhaltens- und Geschehensverlauf.

S. oben § 3 Rn. 5 ff., 10 ff., 26 ff., 48 ff., § 5 Rn. 45 f., § 6 (Variante 2 – I. 3.).
→ Schädigungsmöglichkeit; Schädigungsmöglichkeit, tatbestandlich abstrakt-generell erfasste.

226 **Verteidigung (§ 32 StGB)** Eine Verteidigung ist ein menschliches Verhalten, welches sich gegen Rechtsgüter des Angreifers richtet und zur Abwehr des Angriffs ex ante geeignet ist, d. h. zumindest die Chance erfolgreicher Abwehr bietet.

Freund/Rostalski, AT, § 3 Rn. 86 ff., 110 ff.
→ Erforderlichkeit der Verteidigung, Gebotenheit der Verteidigung.

227 **Verteidigungswille** → subjektives Rechtfertigungselement.

228 **Vertrauensgrundsatz** Der vor allem durch die Rechtsprechung entwickelte Vertrauensgrundsatz soll die Sorgfaltspflicht und mit ihr die Reichweite der Fahrlässigkeitsstrafbarkeit begrenzen. Er besagt: Wer selbst sorgfältig handelt, darf grundsätzlich davon ausgehen, dass auch andere dies tun. Anderes gilt nur, wenn besondere Umstände darauf hindeuten, dass mit Fehlverhalten anderer zu rechnen ist.

Der Vertrauensgrundsatz liegt auf derselben Linie wie das Verantwortungsprinzip und der Gedanke des erlaubten Risikos. Sachlich geht es auch dabei um nichts anderes als um die Abgrenzung des erlaubten vom verbotenen Verhalten – also um das Problem der materiellen Legitimation rechtlicher Verhaltensmissbilligung.

Freund, in: MünchKommStGB, Band 1, Vor § 13 Rn. 201, 417; *Frisch*, Tatbestandsmäßiges Verhalten, S. 191, 237 f.
→ grundsätzlich missbilligte Schaffung oder Nichtabwendung einer tatbestandsspezifischen Schädigungsmöglichkeit – grundsätzlich fahrlässiges Verhalten (bezogen auf einen möglichen Verstoß gegen eine dualistisch legitimierte Verhaltensnorm); Verhaltensnorm, rechtliche.

229 **Verursachung** → Kausalität einer Handlung, (Quasi-)Kausalität einer Unterlassung.

230 **Verursachung durch Fahrlässigkeit** → Erfolg/Erfolgsdelikt/Erfolgsunrecht, tatbestandsspezifische Verhaltensfolge.

231 **Vollendung, formelle** Die formelle Vollendung einer Straftat tritt ein, wenn sämtliche Voraussetzungen einer entsprechenden Strafbarkeit auf der Grundlage eines Strafgesetzes erfüllt sind. Beispielsweise gehört hierzu etwa beim Erfolgsdelikt der Eintritt eines Erfolges, beim konkreten Gefährdungsdelikt der Eintritt einer konkreten Gefahr.

S. oben § 2 Rn. 25 ff.
→ überschießende Innentendenz.

232 **Vollendungstat, Erfolgsdelikt als** → Erfolg/Erfolgsdelikt/Erfolgsunrecht.

Vorhersehbarkeit (Erkennbarkeit) (einer tatbestandsspezifischen Schädigungs- **233**
möglichkeit): Vorhersehbarkeit erfordert, dass die betreffende Person individuell in
der Lage ist, die vom Tatbestand abstrakt-generell erfasste Schädigungsmöglichkeit
zu erkennen – bei Erfolgsdelikten insbesondere den drohenden erfolgsverursachenden Verlauf.

Dabei geht es allein um eine empirische Feststellung des Erkennen*könnens*, nicht bereits um
eine normative Wertung i. S. d. Begründung einer (grundsätzlichen) Vermeide*pflicht*. Jedenfalls sind an dieses Kriterium geringe Anforderungen zu stellen: Erkennbar ist i. d. S. jede
tatbestandsspezifische Schädigungsmöglichkeit, die (auf der Basis der sich darbietenden
Sachlage im Verhaltenszeitpunkt ex ante) mit dem Verhalten verbunden sein *kann* – die also
nicht von Vornherein vollkommen ausgeschlossen ist.

S. oben § 2 Rn. 49 f., § 5 Rn. 39 ff., 61; *Freund/Rostalski*, AT, § 2 Rn. 28 ff., § 5
Rn. 43 ff., 93 f.
→ Vermeidbarkeit (einer tatbestandsspezifischen Schädigungsmöglichkeit); Vermeidenmüssen, grundsätzliches rechtliches; grundsätzlich missbilligte Schaffung
oder Nichtabwendung einer tatbestandsspezifischen Schädigungsmöglichkeit –
grundsätzlich fahrlässiges Verhalten (bezogen auf einen möglichen Verstoß gegen
eine dualistisch legitimierte Verhaltensnorm).

Vorsatz in Bezug auf die Tatbestandsverwirklichung i. e. S. bei der vorsätzli- **234**
chen Vollendungstat Bei der Vollendungstat handelt oder unterlässt vorsätzlich in
Bezug auf die Tatbestandsverwirklichung i. e. S., wer die Umstände (unter Einschluss ihrer Bewertungsrelevanz) kennt, die die grundsätzlich zu missbilligende
Schaffung oder Nichtabwendung der tatbestandlich abstrakt-generell erfassten
Schädigungsmöglichkeit begründen, die sich realisiert hat. Man kann auch sagen:
Vorsatz hinsichtlich der Tatbestandsverwirklichung i. e. S. erfordert bei der Vollendungstat ein in diesem Sinne vorsätzliches Verhalten in Bezug auf die Schädigungs-
möglichkeit, die sich realisiert hat.

S. oben § 1 Rn. 67, § 2 Rn. 106 ff.; ferner *Freund/Rostalski*, AT, § 7 Rn. 1 ff.,
35 ff., 124 ff., 158.
→ vorsätzliches Verhalten in Bezug auf die Tatbestandsverwirklichung i. e. S.,
vorsätzliches Verhalten (endgültiges).

Vorsatz bei der Versuchstat (auf Tatbestandsebene i. e. S.) → vorsätzliches Ver- **235**
halten in Bezug auf die Tatbestandsverwirklichung i. e. S.

vorsätzliches Verhalten (endgültiges) Vorsätzlich i. d. S. handelt oder unterlässt, **236**
wer als zur Normbildung und -befolgung fähige Person unter Einschluss ihrer Bewertungsrelevanz die Umstände kennt, die die endgültig missbilligte (insbes. nicht
gerechtfertigte) Tatbestandsverwirklichung und damit die endgültig zu missbilligende Schaffung oder Nichtabwendung der tatbestandsspezifischen Schädigungsmöglichkeit begründen.

Hier gilt das zur Notwendigkeit der Definition der endgültigen „Zurechnung" Gesagte entsprechend → „Zurechnung" eines Erfolgs (endgültige).

S. oben § 1 Rn. *58*, 120, 122, 128, 141, *144 ff.* – Irrelevanz eines voluntativen Elements § 1 Rn. 3, § 2 Rn. 113, § 3 Rn. 40, § 7 (1. Geschehensabschnitt I. 6.) – Unterschied zur Fahrlässigkeit § 1 Rn. 51 f.; ferner *Freund/Rostalski*, AT, § 7 Rn. 35 ff., 117.

→ vorsätzliches Verhalten in Bezug auf die Tatbestandsverwirklichung i. e. S., Vorsatz in Bezug auf die Tatbestandsverwirklichung i. e. S. bei der vorsätzlichen Vollendungstat.

237 vorsätzliches Verhalten in Bezug auf die Tatbestandsverwirklichung i. e. S. Vorsätzlich in Bezug auf die Tatbestandsverwirklichung i. e. S. handelt oder unterlässt, wer die Umstände (unter Einschluss ihrer Bewertungsrelevanz) kennt, die die grundsätzlich zu missbilligende Schaffung oder Nichtabwendung der tatbestandlich abstrakt-generell erfassten Schädigungsmöglichkeit begründen.

Eine verbreitete, aber unpräzise – und deshalb besser zu vermeidende – Formulierung lautet: Vorsatz ist der Wille zur Verwirklichung eines Straftatbestandes in Kenntnis aller seiner objektiven Tatumstände.

S. oben § 2 Rn. 106 ff.
→ Vorsatz in Bezug auf die Tatbestandsverwirklichung i. e. S. bei der vorsätzlichen Vollendungstat.

238 Vorsatztheorie(n) Als Vorsatztheorien werden die Lehren bezeichnet, nach denen für vorsätzliches Handeln oder Unterlassen im Grundsatz aktuelles Unrechtsbewusstsein („dolus malus") erforderlich ist.

S. oben § 2 Rn. 114, § 5 Rn. 75; ferner *Freund/Rostalski*, AT, § 7 Rn. 14 ff., 20 f., 80 f.
→ Unrechtsbewusstsein/Unrechtsirrtum (§ 17 StGB), Verbotsirrtum/Gebotsirrtum, vorsätzliches Verhalten (endgültiges).

W

239 Wahlfeststellung, gesetzesalternative („echte"): § 1 Rn. 17.

→ nullum crimen-Satz.

240 Wahndelikt (straflos) Unter einem sog. „Wahndelikt" versteht man ein Verhalten, das zwar u. U. den Verstoß gegen (irgend)eine Verhaltensnorm darstellt. Allerdings existiert jedenfalls kein Gesetz, das die Grundlage bietet, auf diesen tatsächlichen oder vermeintlichen Verhaltensnormverstoß mit einer entsprechenden Sanktion zu reagieren.

Der Verhaltensnormverstoß (sofern ein solcher überhaupt vorliegt) ist mithin jedenfalls kein (straf)tatbestandsspezifischer. Die bloß irrige Vorstellung, sich durch ein bestimmtes Verhalten strafbar zu machen, vermag dessen Strafbarkeit nicht zu begründen. Der Begriff des sog. Wahndelikts hat keine selbstständige Bedeutung.

S. oben § 3 Rn. 19 ff.; ferner *Freund/Rostalski*, AT, § 8 Rn. 36 ff.

Z

„Zurechenbarkeit"/„Zurechnung" Der Begriff der „Zurechnung" dient als Sam- 241
melbegriff für verschiedene Aspekte der Zuschreibung von Verantwortung.

Zur normentheoretisch-funktionalen Kritik einer Kategorie der Zurechnung und wider den Gebrauch einer dogmatischen Leerformel näher *Freund,* in: Buttenheimer Gespräche, 2022, S. 83 ff.

„Zurechenbarkeit"/„Zurechnung" eines Erfolgs auf Tatbestandsebene i. e. S. zu 242
einer Handlung oder einer Unterlassung Insofern „zurechenbar" ist ein konkreter erfolgsverursachender Verlauf, wenn sich darin genau die tatbestandlich abstrakt-generell erfasste Schädigungsmöglichkeit realisiert hat, die durch die Handlung oder die Unterlassung in grundsätzlich rechtlich missbilligter Weise geschaffen oder nicht abgewendet wurde.

S. oben § 2 Rn. 99 ff.; ferner *Freund/Rostalski,* AT, § 2 Rn. 55 ff., § 5 Rn. 96.
→ tatbestandsspezifische Verhaltensfolge (bei einer Handlung und einer Unterlassung).

„Zurechenbarkeit"/„Zurechnung" eines Erfolgs, endgültige (tatbestandsspezi- 243
fische Fehlverhaltensfolge) Endgültig „zurechenbar" (eine tatbestandsspezifische Fehlverhaltensfolge) ist ein konkreter erfolgsverursachender Verlauf, wenn sich darin genau die tatbestandlich abstrakt-generell erfasste Schädigungsmöglichkeit realisiert hat, die durch die Handlung oder Unterlassung in *endgültig* rechtlich missbilligter Weise nicht vermieden (geschaffen oder nicht abgewendet) wurde.

Diese Definition der endgültigen „Zurechnung" wird für die Fallbearbeitung aufgrund der Teilung des dreistufigen Deliktsaufbaus nicht benötigt. Sie wird hier allerdings zur Klarstellung aufgeführt, um zu verdeutlichen, was notwendig ist, damit ein endgültiges Urteil über die „Zurechenbarkeit" eines Erfolgs gefällt werden kann. Für diese reine Tatsachenfeststellung ist zuvor ein endgültiges Missbilligungsurteil über das Verhalten als Anknüpfungspunkt für die Feststellung spezifischer Folgen dieses Fehlverhaltens notwendig.

S. oben § 1 Rn. *60 ff.,* § 2 Rn. 28, 97, 134 ff.; ferner *Freund/Rostalski,* AT, § 2 Rn. 55 ff., § 5 Rn. 96.

244 **„Zurechnung" (der Erfolgsherbeiführung) zum vorsätzlichen Verhalten** →
Vorsatz in Bezug auf die Tatbestandsverwirklichung i. e. S. bei der vorsätzlichen
Vollendungstat.

245 **Zustimmung** → Einverständnis, tatbestandsausschließendes; Einwilligung, rechtfertigende.

246 **Zweck der Strafe** → Strafzweck; restitutive Straftheorie; Straftheorien; Verhältnismäßigkeitsgrundsatz, verfassungsrechtlicher.

247 **Zweck der Verhaltensnorm** → Rechtsgut/Rechtsgüter; Rechtsgüterschutz; Verhältnismäßigkeitsgrundsatz, verfassungsrechtlicher.

Literatur

Appel, Ivo Verfassung und Strafe – Zu den verfassungsrechtlichen Grenzen staatlichen Strafens, 1998 (zit.: Verfassung und Strafe).

Arzt, Gunther Über die subjektive Seite der objektiven Zurechnung, in: Gedächtnisschrift für Ellen Schlüchter, 2002, S. 163 ff. (zit.: GS Schlüchter).

Arzt, Gunther Die Strafrechtsklausur, 7. Aufl. 2006 (zit.: Die Strafrechtsklausur).

Ast, Stephan Handlung und Zurechnung, 2019.

Baumann, Jürgen/Weber, Ulrich/Mitsch, Wolfgang/Eisele, Jörg Strafrecht Allgemeiner Teil, 13. Aufl. 2021 (zit.: *Bearbeiter,* in: Baumann/Weber/Mitsch/Eisele, AT).

Bergmann, Matthias Einzelakts- oder Gesamtbetrachtungslehre beim Rücktritt vom Versuch?, ZStW 100 (1988), 329 ff.

Beulke, Werner Klausurenkurs im Strafrecht I – Ein Fall- und Repetitionsbuch für Anfänger, 8. Aufl. 2020 (zit.: Klausurenkurs I).

Binding, Karl Handbuch des Strafrechts, Band 1, 1885 (zit.: Handbuch).

Binding, Karl Der objektive Verbrechenstatbestand in seiner rechtlichen Bedeutung – Studie für das künftige Strafgesetzbuch, Der Gerichtssaal 76 (1910), 1 ff.

Bloy, René Die Beteiligungsform als Zurechnungstypus im Strafrecht, 1995 (zit.: Beteiligungsform).

Donner, David Die Zumutbarkeitsgrenzen der vorsätzlichen unechten Unterlassungsdelikte, 2007 (zit.: Zumutbarkeitsgrenzen).

Eisele, Jörg/Heinrich, Bernd/Mitsch, Wolfgang Strafrechtsfälle und Lösungen, 7. Aufl. 2019.

Engländer, Armin Anm. zu BGH, Urt. v. 2.11.2011 – 2 StR 375/11, NStZ 2012, 274 ff.

Esser, Robert/Rübenstahl, Markus/Saliger, Frank/Tsambikakis, Michael Wirtschaftsstrafrecht, 2017.

Fahl, Christian Strafrechts-Klassiker – Die wichtigsten Fälle aus AT und BT, 2020 (zit.: Strafrechts-Klassiker).

v. Feuerbach, Johann Anselm Lehrbuch des […] peinlichen Rechts, 11. Aufl. 1832 (zit.: Lehrbuch).

Freund, Georg Richtiges Entscheiden – am Beispiel der Verhaltensbewertung aus der Perspektive des Betroffenen, insbesondere im Strafrecht, zugleich ein Beitrag zur Relativität objektiver Daten, GA 1991, 387 ff.

Freund, Georg Erfolgsdelikt und Unterlassen – Zu den Legitimationsbedingungen von Schuldspruch und Strafe, 1992 (zit.: Erfolgsdelikt und Unterlassen).

Freund, Georg Besprechung von *Küper,* Strafrecht Besonderer Teil – Definitionen mit Erläuterungen, 1996, GA 1997, 483 ff.

Freund, Georg Der Aufbau der Straftat in der Fallbearbeitung, JuS 1997, 235 ff., 331 ff.

Freund, Georg Tatbestandsverwirklichungen durch Tun und Unterlassen – Zur gesetzlichen Regelung begehungsgleichen Unterlassens und anderer Fälle der Tatbestandsverwirklichung im Allgemeinen Teil des StGB, in: Festschrift für Rolf Dietrich Herzberg, 2008, S. 225 ff. (zit.: FS Herzberg).

Freund, Georg Das Spezifikum der vollendeten Vorsatztat, in: Festschrift für Manfred Maiwald, 2010, S. 211 ff. (zit.: FS Maiwald).

Freund, Georg Nicht „entweder – oder", sondern „weder – noch"! – Zum Verstoß gesetzesalternativer Wahlfeststellung gegen Art. 103 II GG, in: Festschrift für Jürgen Wolter, 2013, S. 35 ff. (zit.: FS Wolter).

Freund, Georg Die besonders leichtfertige Tötung – Zugleich ein Beitrag zur „spezifischen Gefahrverwirklichung" bei der Körperverletzung mit Todesfolge (§ 227 StGB), in: Festschrift für Wolfgang Frisch, 2013, S. 677 ff. (zit.: FS Frisch).

Freund, Georg Actio libera in causa vel omittendo bei Rauschdelikten im Straßenverkehr – Zum Begriff der Tat und zum Zeitpunkt ihrer (fahrlässigen oder vorsätzlichen) Begehung, GA 2014, 137 ff.

Freund, Georg „Imputación objetiva" de los resultados del injusto personal – Un caso de imposibilidad objetiva, in: Angel Gaspar Chirinos, Raúl Ernesto Martínez Huamán (Hrsg.), Estudios de Política Criminal y Derecho Penal – Actuales tendencias, Perú 2015, S. 409 ff. (zit.: Estudios de Política Criminal y Derecho Penal).

Freund, Georg Jakobs und die Unterlassungsdelikte – Von der Verhaltens*form* zur Qualität der Verhaltens*norm*, in: Strafrecht und Gesellschaft – Ein kritischer Kommentar zum Werk von Günther Jakobs, hrsg. v. Kindhäuser u. a., 2019, S. 379 ff. (zit.: Strafrecht und Gesellschaft).

Freund, Georg § 46 Vollrausch, in: Hilgendorf u. a. (Hrsg.), Handbuch des Strafrechts, Band 5, 2020 (zit.: Handbuch, Band 5).

Freund, Georg § 59 Unterlassungsdelikte allgemein (Tun und Unterlassen, begehungsgleiches und nichtbegehungsgleiches Unterlassen), in: Hilgendorf u. a. (Hrsg.), Handbuch des Strafrechts, Band 3, 2021 (zit.: Handbuch, Band 3).

Freund, Georg Tun und Unterlassen im Strafrecht – Vom klassifikatorischen Handlungsbegriff zum normwidrigen Verhalten, in: Grundlagen und Konzepte des Strafrechts – Zur Leistungsfähigkeit von Straftatsystemen, hrsg. v. Rostalski, 2021, S. 175 ff. (zit.: Grundlagen und Konzepte).

Freund, Georg Normentheoretisch-funktionale Kritik einer Kategorie der Zurechnung – Wider den Gebrauch einer dogmatischen Leerformel, in: Aichele/Renzikowski/Rostalski (Hrsg.), Normentheorie – Grundlage einer universalen Strafrechtsdogmatik – Buttenheimer Gespräche, 2022, S. 83 ff. (zit.: Buttenheimer Gespräche).

Freund, Georg/Putz, Sarah Materiellrechtliche Strafbarkeit und formelle Subsidiarität der Unterschlagung (§ 246 StGB) wörtlich genommen – Zugleich eine Besprechung von BGH, Urt. v. 6.2.2002 – 1 StR 513/01, BGHSt 47, 243-245 = NStZ 2002, 480, NStZ 2003, 242 ff.

Freund, Georg/Rostalski, Frauke Normkonkretisierung und Normbefolgung – Zu den Entstehungsbedingungen kontext- und adressatenspezifischer Ver- und Gebote sowie von konkreten Sanktionsanordnungen, GA 2018, 264 ff.

Freund, Georg/Rostalski, Frauke Strafrecht Allgemeiner Teil – Personale Straftatlehre, 3. Aufl. 2019 (zit.: AT).

Freund, Georg/Rostalski, Frauke Vorsätzliches Tötungsverhalten und (qualifizierte) Tötungsfahrlässigkeit – Plädoyer für den dolus (eventualis) und die Ersetzung todeserfolgsqualifizierter Delikte durch einen Tatbestand qualifiziert fahrlässiger Tötung, JZ 2020, 241 ff.

Freund, Georg/Rostalski, Frauke Warum Normentheorie – Zur selbstständigen Bedeutung vorstrafrechtlich legitimierter Verhaltensnormen, auch und gerade im strafrechtlichen Kontext, GA 2020, 617 ff.

Freund, Georg/Telöken, Verena Der praktische Fall – Strafrecht: „Von Höllen-Engeln und Banditen", Zeitschrift für das Juristische Studium, 2012, 796 ff.

Freund, Georg/Timm, Frauke Die Aussetzung durch „Im-Stich-Lassen in hilfloser Lage" (§ 221 Abs. 1 Nr. 2 StGB) im Kontext der Unterlassungsdelikte – Zugleich Besprechung von BGH v. 19. 10. 2011 – 1 StR 233/11, HRRS 2011 Nr. 1164, in: HRRS 2012, 223 ff.

Frisch, Wolfgang Vorsatz und Risiko – Grundfragen des tatbestandsmäßigen Verhaltens, zugleich ein Beitrag zur Behandlung außertatbestandlicher Möglichkeitsvorstellungen, 1983 (zit.: Vorsatz und Risiko).

Frisch, Wolfgang Tatbestandsmäßiges Verhalten und Zurechnung des Erfolgs, 1988 (zit.: Tatbestandsmäßiges Verhalten).

Frisch, Wolfgang An den Grenzen des Strafrechts, in: Festschrift für Walter Stree und Johannes Wessels, 1993, S. 69 ff. (zit.: FS Stree/Wessels).

Frisch, Wolfgang Straftatsystem und Strafzumessung – Zugleich ein Beitrag zur Struktur der Strafzumessungsentscheidung, in: 140 Jahre Goltdammer's Archiv für Strafrecht, eine Wür-digung zum 70. Geburtstag von Paul-Günter Pötz, hrsg. v. Wolter, 1993, S. 1 (zit.: 140 Jahre Goltdammer's Archiv).

Frisch, Wolfgang Die Conditio-Formel: Anweisung zur Tatsachenfeststellung oder normative Aussage?, in: Festschrift für Karl Heinz Gössel, 2002, S. 51 ff. (zit.: FS Gössel).

Frisch, Wolfgang Strafe, Straftat und Straftatsystem im Wandel, GA 2015, 65 ff.

Frisch, Wolfgang Straftheorie, Straftat und Strafzumessung im gesamten Strafrechtssystem – Zur Revisionsbedürftigkeit des Grundverständnisses der Straftat, in: Festschrift für Werner Beulke, 2015, S. 103 ff. (zit.: FS Beulke).

Frisch, Wolfgang Voraussetzungen und Grenzen staatlichen Strafens, NStZ 2016, 16 ff.

Frisch, Wolfgang Schwächen und Notwendigkeit einer Revision der Lehre vom Unrechtsbewusstsein, GA 2017, 699ff.

Frisch, Wolfgang Das Opfer in der Straftatdogmatik – Gedanken zu Einwilligung, Selbstgefährdung und einverständlicher Fremdgefährdung, GA 2021, 65 ff.

Frister, Helmut Strafrecht Allgemeiner Teil, 9. Aufl. 2020 (zit.: AT).

Gauger, Michael Die Dogmatik der konkludenten Täuschung – Zugleich eine Abhandlung über die Täuschungshandlung des Betrugstatbestands, 2001 (zit.: Konkludente Täuschung).

Georgy, Philipp Die strafrechtliche Verantwortlichkeit von Amtsträgern für Arzneimittelrisiken – Am Beispiel öffentlich-rechtlicher Ethik-Kommissionen und des Bundesinstituts für Arzneimittel und Medizinprodukte, 2011 (zit.: Verantwortlichkeit von Amtsträgern).

Gropp, Walter/Sinn, Arndt Strafrecht Allgemeiner Teil, 5. Aufl. 2020 (zit.: AT).

Grünwald, Gerald Zur gesetzlichen Regelung der unechten Unterlassungsdelikte, ZStW 70 (1958), 412 ff.

Hardtung, Bernhard Das Springen im strafrechtlichen Gutachten, JuS 1996, 610 ff., 706 ff., 807 ff.

Hardtung, Bernhard/Putzke, Holm Examinatorium Strafrecht AT – Ein Lehrbuch zur Einführung, Vertiefung und Wiederholung, 2016 (zit.: Examinatorium AT).

Heckler, Andreas Die Ermittlung der beim Rücktritt von Versuch erforderlichen Rücktrittsleistung anhand der objektiven Vollendungsgefahr – Zugleich ein Beitrag zum Strafgrund des Versuchs, 2002 (zit.: Ermittlung der Rücktrittsleistung).

Heinrich, Bernd Strafrecht Allgemeiner Teil, 6. Aufl. 2019 (zit.: AT).

Helmert, Volker, Der Straftatbegriff in Europa – Eine rechtsvergleichende Untersuchung der allgemeinen Voraussetzungen der Strafbarkeit in Deutschland, England, Frankreich und Polen, 2011 (zit.: Straftatbegriff in Europa).

Herzberg, Rolf Die Unterlassung im Strafrecht und das Garantenprinzip, 1972 (zit.: Die Unterlassung im Strafrecht).

Herzberg, Rolf Dietrich Gedanken zum strafrechtlichen Handlungsbegriff und zur „vortatbestandlichen" Deliktsverneinung, GA 1996, 1 ff.

Herzberg, Rolf Dietrich Straftat und Verhaltensnormverstoß, GA 2016, 737 ff.

Heuser, Martin Die uneingeschränkte Schuldtheorie beim Erlaubnistatbestandsirrtum – Zur gesetzmäßigen Handhabung der Vermeidbarkeitsklausel des § 17 S. 1 StGB, ZStW 132 (2020), 330 ff.

Hillenkamp, Thomas Zum Offenlassen von Unrechtsmerkmalen bei „jedenfalls" fehlender Schuld, in: Festschrift für Rudolf Rengier, 2018, S. 553 ff. (zit.: FS Rengier).

Jäger, Christian Die notwendige Bedingung als ereignisbezogener Kausalfaktor, in: Festschrift für Manfred Maiwald, 2010, S. 345 ff. (zit.: FS Maiwald).

Jäger, Christian Bespr. v. BGH, Beschl. v. 31. Juli 2012 – 3 StR 231/12, BGH NStZ 2013, 103 f., JA 2013, 71 f.

Jäger, Christian Examens-Repetitorium Strafrecht Allgemeiner Teil, 10. Aufl. 2021 (zit.: Examens-Repetitorium AT).

Jakobs, Günther Strafrecht, Allgemeiner Teil – Die Grundlagen und die Zurechnungslehre, 2. Aufl. 1991 (zit.: AT).

Jakobs, Günther Der strafrechtliche Handlungsbegriff, 1992 (zit.: Handlungsbegriff).

Jakobs, Günther Die strafrechtliche Zurechnung von Tun und Unterlassen, 1996 (Zurechnung von Tun und Unterlassen).

Jakobs, Günther Tatherrschaftsdämmerung – Ein Beitrag zur Normativierung rechtlicher Begriffe, in: El sistema funcionalista del Derecho penal, hrsg. v. Jakobs u. Cancio Meliá, Lima, Perú, 2000, S. 133, 164 (zit.: El sistema funcionalista).

Jakobs, Günther System der strafrechtlichen Zurechnung, 2012.

Jakobs, Günther Der „Versuch" des Versuchs, in: Festschrift für Franz Streng, 2017, S. 37 ff. (zit.: FS Streng).

Jescheck, Hans-Heinrich/Weigend, Thomas Lehrbuch des Strafrechts – Allgemeiner Teil, 5. Aufl. 1996 (zit.: AT).

Kaspar, Johannes Verhältnismäßigkeit und Grundrechtsschutz im Präventionsstrafrecht, 2014 (zit.: Verhältnismäßigkeit und Grundrechtsschutz).

Kaspar, Johannes Strafrecht – Allgemeiner Teil, 3. Aufl. 2020 (zit.: AT).

Kaufmann, Armin Die Dogmatik der Unterlassungsdelikte, 1959 (zit.: Unterlassungsdelikte).

Kaufmann, Arthur Zur Lehre von den negativen Tatbestandsmerkmalen, JZ 1954, 653 ff.

Kaufmann, Arthur Tatbestand, Rechtfertigungsgründe und Irrtum, JZ 1956, 353 ff., 393 ff.

Kaufmann, Arthur Einige Anmerkungen zu den Irrtümern über den Irrtum, in: Festschrift für Karl Lackner, 1987, S. 185 ff. (zit.: FS Lackner).

Kindhäuser, Urs Gefährdung als Straftat – Rechtstheoretische Untersuchungen zur Dogmatik der abstrakten und konkreten Gefährdungsdelikte, 1989 (zit.: Gefährdung als Straftat).

Kindhäuser, Urs/Hilgendorf, Eric Lehr- und Praxiskommentar zum Strafgesetzbuch, 8. Aufl. 2020 (zit.: LPK-StGB).

Kindhäuser, Urs/Zimmermann, Till Strafrecht Allgemeiner Teil, 9. Aufl. 2020 (zit.: AT).

Koch, Alexander Unterlassene Hilfeleistung durch Behindern von Rettungsmaßnahmen – Nichts tun ist bisweilen besser als Aktionismus – auch auf der Ebene der Gesetzgebung, GA 2018, 323 ff.

Kreß, Claus AT-Skript Kölner Examenskurs, 2020.

Kreuzberg, Bastian Täterschaft und Teilnahme als Handlungsunrechtstypen – Zugleich ein Beitrag zur allgemeinen Verhaltensnormlehre, 2019 (zit.: Täterschaft und Teilnahme als Handlungsunrechtstypen).

Kühl, Kristian Strafrecht – Allgemeiner Teil, 8. Aufl. 2017 (zit.: AT).

Küper, Wilfried Ein „neues Bild" der Lehre von Täterschaft und Teilnahme – Die strafrechtliche Beteiligungsformenlehre Ulrich Steins, ZStW 105 (1993), 445 ff.

Küper, Wilfried Grundfragen des neuen Aussetzungsdelikts – Zur Strukturanalyse des § 221 Abs. 1 StGB n. F.), ZStW 111 (1999), 30 ff.

Küper, Wilfried/Zopfs, Jan Strafrecht Besonderer Teil – Definitionen mit Erläuterungen, 10. Aufl. 2018 (zit.: BT).

Kuhlen, Lothar Objektive Zurechnung bei Rechtfertigungsgründen, in: Festschrift für Claus Roxin, 2001, S. 331 ff. (zit.: FS Roxin).

Kuhlen, Lothar Ausschluss der objektiven Erfolgszurechnung bei hypothetischer Einwilligung des Betroffenen, JR 2004, 227 ff.

Kuhlen, Lothar Zur Unterscheidung von Tun und Unterlassen, in: Festschrift für Ingeborg Puppe, 2011, S. 669 ff. (zit.: FS Puppe).

Lackner, Karl/Kühl, Kristian Strafgesetzbuch Kommentar, bearbeitet von Kristian Kühl und Martin Heger, 29. Aufl. 2018 (zit.: *Bearbeiter,* in: Lackner/Kühl).

Lagodny, Otto Strafrecht vor den Schranken der Grundrechte – Die Ermächtigung zum strafrechtlichen Vorwurf im Lichte der Grundrechtsdogmatik dargestellt am Beispiel der Vorfeldkriminalität, 1996 (zit.: Strafrecht vor den Schranken der Grundrechte).

Lagodny, Otto Gesetzestexte suchen, verstehen und in der Klausur anwenden – Eine praxisorientierte Anleitung für rechtswissenschaftliches Arbeiten im Strafrecht, Öffentlichen Recht, Zivilrecht, 2. Aufl. 2012 (zit.: Gesetzestexte anwenden).

Langer, Winrich Die Sonderstraftat – Eine gesamtsystematische Grundlegung der Lehre vom Verbrechen (2. Aufl. des Werks „Das Sonderverbrechen"), 2007 (zit.: Sonderstraftat).

Leipziger Kommentar Leipziger Kommentar zum Strafgesetzbuch, Band 1, 13. Aufl. 2020 (zit.: *Bearbeiter*, in: LK-StGB).

Leisner-Egensperger, Anna Der legitime Zweck als Bezugspunkt der Verhältnismäßigkeit – Zum Zweck freiheitsbeschränkender Schutzmaßnahmen in der Corona-Pandemie, JZ 2021, 913 ff.

Makepeace, Johannes Coronavirus: Körperverletzung ohne Symptome?, ZJS 2020, 189 ff.

Matt, Holger/Renzikowski, Joachim Kommentar zum Strafgesetzbuch, 2. Aufl. 2020 (zit.: *Bearbeiter*, in: Matt/Renzikowski, Kommentar zum StGB).

Mir Puig, Santiago Über das Objektive und das Subjektive im Unrechtstatbestand, in: Gedächtnisschrift für Armin Kaufmann, 1989, S. 253 ff. (zit.: GS Armin Kaufmann).

Mitsch, Wolfgang Fahrlässigkeit und Straftatsystem, JuS 2001, 105 ff.

Möllers, Thomas M. J. Juristische Methodenlehre, 4. Aufl. 2021.

Müller, Friedrich/Christensen, Ralph Juristische Methodik, Bd. I, 11. Aufl. 2013.

Müller-Franken, Sebastian Bindung Privater an Grundrechte? – Zur Wirkung der Grundrechte auf Privatrechtsbeziehungen, in: Festschrift für Herbert Bethge, 2009, S. 223 ff. (zit.: FS Bethge).

Münchener Kommentar StGB Münchener Kommentar zum Strafgesetzbuch, hrsg. v. Erb u. a., Band 1, 4. Aufl. 2020, Band 4, 3. Aufl. 2017, Band 5, 3. Aufl. 2019 (zit.: *Bearbeiter*, in: Münch-KommStGB).

Mulch, Franziska Strafe und andere staatliche Maßnahmen gegenüber juristischen Personen – Zu den Legitimationsbedingungen entsprechender Rechtseingriffe, 2017 (zit.: Strafe und andere staatliche Maßnahmen gegenüber juristischen Personen).

Murmann, Uwe Die Nebentäterschaft im Strafrecht – Ein Beitrag zu einer personalen Tatherrschaftslehre, 1993 (zit.: Die Nebentäterschaft im Strafrecht).

Murmann Uwe Darstellungsprobleme in der Strafrechtsklausur, JA 2012, 728 ff.

Murmann, Uwe Grundkurs Strafrecht, 6. Aufl. 2021 (zit.: GK).

NomosKommentar Nomos Kommentar zum Strafgesetzbuch, hrsg. v. Kindhäuser u. *a.*, Band 1, 5. Aufl. 2017 (zit.: *Bearbeiter*, in: NK-StGB).

Otto, Harro Grundkurs Strafrecht – Allgemeine Strafrechtslehre, 7. Aufl. 2004 (zit.: AT).

Pawlik, Michael „Der wichtigste dogmatische Fortschritt der letzten Menschenalter"? – Anmerkungen zur Unterscheidung zwischen Unrecht und Schuld im Strafrecht, in: Festschrift für Harro Otto, 2007, S. 133 ff. (zit.: FS Otto).

Pawlik, Michael Das Unrecht des Bürgers – Grundlinien der Allgemeinen Verbrechenslehre, 2012 (zit.: Das Unrecht des Bürgers).

Perdomo-Torres, Jorge F. Das Begehen durch Unterlassen im positiven Recht, in: Festschrift für Günther Jakobs, 2007, S. 497 ff. (zit.: FS Jakobs).

Puppe, Ingeborg Zur Kausalitätsproblematik bei der strafrechtlichen Produkthaftung, JR 1992, 30 ff.

Puppe, Ingeborg Der Aufbau des Verbrechens, in: Festschrift für Harro Otto, 2007, S. 389 ff. (zit.: FS Otto).

Rackow, Peter Neutrale Handlungen als Problem des Strafrechts, 2007 (zit.: Neutrale Handlungen).

Radbruch, Gustav Der Handlungsbegriff in seiner Bedeutung für das Strafrechtssystem, 1904 (zit.: Handlungsbegriff).

Rengier, Rudolf Strafrecht Allgemeiner Teil, 13. Aufl. 2021 (zit.: AT).

Renzikowski, Joachim Restriktiver Täterbegriff und fahrlässige Beteiligung, 1997 (zit.: Restriktiver Täterbegriff).

Reus, Katharina Das Recht in der Risikogesellschaft – Der Beitrag des Strafrechts zum Schutz vor modernen Produktgefahren, 2010 (zit.: Das Recht in der Risikogesellschaft).

Robles Planas, Ricardo Die „Lehre von der objektiven Zurechnung": Gedanken über ihren Ursprung und ihre Zukunft, GA 2016, 284 ff.

Rostalski, Frauke Normentheorie und Fahrlässigkeit – Zur Fahrlässigkeit als Grundform des Verhaltensnormverstoßes, GA 2016, 73 ff.

Rostalski, Frauke Der (straf-)rechtliche Umgang mit illegalen Kraftfahrzeugrennen – Überlegungen de lege lata und de lege ferenda, GA 2017, 585 ff.

Rostalski, Frauke Die strafrechtliche Verantwortlichkeit für spezifische Fehlverhaltensfolgen bei alternativer Tatsachengrundlage und statistischen (Kausal-)Zusammenhängen am Beispiel des Bottroper Apothekerfalls, GA 2018, 700 ff.

Rostalski, Frauke Zur objektiven Unmöglichkeit schuldlosen Verhaltensunrechts im Strafrecht, in: Normentheorie und Strafrecht, hrsg. v. Schneider u. Wagner, 2018, S. 105 ff. (zit.: Normentheorie und Strafrecht).

Rostalski, Frauke Der Tatbegriff im Strafrecht – Entwurf eines im gesamten Strafrechtssystem einheitlichen normativ-funktionalen Begriffs der Tat, 2019 (zit.: Tatbegriff).

Rostalski, Frauke Theorie und Praxis der Fallbearbeitung beim Fahrlässigkeitsdelikt, JuS 2021, 827 ff.

Rotsch, Thomas Strafrechtliche Klausurenlehre, 3. Aufl. 2021 (zit.: Klausurenlehre).

Roxin, Claus/Greco, Luís Strafrecht Allgemeiner Teil, Band 1, Grundlagen – Der Aufbau der Verbrechenslehre, 5. Aufl. 2020 (zit.: AT I).

Sangenstedt, Christof Garantenstellung und Garantenpflicht von Amtsträgern, 1989.

Schales, Isabel Spezifische Fehlverhaltensfolgen und hypothetische Kausalverläufe – Zur Bedeutung der von Rechts wegen zu vermeidenden Kausalverläufe für Verhaltens- und Erfolgsunrecht, 2014 (zit.: Spezifische Fehlverhaltensfolgen und hypothetische Kausalverläufe).

Schladitz, Pepe Normtheoretische Grundlagen der Lehre von der objektiven Erfolgszurechnung – Sicheres Fundament oder Achillesferse?, 2021 (zit.: Normtheoretische Grundlagen).

Schlüchter, Ellen Grenzen strafbarer Fahrlässigkeit – Aspekte zu einem Strafrecht in Europa, 1996.

Schmidhäuser, Eberhard „Objektiver" und „Subjektiver" Tatbestand: eine verfehlte Unterscheidung, in: Lebendiges Strafrecht, Festgabe zum 65. Geburtstag von Hans Schultz (SchwZStr 94 [1977]), hrsg. v. Walder u. a., 1977, S. 61 ff (zit.: FS Schultz).

Schmidhäuser, Eberhard Über Unterlassungsdelikte – Terminologie und Begriffe, in: Festschrift für Heinz Müller-Dietz, 2001, S. 761 ff. (zit.: FS Müller-Dietz).

Schöch, Heinz Das Recht auf selbstbestimmtes Sterben – Konsequenzen aus dem Urteil des Bundesverfassungsgerichts vom 26.2.2020 zur Förderung der Selbsttötung für den Gesetzgeber, GA 2020, 423 ff.

Schönke, Adolf/Schröder, Horst Strafgesetzbuch, Kommentar, 30. Aufl. 2019 (zit.: *Bearbeiter*, in: Schönke/Schröder).

Schrägle, Hannes Das begehungsgleiche Unterlassungsdelikt – Eine rechtsgeschichtliche, rechtsdogmatische und rechtsvergleichende Untersuchung und die Entwicklung eines Systems der Garantietypen, 2017 (zit.: Das begehungsgleiche Unterlassungsdelikt).

Schultz, Michael Amtswalterunterlassen, 1984.

Seelmann, Kurt „Unterlassene Hilfeleistung" oder: Was darf das Strafrecht?, JuS 1995, 282 ff.

Seier, Jürgen/Waßmer, Martin Paul Die Anfängerklausur im Strafrecht – Zentrale Probleme des Allgemeinen Teils in der Fallbearbeitung, 2. Aufl. 2019 (zit.: Anfängerklausur).

Spring, Patrick Die strafrechtliche Geschäftsherrenhaftung – Unterlassungshaftung betrieblich Vorgesetzter für Straftaten Untergebener, 2009 (zit.: Die strafrechtliche Geschäftsherrenhaftung).

Stein, Ulrich Die strafrechtliche Beteiligungsformenlehre, 1988 (zit.: Beteiligungsformenlehre).

Stein, Ulrich Verhaltensnorm und Strafsanktionsnorm bei § 323c StGB, in: Festschrift für Wilfried Küper, 2007, S. 607 ff. (zit.: FS Küper).

Systematischer Kommentar zum Strafgesetzbuch Band 1 §§ 1–37, 9. Aufl. 2017, Band 6 §§ 303–358, 9. Aufl. 2016 (zit.: *Bearbeiter*, in: SK-StGB).

Timm, Frauke Gesinnung und Straftat – Besinnung auf ein rechtsstaatliches Strafrecht, 2012 (zit.: Gesinnung und Straftat).

Timpe, Gerhard Unbeendeter Versuch und Rücktrittshorizont, Ad Legendum (Juridicum Münster) 2014, 236 ff.

Valerius, Brian Einführung in den Gutachtenstil – 15 Klausuren zum Bürgerlichen Recht, Strafrecht und Öffentlichen Recht, 4. Aufl. 2017 (zit.: Einführung).

Voigt, Lea/Hoffmann-Holland, Klaus Notwehrprovokation und actio illicita in causa in Fällen der Putativnotwehr – Überlegungen aus Anlass von BGH, Urt. v. 2.11.2011 – 2 StR 375/11, NStZ 2012, 362 ff.

Wachter, Matthias Das Unrecht der versuchten Tat, 2015.

Walter, Stefan Die Pflichten des Geschäftsherrn im Strafrecht, 2000 (zit.: Pflichten des Geschäftsherrn).

Walther, Franziska Maria Der „Vollrausch" als Straftat (§ 323a StGB) – Zur Legitimation der rechtlichen Missbilligung (abstrakt) gefährlicher Verhaltensweisen und ihrer Sanktionierung, 2021 (zit.: „Vollrausch" als Straftat).

Wedding, Jörg Mittelbare Täterschaft und Versuchsbeginn bei der Giftfalle – Eine Auseinandersetzung mit dem „Passauer Apothekerfall" (BGHSt 43, 177 ff.), 2007 (zit.: Mittelbare Täterschaft und Versuchsbeginn).

Weidenauer, Franziska (geb. *Mulch*) Das neue Gesetz zur Bekämpfung der Unternehmenskriminalität – Paradigmenwechsel im deutschen Strafrecht oder Instrumentarium zur Sanktionierung Unschuldiger?, CCZ 2021, 53 ff.

Wessels, Johannes/Beulke, Werner Strafrecht, Allgemeiner Teil – Die Straftat und ihr Aufbau, 37. Aufl. 2007 (zit.: AT, 37. Aufl.).

Wessels, Johannes/Beulke, Werner/Satzger, Helmut Strafrecht AT – Die Straftat und ihr Aufbau, 51. Aufl. 2021 (zit.: AT).

Wessels, Johannes/Hettinger, Michael/Engländer, Armin Strafrecht, Besonderer Teil 1 – Straftaten gegen Persönlichkeits- und Gemeinschaftswerte, 45. Aufl. 2021 (zit.: BT I).

The manufacturer's authorised representative in the EU is Springer
Nature Customer Service Centre GmbH, Europaplatz 3, 69115 Heidelberg,
Germany. If you have any concerns regarding our products, please
contact ProductSafety@springernature.com

Printed and bound by CPI Group (UK) Ltd, Croydon, CR0 4YY
28/04/2026
02098495-0005